Thomas Gensicke · Sibylle Picot · Sabine Geiss

Freiwilliges Engagement in Deutschland 1999 – 2004

Empirische Studien zum Bürgerschaftlichen Engagement

Herausgegeben vom

 Bundesministerium
für Familie, Senioren, Frauen
und Jugend

Thomas Gensicke · Sibylle Picot
Sabine Geiss

Freiwilliges Engagement in Deutschland 1999 – 2004

Ergebnisse der repräsentativen Trenderhebung zu Ehrenamt, Freiwilligenarbeit und bürgerschaftlichem Engagement

In Auftrag gegeben und herausgegeben vom Bundesministerium für Familie, Senioren, Frauen und Jugend

Vorgelegt von TNS Infratest Sozialforschung

Bibliografische Information Der Deutschen Nationalbibliothek
Die Deutsche Nationalbibliothek verzeichnet diese Publikation in der
Deutschen Nationalbibliografie; detaillierte bibliografische Daten sind im Internet über
<http://dnb.d-nb.de> abrufbar.

Druck gefördert vom

 Bundesministerium
für Familie, Senioren, Frauen
und Jugend

1. Auflage September 2006

Alle Rechte vorbehalten
© VS Verlag für Sozialwissenschaften | GWV Fachverlage GmbH, Wiesbaden 2006

Lektorat: Frank Schindler

Der VS Verlag für Sozialwissenschaften ist ein Unternehmen von Springer Science+Business Media.
www.vs-verlag.de

 Das Werk einschließlich aller seiner Teile ist urheberrechtlich geschützt. Jede Verwertung außerhalb der engen Grenzen des Urheberrechtsgesetzes ist ohne Zustimmung des Verlags unzulässig und strafbar. Das gilt insbesondere für Vervielfältigungen, Übersetzungen, Mikroverfilmungen und die Einspeicherung und Verarbeitung in elektronischen Systemen.

Die Wiedergabe von Gebrauchsnamen, Handelsnamen, Warenbezeichnungen usw. in diesem Werk berechtigt auch ohne besondere Kennzeichnung nicht zu der Annahme, dass solche Namen im Sinne der Warenzeichen- und Markenschutz-Gesetzgebung als frei zu betrachten wären und daher von jedermann benutzt werden dürften.

Umschlaggestaltung: KünkelLopka Medienentwicklung, Heidelberg
Druck und buchbinderische Verarbeitung: MercedesDruck, Berlin
Gedruckt auf säurefreiem und chlorfrei gebleichtem Papier
Printed in Germany

ISBN-10 3-531-15257-2
ISBN-13 978-3-531-15257-8

Vorwort

Die im Auftrag des Bundesministeriums für Familie, Senioren, Frauen und Jugend durchgeführte zweite Welle des Freiwilligensurveys 2004 ist ein Schritt zu einer repräsentativen Dauerbeobachtung der Entwicklung des bürgerschaftlichen Engagements in Deutschland.

36 Prozent aller Bürgerinnen und Bürger ab 14 Jahren engagieren sich freiwillig – das sind mehr als 23,4 Millionen Menschen. Im Vergleich zum ersten Freiwilligensurvey 1999 ist die Zahl der freiwillig Engagierten um zwei Prozentpunkte angestiegen. Die Jugendlichen stellen eine sehr starke Gruppe mit einer stabilen Engagementquote von 36 Prozent dar, vor allem ist in dieser Altersgruppe auch das Engagementpotenzial mit 43 Prozent am höchsten. Das freiwillige Engagement der Älteren hat sich im Vergleich zu 1999 deutlich verändert. Sie stellen die größte Wachstumsgruppe des freiwilligen Engagements dar. Bei den Männern und Frauen spiegelt sich der Bewusstseinswandel in der Gesellschaft in Bezug auf die Geschlechterrollen auch im freiwilligen Engagement wider. Männer engagieren sich zunehmend auch im Bereich Schule/Kindergarten sowie im sozialen Bereich.

Auch die Intensität des freiwilligen Engagements hat gegenüber 1999 zugenommen: Die Anzahl der Tätigkeiten, die von den freiwillig Engagierten übernommen wird, ist gestiegen. Somit üben mehr Menschen in Deutschland mehr Aufgaben aus. Nicht nur die Zahl der freiwillig engagierten Bürgerinnen und Bürger in Deutschland ist seit 1999 gestiegen, sondern auch die der Menschen, die zu freiwilligem Engagement bereit sind. Während 1999 insgesamt 26 Prozent bereit gewesen sind, sich zu engagieren, sind es 2004 sogar 32 Prozent. Auch die Zahl der Engagierten, die bereit sind, ihr Engagement auszudehnen, ist im Vergleich zu 1999 gestiegen. Somit gibt es in Deutschland zusätzlich zu den 23,4 Millionen, die sich bereits engagieren, ein hohes, nicht ausgeschöpftes Engagementpotenzial. Dieses gilt es zu nutzen und zu aktivieren. Freiwilliges Engagement muss gefördert und Engagierte müssen in ihren Tätigkeiten unterstützt werden.

Die Jugendfreiwilligendienste wie das Freiwillige Soziale Jahr und das Freiwillige Ökologische Jahr sind insbesondere für Jugendliche und junge Erwachsene eine Möglichkeit, sich bürgerschaftlich zu engagieren. Diese Dienste stellen für die Engagierten eine immer wichtigere Investition in die Zukunft dar, indem sie der beruflichen Orientierung und dem Erwerb von sozialen wie auch fachlichen Kompetenzen dienen. Vernetzung von Kompetenzen ist die Grundlage einer modernen Sozialstruktur. Jugendfreiwilligendienste wie das Freiwillige Soziale Jahr und das Freiwillige Ökologische Jahr, Mehrgenerationenhäuser, generationsoffenes bürgerschaftliches Engagement und generationsübergreifende Freiwilligendienste sind wichtige Grundpfeiler eines zivilgesellschaftlichen Generationenvertrags für Deutschland.

Die Ergebnisse des zweiten Freiwilligensurveys zeigen: Freiwilliges Engagement ist eine sich entwickelnde Größe. Das ist in dem Wissen, dass der Staat allein zivilgesellschaftliche Verantwortung nicht tragen kann, umso wichtiger. Verantwortung für einander tragen – das geht uns alle an. Eine soziale Bürgergesellschaft muss in der Lage sein, gemeinschaftliche Fürsorge aktiv wahrzunehmen. Nicht nur unsere Demokratie, auch unsere Wirtschaft, unsere soziale Sicherung und unser kulturelles Leben beruhen auf der Bereitschaft zum bürgerschaftlichen Engagement. Diese Bereitschaft ist nicht selbstverständlich, sondern muss sorgsam gepflegt werden. Staat, Wirtschaft und Gesellschaft sind gefordert, die Rahmenbedingungen für bürgerschaftliches Engagement stetig zu verbessern, und zwar auf der individuellen wie auch auf der institutionellen Ebene.

Ich danke dem Meinungsforschungsinstitut TNS Infratest Sozialforschung für die geleistete Arbeit und wünsche dem Ergebnisbericht eine weite Verbreitung sowie Einfluss auf die Diskussionen über die Förderung und Entwicklung des freiwilligen Engagements in Deutschland.

Dr. Ursula von der Leyen
Bundesministerin für Familie, Senioren, Frauen und Jugend

Inhalt

I Hauptbericht
Thomas Gensicke

Zusammenfassung   13

1. **Einleitung: Zivilgesellschaft, bürgerschaftliches Engagement und Freiwilligensurvey**   34
   - 1.1 Zivilgesellschaft und bürgerschaftliches Engagement   34
   - 1.2 Der Freiwilligensurvey   36

2. **Gemeinschaftsaktivität und freiwilliges Engagement**   41
   - 2.1 Wie der Freiwilligensurvey freiwilliges Engagement misst   42
   - 2.2 Entwicklung der Gemeinschaftsaktivität und des freiwilligen Engagements in 14 Bereichen   47
   - 2.3 Entwicklung der Gemeinschaftsaktivität und des freiwilligen Engagements – Beteiligung insgesamt und einzelner Gruppen   52
   - 2.4 Bereitschaft zum Engagement bei nicht Engagierten – das „externe" Engagementpotenzial   68
   - 2.5 Bereitschaft zur Ausdehnung des Engagements bei Engagierten – das „interne" Engagementpotenzial   72

3. **Motivation des freiwilligen Engagements**   74
   - 3.1 Erklärungsmodelle für freiwilliges Engagement   74
   - 3.2 Selbstverständnis des freiwilligen Engagements   77
   - 3.3 Motive, sich freiwillig zu engagieren   81
   - 3.4 Erwartungen an die freiwillige Tätigkeit   86

4. **Strukturen des freiwilligen Engagements**   94
   - 4.1 Zeitliche Strukturen des freiwilligen Engagements   94
   - 4.2 Organisatorische Strukturen des freiwilligen Engagements   107
   - 4.3 Zielgruppen des freiwilligen Engagements   123
   - 4.4 Nutzung des Internets beim freiwilligen Engagement   128
   - 4.5 Lernprozesse und Weiterbildung beim freiwilligen Engagement   136
   - 4.6 Arbeitsmarkt, Bezahlung und freiwilliges Engagement   144

5. **Verbesserungsbedarf bei den Rahmenbedingungen des freiwilligen Engagements**   158
   - 5.1 Unterstützung der Freiwilligen durch die Arbeitgeber   158
   - 5.2 Forderungen der Freiwilligen an die Organisationen und Einrichtungen   162
   - 5.3 Forderungen der Freiwilligen an den Staat und die Öffentlichkeit   169

II Vertiefungen

A Freiwilliges Engagement Jugendlicher im Zeitvergleich 1999 – 2004
Sibylle Picot

1.	Einleitung	177
2.	Zusammenfassung: Die wichtigsten Veränderungen	179
3.	Aktivität und freiwilliges Engagement Jugendlicher: Art und Ausmaß	183
3.1	Aktivität und Engagement weiterhin auf hohem Niveau	183
3.2	Gestiegenes Potenzial	186
3.3	Zunahme von Aktivität und Engagement in den klassischen Bereichen	189
3.4	Strukturelle Verschiebungen	192
4.	Erklärungsfaktoren des freiwilligen Engagements	196
4.1	Bildung und soziale Einbindung	196
4.2	Erklärungsfaktoren im Kontext	199
5.	Charakteristische Unterschiede im freiwilligen Engagement Jugendlicher	204
5.1	Ost und West: Unterschiede trotz paralleler Entwicklungen	204
5.2	Weibliche und männliche Jugendliche: Engagement im Wandel	208
6.	Erwartungen an freiwilliges Engagement: wachsende Interessenorientierung	212
7.	Lernen durch freiwilliges Engagement	216
7.1	Vielfältige Inhalte, teils wachsende Anforderungen	216
7.2	Weiterbildung: weniger Möglichkeiten bekannt, aber häufigere Nutzung	220
8.	Rahmenbedingungen jugendlichen Engagements: weniger Problemdruck	222

B Freiwilliges Engagement bei Frauen und Männern im Zeitvergleich 1999 – 2004
Sibylle Picot, Thomas Gensicke

1.	Einleitung	224
2.	Zusammenfassung	227

3.	**Aktivität und freiwilliges Engagement bei Frauen und Männern**	**230**
3.1	Umfang von Aktivität und freiwilligem Engagement	230
3.2	Bereitschaft zum freiwilligen Engagement	232
3.3.	Anzahl der Tätigkeiten und Zeitstrukturen des Engagements	234
4.	**Strukturen des freiwilligen Engagements bei Frauen und Männern**	**237**
4.1	Engagementbereiche	237
4.2	Organisationsstrukturen	241
4.3	Formale Funktionen	243
5.	**Erwerbstätigkeit und Familie: freiwilliges Engagement in der Zeitkonkurrenz**	**247**
5.1	Freiwilliges Engagement und Erwerbsstatus	247
5.2	Familiäre Situation: häusliche Kinderbetreuung und freiwilliges Engagement	248
6.	**Erklärungsfaktoren für das freiwillige Engagement von Frauen und Männern**	**254**
6.1	Strukturelle und kulturelle Faktoren	254
6.2	Bildungsstatus und Tätigkeitsinhalt	257
7.	**Rahmenbedingungen aus der Sicht von ehemals und aktuell Engagierten**	**261**
7.1	Gründe für die Beendigung des Engagements bei ehemals Engagierten	261
7.2	Entwicklung der Anforderungen und Rahmenbedingungen aus Sicht der Engagierten	263

C Freiwilliges Engagement älterer Menschen im Zeitvergleich 1999 – 2004
Thomas Gensicke

1.	**Einleitung**	**265**
2.	**Zusammenfassung**	**267**
3.	**Gemeinschaftsaktivität und freiwilliges Engagement älterer Menschen**	**269**
3.1	Gemeinschaftsaktivität im Trend	269
3.2	Freiwilliges Engagement im Trend	273
3.3	Engagementpotenzial älterer Menschen	282
4.	**Motive und Strukturen des freiwilligen Engagements älterer Menschen**	**286**
4.1	Motive und Selbstverständnis des freiwilligen Engagements	286
4.2	Zeitliche Strukturen, Zielgruppen sowie organisatorische Umfeldbedingungen des Engagements	291

5.	**Verbesserungsbedarf bei den Rahmenbedingungen des Engagements älterer Menschen**	**295**
5.1	Verbesserungsbedarf bei den Organisationen	295
5.2	Verbesserungsbedarf seitens des Staates und der Öffentlichkeit	297
5.3	Informations- und Kontaktstellen für freiwilliges Engagement	300

D Freiwilliges Engagement von Migrantinnen und Migranten
Sabine Geiss, Thomas Gensicke

1.	**Vorbemerkung**	**302**
2.	**Zusammenfassung**	**304**
3.	**Die Migrantenstichprobe des Freiwilligensurveys 2004**	**308**
3.1	Definition von Migranten	308
3.2	Die Strukturen der Migrantenstichprobe	310
4.	**Gemeinschaftsaktivität und freiwilliges Engagement von Migranten**	**316**
4.1	Gemeinschaftsaktivität	316
4.2	Freiwilliges Engagement	318
4.3	Engagement in verschiedenen Gruppen	320
4.4	Engagementbereiche	326
5.	**Engagementpotenzial von Migranten**	**329**
5.1	Potenzial bei bisher nicht engagierten Migranten	330
5.2	Potenzial bei früher engagierten Migranten	332
5.3	Potenzial bei bereits engagierten Migranten	335
6.	**Motivation für das Engagement von Migranten**	**337**
6.1	Selbstverständnis des freiwilligen Engagements	337
6.2	Zielgruppenspezifisches Engagement	338
6.3	Erwartungen an die freiwillige Tätigkeit	340
7.	**Strukturen des Engagements von Migranten**	**343**
7.1	Organisatorische Strukturen des freiwilligen Engagements	343
7.2	Hauptinhalte der freiwilligen Tätigkeiten und Anforderungen an die freiwilligen Tätigkeiten	344
8.	**Verbesserungsbedarf bei den Rahmenbedingungen des Engagements**	**347**
8.1	Forderungen von Migranten an die Organisationen	347
8.2	Forderungen von Migranten an Staat und Öffentlichkeit	348
	Literaturverzeichnis	350
	Anhang 1: Methodik	357
	Anhang 2: Fragebogen	370

I Hauptbericht

Freiwilliges Engagement in Deutschland 1999 – 2004

Thomas Gensicke

Ergebnisse der repräsentativen Trenderhebung zu Ehrenamt, Freiwilligenarbeit und bürgerschaftlichem Engagement

Zusammenfassung

Wichtige Ergebnisse des zweiten Freiwilligensurveys im Überblick

- **Engagementquote:** Die Engagementquote, der Anteil von freiwillig Engagierten an der Bevölkerung ab 14 Jahren, ist zwischen 1999 und 2004 um 2 Prozentpunkte von 34% auf 36% gestiegen. Auch die Intensität des freiwilligen Engagements hat sich erhöht. Der Anteil der Engagierten, die mehr als eine Aufgabe oder Funktion übernommen haben, ist von 37% auf 42% gestiegen.
- **Engagementpotenzial:** Das Engagementpotenzial hat sich deutlich erhöht. Zum einen ist die Bereitschaft bei nicht Engagierten, sich freiwillig zu engagieren, gestiegen. Diese Gruppe hat sich in der Bevölkerung um 6 Prozentpunkte von 26% auf 32% vergrößert. Zum anderen wollten sich 2004 diejenigen Menschen, die bereits engagiert waren, zu einem deutlich höheren Anteil noch stärker engagieren.
- **Jugendliche:** Junge Menschen zwischen 14 und 24 Jahren sind eine der aktivsten Gruppen der Bevölkerung mit einer stabilen Engagementquote. Das Engagementpotenzial ist in dieser Altersgruppe ganz besonders groß. Zusätzlich zu den 36% bereits Engagierten würden sich weitere 43% engagieren. Von den bereits engagierten Jugendlichen interessieren sich besonders viele für weitere Aufgaben.
- **Männer und Frauen:** Zwar sind die Männer mit 39% noch immer stärker als Frauen freiwillig engagiert, jedoch stieg seit 1999 das freiwillige Engagement bei Frauen stärker als bei Männern. Das Engagement nahm besonders bei erwerbstätigen Frauen zu (2004: 37%, 1999: 32%). Männer engagieren sich zunehmend auch in Bereichen wie „Schule und Kindergarten" sowie im sozialen Bereich, die mehr vom Engagement der Frauen bestimmt sind.
- **Ältere Menschen:** Die deutlichste Steigerung des freiwilligen Engagements gab es bei den älteren Menschen im Alter ab 60 Jahren. Die Engagementquote stieg von 26% auf 30%. In der Gruppe der jüngeren Senioren, d.h. der 60- bis 69-Jährigen, erhöhte sich das Engagement sogar von 31% auf 37%, begleitet von einem starken Anstieg des Engagementpotenzials.
- **Arbeitslose:** Bei den Arbeitslosen ist sowohl die Engagementquote als auch das Engagementpotenzial deutlich gestiegen. Die Engagementquote lag 2004 bei 27% (1999: 23%). Das Engagementpotenzial erhöhte sich seit 1999 von 37% auf 48% und ist da-

mit außerordentlich hoch. Arbeitslose erheben mit ihrem Engagement einen deutlichen Anspruch auf gesellschaftliche Beteiligung und wollen damit ihre Interessen vertreten.
- **Migrantinnen und Migranten:** Auch in der Gruppe der Migrantinnen und Migranten hat das Engagement zugenommen. Dabei stehen die Lösung eigener Probleme und die Erweiterung von Kenntnissen und Erfahrungen stärker im Vordergrund des freiwilligen Engagements als bei Nicht-Migranten. Der Freiwilligensurvey zeigt einen hohen öffentlichen Unterstützungsbedarf für das Engagement von Migrantinnen und Migranten auf.
- **Engagementmotive:** Die Mitgestaltung der Gesellschaft ist für freiwillig Engagierte ein zentrales Motiv, sich zu engagieren. Außerdem suchen sie nach Gemeinschaft mit anderen. Obwohl die Gemeinwohlorientierung des Engagements sehr ausgeprägt ist, werden zunehmend auch eigene Interessen und Problemlagen an das Engagement herangetragen, besonders in den neuen Ländern, von jungen Leuten und von Arbeitslosen.
- **Engagementbereiche:** Mit 11% war auch 2004 der Bereich „Sport und Bewegung" der größte Engagementbereich, gefolgt von den Bereichen „Schule und Kindergarten" (7%) sowie „Kirche und Religion" (6%). Am stärksten zugenommen hat das Engagement im sozialen Bereich (2004: 5,5%, 1999: 4%) sowie im Bereich „Schule und Kindergarten" (1999: 6%).
- **Neue Länder:** In den neuen Ländern (besonders im Raum Berlin-Brandenburg) nahm zwischen 1999 und 2004 das freiwillige Engagement deutlich zu und liegt jetzt bei 31% (1999: 28%) im Vergleich zu 37% in den alten Ländern (1999: 36%). Deutlich gestiegen ist auch das Engagementpotenzial. In den neuen Ländern gelangen Engagierte häufiger als in den alten Ländern aus eigener Initiative zu ihrer freiwilligen Tätigkeit.

Trend des freiwilligen Engagements zwischen 1999 und 2004

Im Mittelpunkt des Interesses des Freiwilligensurveys steht jener Kreis der Bürgerinnen und Bürger, die über eine teilnehmende öffentliche Aktivität hinaus ein höheres Maß an Verantwortung übernehmen und sich freiwillig in Form der Übernahme von Aufgaben, Ämtern und Arbeiten binden. Diese Gruppe bezeichnet der Freiwilligensurvey als *freiwillig Engagierte.*

Die Gruppe der freiwillig Engagierten umfasste 1999 34% der Bevölkerung und vergrößerte sich bis 2004 auf 36% (Grafik Z1). Freiwillig Engagierte sind z.B. als Jugendtrainer, Feuerwehrleute, engagierte Eltern in Kindergärten und Schulen, als Helfer im sozialen und kirchlichen Bereich, in Kultur- und Freizeitvereinen, im Umwelt und Tierschutz, in der politischen und beruflichen Interessenvertretung, in ihrer Kommune und in vielen anderen Funktionen und Bereichen freiwillig tätig. Sie üben ihre Aufgaben, Arbeiten und Funktionen längerfristig aus, 2004 im Durchschnitt bereits seit 9 Jahren.

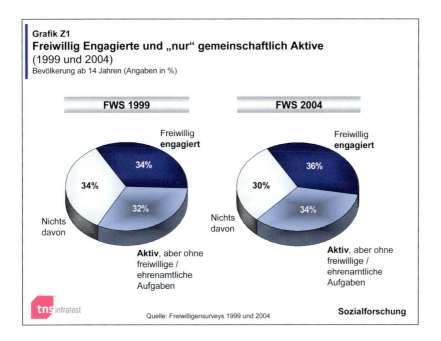

Im Vergleich zu 1999 nahm in Deutschland jedoch nicht nur der Anteil der freiwillig Engagierten zu, sondern auch der Anteil bereits Engagierter, die mehr als nur eine Aufgabe übernommen haben. Dieser erhöhte sich von 37% auf 42%. Somit nahmen sowohl die Zahl der freiwillig Engagierten als auch die Intensität des freiwilligen Engagements zu.

Im internationalen Vergleich lässt sich Deutschland anhand der verfügbaren welt- und europaweiten Studien in eine führende Gruppe entwickelter Länder einordnen. Innerhalb dieser Gruppe bewegt sich unser Land auf einem vorderen Mittelplatz, allerdings deutlich hinter den USA, Kanada, Norwegen, Schweden und den Niederlanden.

Trend des Potenzials für weiteres Engagement

In Deutschland haben zwischen 1999 und 2004 jedoch nicht nur die Quote und die Intensität des freiwilligen Engagements zugenommen, sondern auch das Engagementpotenzial derjenigen Menschen, die bisher nicht engagiert sind („externes" Engagementpotenzial).

1999 gab es in der Bevölkerung neben den 34% bereits Engagierten zusätzliche 26%, die bereit waren, sich freiwillig zu engagieren. 2004 waren das neben den inzwischen 36% Engagierten bereits 32%. Das bedeutet, dass 1999 noch 40% der Bevölkerung dem freiwilligen Engagement fern standen, weil sie nicht engagiert und auch nicht dazu bereit waren. 2004 hatte sich dieser Prozentsatz deutlich auf 32% verringert (Grafik Z2).

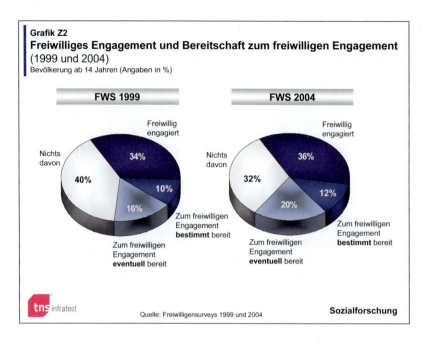

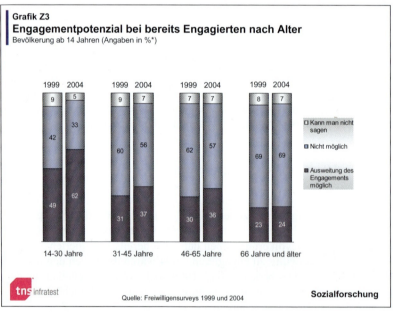

Vermehrte Potenziale zu einer Ausdehnung des freiwilligen Engagements in Deutschland gibt es auch bei denjenigen Menschen, die bereits freiwillig engagiert sind („internes Potenzial"). 1999 waren von den freiwillig Engagierten 35% bereit, ihr Engagement noch zu verstärken. 2004 hatte sich dieser Anteil an der inzwischen gewachsenen Gruppe der Engagierten sogar auf etwa 40% erhöht.

Am deutlichsten vollzog sich dieser Zuwachs an „internem" Potenzial in der Gruppe der jungen Leute von 14 bis 30 Jahren. Der Anteil freiwillig Engagierter in dieser Gruppe ist seit 1999 etwa gleich geblieben, jedoch hat sich der Anteil der Engagierten deutlich erhöht, die angeben, ihr Engagement noch ausweiten zu können (Grafik Z3). Ohnehin war 1999 bereits etwa die Hälfte der Engagierten im Alter von bis zu 30 Jahren dem „internen" Potenzial zuzurechnen.

Trends in verschiedenen Bevölkerungsgruppen

- Jugendliche

Die Gruppe der Jugendlichen zwischen 14 und 24 Jahren ist eine der öffentlich aktivsten Gruppen der Bevölkerung. Das freiwillige Engagement der Jugendlichen ist hoch ausgeprägt, vor allem das hohe Engagementpotenzial ist bei Jugendlichen im Vergleich zu anderen Altersgruppen auffällig: Neben den 36% engagierten Jugendlichen waren 2004 weitere 43% bereit, sich freiwillig zu engagieren.

Dazu kommt, dass bereits engagierte jüngere Menschen besonders häufig ihr Engagement noch ausdehnen wollen. Viele junge Leute stehen am Anfang einer möglichen „Engagementkarriere". Sie finden im Laufe der Zeit die zu ihren Neigungen und Fähigkeiten passenden Tätigkeitsfelder und das richtige Maß an Zeit und Energie für ihre freiwilligen Tätigkeiten.

Jugendlichen bietet das freiwillige Engagement durch informelles Lernen einen besonderen Ertrag bei der Schulung von Belastbarkeit, Einsatzbereitschaft und Organisationstalent. Junge Leute berichten häufig über Lernchancen, welche die freiwillige Tätigkeit „in sehr hohem" bzw. „in hohem Maße" bietet. Diese Lernprozesse vollziehen sich in engem Kontakt mit Gleichaltrigen.

- Männer und Frauen

Männer waren auch 2004 mit 39% in stärkerem Maße engagiert als Frauen. Frauen haben jedoch mit einer Engagementquote von 32% aufgeholt (Grafik Z4). Vor allem erwerbstätige Frauen haben ihr Engagement besonders gesteigert (2004: 37%, 1999: 32%). Auch bei jüngeren Frauen und Männern bis zu 30 Jahren erfolgte eine deutliche Annäherung des freiwilligen Engagements. Außerdem ging der Anstieg des freiwilligen Engagements der Arbeitslosen vermehrt auf die Frauen zurück.

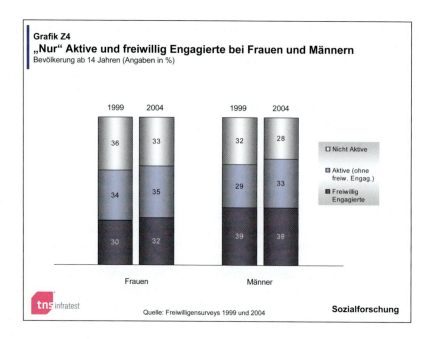

Seit 1999 engagieren sich mehr Männer in bisher typisch weiblichen Bereichen wie Schule und Kindergarten sowie im sozialen Bereich. Außerdem bringen sich Männer mit Kleinkindern vermehrt in die häusliche Kinderbetreuung ein, was zu einem größeren Zeitbudget der Frauen mit Kindern bis zu drei Jahren und somit zu einer Zunahme ihres freiwilligen Engagements führte. Männer können allerdings nach wie vor mehr Zeit in ihr Engagement investieren, da sie weniger von der Doppelbelastung durch Berufs- und Familienarbeit betroffen sind als Frauen.

Ein wichtiger Unterschied zwischen engagierten Männern und Frauen besteht darin, dass Männer wesentlich öfter Leitungs- und Vorstandsfunktionen bzw. Wahlämter ausüben. Das betrifft auch diejenigen Engagementbereiche, die mit großer Mehrheit von Frauen besetzt sind. An dem typischen Unterschied, dass Männer in den Organisationen führen, verwalten und repräsentieren, Frauen sich dagegen vermehrt dem helfenden und betreuenden Dienst am Menschen widmen, hat sich somit bisher wenig geändert.

- Ältere Menschen

Ein auffälliges Ergebnis des Freiwilligensurveys 2004 besteht darin, dass das freiwillige Engagement bei Menschen ab der Altersgrenze von 60 Jahren deutlich gestiegen ist, insbesondere bei Menschen im Alter zwischen 60 und 69 Jahren. In der gesamten Gruppe der älteren Menschen nahm das freiwillige Engagement von 26% auf 30% zu, bei den 60- bis 69-Jährigen sogar von 31% auf 37% und liegt damit sogar leicht über dem Durchschnitt der Bevölkerung.

In der öffentlich und politisch stark interessierten Gruppe der jüngeren Senioren im Alter zwischen 60 und 69 Jahren stieg das Engagement bei Männern wie auch bei Frauen deutlich. Sowohl in den neuen als auch in den alten Ländern ist diese Altersgruppe eine öffentlich sehr aktive und seit 1999 besonders dynamische Gruppe.

Das Engagement von älteren Menschen hat besonders in den Bereichen „Soziales" und „Kirche und Religion" zugenommen. Dabei kam das Engagement der Älteren zunehmend der eigenen Altersgruppe zugute. Die gesellschaftspolitische und soziale Motivation ist bei engagierten älteren Menschen stark ausgeprägt, begleitet von einer erhöhten „ehrenamtlichen" Auffassung des Engagements.

- Arbeitslose

Die Engagementquote der Arbeitslosen stieg im Vergleich zu 1999 deutlich von 23% auf 27% (Grafik Z5). Dabei erhöhte sich das Engagement der Arbeitslosen in den neuen Ländern überproportional. Die Bereitschaft zum freiwilligen Engagement bei Arbeitslosen ist seit 1999 um 11 Prozentpunkte angestiegen. Der Prozentsatz der Arbeitslosen, die weder freiwillig engagiert sind noch dazu bereit sind, ist von 40% auf 25% stark gesunken.

Arbeitslose suchen durch freiwilliges Engagement soziale Einbindung und Möglichkeiten, ihre Fähigkeiten und Kenntnisse zu erhalten und zu erweitern. Freiwilliges Engagement ist damit in dieser Gruppe auch eine Möglichkeit, die persönliche Motivation und Beschäftigungsfähigkeit zu erhalten. Arbeitslose verbinden mit ihrem freiwilligen Engagement jedoch nicht nur persönliche Motive, sondern erheben einen ausgeprägten Anspruch auf gesellschaftliche und politische Mitgestaltung.

Im Vergleich zu 1999 sind den Arbeitslosen der berufliche Nutzen des Engagements und die Erweiterung ihrer Kenntnisse und Erfahrungen erheblich wichtiger geworden. Sie wünschten sich jedoch auch in gestiegenem Maße „Anerkennung" sowie die Möglichkeit zur Übernahme eigenständiger Verantwortung. Die Erwartungshaltung von Arbeitslosen an ihre freiwillige Tätigkeit ist somit zwischen 1999 und 2004 deutlich anspruchsvoller geworden.

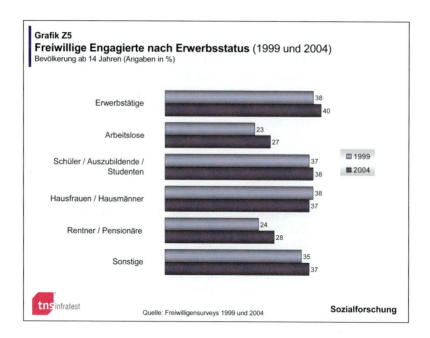

- Migrantinnen und Migranten

In der Gruppe der Migrantinnen und Migranten[1] in Deutschland engagierten sich 2004 23% freiwillig (Grafik Z6). Mit 42% waren in dieser Gruppe zusätzlich viele Menschen bereit, sich freiwillig zu engagieren. Für die Gruppe der Migranten *mit ausländischem Pass*[2] ist auf Basis des Freiwilligensurveys eine Trendaussage möglich. In dieser Gruppe erhöhte sich das Engagement seit 1999 überproportional von 20% auf 24%.[3]

Für Migrantinnen und Migranten steht beim Engagement das Lösen eigener Probleme stärker im Vordergrund als bei Engagierten ohne Migrationshintergrund, aber auch die Erweiterung der Kenntnisse und Erfahrungen und der berufliche Nutzen des Engagements.

Die vertiefende Auswertung für die Bevölkerungsgruppe mit Migrationshintergrund zeigt sowohl besondere Motivlagen als auch vermehrte Probleme auf, die ihrem Engagement entgegenstehen. Insgesamt ergibt sich eine erhöhter Förderungs- und Anerkennungsbedarf des freiwilligen Engagements dieser Gruppe.

---

[1] Im Freiwilligensurvey werden aufgrund der Art der Befragung (deutschsprachige Telefoninterviews) vorrangig besser integrierte Migranten erfasst. Das Zentrum für Türkeistudien (ZfT) gibt für türkischstämmige Migranten und Migrantinnen eine Engagementquote von 10% bis 12% an.

[2] In dieser Gruppe gelten ähnliche Beschränkungen wie laut der vorigen Fußnote.

[3] Diese Zahlen basieren auf einer nachträglichen Auswertung der Daten des 1. Freiwilligensurveys 1999. Eine Trendaussage für Migranten mit ausländischem Pass ist im Gegensatz zu Migranten mit erweitertem Migrationshintergrund möglich, da bereits 1999 die Frage nach der Staatsangehörigkeit (deutsch: ja/nein) im Fragebogen enthalten war. Weitere Fragen zum Migrationshintergrund, die eine detaillierte Sonderauswertung von Migranten mit erweitertem Migrationshintergrund ermöglichten, wurden neu in das Fragenprogramm des 2. Freiwilligensurvey aufgenommen.

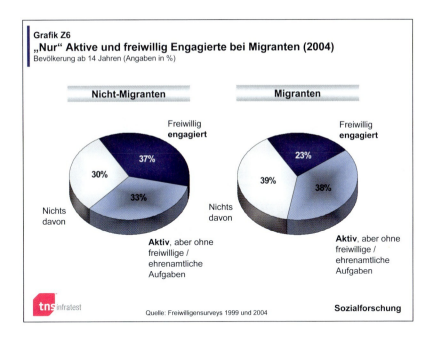

- Freiwilliges Engagement in den alten und neuen Ländern

Im Vergleich der Regionen hat das freiwillige Engagement besonders in den neuen Ländern zugenommen. Dort wuchs das freiwillige Engagement im Vergleich zu 1999 von 28% auf 31% an (Grafik Z7). Im Raum Berlin-Brandenburg gab es mit 5 Prozentpunkten eine sehr deutliche Zunahme.

Träger dieser Entwicklung in den neuen Ländern waren bevorzugt Frauen und Menschen im Alter zwischen 31 und 65 Jahren, die ihr Engagement deutlich gesteigert haben. Das heißt, der deutschlandweite Trend einer starken Zunahme des freiwilligen Engagements älterer Menschen gilt mehr für die alten als die neuen Länder.

Insgesamt ist in den neuen Ländern die Infrastruktur des freiwilligen Engagements dichter geworden, so dass sich noch 1999 zu beobachtende Unterschiede zwischen neuen und alten Ländern deutlich verringert haben. Eine wichtige Besonderheit ist jedoch bestehen geblieben bzw. hat sich weiter verstärkt. In den neuen Ländern kommen Freiwillige häufiger durch eigene Initiative zu ihrer freiwilligen Tätigkeit als in den alten Ländern, wo Freiwillige vermehrt durch Dritte für ihre Tätigkeit angeworben werden.

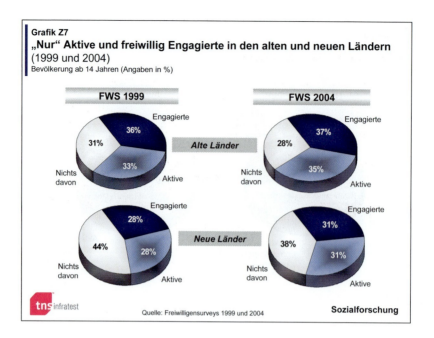

Bereiche des freiwilligen Engagements

Wie auch schon 1999 war 2004 der größte Engagementbereich „Sport und Bewegung", gefolgt von den Bereichen „Schule und Kindergarten" (7%) sowie „Kirche und Religion" (6%). Am stärksten zugenommen hat das Engagement im sozialen Bereich (2004: 5,5%, 1999: 4%), in der Jugend- und Bildungsarbeit sowie im Bereich „Schule und Kindergarten" (1999: 6%), Felder, in denen bevorzugt weibliche Freiwillige engagiert sind (Grafik Z8).

In die Jugendarbeit brachten sich vermehrt die jungen Leute selbst ein, ebenso im Bereich „Schule und Kindergarten", wo allerdings in allen Altersgruppen eine Zunahme zu beobachten war. Im Bereich „Soziales" waren 2004 vermehrt Menschen im Alter von über 45 Jahren, insbesondere Menschen im Alter von über 60 Jahre engagiert.

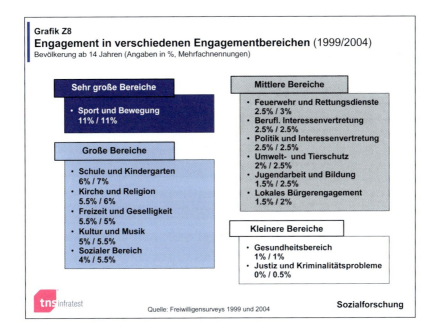

Motive der freiwillig Engagierten und Erwartungen an die freiwillige Tätigkeit

Freiwillig Engagierte erheben zum einen den Anspruch, die Gesellschaft mitzugestalten. Zum anderen wollen sie mit anderen Engagierten zusammenkommen und mit diesen gemeinsam etwas bewegen (Grafik Z9). Der Freiwilligensurvey zeigt, dass der persönliche Einsatz vieler Engagierter in ihrer freien Zeit hohe Anforderungen an ihre soziale Kompetenz, an ihre Belastbarkeit, ihre Einsatzbereitschaft und ihr Organisationstalent stellt.

Freiwillige berichten darüber, dass ihnen ihr Engagement einen hohen persönlichen „Ertrag" an positivem Lebensgefühl gewährt. Freiwilliges Engagement bereitet Spaß, führt Menschen zusammen und ermöglicht neue Erfahrungen. Zunehmend gehört auch Fachwissen zu den Anforderungen des freiwilligen Engagements (Grafik Z10).

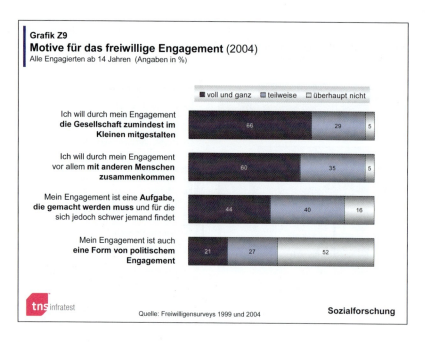

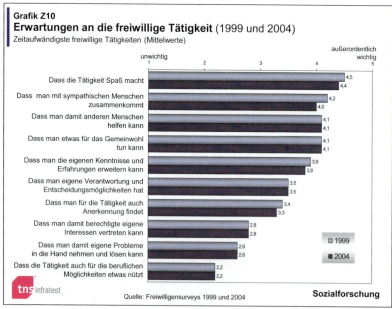

Jüngere sowie arbeitslose Engagierte bzw. Engagierte in den neuen Ländern tragen zunehmend eigene Interessenlagen und berufliche Aspekte an das freiwillige Engagement heran. Sie sehen ihre freiwillige Tätigkeit durchaus als gemeinwohlorientiert an, fügen dieser Motivation aber eine Interessenorientierung persönlicher Art hinzu. Persönliche Interessen werden dagegen bei den älteren Engagierten deutlicher zurückgestellt, die soziale Verpflichtung des Engagements, d.h. die Ausübung der freiwilligen Tätigkeit für das Gemeinwohl, wird stärker betont (Grafik Z11).

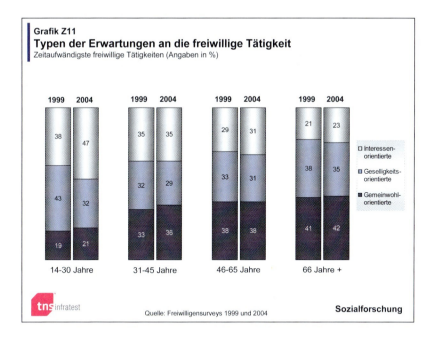

Der Motivwandel des freiwilligen Engagements und die Veränderung der Erwartungen an die freiwillige Tätigkeit müssen beim Umgang mit Freiwilligen verschiedener Altersgruppen berücksichtigt werden. Ebenso kann die Stellung zum Erwerbsleben (Arbeitslose) oder ein möglicher Migrationshintergrund unterschiedliche Motivlagen und Erwartungen bei Freiwilligen bzw. bei potenziellen Freiwilligen bedingen.

Strukturen des freiwilligen Engagements

- Zeitlicher Rahmen

Freiwilliges Engagement ist keine zeitlich beliebige Angelegenheit, sondern (trotz vielfältiger Unterschiede) von stabilen Strukturen bestimmt. 1999 wie 2004 war mit 26% ein gleicher Anteil der freiwilligen Tätigkeiten zeitlich begrenzt angelegt, d.h. Engagierte gaben an, die Tätigkeiten würden „in absehbarer Zeit" beendet sein (Grafik Z12). Besonders viele der Tätigkeiten im Bereich „Kindergarten und Schule" sind zeitlich begrenzt, und das konstant zwischen 1999 und 2004.

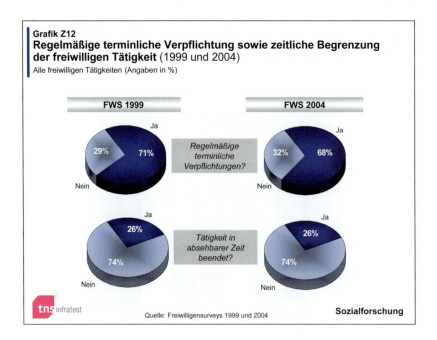

Zwischen 1999 und 2004 sehr stabil bzw. teilweise sogar zunehmend zeitlich unbegrenzt angelegt waren die Tätigkeiten in den Bereichen „Sport und Bewegung", „Kultur und Musik", „Freizeit und Geselligkeit", „Soziales" (hier besonders häufig), „außerschulische Jugendarbeit und Erwachsenenbildung", „Umwelt und Tierschutz" sowie „freiwillige Feuerwehr und Rettungsdienste".

- Bedeutung der Vereine

Der Freiwilligensurvey zeigt, dass 1999 wie 2004 die Vereine das wichtigste organisatorische Umfeld des freiwilligen Engagements darstellten (Grafik Z13). Über die Zeit stabil wurden jeweils 40% der freiwilligen Tätigkeiten innerhalb von Vereinsstrukturen ausgeübt. Das betrifft besonders die größeren Engagementbereiche „Sport und Bewegung", „Kultur und Musik" sowie „Freizeit und Geselligkeit", die zum großen Teil durch die Organisationsform des Vereins bestimmt werden.

Öffentliche Einrichtungen (staatliche, kommunale und kirchliche) stellen das zweitwichtigste Umfeld freiwilliger Tätigkeiten dar. Ihre Bedeutung ist seit 1999 gestiegen, dagegen ist die von locker gefügten Gruppen und Initiativen zwischen 1999 und 2004 rückläufig. Dasselbe betrifft die klassischen Großorganisationen der Interessenvertretung, die Verbände, Parteien und Gewerkschaften, davon besonders die Parteien.

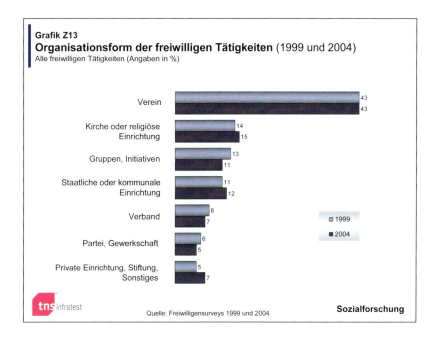

- Kultur der Mitbestimmung und Mitgestaltung

Der Freiwilligensurvey zeigt, dass Freiwillige, die in kleineren bzw. locker gefügten Organisationsformen tätig sind, vermehrt angeben, dass sie über ausreichende Spielräume verfügen, mitzubestimmen und mitzugestalten. Freiwillige in Einrichtungen und teilweise im Partei- und Verbandswesen beurteilen diese Möglichkeiten als weniger gut. Die Vereine heben sich dagegen positiv vom Durchschnitt ab. Vereine bis zu einer Größe von 500 Mitgliedern erreichen sogar ähnlich günstige Mitbestimmungswerte wie Gruppen und Initiativen.

Besonders öffentliche und kirchliche Einrichtungen haben somit einen erhöhten Bedarf, der Teilhabe und Mitsprache von Freiwilligen mehr Raum zu geben. Die in Einrichtungen im Umfeld von Freiwilligen besonders häufig tätigen hauptamtlichen Mitarbeiterinnen und Mitarbeiter tragen dafür eine besondere Verantwortung. Da Frauen häufiger in Einrichtungen freiwillig tätig sind, könnten sie von einer Erweiterung der Möglichkeiten der Mitsprache und Mitgestaltung besonders profitieren.

Anhand der Bewertungen der Freiwilligen im zweiten Freiwilligensurvey zeichnet sich im Bereich der Einrichtungen seit 1999 bezüglich der Anerkennung der Tätigkeit von Freiwilligen durch hauptamtliche Beschäftigte eine Verbesserung ab.

Bedeutung des Internets für freiwilliges Engagement

Das Internet wird im freiwilligen Engagement bereits oft genutzt. Bei 43% der Tätigkeiten greifen freiwillig Engagierte auf dieses moderne Kommunikationsmedium zurück, insbesondere in der Jugend- und Bildungsarbeit sowie in der beruflichen und politischen Interessenvertretung (Grafik Z14). Freiwillig Engagierte, die im Rahmen ihres Engagements das Internet nutzen, verbinden mit ihrem Engagement häufiger einen gesellschaftlich gestalterischen Anspruch.

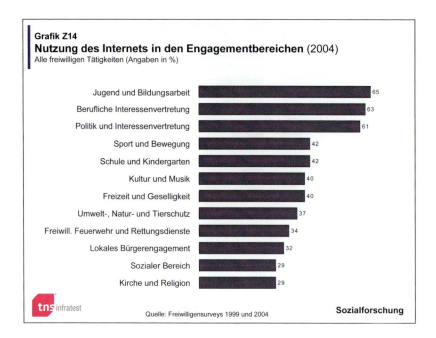

Von den Engagierten wird das Internet derzeit am häufigsten für die Beschaffung von Informationen genutzt, gefolgt vom Meinungsaustausch sowie die Organisation und Abwicklung der laufenden Arbeit. Für bestimmte Aufgaben im Rahmen des Engagements hat das Internet bereits zentrale Bedeutung, z.B. für die Vernetzungsarbeit und die Mittelbeschaffung. Die Vernetzung von Aktivitäten mittels des Internet ist besonders wichtig im sozialen Bereich, was mit der Bedeutung der Selbsthilfegruppen zusammenhängt, bei der beruflichen Interessenvertretung und im politischen Bereich.

Unter den freiwillig engagierten Internetnutzern sind Männer sowie jüngere und gut gebildete Menschen überrepräsentiert. Engagierte, die mehrere freiwillige Tätigkeiten ausüben bzw. besonders viel Zeit ins Engagement investieren, nutzen ebenfalls vermehrt das Internet.

Es wird weiter zu beobachten sein, ob die Internetnutzung im Rahmen des freiwilligen Engagements kompensatorische Effekte für bestimmte Gruppen hat, die bisher zu den selteneren Nutzern zählten und inwieweit das Internet als Instrument zur Aktivierung bisher nicht freiwillig engagierter Bürger an Bedeutung gewinnt.

„Informelle" Lernfelder des Engagements

Freiwilliges Engagement kann als wichtiges „informelles" Lernfeld beschrieben werden. Freiwillig Engagierte können sich durch ihre freiwillige Tätigkeit einerseits Fachwissen aneignen, andererseits werden, besonders bei jungen Leuten, soziale und organisatorische Kompetenzen erworben. Insgesamt wird bei 44% der freiwilligen Tätigkeiten berichtet, sie würden „in sehr hohem" bzw. „in hohem Maße" dazu beitragen, dass Freiwillige Fähigkeiten erwerben, die für sie persönlich wichtig sind.

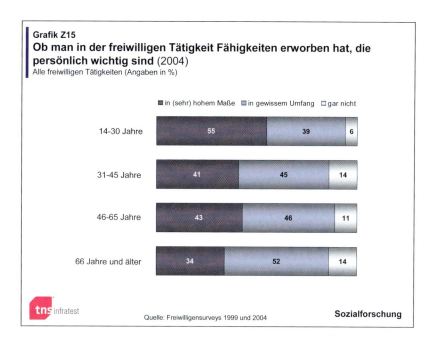

Junge Leute im Alter von 14 bis 30 Jahren geben mit 55% besonders häufig an, dass ihre freiwillige Tätigkeit solche Lernchancen „in sehr hohem" bzw. „in hohem Maße" bietet (Grafik Z15). Ost- und Westdeutsche, Frauen und Männer sowie Erwerbstätige profitieren in ähnlichem Maße von Lernprozessen im freiwilligen Engagement, ebenso Arbeitslose.

Berufs- und Arbeitsmarktnähe freiwilliger Tätigkeiten

23% der ausgeübten freiwilligen Tätigkeiten haben etwas mit der aktuellen Berufstätigkeit (bei Erwerbstätigen) oder der früheren Berufstätigkeit (bei nicht Erwerbstätigen) zu tun. Diese Nähe beruflicher und freiwilliger Tätigkeiten ist über die Zeit konstant geblieben. Besonders für ältere Menschen, die nicht mehr im Berufsleben stehen, gibt es die Möglichkeit, berufliche Erfahrungen weiterhin einzubringen. Die Gesellschaft profitiert somit weiterhin von solchen Erfahrungen.

Bei engagierten Arbeitslosen war die Berufsnähe des freiwilligen Engagements 1999 am niedrigsten. Diese Nähe ist allerdings zwischen 1999 und 2004 von 13% auf 18% deutlich angestiegen. Hierin könnte sich eine zunehmende Verbindung von freiwilligem Engagement und der Suche nach einer neuen bezahlten Tätigkeit bei Arbeitslosen ausdrücken.

Eine andere Form der Nähe freiwilliger und beruflicher Tätigkeiten besteht darin, dass Tätigkeiten von Freiwilligen von anderen auch beruflich gegen Bezahlung ausgeübt werden. Die Überschneidung freiwilliger und bezahlter Tätigkeiten ist seit 1999 rückläufig. Freiwillige standen mit ihren Tätigkeiten 2004 somit weniger in Parallelität zu bezahlten beruflichen Tätigkeiten.

Verbesserungsbedarf bei den Rahmenbedingungen des freiwilligen Engagements

- Arbeitgeber

29% der freiwillig engagierten Arbeitnehmerinnen und Arbeitnehmer gaben 2004 an, ihre Arbeitgeber unterstützten sie beim freiwilligen Engagement, 18% meinten, das sei nicht nötig. Es verbleiben 53%, die auf eine Unterstützung nicht zurückgreifen können, von denen aber sicher nicht wenige der Meinung sind, diese Unterstützung sei angebracht.

Wenn freiwillig engagierte Arbeitnehmerinnen und Arbeitnehmer auf Hilfestellung bauen können, dann auf Grund einer flexiblen Arbeitszeitregelung, in Form der Nutzung der betrieblichen Infrastruktur (Telefon, Fax, Internet, Kopierer) sowie durch Freistellungen. Innerhalb der Personalpolitik der Arbeitgeber (bei Beförderungen, Belobigungen usw.) spielt freiwilliges Engagement von Arbeitnehmern bisher eine geringere Rolle.

- Organisationen und Einrichtungen

Das Hauptproblem, das freiwillig Engagierte in den Organisationen und Einrichtungen wahrnehmen, ist unverändert die finanzielle Knappheit, insbesondere, wenn es um die Finanzierung von Freiwilligenprojekten geht. Dieses Problem hat sich allerdings zwischen 1999 und 2004 nicht weiter verstärkt. 1999 folgte der Mangel an Räumlichkeiten und Ausstattungsmitteln an zweiter Stelle des Verbesserungsbedarfs. Dieser Punkt wurde von den Freiwilligen 2004 etwas günstiger eingeschätzt (Grafik Z16).

Die Frage, ob Freiwillige eine gewisse finanzielle Vergütung für ihre Tätigkeit erhalten sollten, ist für die Engagierten am wenigsten von Bedeutung. Allerdings wurde diese Frage bereits 1999 von arbeitslosen Engagierten vermehrt und 2004 zunehmend angesprochen. Unverändert sieht seit 1999 etwa ein Drittel der Freiwilligen Verbesserungsbedarf bei der unbürokratischen Erstattung von Kosten, die im Zusammenhang mit dem Engagement anfallen. Auch auf diesen Punkt machten bereits 1999 arbeitslose Freiwillige deutlich häufiger aufmerksam und deren Aufmerksamkeit ist auch in dieser materiellen Frage 2004 gestiegen.

Ein anderer Komplex des Unterstützungsbedarfs des freiwilligen Engagements sind Fragen der fachlichen Anleitung und der Weiterbildung für Freiwillige. Diesbezüglich wird die Situation bei gleichzeitig erhöhten fachlichen Anforderungen 2004 besser eingeschätzt als 1999. Auch bezüglich der Frage, ob hauptamtliche Mitarbeiterinnen und Mitarbeiter die

Tätigkeiten der Freiwilligen hinreichend anerkennen und würdigen, sehen die Freiwilligen 2004 einen geringeren Verbesserungsbedarf als noch 1999.

Insgesamt werden also die vermehrten Bemühungen um bessere institutionelle Rahmenbedingungen in den Organisationen und Einrichtungen von den Freiwilligen honoriert, wobei der Verbesserungsbedarf differenziert und vielgestaltig bleibt.

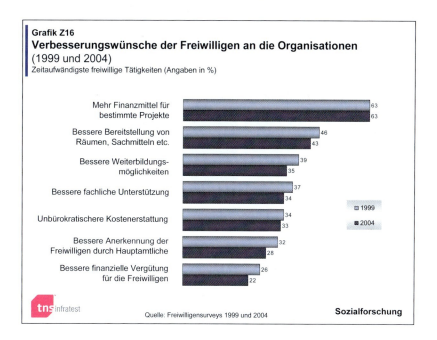

- Staat und Öffentlichkeit

Der Staat kann freiwilliges Engagement materiell unterstützen, z.B. durch steuerliche Erleichterungen oder durch die öffentliche Gewährleistung eines Versicherungsschutzes. Verbesserungen bei diesen materiellen Unterstützungsformen wurden von den Freiwilligen im zweiten Freiwilligensurvey 2004 deutlich weniger gefordert als noch im ersten von 1999. Direkt auf freiwillige Tätigkeiten bezogene steuerrechtliche Erleichterungen, Nebenwirkungen der verschiedenen Stufen der Steuerreform sowie Maßnahmen des Bundes und der Länder zur Absicherung Freiwilliger im Falle von Unfällen und Haftpflichtfällen sind der Hintergrund dieses veränderten Meinungsbildes der Engagierten.

Da die Freiwilligen 2004 auf der materiellen Seite weniger staatlichen Verbesserungsbedarf als noch 1999 sahen, hat sich der Schwerpunkt ihrer Unterstützungsbedürfnisse deutlich in Richtung der öffentlichen Information und Beratung sowie der öffentlichen Kommunikation über das freiwillige Engagement verschoben. Bei diesen Aspekten sehen die Freiwilligen noch keine hinreichenden Fortschritte (Grafik Z17).

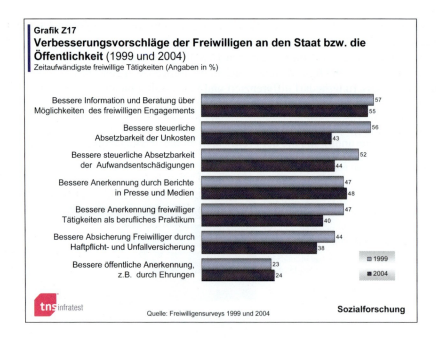

Die zielgenaue und bedarfsgerechte Information über freiwilliges Engagement sowie eine angemessene Medienpräsenz werden in Zukunft neben der Gewährleistung eines ausreichenden Versicherungsschutzes für Freiwillige wesentliche Zukunftsaufgaben der öffentlichen Förderung des freiwilligen Engagements sein.

Der Freiwilligensurvey – ein öffentliches Informationssystem zum freiwilligen Engagement in Deutschland

Der Freiwilligensurvey ist ein öffentliches Informationssystem, das umfassende und detaillierte bundes- und landesweite Informationen zu den verschiedenen Bereichen und Formen des freiwilligen Engagements von Bürgerinnen und Bürgern in Deutschland zur Verfügung stellt. Die Wirklichkeit des bürgerschaftlichen Engagements, dessen Umfang, Qualität und öffentliche Leistungen, wird ebenso erfasst wie die Bedürfnisse engagierter Bürgerinnen und Bürger nach öffentlicher Unterstützung. Basis dieses Informationssystems sind große repräsentative, telefonisch durchgeführte Bevölkerungsumfragen bei jeweils 15.000 zufällig ausgewählten Befragten.

Das Bundesministerium für Familie, Senioren, Frauen und Jugend gab den Freiwilligensurvey (Freiwilligenarbeit, Ehrenamt und bürgerschaftliches Engagement) in der zweiten Hälfte der 90er Jahre beim Projektverbund „Freiwilligensurvey" in Auftrag, dessen erste beiden Wellen in den Jahren 1999 und 2004 durch TNS Infratest Sozialforschung durchgeführt wurden. Die Durchführung der zweiten Welle des Freiwilligensurveys bildete den Schritt zu einer repräsentativen Dauerbeobachtung des freiwilligen Engagements in Deutschland.

Um eine Trendbeobachtung des freiwilligen Engagements zu gewährleisten, wurde ein großer Teil des Fragenprogramms konstant gehalten. Zusätzlich wurden neue Fragen aufgenommen, die sich seit 1999 als zunehmend wichtig erwiesen haben, z.B. Fragen zur gesellschaftspolitischen Motivation, zum organisatorischen Umfeld sowie zu informellen Lernprozessen des freiwilligen Engagements, Fragen zur Funktion des Internets beim Engagement, zur besseren Erfassung des Migrationshintergrundes der Befragten sowie Fragen zur Unterstützung des freiwilligen Engagements der Arbeitnehmer durch die Arbeitgeber. Auch die öffentliche Betreuungssituation von Vorschulkindern als Hintergrund der Möglichkeiten insbesondere weiblicher Berufstätigkeit und von freiwilligem Engagement wurde detailliert erfasst und ausgewertet.

Der zweite Freiwilligensurvey wurde bei TNS Infratest Sozialforschung bislang in neun Länderstudien verschiedenen Umfangs regional vertieft (Bayern, Brandenburg, Berlin, Hessen, Niedersachsen, Nordrhein-Westfalen, Rheinland-Pfalz, Sachsen und Sachsen-Anhalt). Die Daten für Baden-Württemberg wurden durch das Zentrum für zivilgesellschaftliche Entwicklung Freiburg ausgewertet. Außerdem wurden durch TNS Infratest Sozialforschung verschiedene Spezialuntersuchungen durchgeführt, etwa zu den Themen freiwilliges Engagement im Bereich „Kirche und Religion" sowie für die Bundesarbeitsgemeinschaft der Freien Wohlfahrtspflege. Im Auftrag des BMFSFJ untersuchte TNS Infratest Sozialforschung außerdem generationsbezogene Aspekte auf Basis des Freiwilligensurveys sowie Fragen der außerhäuslichen Betreuung von Vorschulkindern. Zum freiwilligen Engagement im Bereich „Sport und Bewegung" gibt es inzwischen eine Studie der Deutschen Sporthochschule Köln.[4]

Die in dem vorliegenden Bericht enthaltenden Untersuchungen zum freiwilligen Engagement von Jugendlichen, älteren Menschen, von Frauen und Männer sowie von Migrantinnen und Migranten stellen analytische Vertiefungen der Hauptberichterstattung dar.

---

[4] Vgl. zu den Länderanalysen und den Sonderanalysen den ersten Abschnitt im Literaturverzeichnis.

1 Einleitung: Zivilgesellschaft, bürgerschaftliches Engagement und Freiwilligensurvey

1.1 Zivilgesellschaft und bürgerschaftliches Engagement

Eine Gesellschaft, die der Leitidee der Zivilgesellschaft verpflichtet ist, stützt sich auf bürgerschaftliches Engagement und eröffnet Bürgerinnen und Bürgern Möglichkeiten für selbst organisierte Mitgestaltung und Beteiligung. Die Enquetekommission „Zukunft des Bürgerschaftlichen Engagements" des Bundestags hat folgende Leitlinien des bürgerschaftlichen Engagements herausgearbeitet, die in diesem Abschnitt dargestellt werden.[5]

Bürgerschaftliches Engagement ist

- freiwillig,
- nicht auf materiellen Gewinn gerichtet,
- gemeinwohlorientiert,
- öffentlich bzw. findet im öffentlichen Raum statt und
- wird in der Regel gemeinschaftlich bzw. kooperativ ausgeübt.

Bürgerschaftliches Engagement erzeugt

- soziales Kapital,
- demokratische Kompetenz,
- informelle Lernprozesse.

Soziales Kapital: Gesellschaften sind für ihren Zusammenhalt auf Vertrauen, Solidarität und Bereitschaft zur Zusammenarbeit angewiesen – in der Forschung wird dies als „soziales Kapital" bezeichnet. In pluralistischen und heterogenen Gesellschaften kann soziales Kapital dabei helfen, die Unterschiede zwischen Bevölkerungsgruppen zu überbrücken und Konflikte auf eine Weise auszutragen, die den Zusammenhalt der gesamten Gesellschaft nicht gefährdet. Bürgerschaftliches Engagement trägt in besonderem Maße dazu bei, soziales Kapital zu pflegen und ist damit eine wichtige gesellschaftliche Quelle für Vertrauen und Solidarität. Freiwillige Vereinigungen stellen bürgerschaftlich engagierten Menschen dauerhafte Strukturen der Zusammenarbeit über die Familie und den unmittelbaren Lebenskreis zu Verfügung.[6]

Demokratische Kompetenz: Bürgerschaftliches Engagement zeichnet sich dadurch aus, dass es auf gesellschaftlichen Einfluss zielt und auf Selbstorganisation von Bürgerinnen und Bürgern beruht. Oft kommt es im Engagement darauf an, sich einerseits mit eigenen Anliegen durchzusetzen und sich andererseits mit anderen auf Kompromisse zu verständi-

---

[5] Vgl. Enquetekommission „Zukunft des Bürgerschaftlichen Engagements" Deutscher Bundestag 2002: S.73-90.
[6] Vgl. Bundesministerium für Familie, Senioren, Frauen und Jugend 2004: S. 43f.

gen. Bürgerschaftliches Engagement trägt somit dazu bei, demokratisches Verhalten zu lernen – auch dann, wenn es im vermeintlich unpolitischen Raum gemeinsamer Freizeitgestaltung oder unmittelbarer sozialer Hilfeleistungen stattfindet. Gerade für junge Menschen haben diese mittelbaren politischen Lernprozesse eine besondere Bedeutung, da sie Erfahrungen gewähren, die gesellschaftliches Mitgestalten möglich machen und das Handeln im unmittelbar politischen Feld vorbereiten und erleichtern. Viele Formen freiwilliger Tätigkeiten ermöglichen zudem eine unmittelbare Partizipation der Bürgerinnen und Bürger an der Entwicklung ihres Lebens- und Wohnumfeldes. Organisationen und Einrichtungen, in denen Freiwillige arbeiten, setzen deren Engagement wesentliche Rahmenbedingungen: Werden bürgerschaftlich Engagierten tatsächlich Verantwortung, Entscheidungsspielräume und Mitgestaltungsmöglichkeiten gewährt? Sind die Aushandlungsprozesse, die Art des Umgangs von wechselseitigem Respekt und demokratischen Verfahren geprägt? Förderliche Rahmenbedingungen in Organisationen und in der Gesellschaft sind insofern eine notwendige Bedingung für die demokratischen Lernprozesse im hier beschriebenen Sinne.[7]

Informelle Lernprozesse: Viele Tendenzen in der Entwicklung des Arbeitsmarkts deuten darauf hin, dass soziale und organisatorische Kompetenzen im Zuge der Umwandlung von Industriegesellschaften in Dienstleistungs- und Wissensgesellschaften eine größere Bedeutung erhalten: Dazu zählen zum Beispiel rhetorische Fertigkeiten, die Fähigkeit, in Konflikten zu vermitteln, in Gruppen moderierend ein Ergebnis zu erzielen oder auch die Fähigkeit, ein Projekt zu organisieren und zum erfolgreichen Ende zu bringen, Verantwortung für sich und andere zu übernehmen. Viele Tätigkeiten im bürgerschaftlichen Engagement vermitteln diese Fertigkeiten: Der Beitrag bürgerschaftlichen Engagements zum Kompetenzerwerb kann somit auch ein ergänzender Beitrag zum Erwerb beruflicher Schlüsselqualifikationen sein. Daneben vermitteln zahlreiche freiwillige Tätigkeiten aber auch konkrete Kenntnisse und Qualifikationen, die für bestimmte Berufsfelder relevant sind.[8]

Zukünftig wird Deutschland auf bürgerschaftliches Engagement noch mehr angewiesen sein. Die Zivilgesellschaft im Sinne einer neuen Verantwortungsteilung zwischen Staat, Wirtschaft und Drittem Sektor bildet ein geeignetes gesellschaftspolitisches Leitbild für eine soziale Reformperspektive. Bürgerinnen und Bürger, aber auch die tragenden Sektoren unserer Gesellschaft werden mehr öffentliche Verantwortung übernehmen. Erst wenn diese öffentliche Verantwortungsteilung durch Vernetzung eine zivilgesellschaftliche Infrastruktur erhält, können die großen Herausforderungen in einem zivilgesellschaftlich begleiteten Reformprozess beantwortet werden. Zu diesen Herausforderungen gehören die Globalisierung, verbunden mit einer hohen Arbeitslosigkeit, der demografische Wandel und die zunehmende Instabilität der sozialen Sicherungssysteme. Der zivilgesellschaftlich begleitete Umbau des Sozialstaates bedarf veränderter Rahmenbedingungen für das freiwillige Engagement.

Vorrangige Aufgabe des Bundes wird es sein, das Leitbild des ermöglichenden Staates zu verwirklichen und eine Engagement fördernde Infrastruktur aufzubauen. Aber auch die Verwirklichung der Leitbilder „ermöglichende Wirtschaft" und „ermöglichender Dritter Sektor" schaffen Gelegenheitsstrukturen für eine zivilgesellschaftliche Reformpolitik. Die Zivilgesellschaft ist längst Koproduzent sozialer Leistungen geworden. Der Wandel des

---

[7] Vgl. Bundesministerium für Familie, Senioren, Frauen und Jugend 2004: S. 43f.
[8] Vgl. ebenda.

Sozialstaates in Deutschland macht die Notwendigkeit der synergetischen und kooperativen Erbringung sozialer Leistungen durch Staat, Wirtschaft, Dritten Sektor und Familien (Welfare Mix) deutlich.

1.2 Der Freiwilligensurvey

Der erste Freiwilligensurvey von 1999 und der zweite von 2004 gestatten wichtige Einblicke in die Struktur und Potenziale, aber auch in die Veränderungen des bürgerschaftlichen Engagements in Deutschland. Der Freiwilligensurvey schafft seit 1999 die empirische Basis, um den zivilgesellschaftlichen Reformprozess mitgestalten zu können. Dies belegt auch schon seine Vorgeschichte.

In einer Großen Anfrage an den Bundestag unter dem Titel „Bedeutung ehrenamtlicher Tätigkeit für unsere Gesellschaft" aus dem Jahre 1996, die im Oktober gleichen Jahres von der Bundesregierung beantwortet wurde, heißt es: „Die Recherchen im Rahmen der Beantwortung der Großen Anfrage ergaben, dass systematische, alle Bereiche und das ganze soziale Spektrum der ehrenamtlichen Tätigkeit abdeckende Untersuchungen derzeit nicht vorliegen."[9]

In der Folge der Großen Anfrage erhielt das Bundesministerium für Familie, Senioren, Frauen und Jugend (BMFSFJ) den Auftrag, ein Instrument zur Gewinnung verallgemeinerbarer und detaillierter Informationen zu schaffen, welche die zivilgesellschaftliche Beteiligung der Bürgerinnen und Bürger sichtbar machen sollen und zwar über die traditionelle Vorstellung des „Ehrenamtes" hinaus.[10] Daraus entstand das Projekt des Freiwilligensurveys[11].

Die 1998 gewählte Bundesregierung übernahm das 1997 von der Vorgängerregierung auf den Weg gebrachte Projekt. Damit wurde ein parteiübergreifender Konsens erzielt, der sich mit dem erneuten Regierungswechsel im Jahre 2005 fortsetzt, und zwar über die Wichtigkeit der öffentlichen Dauerberichterstattung zum bürgerschaftlichen Engagement in Deutschland.[12] Ein weiterer Meilenstein im Prozess der Förderung der Zivilgesellschaft in Deutschland war die Einsetzung der Enquete-Kommission des Deutschen Bundestages „Zukunft des bürgerschaftlichen Engagements", deren Arbeit in der 15. Legislaturperiode des Bundestages in Form des Unterausschusses „Bürgerschaftliches Engagement" fortgesetzt wurde.

Die Ergebnisse des ersten Freiwilligensurveys führten zu einer Wende in der Diskussion über das freiwillige Engagement der Bürgerinnen und Bürger in Deutschland. Bis dahin wurde aufgrund eines bruchstückhaften Informationsstandes eine Diskussion um eine „Krise des Ehrenamtes" geführt, die oft von einem Ton der Besorgnis bestimmt war. Be-

---

[9] Vgl. Bundesministerium für Familie, Senioren, Frauen und Jugend 1996: S. 2.
[10] Mit welchen Begriffen der Freiwilligensurvey die Zivilgesellschaft beschreibt, zeigt detailliert das nächste Kapitel.
[11] Die Entwicklung des Projektes „Freiwilligensurvey", das ursprünglich unter der Bezeichnung „Ehrenamtsurvey" startete, zeigt den Wandel der Begrifflichkeiten, mit der die Zivilgesellschaft und ihr Herzstück das bürgerschaftliche Engagement der Bürgerinnen und Bürger beschrieben wird.
[12] Man erkennt diesen parteiübergreifenden Konsens auch daran, dass Landesregierungen der verschiedensten Zusammensetzung den Freiwilligensurvey für eine Dauerberichterstattung auf Landesebene nutzen. Bis jetzt haben die Länder Hessen, Berlin, Rheinland-Pfalz, Niedersachsen, Nordrhein-Westfalen, Bayern, Sachsen, Sachsen-Anhalt Landesauswertungen bei TNS Infratest in Auftrag gegeben. Vgl. für die Landesauswertungen die entsprechende Auflistung im Literaturverzeichnis.

gleitet von Befürchtungen über einen „Werteverfall" in einer zunehmend individualisierten Gesellschaft, wurde angenommen, dass unter diesen gesellschaftlichen Bedingungen die Beteiligung und das Engagement der Bürgerinnen und Bürger leiden müssen. Klagen aus Verbänden und Vereinen über Nachwuchsprobleme[13] und die zunehmende Politikverdrossenheit führten zu der Annahme, Bürgerbeteiligung und -engagement würden in Deutschland bzw. in den modernen Gesellschaften insgesamt zurückgehen.[14]

Gegen diesen negativen Tenor wandte sich bereits die Bundesregierung mit ihrer Antwort auf die bereits zitierte Große Anfrage; denn sie wies auf ein längerfristiges Anwachsen der Bürgerbeteiligung und des Engagements seit den 60er Jahren hin. Es wurden Hypothesen über Wandlungsprozesse aufgegriffen, z.B. über die zunehmende Abneigung junger Menschen gegen längerfristige Bindungen an Organisationen oder über eine Motivverschiebung des Engagements von der selbstlosen Pflicht zur Selbstverwirklichung. Es wurde daraus abgeleitet, dass freiwilliges Engagement funktionieren könne, wenn es vermehrt in Projekten organisiert wird und den Engagierten erlaubt, persönliche Interessen einzubringen.

Diese Erkenntnisse und Ideen, die seitens der Sozialwissenschaften erarbeitet worden waren und von politischer Seite aufgenommen wurden, flossen in die Ausgestaltung des Freiwilligensurveys ein. Die Ergebnisse des ersten Freiwilligensurveys, die in einem umfangreichen Berichtswerk[15] veröffentlicht wurden, führten zu einer veränderten Sichtweise der Perspektiven des Engagements der Bürgerinnen und Bürger und zu einer Versachlichung der öffentlichen Debatte über die Zivilgesellschaft.

Im Jahr 2003 beschritt die Bundesregierung den Weg zur Dauerberichterstattung, und das BMFSFJ gab den zweiten Freiwilligensurvey in Auftrag. Die zweite Erhebung wurde im Jahr 2004 durchgeführt. Der zweite Freiwilligensurvey zeigt, dass auch in Zeiten schwieriger wirtschaftlicher und sozialer Verhältnisse das freiwillige Engagement der Bürgerinnen und Bürger wachsen kann und bei entsprechender Anerkennung und Förderung eine wichtige Ressource zur Bewältigung gesellschaftlicher Probleme darstellt. Vor allem ältere Menschen, neue Bundesbürger, Migranten, Arbeitslose und Frauen wollen zunehmend die Gesellschaft mitgestalten. Ältere Menschen sind (auch wegen ihrer verbesserten Gesundheit) im Lebensverlauf immer länger aktiv und stellen einen zunehmenden Teil ihres großen Zeitbudgets der Gesellschaft zur Verfügung. Für junge Leute ist das bürgerschaftliche Engagement ein wichtiges Lern- und Erfahrungsfeld, auch für ihre berufliche Entwicklung.

Menschen, die ihren Arbeitsplatz verloren haben, finden durch Beteiligung und freiwilliges Engagement soziale Einbindung und Kontakte. Sie erhalten und verbessern da-

---

[13] Dieser Tenor der Debatte wird vor allem von Führungskräften aus Vereinen und Verbänden eingebracht, die über Nachwuchsgewinnung in ihrem Bereich klagen. Das Problem fehlenden Nachwuchses ist in der Tat in bestimmten Bereichen ein Problem. Es gibt allerdings andere Bereiche der Zivilgesellschaft, die dieses Problem nicht haben. Zeitgemäße Engagementförderung heißt heute vor allem, Rahmenbedingungen zu schaffen, dass bürgerschaftliches Engagement für junge Leute, aber auch für Frauen attraktiv ist.
[14] Prominentester Vertreter dieser pessimistischen Gesellschaftsdiagnose ist Robert D. Putnam. Vgl. Putnam R. D. 2000.
[15] Das Konzept des Freiwilligensurveys wurde durch den Projektverbund "Freiwilligensurvey" erarbeitet, der auch für die Erstberichterstattung verantwortlich war. Diesem Verbund gehörte TNS Infratest Sozialforschung München (Bernhard von Rosenbladt, Sibylle Picot, Karen Blanke), das Forschungsinstitut für öffentliche Verwaltung Speyer (Helmut Klages, Thomas Gensicke), ISAB Köln (Joachim Braun, Günter Abt, Ulrich Brendgens) sowie das IES Hannover (Johanna Zierau) an. Vgl. zur Erstberichterstattung Rosenbladt 2001; Klages, Braun 2001; Picot 2001.

durch ihre Kenntnisse und Fähigkeiten und damit ihre Wiederbeschäftigungschancen. Der Freiwilligensurvey zeigt, dass engagierte Arbeitslose gleichzeitig einen hohen Anspruch auf Mitgestaltung der Gesellschaft erheben und das oft mit ausdrücklich politischer Absicht.

Die Förderung der Bürgerbeteiligung und des bürgerschaftlichen Engagements kostet Geld, aber sie ist nicht eine Frage des Geldes im Sinne der Bezahlung freiwilliger Tätigkeiten.[16] Es geht zum einen um die steuerliche Erleichterung des Engagements und um die Erstattung von Kosten, die Engagierten dabei entstehen. Auch die Verbesserung der institutionellen Rahmenbedingungen, insbesondere die Optimierung der Vernetzungsstrukturen kosten Geld. Zum anderen muss die Beratung und Information der Bevölkerung über Möglichkeiten des Engagements finanziert werden. Das betrifft auch die Entwicklung der örtlichen und regionalen Infrastruktur des freiwilligen Engagements: so z.B. die Finanzierung und der Ausbau von Freiwilligenagenturen, Seniorenbüros, Selbsthilfekontaktstellen, von Familien-, Mütter- und Nachbarschaftszentren, von soziokulturellen Einrichtungen, Bürgerbüros, lokalen Agenda-21-Initiativen, Landesehrenamtsagenturen, Bürgerstiftungen usw.

Die Förderung und Verbesserung der Rahmenbedingungen des Engagements bezieht sich auch auf die Schutzfunktion, insbesondere in Form der Gewährleistung eines Versicherungsschutzes (Haftpflicht/Unfall) für Engagierte. Engagierte Bürgerinnen und Bürger können Schäden verursachen oder selbst erleiden. Im Bereich der Unfallversicherung sind viele Engagierte mittlerweile vom Versicherungsschutz erfasst. So genießen Engagierte, die für Bund, Länder, Gemeinden und andere öffentlich-rechtliche Institutionen außerhalb eines Beschäftigungsverhältnisses wie Arbeitnehmer tätig werden, den Schutz der gesetzlichen Unfallversicherung.

Mit dem Gesetz zur Erweiterung des gesetzlichen unfallversicherungsrechtlichen Schutzes bürgerschaftlich Engagierter ist zum 1. Januar 2005 der Kreis der Begünstigten erweitert worden, z. B. auf solche, die in Vereinen und Verbänden im Auftrag oder mit Zustimmung von Kommunen bzw. öffentlich-rechtlichen Religionsgemeinschaften tätig werden und auf gewählte Ehrenamtsträger gemeinnütziger Körperschaften, die die Möglichkeit der freien Versicherung erhalten. Die Länder Hessen, Niedersachsen, Rheinland-Pfalz, Nordrhein-Westfalen, das Saarland, Berlin und Baden-Württemberg sind auf dem Gebiet des Versicherungsschutzes bereits aktiv geworden und haben mit Versicherungsunternehmen Rahmenverträge abgeschlossen, sowohl im Bereich Unfall als auch im Bereich Haftpflicht. Ab Dezember 2005 gibt es auch in Brandenburg entsprechenden Versicherungsschutz.

Subsidiäre Rahmenversicherungsverträge schützen Engagierte, die nicht über die gesetzliche Unfallversicherung oder private Haftpflichtversicherung versichert sind und sollen insbesondere den vielen kleinen Initiativen helfen, die mit dem bürgerschaftlichen Engagement verbundenen Risiken abzusichern.[17] Steuer- und Versicherungsfragen sowie die Schutzfunktion im Zusammenhang mit dem freiwilligen Engagement werden im Freiwilligensurvey 2004 deutlich besser beurteilt als noch 1999.

Der erste Freiwilligensurvey von 1999 gab den Anstoß, die Beteiligung und das Engagement von Arbeitslosen zu erleichtern. Die Enquete-Kommission „Zukunft des Bürger-

---

[16] Vgl. Olk 2003.
[17] Vgl. Presse und Informationsamt der Bundesregierung, 2001; Bundesministerium für Gesundheit und Soziale Sicherung, 2004.

schaftlichen Engagements" sorgte für eine entsprechende Gesetzesänderung mit dem Ergebnis, dass sich Arbeitslose seit 2002 zeitlich unbegrenzt engagieren können, ohne ihre Arbeitslosenunterstützung zu verlieren.

Eine Stabilisierung sowie einen Ausbau der Bekanntheit benötigt das Netz von Beratungs- und Informationsmöglichkeiten für Bürgerinnen und Bürger über Möglichkeiten, sich bürgerschaftlich zu engagieren. Der Kenntnisstand der Bevölkerung über solche Kontaktstellen hat sich seit 1999 nur leicht verbessert. Ebenso ist es mit der örtlichen Präsenz bzw. Bekanntheit solcher Kontaktstellen. In Großstädten sind Kontakt- und Beratungsstellen besser präsent bzw. bekannt als im ländlichen Raum. Engagierte Bürgerinnen und Bürger setzen in der Frage der Information und Beratung der Bevölkerung über Möglichkeiten des Engagements auch im zweiten Freiwilligensurvey die höchste Priorität. An zweiter Stelle folgt nunmehr angemessene Würdigung ihres freiwilligen Engagements durch die Massenmedien.

Im Juni 2002 wurde aufgrund der Empfehlungen der Enquetekommission „Zukunft des bürgerschaftlichen Engagements" das „Bundesnetzwerk Bürgerschaftliches Engagement" (BBE) gegründet.[18] Über 170 Organisationen aus Gesellschaft, Politik und Wirtschaft haben sich dort vernetzt, um die Rahmenbedingungen für Bürgerbeteiligung und freiwilliges Engagement zu verbessern. Aber auch die regionalen Landesnetzwerke sowie die lokalen und kommunalen Vernetzungen bilden zusammen mit den Stiftungen wichtige Säulen der zivilgesellschaftlichen Infrastruktur.

Zentrale Netzwerke auf Bundes- und Länderebene sowie kommunaler Ebene zeigen durch ihre Struktur und Arbeitsweise, dass freiwilliges Engagement ein gesellschaftliches Querschnittsthema ist. Öffentliche Verantwortungsteilung und Vernetzung über die großen sozialen Teilsysteme hinweg benötigen entsprechende Kommunikationsstrukturen. Das Internet ist ein besonders geeignetes Kommunikationsmedium für die Vernetzung der Zivilgesellschaft. Deshalb ist auch der zweite Freiwilligensurvey um den Aspekt „Nutzung des Internets durch Engagierte" erweitert worden.

Organisationen und Einrichtungen versuchen seit Jahren eine bessere institutionelle Passung, einen zeitgemäßen Umgang mit den in ihrem Umfeld engagierten Bürgerinnen und Bürgern zu verwirklichen. Das Verhältnis zwischen hauptamtlich Beschäftigten und freiwillig Engagierten in den Organisationen und Einrichtungen hat sich seit dem letzten Freiwilligensurvey verbessert. Projektförmige Aktivitäten werden inzwischen ebenso innerhalb wie außerhalb von Organisationen und Einrichtungen durchgeführt. Dazu ist eine offene Organisationskultur nötig, die berücksichtigt, dass freiwillig Engagierte zunehmend eigene Bedürfnisse einbringen bzw. berücksichtigt sehen wollen. Hier wie auch von Seiten der Kommunen und Länder geht es vor allem um neue Formen der Anerkennung des bürgerschaftlichen Engagements, die außerdem den verschiedenen Zielgruppen (Männer und Frauen, Jüngere und Ältere, Migranten usw.) gerecht werden.

Zukünftig sollte die soziale Differenzierung innerhalb der Zivilgesellschaft stärker berücksichtigt werden. Zwar sind die meisten engagierten Bürgerinnen und Bürger Vertreter einer von Bildung und Einkommen her gut ausgestatteten Mittelschicht. Zunehmend gibt es jedoch auch freiwillig Engagierte aus materiell schlechter gestellten Gruppen (z.B. Arbeitslose, Migranten), wo Formen der (geringfügigen) materiellen Anerkennung eine besondere

---

[18] Die Geschäftsstelle des Netzwerks beim Deutschen Verein für öffentliche und private Fürsorge wird vom BMFSFJ gefördert.

und legitime Form der Unterstützung darstellen. In Bezug auf die Gruppe der Migranten ist darüber hinaus auch die gleichberechtigte und kulturell sensible Anerkennung wichtig.

Der Freiwilligensurvey hat dazu beigetragen, die Situation des freiwilligen Engagements in Deutschland besser in einen internationalen Zusammenhang einzuordnen. Mit dem Begriff des „freiwilligen Engagements" wurde zunächst ein international kompatibler Oberbegriff für die verschiedenen Formen des Ehrenamtes, der Freiwilligenarbeit, des bürgerschaftlichen Engagements und anderer Formen entwickelt. Das Internationale Jahr der Freiwilligen 2001 zeigte schon von seinem Namen her, dass die „Freiwilligkeit" (englisch „Volunteering") das beste begriffliche Bindeglied zwischen den Nationen und Kulturen darstellt. Das Jahr brachte starke Impulse auch für die deutsche Freiwilligenkultur. Die Ergebnisse des Freiwilligensurveys, die auch auf einem internationalen Forum der UNO vorgestellt wurden, spielten dabei eine wichtige Rolle.

Die EUROVOL-Studie European Volunteering Study[19] hatte den Eindruck erweckt, freiwilliges Engagement wäre in Deutschland im internationalen Vergleich unterentwickelt. Das lag hauptsächlich an dem zentralen Terminus der „unbezahlten Arbeit", mit dem diese international vergleichende Studie freiwilliges Engagement zu erfassen suchte. Dieser Terminus stellte sich als wenig geeignet heraus, „freiwillig übernommene Aufgaben" oder „bürgerschaftliches Engagement" in der ganzen Bandbreite und Vielfalt zu erfassen. Neuere internationale Studien wie der World Value Survey sowie der European Social Survey (ESS) zeigen, dass „Deutschland zu der Spitzengruppe nordwesteuropäischer Länder mit einem hohen Niveau sozialer Partizipation" gehört.[20] Das bezieht sich auch auf die neuen Länder, die ebenfalls dieser Gruppe angehören. Weltweit führend beim freiwilligen Engagement sind die USA und Kanada sowie Norwegen und Schweden.

Wenn im Jahr 2009 die Ergebnisse des dritten Freiwilligensurveys vorliegen werden, kann die Entwicklung des freiwilligen Engagements der Bürgerinnen und Bürger in Deutschland weiterverfolgt und bereits über 10 Jahre hinweg analysiert werden. Dann lässt sich in Fünf-Jahres-Schritten auf Bundes- und Länderebene eine empirisch verlässliche Informationsbasis schaffen, die es erlaubt, gezielt die Rahmenbedingungen für das bürgerschaftliche Engagement der Bürgerinnen und Bürger zu verbessern.

---

[19] Gaskin, Smith, Paulwitz, 1996.
[20] Vgl. van Deth, 2004.

2 Gemeinschaftsaktivität und freiwilliges Engagement

- Die Begriffe „Gemeinschaftsaktivität" und „freiwilliges Engagement"

Bürgerinnen und Bürger haben vielfältige Möglichkeiten, sich in Gruppen, Vereinen, Organisationen und Einrichtungen zu beteiligen. Diese aktive Beteiligung im öffentlichen Raum der Organisationen und Einrichtungen ist zwar noch kein freiwilliges Engagement, aber oft die Voraussetzung dafür. Die aktive öffentliche Beteiligung[21] von Bürgerinnen und Bürger bezeichnet der Freiwilligensurvey als „Gemeinschaftsaktivität".

Eine Person, die z.B. in einer Mannschaft im Sportverein spielt oder sich an einer Freizeitgruppe beteiligt, ist gemeinschaftlich aktiv. Wird diese Person im Verein auf eine Trainerfunktion hin angesprochen, übernimmt sie damit eine qualitativ andere Tätigkeitsform, die der Freiwilligensurvey als freiwilliges Engagement bezeichnet. Das betrifft auch die erwähnte Person in der Freizeitgruppe, wenn sie z.B. die Funktion des Kassenwarts ausübt. Denselben Unterschied gibt es zwischen zwei Jugendlichen, von denen der eine sich in einer Jugendgruppe als Mitglied ohne weitere Pflichten beteiligt und der andere die Leitung oder andere Funktionen in einer solchen Gruppe übernommen hat. Der eine ist „nur" teilnehmend aktiv, der andere freiwillig engagiert.

Viele Tätigkeiten, die der Freiwilligensurvey als freiwilliges Engagement einstuft, insbesondere solche, die von Frauen und Jugendlichen ausgeübt werden, stellen keine „formell" definierten Ämter oder Funktionen dar, wie es etwa bei Vereinsvorsitzenden, Kassierern, Schöffen, Feuerwehrleuten, Jugendtrainern, Elternsprechern, Kirchenvorständen, Jugendbetreuern, Gewerkschaftssekretären, Vorstandsmitgliedern usw. der Fall ist. Freiwillige ohne solche „formellen" Ämter oder Funktionen leisten dennoch regelmäßig „informelle", praktisch unverzichtbare Hilfstätigkeiten[22], die über eine „nur" teilnehmende Aktivität hinausgehen. Oft sind solche Tätigkeiten weniger sichtbar und anerkannt als z.B. Leitungs- und Vorstandsfunktionen oder Wahlämter, die bevorzugt von Männern und Menschen in mittleren Jahren ausgeübt werden.

Wenn das Konzept des Freiwilligensurveys das freiwillige Engagement sowohl in seinen „formellen" als auch „informellen" Formen besonders heraushebt und analysiert, will es die „nur" teilnehmende Aktivität von Bürgerinnen und Bürgern in Vereinen, Organisationen, Gruppen und Einrichtungen nicht abwerten: Es ist eine wichtige Qualität der Zivilgesellschaft in Deutschland, dass es vielen Menschen nicht genügt, sich als „Privatmensch" auf den Familien-, Freundes- und Bekanntenkreis zu beschränken oder nur Erwerbsinteressen zu verfolgen, und dass es deshalb eine breite öffentliche Beteiligung gibt. Es soll damit herausgehoben und gewürdigt werden, dass ein Teil der aktiv Beteiligten zusätzlich be-

---
[21] Aktive Beteiligung bedeutet somit den Ausschluss passiver Mitgliedschaften.
[22] Solche sozusagen „informellen" Tätigkeiten, die keine Ämter oder Funktionen sind, haben kaum eine Chance, in Vereins-, Verbands- oder Organisationsstatistiken gezählt und gewürdigt zu werden. Es handelt sich dabei um eine Fülle regelmäßig anfallender praktischer Tätigkeiten, wie die Organisation, Vorbereitung und Abwicklung von Veranstaltungen, Festen und Reisen, Ausschmückungs-, Reinigungs- und Reparaturarbeiten, Betreuung von Personen u.v.a.m. Der Freiwilligensurvey ist dasjenige bundesweite Informationssystem, das diese „informelle" Seite des freiwilligen Engagements neben den „formellen" Funktionen und Ämtern in seiner ganzen Breite und Vielfalt sichtbar macht.

stimmte Ämter, Aufgaben oder Arbeiten übernimmt, die längerfristig binden und verpflichten. Diese Menschen erbringen im Rahmen der Zivilgesellschaft besondere Leistungen, die der Freiwilligensurvey darstellt und würdigt.

Viele der freiwillig Engagierten bezeichnen im Freiwilligensurvey ihre Tätigkeit als „Freiwilligenarbeit". Trotz dieser Begriffszuordnung geht das Konzept des Freiwilligensurveys davon aus, dass der Arbeitsbegriff nicht die Vorstellungsbreite abdeckt, die der Tätigkeitsbegriff „freiwilliges Engagement" erfassen will. Er ist zu eng mit ökonomischen Vorstellungen verknüpft.[23] Deshalb wird im Freiwilligensurvey der Begriff „freiwilliges Engagement" als Leitbegriff benutzt, der einen Bezug zum Konzept einer „Tätigkeitsgesellschaft" im Unterschied zur „Arbeitsgesellschaft" aufweist. Der Begriff des freiwilligen Engagements erfasst darüber hinaus auch besser das individuelle Moment der Motivation und den damit verbundenen Charakter freiwilliger Selbstverpflichtung.

Die Bezeichnung „bürgerschaftliches Engagement", die bevorzugt durch Entscheidungsträger und Multiplikatoren in Staat und Gesellschaft verwendet wird, hebt besonders die zivilgesellschaftliche Bedeutung des freiwilligen Engagements hervor. Die Kennzeichnung „bürgerschaftlich" ist mit der Betonung von bestimmten Motiven und Wirkungen wie etwa der Verantwortung für andere, dem Lernen von Gemeinschaftsfähigkeit oder dem Engagement als Mitbürger verknüpft.[24]

2.1 Wie der Freiwilligensurvey freiwilliges Engagement misst

- Unter- und Überschätzung freiwilligen Engagements

Der Freiwilligensurvey 1999 hatte bei der Messung von freiwilligem Engagement einen neuartigen Weg eingeschlagen. Dieser Weg hat sich bewährt und wurde bei der Wiederauflage des Freiwilligensurveys 2004 nahezu unverändert weiterverfolgt. Die Methode der Messung freiwilligen Engagements im Freiwilligensurvey berücksichtigt zwei Schwierigkeiten.

Zum einen gibt es das Problem, dass die Befragten im Interview nicht alle freiwilligen Tätigkeiten, die sie ausüben, auch nennen. Sie werden in der Befragungssituation am Telefon mit einem im Alltag weniger präsenten Thema konfrontiert und erinnern sich nicht sofort an alles, was in Frage kommt. Oder ihnen ist nicht klar, welche Tätigkeiten in den Bereich freiwilligen Engagements fallen, und geben diese deshalb nicht an. Dieses Problem entsteht vor allem dann, wenn Befragte pauschal, ohne stützende Nennung bestimmter Engagementbereiche danach gefragt werden, ob sie irgendwo „ehrenamtlich tätig" sind oder irgendwo „unbezahlt arbeiten". Die Folge ist in der Regel eine *Unterschätzung* des freiwilligen Engagements.

Auf der anderen Seite gibt es Erhebungskonzepte, die den Befragten zur Stützung zwar die ganze Bandbreite möglicher Engagementbereiche vorführen, also Sport, Kultur, freiwillige Feuerwehr, Kirche, Freizeit, Umweltschutz, Politik, Beruf, Soziales usw. (z. B. durch Vorgabe einer Liste mit Bereichen, wo man sich das Zutreffende heraussuchen

---

[23] Unmittelbarer und vor allem mittelbarer ökonomischer Nutzen ist ein erheblicher Nebeneffekt freiwilligen Engagements, aber nicht dessen wesentlicher Bestimmungsgrund.
[24] Im Rahmen der folgenden Auswertungen kann der Begriff des bürgerschaftlichen Engagements analog zum dem dort hauptsächlich verwendeten des „freiwilligen Engagements" verstanden werden.

kann). Diese Untersuchungen gehen jedoch in der Regel nicht weiter und begnügen sich mit der Erfassung von Engagementbereichen, in denen Befragte freiwillig tätig sind. Diese Konzepte erfassen nicht bestimmte freiwillige Tätigkeiten in bestimmten organisatorischen Kontexten, zu denen die Befragten dann in der Folge interviewt werden.[25]

Das Ergebnis dieses Verfahrens ist in der Regel eine *Überschätzung* des freiwilligen Engagements. Das liegt zum einen daran, dass manche Befragte ihr subjektives Gefühl ausdrücken wollen, in einem Bereich „engagiert" zu sein, ohne tatsächlich eine konkrete Tätigkeit auszuüben. Oder sie reden über früheres, inzwischen aber beendetes Engagement.[26] Da beides jedoch nicht mit dem Vorhandensein einer oder mehrerer konkreter Tätigkeiten einhergeht, können diese in der Folge auch nicht objektiv analysiert werden.

- Das Verfahren des Freiwilligensurveys

Um diese Schwierigkeiten zu vermeiden, wurde für die Freiwilligensurveys vom „Projektverbund Freiwilligensurvey" unter Federführung von TNS Infratest Sozialforschung ein neues Instrument entwickelt. Es beruht auf den Erfahrungen und der Weiterentwicklung der Erfassung freiwilligen Engagements im Wertesurvey 1997, der im Auftrag von Helmut Klages durch TNS Infratest Sozialforschung durchgeführt und ausgewertet wurde.[27] Um die Probleme der Unterschätzung des Engagements zu vermeiden, war dort bereits eine Liste mit Engagementbereichen eingesetzt worden. Es wurde außerdem ausdrücklich nach aktuellem freiwilligem Engagement gefragt. Weiterhin wurde in den Fragen eine Verengung der Wortwahl auf den Begriff „ehrenamtlich"[28] vermieden. Was noch fehlte und bei dem Untersuchungsdesign auch nicht möglich war, war die Erfassung konkreter Tätigkeiten.

Im Freiwilligensurvey 1999 wurde zunächst die Liste der Engagementbereiche überarbeitet. Vor allem jedoch wurde ein zweistufiges Verfahren zur Erfassung des freiwilligen Engagements entwickelt. Um eine zu abrupte Konfrontation der Befragten mit dem Thema des Engagements zu vermeiden und die Befragten zum Thema hinzuführen, hatte die verwendete Liste mit den Engagementbereichen vor allem die Funktion, die Befragten mit der ganzen Bandbreite des Engagements bekannt zu machen.

---

[25] Da Engagierte oft mehrere Tätigkeiten ausüben, ist meist nicht klar, auf welche Tätigkeit sich die folgenden Angaben zum Engagement beziehen. Oder man wählt die wichtigste Tätigkeit aus, kann dann aber keine Aussagen über die anderen Tätigkeiten gewinnen, die zur Wirklichkeit des freiwilligen Engagements dazugehören. Ohne konkrete Tätigkeitsangabe ist natürlich auch keine nachträgliche Überprüfung möglich, ob es sich wirklich um freiwilliges Engagement handelt.

[26] Dieses Problem wird besonders am Beispiel der Zeitbudgetstudie 2000/2001 deutlich, deren Fragestimuli keinen eindeutigen Zeitbezug haben. Es erfolgt in der Frage nach dem Engagement ein Wechsel von „sind Sie" auf „waren Sie" aktiv beteiligt bzw. engagiert. Auf diese Weise, und weil sie zwar mit einer Bereichsliste arbeitete, aber nicht nach konkreten Tätigkeiten fragte, ermittelte die Studie eine unrealistisch hohe Engagementquote von 44%, vgl. Gabriel, Trüdinger, Völkl 2004.

[27] Finanziert wurde das Projekt durch die Fritz Thyssen Stiftung und die Robert Bosch Stiftung. Der Wertesurvey, dessen Vorbereitung, Durchführung und Berichterstattung vom Verfasser dieses Berichtes betreut wurde, diente nur zu etwa einem Drittel der Erfassung des freiwilligen Engagements, war jedoch bis zum Freiwilligensurvey die vollständigste bundesweite Untersuchung zum freiwilligen Engagement. Vgl. Klages, Gensicke 1999, Gensicke 2000.

[28] Der Freiwilligensurvey zeigt, dass weniger als 40% der freiwilligen Tätigkeiten als „Ehrenamt" verstanden wurden. Frauen und jüngere Engagierte verwenden diesen Begriff deutlich weniger als Männer und ältere Engagierte.

Auf einer ersten Ebene ging es darum, diejenigen Befragten herauszufiltern, die sich „außerhalb von Beruf und Familie" in Vereinen, Organisationen, Gruppen und Einrichtungen öffentlich beteiligen. Was damit gemeint war, wurde anhand von typischen Beispielen erläutert (etwa im Bereich „Sport und Bewegung": „z.B. in einem Sportverein oder in einer Bewegungsgruppe", oder Bereich „Soziales": „z.B. in einem Wohlfahrtsverband oder einer anderen Hilfsorganisation, in der Nachbarschaftshilfe oder einer Selbsthilfegruppe").[29]

In der Folge wurde in einem zweiten Schritt das freiwillige Engagement erfasst. Hatten Befragte angegeben, in einem oder mehreren Bereichen aktiv beteiligt zu sein, wurden sie zu jedem dieser Aktivitätsbereiche gefragt, ob sie in diesem Bereich „auch Aufgaben oder Arbeiten übernommen haben, die Sie freiwillig oder ehrenamtlich ausüben". Der Fragetext, z.B. im Falle „Sport und Bewegung", war folgender:

A03(1) Sie sagten, Sie sind im Bereich **Sport und Bewegung** aktiv. Haben Sie derzeit in diesem Bereich auch Aufgaben oder Arbeiten übernommen, die Sie freiwillig oder ehrenamtlich ausüben?

      Ja   ☐→A3(1)1A
      Nein   ☐→A3(2)

A03(1)1A In welcher Gruppe, Organisation oder Einrichtung sind Sie da tätig? Sagen Sie mir bitte den Namen und ein Stichwort, um was es sich handelt.

(INT.: Falls in diesem Bereich in mehreren, bitte hier die wichtigste Gruppe, Organisation oder Einrichtung nennen.)

(Bezeichnung eintragen)

A03(1)1B Und was machen Sie dort konkret? Welche Aufgabe, Funktion oder Arbeit üben Sie dort aus?

(Stichworte eintragen)   A) + B) = T1

Es wird somit erst an dieser Stelle des Interviews nach bestimmten Aufgaben und Arbeiten gefragt, die aktiv Mitwirkende in Organisationen, Vereinen oder Gruppen „ehrenamtlich" oder „freiwillig" ausüben. Das geschieht in jedem von den Befragten genannten Bereich der aktiven Mitwirkung. Pro Bereich können zwei Tätigkeiten angegeben werden. (Es gibt durchaus Befragte, die z.B. in zwei verschiedenen Sportclubs Trainer sind.) In der Folge wird gebeten, nähere Angaben zu diesen Tätigkeiten zu machen, zuerst über die „Gruppe, Organisation oder Einrichtung", um die es dabei geht. Zweitens müssen die jeweiligen konkreten „Aufgaben, Funktionen oder Arbeiten" genannt werden, die die Befragten übernommen haben.

Diese offen erfassten Angaben werden von den Interviewern wörtlich notiert und sind später Grundlage einer genauen Prüfung, ob es sich tatsächlich um freiwilliges Enga-

---

[29] Als Referenz zu den folgenden Ausführungen ist der Fragebogen des Freiwilligensurveys im Anhang abgedruckt.

gement handelt oder nicht doch um berufliche oder private Aktivitäten. Ist Letzteres der Fall, wird diese Tätigkeit in der späteren Zählung nicht zugelassen. Geprüft werden muss in der Folge auch, ob die Bereichszuordnung der Tätigkeit von den Befragten richtig vorgenommen wurde. In eindeutig falschen Fällen wird diese in der späteren Auswertung geändert. Auf diese Weise mussten für den Freiwilligensurvey 2004 etwa 9.000 offene Tätigkeitsangaben überprüft werden, was einen erheblichen Aufwand bedeutete.[30]

Diese Art der Erfassung freiwilliger Tätigkeiten hat verschiedene Vorteile. Sie löst das Problem der Überschätzung freiwilligen Engagements, weil die Objektivierung der Angaben ausschließt, dass nur subjektive Gefühle des „Engagiertseins" oder auch früheres Engagement[31] gezählt werden. Es findet somit eine „Rationalisierung" des Dialogs des Interviewers mit den Befragten über ein mit Emotionen besetztes Thema statt. Diese gegenüber dem Wertesurvey 1997 verbesserte Methode führte dazu, dass die Engagementquote des Freiwilligensurveys 1999, also der Anteil freiwillig Engagierter an der Bevölkerung, mit 34% deutlich niedriger ausfiel als mit 38% im Wertesurvey zwei Jahre vorher.

Die zweite Verbesserung besteht in der angemessenen Sensibilisierung der Befragten für ein Thema, das für sie, die am Telefon aus dem Alltag „gerissen" werden, bei weitem nicht so präsent ist wie private oder berufliche Angelegenheiten. Diese behutsame Heranführung wird über Formulierungen wie „irgendwo außerhalb von Beruf und Familie mitmachen" oder „sich aktiv beteiligen" erreicht. Dieser erste Schritt setzt in den von den Interviewern vorgelesenen Bereichsbeispielen den Befragten bereits wichtige Orientierungsanker, indem wesentliche Organisationsformen wie Verein, Gruppe, Verband, Projekt, Partei, Gewerkschaft, Kirche, Bürgerinitiative usw. genannt werden.

Das Verfahren des Freiwilligensurveys ist mit einem erheblichen Aufwand verbunden. Die zielgenaue Führung der Interviews erfolgt mit Hilfe einer komplizierten elektronischen Programmierung, dem CATI-System[32]. Dieses Verfahren bei 15.000 Befragten anzuwenden, ist zu vertretbarem Aufwand nur telefonisch möglich. Personen, die freiwillig tätig sind, werden ausführlich interviewt, insbesondere solche, die mehr als eine Tätigkeit ausüben und über die zeitaufwändigste Tätigkeit hinaus bereit sind, noch eine zweite zu beschreiben.[33] Interviews von Personen, die keine freiwilligen Tätigkeiten ausüben, sind demgegenüber wesentlich kürzer. Diese Gruppe umfasst jedoch fast zwei Drittel der Stichprobe, eine Differenz, die bei persönlich-mündlicher Befragung nicht tragbar wäre.[34]

Im Ergebnis des beschriebenen Verfahrens werden nicht nur Aussagen über freiwillig Engagierte und ihre Tätigkeiten getroffen. Es sind auch Aussagen über den Umfang und die Eigenart der Gruppe der nicht freiwillig Engagierten, die dennoch aktiv in Organisationen und Einrichtungen beteiligt sind, möglich („nur" Aktive). Dass sich 1999 bundesweit insgesamt 66% der ab 14-jährigen Bevölkerung an Gemeinschaftsaktivitäten beteiligten, während das z.B. nur zu 56% auf die neuen Länder zutraf, waren wichtige zusätzliche Informa-

---

[30] Diese Prüfungen können erst nach der Interviewphase durchgeführt werden, da bei einer Anzahl von 15.000 Interviews nicht ständig wissenschaftliche Mitarbeiter die Interviewer anleiten können. Die Interviewer wurden selbstverständlich umfassend in die Problematik eingewiesen.
[31] Der Freiwilligensurvey erfasst auch früheres Engagement, aber in einer extra Frage. Dieses frühere Engagement geht natürlich nicht in die Zählung des aktuellen Engagements ein.
[32] CATI bedeutet "Computer Assisted Telephone Interview".
[33] Bei Personen, die mehr als zwei freiwillige Tätigkeiten ausüben, wird aus den weniger zeitaufwändigen Tätigkeiten per Zufall eine zweite zur Beschreibung ausgewählt.
[34] Bei persönlich-mündlichen Interviews müssten die Interviewer auch für die große Mehrzahl der kurzen Interviews die Befragten bundesweit aufsuchen, was erhebliche Kosten bedeuten würde.

tionen neben der Schätzung des Umfangs und der Analyse des freiwilligen Engagements als Hauptaufgabe des Freiwilligensurveys.

Der Freiwilligensurvey stellt im Umkehrschluss weitere Informationen über die Gruppe derjenigen zur Verfügung, die in keinem Zusammenhang gemeinschaftlich aktiv sind. Deren demografisches, soziales und kulturelles Profil kann beschrieben werden. Im Zeitvergleich ist es von Interesse, ob diese öffentlich und sozial relativ wenig integrierte Gruppe zu- oder abnimmt, was ein wichtiger Indikator für Reichweite und Entwicklung der „Infrastruktur der Zivilgesellschaft" in Deutschland ist und damit auch für Umfang und Entwicklung des „sozialen Kapitals".

- Zählung engagierter Personen und freiwilliger Tätigkeiten

Im Resultat dieses Verfahrens gestattet der Freiwilligensurvey zwei verschiedene Zählweisen. Abhängig vom jeweiligen Auswertungsinteresse können zum einen freiwillig engagierte *Personen* gezählt werden, zum anderen freiwillige *Tätigkeiten*[35]. Dem entsprechen zwei verschiedene Datensätze des Freiwilligensurveys. Den Freiwilligensurvey gibt es in Form eines *Personendatensatzes* und eines *Tätigkeitendatensatzes*.[36]

Mit Hilfe des Personendatensatzes kann man Aussagen gewinnen wie: „In Deutschland waren 1999 34% der ab 14-jährigen Bevölkerung freiwillig engagiert." Auf diese Weise werden Personen gezählt, die 1999 mindestens eine freiwillige Tätigkeit ausübten. Mit dem Tätigkeitendatensatz werden dagegen Aussagen möglich wie: „Von allen freiwilligen Tätigkeiten wurden 1999 von den Befragten 47% als 'Freiwilligenarbeit' bezeichnet." Das gilt natürlich für alle entsprechenden Trendanalysen zwischen 1999 und 2004.

Die Trennung der Aussageebenen wird möglich, weil im Freiwilligensurvey einzelne Tätigkeiten erfasst werden, die Personen in Gruppen, Organisationen und Einrichtungen ausüben. Wie gesagt, kommt es nicht selten vor, dass freiwillig engagierte Personen mehrere Tätigkeiten ausüben. Über alle Bereiche hinweg übten im Jahr 2004 ca. 5.400 Personen ca. 8.800 Tätigkeiten aus, so dass die Zählbasis in beiden Fällen unterschiedlich ist und verschiedene Prozentwerte ergibt.

Da einzelne Tätigkeiten bzw. deren Merkmale erfasst werden, eröffnet sich, vermittelt über die Tätigkeiten, eine zusätzliche Auswertungsebene, nämlich die der Sektoren des freiwilligen Engagements. Das heißt, das, was im Freiwilligensurvey z.B. „sozialer Bereich" genannt wird, ist die Summe aller freiwilligen Tätigkeiten in diesem Bereich und nicht die Summe der Personen, die dort engagiert sind. Die Summe der Tätigkeiten ist größer als die der Personen. Diese Tätigkeiten stellen die Leistungen der Personen dar, die im Sektor tätig sind. Für die Organisationen und Einrichtungen stellen diese Leistungen sozu-

---

[35] Nicht alle Befragten mit mehr als einer freiwilligen Tätigkeit waren bereit, neben der zeitaufwändigsten Tätigkeit noch eine weitere zu beschreiben. Die vorhandenen Tätigkeitsbeschreibungen der zusätzlichen Tätigkeiten wurden nach einem bestimmten Bereichsschlüssel auf das gleiche Gewicht wie die Beschreibungen der zeitaufwändigsten Tätigkeiten gewichtet.

[36] Exakt gesprochen gibt es sechs Datensätze des Freiwilligensurveys, den Tätigkeiten- und den Personendatensatz von 1999, den Tätigkeiten- und den Personendatensatz von 2004 sowie den Tätigkeiten-Trenddatensatz 1999-2004, und den Personen-Trenddatensatz 1999-2004. Einzeldaten und Trenddatensätze sind deswegen nötig, da nicht alle Fragen zu beiden Zeitpunkten gestellt wurden. Diese unterschiedlichen Fragen sind in den Einzeldatensätzen von 1999 und 2004 zu entnehmen.

sagen die Wertschöpfung der engagierten Personen dar und damit die entscheidende Größe.[37]

In der Regel bietet es sich an, immer dann, wenn inhaltliche Aussagen über das freiwillige Engagement insgesamt bzw. über einzelne Engagementbereiche getroffen werden sollen, auf der Basis von Tätigkeiten zu zählen. Wenn es aber um Aussagen geht, wie z. B. über den Umfang der Beteiligung der Bevölkerung oder bestimmter Bevölkerungsgruppen am freiwilligen Engagement bzw. in den einzelnen Bereichen, sollte die Analyse auf Personenebene erfolgen.

Im Freiwilligensurvey werden einige Fragen grundsätzlicher Art zur Entlastung der Interviews nur für die zeitaufwändigste Tätigkeit gestellt. Das betrifft die Erwartungen an die freiwillige Tätigkeit, den Zugang zur Tätigkeit oder die Unterstützung Freiwilliger durch Arbeitgeber, Organisationen sowie durch Staat und Öffentlichkeit. In diesem Fall sind beide Aussageebenen (Personen und Tätigkeiten) deckungsgleich.

2.2 Entwicklung der Gemeinschaftsaktivität und des freiwilligen Engagements in 14 Bereichen

Tabelle 1 zeigt einen Überblick über die Entwicklung der Gemeinschaftsaktivität in 14 verschiedenen Bereichen. Man erkennt, dass in 11 Bereichen die Gemeinschaftsaktivität zugenommen hat. Das bedeutet, in vielen gesellschaftlichen Bereichen ist zwischen 1999 und 2004 die aktive Mitwirkung und Beteiligung der Bevölkerung gestiegen. Ausnahmen sind die Bereiche „Gesundheit", „Justiz und Kriminalitätsprobleme". Etwa stagnierend ist die Situation im Bereich „Freizeit und Geselligkeit".

Tabelle 1 zeigt auch, dass die Zunahme bei der Gemeinschaftsaktivität in den einzelnen Bereichen oft von beiden Geschlechtern und von den meisten Altersgruppen getragen wird, besonders zu erkennen am Beispiel des größten Bereiches „Sport und Bewegung". Im Bereich „Kirche und Religion" verzeichnen die Frauen vermehrt Zuwächse bei der Gemeinschaftsaktivität sowie die jüngste Altersgruppe der 14- bis 30-Jährigen und die älteste der ab 66-Jährigen und Älteren.

Besonders bei den großen Bereichen sind es die Befragten im Alter von über 65 Jahren, die 2004 vermehrt an Gemeinschaftsaktivitäten teilnehmen: Das betrifft besonders die Bereiche „Sport und Bewegung", „Freizeit und Geselligkeit", „Kultur und Musik" und den sozialen Bereich. In der Gruppe der 46- bis 65-Jährigen steigt ebenfalls die soziale Gemeinschaftsaktivität deutlich an. Auffällig zunehmend ist auch die Gemeinschaftsaktivität dieser Altersgruppe in der beruflichen Interessenvertretung, im Bereich „außerschulische Jugendarbeit und Erwachsenenbildung" und beim lokalen Bürgerengagement. In der jüngsten Gruppe der 14- bis 30-Jährigen ist ebenfalls die Aktivität im Bereich „außerschulische Jugendarbeit und Erwachsenenbildung" gestiegen. Diese Gruppe wirkt jedoch auch zunehmend in den Bereichen „Kultur und Musik" sowie „Kindergarten und Schule" mit.

---

[37] Betreut z.B. eine engagierte Person bei einer freiwilligen Tätigkeit eine ältere Person und bei einer weiteren freiwilligen Tätigkeit eine behinderte Person, dann ist diese doppelte Zählung bei der Analyse des Bereiches „Soziales" mit Hilfe des Tätigkeitendatensatzes die wesentlichere als die „nur" einmalige Zählung der Person.

Tabelle 1: Gemeinschaftsaktivität in 14 Bereichen 1999 und 2004
(**Mehrfachnennungen**, keine Addition zu 100%)

Aktivitätsbereiche	Jahr	Alle	Geschlecht		Altersgruppen			
			Mann	Frau	14-30	31-45	46-65	66+
Sport und Bewegung	1999	**36,5**	38	35	48,5	39	34	19,5
	2004	**40**	41	39	50	43,5	39,5	24,5
Freizeit und Geselligkeit	1999	**25**	26,5	23,5	27,5	25	25,5	22
	2004	**25,5**	28	23	27,5	23	26	26
Kultur und Musik	1999	**16**	16	15.5	17	14	18,5	13
	2004	**18**	18	18	20	15	18,5	18,5
Schule und Kindergarten	1999	**11**	8,5	13	10	21	7,5	1
	2004	**12,5**	10	14,5	14	21	9,5	2,5
Soziales	1999	**11**	9	12,5	8	11	13	10,5
	2004	**13**	12	14	9,5	12	16	14
Kirche und Religion	1999	**10**	8	11,5	8,5	10	11	10
	2004	**11,5**	9	13,5	12	10,5	12,5	12,5
Berufliche Interessenvertretung	1999	**9**	12,5	6	6	11,5	11,5	4,5
	2004	**9,5**	13	6,5	6	10,5	14	5,5
Umwelt- und Tierschutz	1999	**8,5**	9	8	8	8,5	10	6,5
	2004	**9,5**	10	9	8,5	9,5	11,5	8
Politik und Interessenvertretung	1999	**6,5**	9	3,5	4,5	5,5	8,5	6
	2004	**7**	10	4	5	5,5	9	7
Jugend- / Bildungsarbeit für Erwachsene	1999	**6**	7	5	7,5	6,5	6	3
	2004	**7**	8	6,5	9,5	7	8	4,5
Lokales bürgerschaftliches Engagement	1999	**5**	6	4	2	6	6,5	4
	2004	**7**	8,5	5,5	3,5	6,5	9,5	6,5
Freiwillige Feuerwehr und Rettungsdienste	1999	**4,5**	7	2,5	6,5	6	4	1,5
	2004	**5,5**	8	3	7,5	6	5,5	2,5
Gesundheit	1999	**4,5**	3,5	5,5	4	5	5	4,5
	2004	**4,5**	3,5	5,5	3,5	4,5	5,5	4,5
Justiz und Kriminalitätsprobleme	1999	**1,5**	1,5	1	1	1	2	1,5
	2004	**1,5**	1,5	1	0,5	1	2,5	1
Durchschnittliches Wachstum über alle Bereiche: **1999=100**		**+11**	**+12**	**+11**	**+11**	**+3**	**+15**	**+28**

Angaben in Prozent, Prozente gerundet

Um das Ausmaß der Veränderungen in den Geschlechtern und Altersgruppen mit einem standardisierten Maß zu messen, wird das jeweilige Niveau der Gemeinschaftsaktivität dieser Gruppen über alle Bereiche hinweg für 1999 auf ein Niveau von 100 Punkten gesetzt. Vergleicht man das Niveau von 2004, erkennt man über alle Bereiche hinweg einen besonders starken Anstieg der Gemeinschaftsaktivität in der Gruppe der über 65-Jährigen (+28%). Im bundesdeutschen Durchschnitt stieg die Beteiligung über alle Bereiche hinweg dagegen nur um 11% an.

Auch die Gruppe der 45- bis 65-Jährigen liegt noch über dem durchschnittlichen Anstieg in Deutschland. Die Gemeinschaftsaktivität ist in dieser Altersgruppe um 16% gestiegen. Die Entwicklung in der Gruppe der 31- bis 45-Jährigen stagnierte dagegen, während die Entwicklung bei den jungen Leuten zwischen 14 und 30 Jahren etwa mit der durchschnittlichen Veränderung in der gesamten Bevölkerung Schritt gehalten hat. Die Situation bei den Geschlechtern hat sich, über alle Aktivitätsbereiche hinweg gesehen, etwa ähnlich entwickelt.

1999 wie 2004 werden typische männliche und weibliche Bereiche der Gemeinschaftsaktivität erkennbar. Sogar zunehmend weiblicher geprägt ist die Aktivität im Bereich „Kirche und Religion". Unverändert ist der Unterschied zu Gunsten der Frauen im gesundheitlichen Bereich. Stärker von den Frauen bestimmt sind auch die Bereiche „Kindergarten und Schule" und „Soziales", im letzteren Fall abnehmend.

Ein deutliches Überwiegen männlicher Gemeinschaftsaktivität findet man nahezu unverändert bei der Freiwilligen Feuerwehr und den Rettungsdiensten, in der beruflichen Interessenvertretung sowie im politischen Bereich. Verstärkt hat sich der Unterschied der Geschlechter im Bereich „Freizeit und Geselligkeit". Eine deutliche Angleichung findet man bei der Intensität der Gemeinschaftsaktivität von Männern und Frauen im Kulturbereich, eine erkennbare auch im Bereich „außerschulische Jugendarbeit und Erwachsenenbildung". Unverändert ähnlich ist die Beteiligung der Geschlechter im Bereich „Umwelt- und Tierschutz". Im Sport ist das Bild noch ähnlicher geworden als bereits 1999.

Tabelle 2 zeigt, wie sich innerhalb der Bereiche der Gemeinschaftsaktivität das *freiwillige Engagement* entwickelt hat. Das heißt, jetzt wird der zweite Schritt der Erfassungsmethodik des freiwilligen Engagements nachvollzogen und ermittelt, wie viele Menschen in den Bereichen 1999 und 2004 freiwillig bestimmte Aufgaben, Funktionen und Arbeiten übernommen hatten.

Tabelle 2: Freiwilliges Engagement in 14 Bereichen 1999 und 2004
(**Mehrfachnennungen**, keine Addition zu 100%)

Engagementbereiche	Jahr	Alle	Geschlecht		Altersgruppen			
			Mann	Frau	14-30	31-45	46-65	66+
Sport und Bewegung	1999	**11**	15	7,5	14	12	10	5
	2004	**11**	14	8	13	13	11,5	5,5
Freizeit und Geselligkeit	1999	**5,5**	6,5	4,5	6	5	6	4
	2004	**5**	6,5	4	4	5	6,5	4
Kultur und Musik	1999	**5**	6	3,5	5	5	6	4
	2004	**5,5**	6,5	4,5	5	5	7	5
Schule und Kindergarten	1999	**6**	4,5	7	5	12	4	1
	2004	**7**	5,5	8	6,5	13	5	1,5
Soziales	1999	**4**	3	5	2	4	6	5
	2004	**5,5**	4,5	6	3	4	7,5	7
Kirche und Religion	1999	**5,5**	4	6,5	4	5	6	5
	2004	**6**	5	7	5,5	5	7,5	6
Berufliche Interessenvertretung	1999	**2,5**	3,5	1	1	3	4	1
	2004	**2,5**	4	1	1	2,5	4	1
Umwelt- und Tierschutz	1999	**2**	2	1,5	2	2	2	1
	2004	**2,5**	3	2	2	2,5	4	1,5
Politik und Interessenvertretung	1999	**2,5**	4	1,5	2	2	4	1
	2004	**2,5**	4,5	1	2	2,5	4	2
Jugend-/ Bildungsarbeit für Erwachsene	1999	**1,5**	2	1,5	2	2	2	0
	2004	**2,5**	2,5	2	4	2	2	1
Lokales bürgerschaftliches Engagement	1999	**1,5**	1,5	1	1	2	2	1
	2004	**2**	2,5	1,5	1	2	3	2
Freiwillige Feuerwehr und Rettungsdienste	1999	**2,5**	4	1	4	3	2	1
	2004	**3**	4,5	1	4	4	2,5	0,5
Gesundheit	1999	**1**	1	1,5	1	1	2	1
	2004	**1**	0,5	1	0,5	1	1	1
Justiz und Kriminalitätsprobleme	1999	**0,5**	1	0,5	0	0	1	1
	2004	**0,5**	0,5	0,5	0	0,5	1	0,5
Durchschnittliches Wachstum über alle Bereiche: **1999=100**		**+11**	**+12**	**+10**	**+6**	**+7**	**+17**	**+27**

Angaben in Prozent, Prozente gerundet

Die Rangordnung der Größe der Aktivitätsbereiche aus Tabelle 1 wurde in der Darstellung von Tabelle 2 beibehalten. Man erkennt, dass diese quantitative Rangordnung der Gemeinschaftsaktivitäten von derjenigen der freiwilligen Tätigkeiten nicht wiederholt wird. Übereinstimmend ist allerdings der Bereich „Sport und Bewegung" sowohl der größte Bereich der Gemeinschaftsaktivität als auch des freiwilligen Engagements. Der Bereich „Kindergarten und Schule"[38] nimmt jedoch bereits den zweiten Rang beim freiwilligen Engagement ein, während dieser bei den Gemeinschaftsaktivitäten lediglich den fünften Rang innehatte.

Das bedeutet, im Bereich „Kindergarten und Schule" stehen den Gemeinschaftsaktivitäten wesentlich mehr freiwillig übernommene Aufgaben, Funktionen und Arbeiten gegenüber (1999: 55% und 2004: 56%). Im Sport sind dagegen nur 28% der Aktivitäten auch mit der freiwilligen Übernahme von Aufgaben und Arbeiten verbunden (1999: 30%), ähnlich auch der Bereich „Kultur und Musik" (1999: 31%, 2004: 31%). Im Bereich „Freizeit und Geselligkeit" ist dieser Anteil der Freiwilligen an allen Gemeinschaftsaktiven mit 20% am niedrigsten (1999: 22%), gefolgt vom Bereich „Gesundheit". Auf der anderen Seite sind die Verhältnisse in den Bereichen „freiwillige Feuerwehr und Rettungsdienste" und „Kirche und Religion" denen im Bereich „Kindergarten und Schule" sehr ähnlich. Jeweils 55% bzw. 52% (1999: 56% bzw. 55%) der dortigen gemeinschaftlichen Aktivitäten sind auch freiwillig übernommene Aufgaben und Arbeiten.

Aufgrund dieser unterschiedlichen Verhältnisse nimmt der Bereich „Kirche und Religion" bereits den dritten Rang beim freiwilligen Engagement ein und nicht den sechsten wie bei der Gemeinschaftsaktivität. Umgekehrt steht der Bereich „Freizeit und Geselligkeit" erst an sechster Stelle des freiwilligen Engagements und nicht an zweiter wie bei der Gemeinschaftsaktivität. Diese unterschiedlichen Verhältnisse in den Bereichen werden im Wesentlichen von allen Altersgruppen getragen und sind zwischen 1999 und 2004 stabil geblieben.

Die Stabilität in den meisten Bereichen führt dazu, dass über alle Bereiche hinweg 1999 wie 2004 von 100 Gemeinschaftsaktivitäten konstant etwa 33 als freiwilliges Engagement eingestuft werden können, also freiwillig übernommene Aufgaben, Funktionen und Arbeiten sind. Dieser Anteil über alle Bereiche hinweg ist bei Männern höher als bei Frauen (2004: 36% zu 29%). Bei den mittleren Jahrgängen zwischen 31 und 65 Jahren stellen ebenfalls Gemeinschaftsaktivitäten in erhöhtem Maße auch freiwilliges Engagement dar. An diesen Verhältnissen hat sich seit 1999 nur wenig geändert.

Drei Bereiche des freiwilligen Engagements sind zwischen 1999 und 2004 besonders gewachsen, der Bereich „Kindergarten und Schule" und der Bereich „außerschulische Jugendarbeit und Erwachsenenbildung" sowie der soziale Bereich. Der Anstieg der ersten beiden Bereiche wird besonders von den jungen Leuten von 14 bis 30 Jahren getragen. Im sozialen Bereich sind es vor allem Menschen ab 45 Jahren, die sich 2004 verstärkt engagieren.

Wird die Veränderung des freiwilligen Engagements über alle Bereiche hinweg gemessen, wieder von einem standardisierten Niveau von 100 Punkten aus, dann ist wie schon bei der Gemeinschaftsaktivität die Zunahme in der ältesten Gruppe im Alter von über

---

[38] Eine genaue Aufschlüsselung der Tätigkeiten ergibt, dass von den freiwilligen Tätigkeiten im Bereich „Schule und Kindergarten" mit über 60% die meisten im schulischen Bereich angesiedelt sind und nur etwa ein Viertel bei den Kindergärten. Der Rest ist nicht eindeutig zuzuordnen. Im Bereich „außerschulische Jugendarbeit und Erwachsenenbildung" gehört mit über 60% die Masse der Tätigkeiten zur Jugendarbeit und ein knappes Viertel zur Erwachsenenbildung (Rest: nicht eindeutig zuzuordnen).

65 Jahren auffällig (2004: +27%). Wieder ist auch die Zunahme bei den 46- bis 65-Jährigen überdurchschnittlich (2004: +17%). In beiden Altersgruppen sind die in standardisierter Form gemessenen Zuwächse bei der Gemeinschaftsaktivität und beim freiwilligen Engagement ähnlich hoch. Die jüngeren Altersgruppen liegen etwas unterhalb der allgemeinen Zuwachsrate, die Geschlechter gleichermaßen etwa im Durchschnitt.

2.3 Entwicklung der Gemeinschaftsaktivität und des freiwilligen Engagements – Beteiligung insgesamt und einzelner Gruppen

Bisher stand die Entwicklung von Gemeinschaftsaktivität und freiwilligem Engagement in den verschiedenen Bereichen im Mittelpunkt der Untersuchung. Das Gesamtbild der Bereiche wurde zu Kennziffern der Zunahme oder Abnahme aufsummiert. Nunmehr soll untersucht werden, wie sich Gemeinschaftsaktivität und freiwilliges Engagement über die Bevölkerung und verschiedene Gruppen verteilen und welche Veränderungen seit 1999 eingetreten sind. Folgende Fragen sollen beantwortet werden: Wie hat sich in der Bevölkerung der Anteil derjenigen entwickelt, die über berufliche und private Zwecke hinaus Gemeinschaftsaktivitäten ausüben? Wie steht es mit dem Bevölkerungsanteil derjenigen, die freiwillig Aufgaben, Funktion und Arbeit übernommen haben?

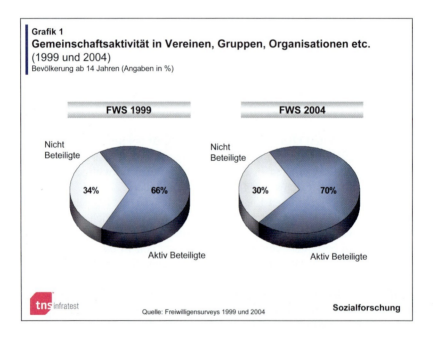

Grafik 1 zeigt, dass die in den vorigen Abschnitten über die einzelnen Bereiche zu beobachtende höhere Gemeinschaftsaktivität und das erhöhte freiwillige Engagement dazu geführt haben, dass sich auch insgesamt der Anteil von Menschen, die mindestens in einem der 14 Bereiche gemeinschaftlich aktiv sind, um 4 Prozentpunkte erhöht hat. Innerhalb dieser Gruppe, die nunmehr 70% der Bevölkerung umfasst, hat sich auch der Anteil derjenigen

Menschen um 2 Prozentpunkte erhöht (1999: 34%, 2004: 36%), deren Gemeinschaftsaktivität zugleich die freiwillige Übernahme von mindestens einer Aufgabe, Funktion oder Arbeit bedeutet („freiwillig Engagierte") (Grafik 2).

Gleichzeitig wuchs auch die Gruppe der „nur" gemeinschaftlich Aktiven um 2 Prozentpunkte. Diese Menschen, die bereits Zugang zu Vereinen, Organisationen, Gruppen und Einrichtungen haben, stellen somit ein wachsendes Reservoir an gut erreichbaren Personen dar, die auf freiwilliges Engagement hin angesprochen werden können. Im Abschnitt über das Engagementpotenzial wird diese Frage der Gewinnung Freiwilliger unter bisher nicht engagierten Personen wieder aufgenommen.

2004 gab es jedoch in Deutschland nicht nur mehr Personen, die freiwillig engagiert waren, sondern es war auch der Anteil von freiwillig Engagierten gestiegen, die mehr als nur eine freiwillige Tätigkeit ausübten. Es gab also 2004 in Deutschland nicht nur mehr gemeinschaftlich Aktive und mehr freiwillig Engagierte, sondern die freiwillig Engagierten hatten im Durchschnitt auch mehr Tätigkeiten übernommen als 1999. Hatten 1999 erst 37% der freiwillig Engagierten mehr als eine Aufgabe oder Arbeit übernommen, waren es 2004 bereits 42%. Mehr als zwei Aufgaben oder Arbeiten übten 1999 14% und 2004 17% aus. Das heißt, in Deutschland waren 2004 die freiwilligen Tätigkeiten nicht nur insgesamt auf mehr Schultern verteilt, sondern auch die Menge der ausgeübten Tätigkeiten war größer geworden.

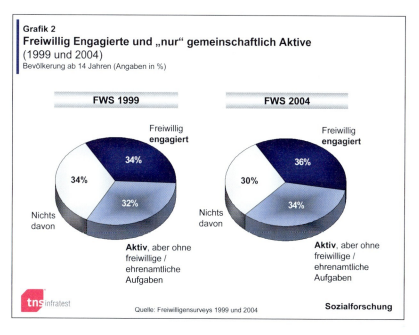

Grafik 2
Freiwillig Engagierte und „nur" gemeinschaftlich Aktive
(1999 und 2004)
Bevölkerung ab 14 Jahren (Angaben in %)

Quelle: Freiwilligensurveys 1999 und 2004

- Anstieg der Gemeinschaftsaktivität und des freiwilligen Engagements besonders in den mittleren und älteren Jahrgängen

Getragen wurde das Wachstum der Gemeinschaftsaktivität, insbesondere jedoch des freiwilligen Engagements, vermehrt von der Altersgruppe ab 60 Jahren (Tabelle 3)[39], wobei die Altersgruppe der 60- bis 69-Jährigen ganz besonders herausragt (Grafik 3). In den jüngeren Altersgruppen blieb dagegen das freiwillige Engagement in etwa stabil, wobei der Anstieg bei den 40 bis 49-Jährigen etwas deutlicher war. Auf den ersten Blick war damit das Anwachsen der Gemeinschaftsaktivität, insbesondere jedoch des freiwilligen Engagements, zwischen 1999 und 2004 vor allem eine Sache der älteren, teilweise aber auch der mittleren Jahrgänge.

Allerdings gilt es zusätzlich festzuhalten, dass es besonders die Frauen waren, auf die der Anstieg des freiwilligen Engagements zwischen 1999 und 2004 zurückgeht, während bei den Männern das Engagement auf hohem Niveau in etwa stagnierte.[40] Bei den Frauen hat das Engagement in allen Altersgruppen zugenommen (Tabelle 3). Der deutliche Zuwachs von 4 Prozentpunkten bei den weiblichen 14- bis 30-Jährigen glich sogar das Absinken von ebenfalls 4 Prozentpunkten bei den männlichen 14- bis 30-Jährigen aus, so dass der Wert der gesamten Gruppe konstant blieb. Jüngere Männer und Frauen im Alter bis zu 30 Jahren haben nunmehr mit 36% bzw. 33% eine Engagementquote, die viel näher beieinander liegt als noch 1999.[41]

Weiterhin wird bei der gleichzeitigen Betrachtung von Altersgruppe und Geschlecht Folgendes erkennbar: Die deutliche Zunahme des Engagements bei den 46- bis 65-Jährigen war ausschließlich eine Angelegenheit der Frauen, die hier um 5 Prozentpunkte zulegten. Auf der anderen Seite geht die Zunahme des freiwilligen Engagements in der ältesten Gruppe der über 65-Jährigen besonders auf die Männer zurück.[42]

---

[39] In Tabelle 3 und im gesamten Bericht (außer Grafik 3) werden die Altersgruppen nach einem vereinfachten Schema von 4 Altersgruppen ausgewiesen. Die in Grafik 3 erkennbare, besonders auffällige Entwicklung der Altersgruppe der 60- bis 69-Jährigen wird im Vertiefungsteil für die ältere Bevölkerung genauer untersucht, der sich detailliert mit den Menschen im Alter ab 60 Jahren beschäftigt.
[40] Die Rundungen der Werte auf ganze Zahlen in Tabelle 3 verdecken, dass die Frauen mit genau 2,5 Prozentpunkten deutlich stärker den Anstieg des freiwilligen Engagements verursacht haben als die Männer mit nur genau 0,6 Prozentpunkten.
[41] Vgl. die vertiefende Analyse für Männer und Frauen innerhalb dieses Berichtswerks.
[42] Dass die Zunahme von 6 Prozentpunkten bei den Männern den Durchschnittswert der Altersgruppe weniger als die 2 Prozentpunkte der Frauen beeinflussten, liegt an dem hohen Anteil der Frauen in dieser Altersgruppe.

Tabelle 3: Gemeinschaftlich Aktive und freiwillig Engagierte nach Geschlecht und Alter

		Alle			Männer			Frauen		
		N	Akt	FE	N	Akt	FE	N	Akt	FE
Alle										
	1999	**34**	**32**	**34**	**32**	**29**	**39**	**36**	**34**	**30**
	2004	**30**	**34**	**36**	**28**	**33**	**39**	**33**	**35**	**32**
14-30 Jahre										
	1999	28	37	35	26	34	40	31	40	29
	2004	26	39	35	23	41	36	29	38	33
31-45 Jahre										
	1999	31	31	38	32	28	40	30	34	36
	2004	29	32	39	28	32	40	29	33	38
46-65 Jahre										
	1999	34	29	37	31	27	42	37	31	32
	2004	28	32	40	27	30	43	29	34	37
66 Jahre +										
	1999	48	29	23	46	27	27	51	30	19
	2004	41	33	26	36	31	33	44	35	21
Erwerbstätig										
	1999	30	32	38	29	28	43	33	35	32
	2004	26	34	40	26	32	42	28	35	37
Arbeitslos										
	1999	49	28	23	48	27	25	49	29	22
	2004	40	33	27	38	35	27	42	31	27
Schüler/ Auszu-bild./ Studenten										
	1999	24	39	37	23	36	41	25	41	34
	2004	23	39	38	22	38	40	25	39	36
Hausfrau/-mann										
	1999	32	30	38	16	40	44	32	30	38
	2004	31	32	37	62	15	23	29	33	38
Rentner/Pension.										
	1999	47	29	24	44	27	29	49	31	20
	2004	39	33	28	35	30	35	43	34	23

Angaben in Prozent, Prozente gerundet

Erläuterung zum Tabellenkopf 3

N   Nichts davon
A   Gemeinschaftlich Aktive, ohne freiwillige Übernahme von Aufgaben oder Arbeiten
FE   Freiwillig Engagierte, also gemeinschaftlich Aktive, die freiwillig Aufgaben, Funktionen oder Arbeiten übernommen haben

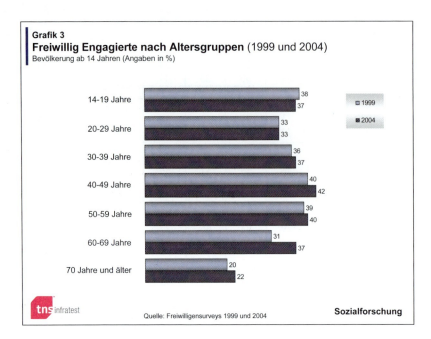

- Anstieg der Gemeinschaftsaktivität und des freiwilligen Engagements besonders bei Arbeitslosen sowie Rentnern bzw. Pensionären

Analysen nach Erwerbsstatus zeigen, dass bei den Rentnern bzw. Pensionären ein starker Anstieg bei der Gruppe der gemeinschaftlich Aktiven insgesamt und mit 4 Prozentpunkten ein starker Anstieg bei der Gruppe der freiwillig Engagierten zu beobachten ist (Grafik 4, Tabelle 4). Dies war allerdings von den Ergebnissen der Altersgruppen her zu erwarten.

Eine weiterführende Information besteht allerdings darin, dass auch die Arbeitslosen zunehmend gemeinschaftlich aktiv sind. Die höhere öffentliche Beteiligung dieser benachteiligten Gruppe ging zwischen 1999 und 2004 ebenso deutlich wie bei Rentnern bzw. Pensionären mit einem Anstieg des freiwilligen Engagements einher. Mit beiden Gruppen holen 1999 noch deutlich zurückbleibende gesellschaftliche Gruppen bei der Gemeinschaftsaktivität und dem freiwilligen Engagement gegenüber anderen in dieser Hinsicht besonders gut integrierten Gruppen auf, wie z.B. den Erwerbstätigen, den Schülern, Auszubildenden und Studenten sowie den Hausfrauen bzw. Hausmännern.[43]

---

[43] Hausmänner sind allerdings nur sehr wenige in unserer Stichprobe enthalten.

Trennt man Arbeitslose und Rentner bzw. Pensionäre nach Geschlecht, so sind es vor allem die weiblichen Arbeitslosen, die den Anstieg bei der Gruppe der freiwillig Engagierten unter den Arbeitslosen insgesamt tragen, aber vermehrt die männlichen Rentner bzw. Pensionäre, die für den Anstieg in der Gruppe der Rentner bzw. Pensionäre insgesamt verantwortlich sind.

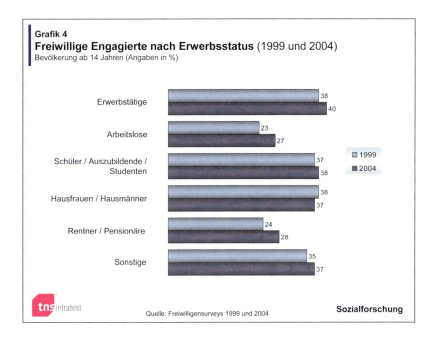

Neue Erkenntnisse ergeben sich auch, wenn man die Erwerbsgruppen zusätzlich nach neuen und alten Ländern trennt. Das Wachstum der Gruppe der freiwillig Engagierten bei den Arbeitslosen vollzieht sich überproportional in den neuen Ländern, dasjenige bei den Rentnern vermehrt in den alten. Die neuen Länder können in diesem Falle mit ihrem quantitativen Gewicht die gesamtdeutschen Durchschnittswerte deutlich beeinflussen, weil diese Gruppe in den neuen Ländern fast dreimal so groß ist wie in den alten Ländern. Es gibt aber noch weitere Abweichungen des Entwicklungsmusters der neuen Länder von den alten. Hier erhöhen auch Gruppen, die in den alten Ländern eher stagnieren oder sich nur durchschnittlich steigern, ihr freiwilliges Engagement, wie Schüler, Auszubildende und Studenten sowie die Erwerbstätigen. Dadurch gleichen sich diese Gruppen in den neuen und alten Ländern in ihrem Engagement-Profil an. Besonders deutlich ist das auch an der kleinen Gruppe der Hausfrauen bzw. Hausmänner in den neuen Ländern zu erkennen, die ihr Engagement von einem 1999 sehr niedrigen Wert um 10 Prozentpunkte gesteigert hat.

Tabelle 4: Gemeinschaftlich Aktive und freiwillig Engagierte nach Landesteil und Erwerbsstatus

	Alle			Alte Länder			Neue Länder		
	N	Akt	FE	N	Akt	FE	N	Akt	FE
Alle									
1999	**34**	**32**	**34**	**31**	**33**	**36**	**44**	**28**	**28**
2004	**30**	**34**	**36**	**28**	**35**	**37**	**38**	**31**	**31**
Erwerbstätig									
1999	30	32	38	28	33	39	40	27	33
2004	26	34	40	25	34	41	33	30	37
Arbeitslos									
1999	49	28	23	45	30	25	53	25	22
2004	40	33	27	38	35	27	44	30	26
Schüler/ Auszubild./Studenten									
1999	24	39	37	23	38	39	29	42	29
2004	23	39	38	21	39	40	30	36	34
Hausfrau/-mann									
1999	32	30	38	31	30	39	52	29	19
2004	31	32	37	30	32	38	41	30	29
Rentner/Pension.									
1999	47	29	24	44	30	26	56	24	20
2004	39	33	28	37	33	30	49	30	21

Angaben in Prozent, Prozente gerundet

Erläuterung zum Tabellenkopf 4

N Nichts davon
A Gemeinschaftlich Aktive, ohne freiwillige Übernahme von Aufgaben oder Arbeiten
FE Freiwillig Engagierte, also gemeinschaftlich Aktive, die freiwillig Aufgaben, Funktionen oder Arbeiten übernommen haben

Die einzige Vergleichsgruppe, die sich beim freiwilligen Engagement im Vergleich der neuen und alten Länder auseinander entwickelt hat, sind die Rentner bzw. Pensionäre. Diese ältere Gruppe hat sich in den alten Ländern besonders dynamisch entwickelt, macht aber in den neuen Ländern eher einen stagnierenden Eindruck. Zumindest die Gemeinschaftsaktivität hat sich in dieser Gruppe der neuen Länder deutlich erhöht, aber das hat kaum zu einer Erhöhung des freiwilligen Engagements geführt wie in den alten Ländern.

Ergänzt werden soll an dieser Stelle die Information, dass sich mit 4 Prozentpunkten das Engagement von Ausländern überproportional erhöht hat, einer Gruppe, die vor allem in den alten Ländern ansässig ist.[44]

- Die neuen Länder: Wachstum der Infrastruktur der Gemeinschaftsaktivität und des freiwilligen Engagements

Mit den Analysen zum Erwerbsstatus gerieten bereits Unterschiede zwischen den neuen und alten Ländern in den Blick. Die Entwicklung in den neuen Ländern, die 1999 sowohl bei der Gemeinschaftsaktivität als auch beim freiwilligen Engagement hinter den alten Ländern zurückblieben, soll nun detaillierter analysiert werden.[45]

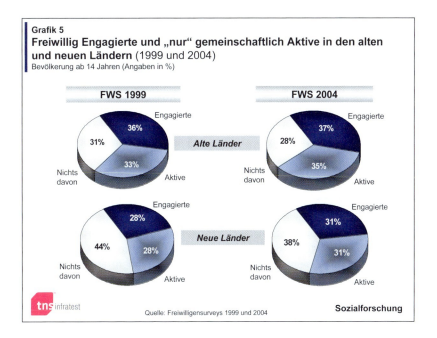

Ausgangspunkt ist zunächst die Erkenntnis, dass zwischen 1999 und 2004 auf dem Gebiet der neuen Länder die *Gemeinschaftsaktivität* besonders gestiegen ist. Waren dort 1999 erst 56% der ab 14-Jährigen in Vereinen, Gruppen oder Organisationen aktiv, waren es 2004 bereits 62%. Das waren 2004 10 Prozentpunkte weniger als in den alten Ländern, nachdem es 1999 noch eine Differenz von 13 Prozentpunkten gab (Grafik 5). Die Belebung der Gemeinschaftsaktivität in den neuen Ländern ist besonders in den größeren Bereichen „Sport

---

[44] Mit der Problematik der Erfassung von Personen mit Migrationshintergrund in Telefonumfragen sowie den entsprechenden Aussagen, die aufgrund des Freiwilligensurveys über diesen Personenkreis möglich sind, befasst sich die Vertiefung über das freiwillige Engagement von Sabine Geiss.
[45] Im Rahmen des 1. Freiwilligensurvey wurde eine ausführliche Analyse zum freiwilligen Engagement in den neuen Ländern vorgenommen. Vgl. Gensicke 2001a, 2001b, 2002 und 2003.

und Bewegung" sowie „Kultur und Musik" zu beobachten, wo klassische Vereinsstrukturen bestimmend sind. Daraus kann man folgern, dass sich in den neuen Ländern inzwischen Infrastrukturprobleme der Gemeinschaftsaktivität und des freiwilligen Engagements verringert haben, ein Problem des Umbruchs in den neuen Ländern und des Vereinigungsprozesses, das in der Berichterstattung über den Freiwilligensurvey von 1999 herausgearbeitet wurde.[46]

Gemeinschaftsaktivität und freiwilliges Engagement waren in der DDR in hohem Maße an Großbetriebe und zentral gesteuerte Großorganisationen gebunden. Die meisten der Großorganisationen lösten sich auf, diejenigen, die fortbestanden, schrumpften erheblich. Kinder und Jugendliche waren bei den Pionieren, bei der FDJ und der GST organisiert.[47] An die Frauen wandte sich der DFD. Weiterhin gab es die DSF und den Kulturbund.

Im Bereich der Parteipolitik benannte sich die SED zur PDS um und schrumpfte ebenfalls erheblich. Die so genannten Blockparteien gingen in den etablierten Parteien der Bundesrepublik auf, denen in der Folge in den neuen Ländern ebenfalls viele Mitglieder verloren gingen. Die in den neuen Ländern „neuen" Parteien wie SPD[48] und Bündnis 90/Die Grünen haben dort bis heute eine viel geringere Mitgliederdichte als in den alten Ländern.

Der FDGB ging in den Einzelgewerkschaften der Bundesrepublik auf. Auch dort kam es anschließend (besonders aus ökonomischen Gründen) zu erheblichen Mitgliederverlusten. Trotz ihrer Rolle als vormaliger Freiraum der politischen Opposition konnten die Kirchen nach der Wende in den neuen Ländern auf viel weniger Konfessionelle zählen als in den alten Ländern. Diese geringe Konfessionalität war in der Folge auch noch deutlich rückläufig. Als eigenständiger Wohlfahrtsverband konnte sich die Volkssolidarität etablieren, die aus der DDR stammt.

Die Großbetriebe des früheren Wirtschaftssystems verschwanden entweder durch Auflösung oder Aufgliederung und fielen damit zum größeren Teil als Infrastruktur, insbesondere für sportliche Aktivitäten (Betriebssportgemeinschaften), aber auch für kulturelle Aktivitäten aus. Oder sie wollten nicht mehr die Mittel für diese Infrastruktur bereitstellen, weil sie sich nunmehr als rein wirtschaftliche Einheiten definierten. Insbesondere im sportlichen Bereich, der als größter Bereich von erheblicher Bedeutung für Gemeinschaftsaktivität und freiwilliges Engagement ist, stand in den neuen Ländern jedoch keine breit gefächerte lokale Ersatzstruktur aus Vereinen zur Verfügung bzw. eine solche musste erst wieder auf neuer Grundlage wachsen.

Die private wie öffentliche ökonomische Schwäche der neuen Länder im Vergleich zu den alten Ländern war ebenfalls ein Hindernis für ein schnelles Wachstum einer neuen Infrastruktur der Gemeinschaftsaktivität und des Engagements. Insofern sind die Zuwächse gerade im klassischen Vereinswesen in den neuen Ländern bemerkenswert.

Dafür, dass sich in den neuen Ländern zwischen 1999 und 2004 die Gemeinschaftsaktivität nicht nur belebt hat, sondern sich quantitativ an die alten Länder angeglichen hat, war wegen seiner Größe besonders der Sportbereich verantwortlich (Tabelle 5). Stieg hier die Gemeinschaftsaktivität in den alten Ländern von 40% auf 42% an, so gab es in den

---

[46] Ebenda.
[47] Die folgenden Abkürzungen der Organisationen stehen für: FDJ: Freie Deutsche Jugend, GST: Gesellschaft für Sport und Technik, DFD: Demokratischer Frauenbund Deutschlands, DSF: Gesellschaft für deutsch-sowjetische Freundschaft, SED: Sozialistische Einheitspartei Deutschlands, FDGB: Freier Deutscher Gewerkschaftsbund.
[48] Die SPD ist in den neuen Ländern allerdings nur in ihrer heutigen bundesdeutschen Gestalt bzw. im Sinne ihrer Wiedergründung „neu". Sie ist natürlich insbesondere in Sachsen als historischem Kernland der Arbeiterbewegung seit dem 19. Jahrhundert verwurzelt.

neuen Ländern einen Anstieg von 26% auf 32%. Die Differenz der Landesteile hat also von 14 auf 10 Prozentpunkte abgenommen. In anderen größeren Bereichen der Gemeinschaftsaktivität holen die neuen Länder zwar schneller auf, aber bei weitem nicht mit dem quantitativen Gewicht und der Flächendeckung des Bereiches „Sport und Bewegung".

Der Aufholprozess im Sportbereich wurde in den neuen Ländern besonders von den Frauen getragen: 1999 waren erst 23% der Frauen im Bereich „Sport und Bewegung" gemeinschaftlich aktiv, 2004 waren es bereits 30%. Hier hat sich die Differenz zu den Frauen in den alten Ländern von 15 Prozentpunkten auf 12 Prozentpunkte deutlich verringert. Dieser Unterschied ist allerdings immer noch recht hoch, weil die Frauen in den neuen Ländern 1999 auf niedrigem Niveau starteten und die sportliche Gemeinschaftsaktivität bei Frauen in den alten Ländern seitdem um 4 Prozentpunkte gewachsen ist.

Tabelle 5 zeigt, dass es in den neuen Ländern in der Altersgruppe der 31- bis 45-Jährigen einen besonders hohen Zuwachs bei der Gemeinschaftsaktivität im Sportbereich gab (+8 Prozentpunkte). Deutlich stieg diese Beteiligung auch bei den 46- bis 65-Jährigen (+7 Prozentpunkte). Die einzige Altersgruppe in den alten Ländern, die ihre Beteiligung im Bereich „Sport und Bewegung" ähnlich wie in den neuen Ländern erhöht hat, sind die über 65-Jährigen. Erwerbstätige und Arbeitslose in den neuen Ländern, besonders auch die (dort kleine) Gruppe der Hausfrauen bzw. Hausmänner, haben ihre Beteiligung im Bereich „Sport und Bewegung" stärker erhöht als Schüler, Auszubildenden und Studenten sowie Rentner. Bei den Arbeitslosen sind die Zuwächse in den neuen und alten Ländern gleich hoch, dasselbe gilt für Rentner bzw. Pensionäre.

Tabelle 5: Entwicklung der Gemeinschaftsaktivität im Bereich „Sport und Bewegung" in den neuen und alten Ländern

	Alte Länder		Neue Länder		Anstieg	
	1999	2004	1999	2004	ABL	NBL
Alle	**40**	**42**	**26**	**32**	**+2**	**+6**
Männer	41	43	30	34	+2	+4
Frauen	38	42	23	30	+4	+7
14-30 Jahre	51	52	38	43	+1	+5
31-45 Jahre	42	46	28	36	+4	+8
46-65 Jahre	38	42	22	29	+4	+7
66 Jahre und älter	21	27	13	18	+6	+5
Erwerbstätige	43	46	30	36	+3	+6
Arbeitslose	29	35	19	25	+6	+6
Schüler/Ausbildung/Stud.	55	57	43	47	+2	+4
Hausfrauen/-männer	38	44	16	24	+6	+8
Rentner/Pensionäre	24	29	15	19	+5	+4

Angaben in Prozent, Prozente gerundet

Tabelle 6 gibt einen Überblick, wie sich zwischen 1999 und 2004 in großen Bereichen der Gemeinschaftsaktivität die Größenverhältnisse zwischen neuen und alten Ländern verändert haben. Danach hatten 1999 die stark von Vereinen bestimmten Bereiche „Sport und Bewegung", „Kultur und Musik" sowie „Freizeit und Geselligkeit" in den alten Ländern noch jeweils einen um die Hälfte größeren Umfang als in den neuen Ländern. 2004 hat sich dieser „Überhang" der alten Länder jeweils auf etwa ein Drittel reduziert. Es gibt allerdings Bereiche, wo 1999 dieser „Überhang" der Größe in den alten Ländern noch wesentlich größer war. Der kirchlich-religiöse Sektor der Gemeinschaftsaktivität war in den alten Ländern 1999 sogar mehr als doppelt so groß wie in den neuen Ländern, der soziale Bereich um 85% größer.

Interessant ist, dass in den neuen Ländern die Gemeinschaftsaktivität im kirchlichen Bereich trotz weiterhin konstant geringer Konfessionalität (nur 28% Konfessionelle) besonders stark gewachsen ist. Den Zustand in diesem Bereich von 1999 gleich 100 gesetzt, hat der Bereich in den neuen Ländern um 50% zugelegt. Ebenso stark ist auch das Wachstum bei den sozialen Aktivitäten (+38 Prozent). Im Bereich „Kindergarten und Schule", wo 1999 fast eine Parität zwischen neuen und alten Ländern herrschte, hat sich allerdings 2004 ein erkennbarer Größenunterschied von 18% zugunsten der alten Länder eingestellt.

Bereits 1999 günstiger und 2004 noch etwas günstiger sind die Relationen zwischen neuen und alten Ländern bei den Bereichen „Politik" und „Beruf". Beide Bereiche sind 2004 in den alten Ländern nur noch um etwa ein Viertel stärker besetzt als in den neuen Ländern. Auch in den Bereichen „Umwelt- und Tierschutz" sowie „außerschulische Jugendarbeit und Erwachsenenbildung" sind die Relationen zwischen neuen und alten Ländern teils sogar deutlich günstiger geworden.

Zwar ist in den neuen Ländern in vielen Bereichen auch das freiwillige Engagement überproportional angestiegen, aber der auffälligere Prozess in der Breite ist im Moment die Belebung der Gemeinschaftsaktivität, ein Prozess, der bisher nur teilweise in einer erhöhten freiwilligen Übernahme von Aufgaben und Arbeiten mündet. Die sich deutlich belebende Gemeinschaftsaktivität bietet jedoch eine gute Chance dafür, dass sich in den neuen Ländern auch das freiwillige Engagement an die Größenordnung der alten Länder anpassen kann.

Tabelle 6: Relationen bei größeren Bereichen der Gemeinschaftsaktivität zwischen neuen und alten Ländern

	1999			2004			1999-2004	
	Größe		Relation	Größe		Relation	Wachstum*	
	NBL	ABL	NBL:ABL	NBL	ABL	NBL:ABL	NBL	ABL
Sport und Bewegung	26	40	100:154	32	42	100:133	+23	+5
Freizeit und Geselligkeit	18,5	27	100:146	20	27	100:135	+8	0
Kultur und Musik	11	17	100:154	14	19	100:136	+27	+12
Schule und Kindergarten	10,5	11	100:105	11	13	100:118	+5	+18
Soziales	6,5	12	100:185	9	14	100:156	+38	+17
Kirche und Religion	5	11,5	100:230	7,5	12,5	100:166	+50	+9
Berufliche Interessenvertretung	7	9,5	100:136	8	10	100:125	+14	+5
Umwelt- und Tierschutz	6	9	100:150	7,5	10	100:133	+25	+11
Politik und Interessenvertretung	5	6,5	100:130	5,5	7	100:127	+10	+8
Jugend und Bildung für Erwachsene	4,5	6,5	100:144	5,5	7,5	100:136	+22	+15

Angaben in Prozent, Prozente gerundet, * 1999=100%, NBL=Neue Länder, ABL=Alte Länder

Das Veränderungsmuster des freiwilligen Engagements zeigt in den neuen Ländern zwischen 1999 und 2004 interessante Besonderheiten. Zum einen erfolgte der stärkste Zuwachs mit 6 Prozentpunkten in der Altersgruppe der 31- bis 45-Jährigen (Tabelle 7). Überproportional stieg mit 4 Prozentpunkten auch das Engagement in der älteren mittleren Altersgruppe der 46- bis 65-Jährigen. Man kann also einen deutlichen Anstieg im breiten Mittelbau der Altersgruppen konstatieren, insbesondere im jüngeren. Dagegen stehen die alten Länder für den gesamtdeutschen Trend, nach dem vermehrt in den älteren Jahrgängen das freiwillige Engagement zunimmt. Ab dem Alter von 66 Jahren fand dagegen in den neuen Ländern seit 1999 keine Zunahme der Gruppe der freiwillig Engagierten statt, obwohl es eine erhöhte Gemeinschaftsaktivität gab.

Tabelle 7: Gemeinschaftsaktivität und freiwilliges Engagement nach Landesteil und Alter

	Alle			Alte Länder			Neue Länder		
	N	Akt	FE	N	Akt	FE	N	Akt	FE
Alle									
1999	**34**	**32**	**34**	**31**	**33**	**36**	**44**	**28**	**28**
2004	**30**	**34**	**36**	**28**	**35**	**37**	**38**	**31**	**31**
14-30 Jahre									
1999	28	37	35	26	37	37	37	35	28
2004	26	39	35	24	39	37	33	38	29
31-45 Jahre									
1999	31	31	38	29	32	39	42	27	31
2004	29	32	39	27	33	40	34	29	37
46-65 Jahre									
1999	34	29	37	30	31	39	46	24	30
2004	28	32	40	26	33	41	37	29	34
66 Jahre +									
1999	48	29	23	46	30	24	56	25	19
2004	41	33	26	39	34	27	51	30	19

Angaben in Prozent, Prozente gerundet

In den neuen Ländern fanden somit in den letzten Jahren vermehrt auch jüngere Jahrgänge ins freiwillige Engagement. Zusammen mit dem deutlichen Zuwachs des Engagements von Erwerbstätigen verdeutlicht das noch einmal die besonderen Entwicklungen des freiwilligen Engagements in den neuen Ländern. Zusätzlich integrieren sich in den neuen Ländern Arbeitslose häufiger in Gemeinschaftsaktivitäten und freiwilliges Engagement, nicht nur, aber sicher auch, um ihre Arbeitsmarktchancen zu verbessern. Die alten Länder zeigen dagegen eher das Bild einer etablierten Struktur und Kultur der Freiwilligkeit, in die sich zunehmend die aktiver gewordenen älteren Menschen einbringen.

Eine weitere Besonderheit der zum größeren Teil neu gewachsenen „Engagementkultur" der neuen Länder besteht darin, dass der Zugang zum Engagement in den neuen Ländern mehr auf eigener Initiative der Engagierten beruht als in den alten Ländern. Dort erfolgt der Zugang zum freiwilligen Engagement öfter durch Anwerbung durch Dritte (Grafik 6). 1999 gaben in den neuen Ländern 42% der Engagierten an, sie hätten zu ihrer freiwilligen Tätigkeit durch eigene Initiative gefunden, 2004 mit 45% noch etwas mehr. In den alten Ländern verblieb diese „Initiativquote" bei 38%. Für ihre Tätigkeit angeworben zu sein gaben dort 1999 58% der Freiwilligen an, 2004 60%. In den neuen Ländern sank der Anteil der für die freiwillige Tätigkeit „Angeworbenen" dagegen von 55% auf 53%.

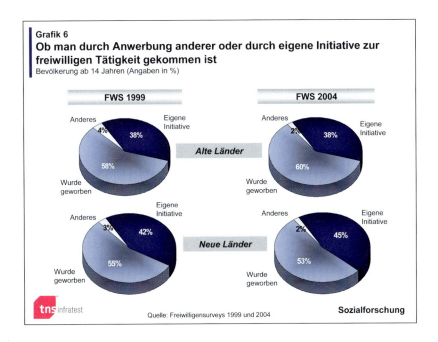

Dem entspricht bei detaillierter Nachfrage (Mehrfachnennungen), dass in den neuen Ländern „eigene Erlebnisse" vermehrt Anstoß zu freiwilligen Tätigkeiten gegeben haben, während in den alten Ländern von Engagierten häufiger mitgeteilt wird, leitende Personen in den Vereinen und Organisationen wären der Anstoß zur freiwilligen Tätigkeit gewesen (Tabelle 8).

Tabelle 8: Anstöße zum freiwilligen Engagement in den neuen und alten Ländern

	Alle		Alte Länder		Neue Länder	
	1999	2004	1999	2004	1999	2004
Leitende Personen	42	44	43	46	37	36
Freunde/Bekannte	35	40	35	40	34	38
Eigene Erlebnisse	28	38	27	37	32	43
Familienmitglieder	12	14	12	15	11	13
Presse und Medien	3	3	4	3	3	3
Info-/Kontaktstelle	3	3	3	3	3	5

Angaben in Prozent, Prozente gerundet, **Mehrfachnennungen**, keine Addition zu 100%

Zwar gaben auch in den alten Ländern zunehmend eigene Erlebnisse Anstoß zu freiwilligem Engagement, dennoch bleibt die Werbung durch leitende Personen in den Organisationen auch 2004 wichtiger. In den neuen Ländern hat sich die Situation 2004 umgekehrt, so dass nunmehr eigenes Erleben weit wichtiger als Anstoßgeber zur Übernahme einer freiwilligen Tätigkeit geworden ist als 1999. Hierin scheint sich eine Besonderheit der Kultur des freiwilligen Engagements in den neuen Ländern auszudrücken, die sich seit 1999 weiter verstärkt hat. Bemerkenswert ist, dass sich in den alten Ländern der Trend zum eigenen Erleben als Anstoß nicht auch in einer höheren „Initiativquote" des Engagements fortsetzt. Eigene Erlebnisse werden als Hintergrund zwar wichtiger, aber zur Tätigkeit selbst kommt man nach wie vor bevorzugt durch Anwerbung durch Dritte.

- Berlin-Brandenburg als besondere Wachstumsregion der Gemeinschaftsaktivität und des freiwilligen Engagements in den neuen Ländern

Die Hauptstadt Berlin stand 1999 mit 55% Gemeinschaftsaktivität und 24% freiwilligem Engagement an letzter Stelle der Länder. Hamburg, das als Großstadt und Bundesland mit Berlin noch am besten vergleichbar ist, wies dagegen bei der Gemeinschaftsaktivität und beim freiwilligen Engagement deutlich höhere Werte aus. Berlin blieb noch weiter hinter den süddeutschen Großstadtregionen zurück. Insbesondere im Ostteil der Stadt wurde ein extrem niedriger Wert des freiwilligen Engagements von 19% gemessen. Brandenburg als Berlin umgebendes Bundesland nahm mit 28% freiwilligem Engagement zusammen mit Sachsen-Anhalt den zweitletzten Platz der Länder ein.

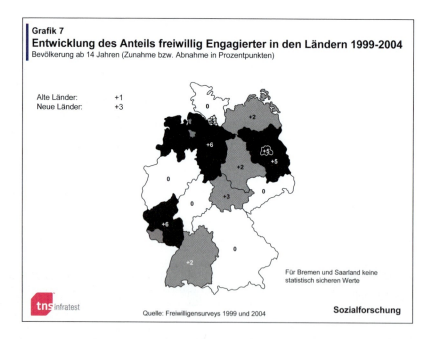

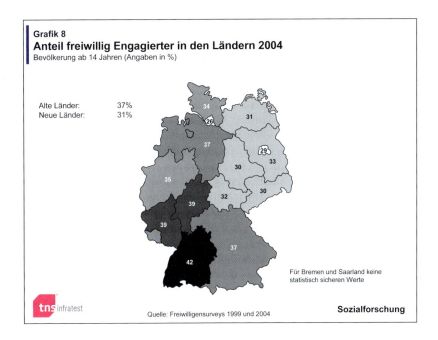

Der Freiwilligensurvey 2004 weist für Berlin (+5 Prozentpunkte) und Brandenburg (+5 Prozentpunkte) besonders hohe Zuwächse des freiwilligen Engagements aus (Grafik 7).[49] In Berlin fielen die Zuwächse im Ostteil der Stadt etwa gleich wie im Westteil aus, wobei in den neuen Ländern eine besonders hohe Steigerung der Engagementbereitschaft nicht engagierter Bürgerinnen und Bürger erkennbar wird. In Brandenburg gab es einen besonders deutlichen Aufschwung des freiwilligen Engagements in den an Berlin angrenzenden Gebieten. In Berlin scheint von dem Prozess einer sich entwickelnden Hauptstadt auch das freiwillige Engagement der Bürgerinnen und Bürger zu profitieren. Gleichzeitig scheint diese Entwicklung auch eine Ausstrahlung auf Brandenburg zu bewirken.[50]

- Die Länder: Stabilität im Süden, differenzierte Entwicklungen in einzelnen Regionen

Der Freiwilligensurvey zeigt, dass auch 2004 die süddeutschen Länder führend bei der Gemeinschaftsaktivität und beim freiwilligen Engagement waren (Grafik 8). In Baden-

---

[49] Für den ersten Freiwilligensurvey war durch die Bundesregierung ursprünglich eine Stichprobengröße von 10.000 Befragten geplant. Die Robert Bosch Stiftung stellte zusätzlich ein Budget bereit, mit dem die Aufstockung der Stichproben der meisten von der Bevölkerungszahl her kleineren Länder auf eine statistisch sichere Größe und damit ein seriöser Ländervergleich sichergestellt werden konnte. Diese Unterstützung ermöglichte eine deutliche Aufstockung der Stichproben der Stadtstaaten Hamburg und Berlin sowie der 5 neuen Länder um insgesamt 5.000 Befragte. Für Bremen und das Saarland reichte die Finanzierung allerdings nicht aus. Beim Freiwilligensurvey 2004 übernahm die Bundesregierung die Finanzierung aller 15.000 Interviews, wovon wiederum hauptsächlich die neuen Länder sowie Hamburg und Berlin profitierten.
[50] Eine Erklärung kann der Zuzug gut ausgebildeter, kreativer und den öffentlichen Dingen nahe stehender Personen in die Hauptstadt Berlin sein und gleichzeitig die zunehmende Ansiedlung solcher Personen in den attraktiven Übergangsregionen zwischen Berlin und Brandenburg.

Württemberg stieg das Engagement auf hohem Niveau etwa im Durchschnitt des Bundes um 2 Prozentpunkte an, in Bayern und Hessen blieb es mit 37% etwa gleich. Insgesamt hebt sich der Süden damit nicht mehr so deutlich wie 1999 nach oben hin von den deutschen Durchschnittswerten ab.

In den alten Ländern gab es in Rheinland-Pfalz einen bemerkenswerten Anstieg des freiwilligen Engagements um 6 Prozentpunkte, begleitet von einem starken Anstieg der Bereitschaft zum Engagement. Nordrhein-Westfalen als größtes deutsches Bundesland weist dagegen 2004 mit 35% eine konstante Beteiligung seiner Bevölkerung am freiwilligen Engagement aus. Im Norden kann Niedersachsen auf einen deutlichen Anstieg des freiwilligen Engagements verweisen (+6 Prozentpunkte).

In Hamburg war dagegen als einzigem Bundesland das freiwillige Engagement rückläufig, möglicherweise auch wegen einer Verschiebung zu den Stadträndern, die in den angrenzenden Flächenländern liegen. In Schleswig-Holstein blieb die Situation dagegen stabil, in Mecklenburg-Vorpommern stieg das freiwillige Engagement etwa im Bundesdurchschnitt um 2 Prozentpunkte an.

In den neuen Ländern erreicht außer der Region Berlin-Brandenburg noch Thüringen mit 3 Prozentpunkten einen im Vergleich zum Bund überdurchschnittlichen Anstieg. In Sachsen-Anhalt und Mecklenburg-Vorpommern wuchs das freiwillige Engagement etwa im Bundesdurchschnitt, in Sachsen blieb die Situation des Engagements etwa stabil.

2.4 Bereitschaft zum Engagement bei nicht Engagierten – das „externe" Engagementpotenzial

Neben der Beobachtung der Entwicklung des freiwilligen Engagements ist es eine wichtige Aufgabe des Freiwilligensurveys zu erfassen, ob Menschen, die nicht freiwillig engagiert sind, Interesse daran haben, sich freiwillig zu engagieren („externes" Engagementpotenzial[51]), und wie sich dieses Interesse über die Zeit entwickelt.

Der Freiwilligensurvey zeigt, dass in Deutschland seit 1999 die Einstellung gegenüber dem freiwilligen Engagement bei nicht Engagierten deutlich aufgeschlossener geworden ist (Tabellen 9 und 10, Grafik 9). Insgesamt weniger deutlichen Veränderungen auf der Ebene des Verhaltens (tatsächliches freiwilliges Engagement) stehen somit deutlichere Veränderungen auf der Ebene der Einstellung gegenüber (Bereitschaft zum Engagement).

Diese Ergebnisse bestätigen die allgemeine sozialwissenschaftliche Erkenntnis, dass Änderungen des Verhaltens weniger wahrscheinlich sind bzw. sich langsamer vollziehen als Änderungen der Einstellung. Verhaltensänderungen erzeugen für die Person, „ökonomisch" gesprochen, höhere „Kosten" (etwa in Form von praktischer Aktivität, Investition von freier Zeit und von Geld) als Änderungen der Einstellung, die im Bereich des Bewusstseins verbleiben.

---

[51] „Externes" Potenzial soll ausdrücken, dass Menschen die „außerhalb" des Engagements stehen, sich freiwillig engagieren würden. „Internes" Potenzial soll in der Folge bedeuten, dass Menschen die sich bereits „innerhalb" des Engagements befinden, ihr Engagement ausdehnen könnten.

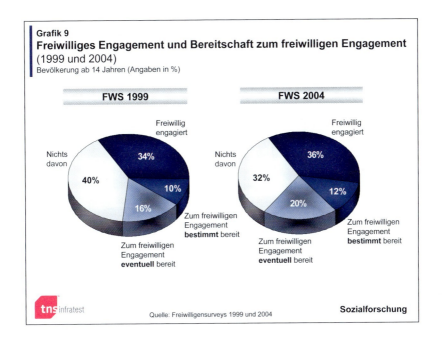

In der Grafik wird auch erkennbar, dass sich ein verwandter Unterschied auch zwischen der verbindlichen und der weniger verbindlichen Äußerung einer Einstellung darstellen lässt. Die verbindliche Bereitschaft zum freiwilligen Engagement („ja") wird deutlich seltener geäußert als die unverbindlichere („eventuell"). Die verbindliche Bereitschaft zum freiwilligen Engagement ist außerdem langsamer gestiegen als die unverbindliche. Hintergrund dürfte wiederum sein, dass auch die verbindliche (und damit vermehrt verhaltensrelevante) Bekundung einer Einstellung höhere „Kosten" verursacht (diesmal wohl eher psychischer Natur).

In beiden Geschlechtern sowie in den neuen und alten Ländern (Grafik 10) hat die Bereitschaft zum Engagement deutlich zugenommen. Diese deutliche Verbesserung der Einstellung zum freiwilligen Engagement zieht sich in beiden Landesteilen auch durch nahezu alle Erwerbs- bzw. Altersgruppen (Tabellen 9 und 10). Weniger ausgeprägt war diese Veränderung bei den jungen Leuten in den alten Ländern sowie in beiden Landesteilen in der Gruppe der Schüler, Auszubildenden und Studenten. Dabei muss allerdings berücksichtigt werden, dass diese Gruppen bereits 1999 eine besonders hohe Bereitschaft zum freiwilligen Engagement bekundeten. Dieses besonders hohe Niveau wurde von den jungen Leuten beibehalten und wird 2004 nur von den sehr deutlich gestiegenen Werten der Arbeitslosen übertroffen.

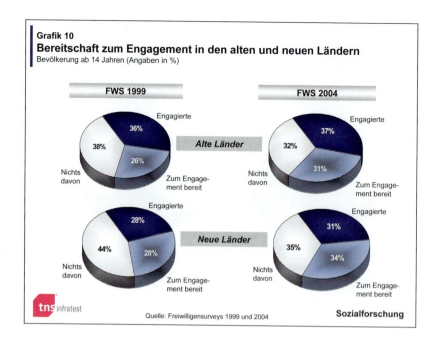

In der Gruppe der Arbeitslosen ist seit 1999 die Bereitschaft zum freiwilligen Engagement um 11 Prozentpunkte angestiegen. Inzwischen ist der Prozentsatz der Arbeitslosen, die weder freiwillig engagiert noch dazu bereit sind, von 40% auf 25% gefallen. Eine solche Veränderung ist in keiner der hier von uns untersuchten Bevölkerungsgruppen zu erkennen. Von ihrem Verhalten und ihrer Einstellung her ist somit die Gruppe der Arbeitslosen zwischen 1999 und 2004 deutlich engagementorientierter geworden. Sicher ist es richtig, daran zu erinnern, dass bei der Gruppe der Arbeitslosen dieser Schub aus einer Situation der ökonomischen, sozialen und psychischen Benachteiligung heraus erfolgt. Dennoch hätte die Reaktion innerhalb dieser Gruppe auf ihre Benachteiligung auch resignierend ausfallen können. Stattdessen zeigt die zunehmende Beteiligung von Arbeitslosen an Gemeinschaftsaktivitäten und am freiwilligen Engagement sowie ihre zunehmende Engagementbereitschaft ihre soziale Eigeninitiative und Verantwortungsbereitschaft.

Tabelle 9: Bereitschaft zum Engagement nach Landesteil und Erwerbsstatus

	Alle			Alte Länder			Neue Länder		
	N	Bereit	FE	N	Bereit	FE	N	Bereit	FE
Alle									
1999	**40**	**26**	**34**	**38**	**26**	**36**	**44**	**28**	**28**
2004	**32**	**32**	**36**	**32**	**31**	**37**	**35**	**34**	**31**
Erwerbstätig									
1999	35	27	38	34	27	39	39	28	33
2004	26	34	40	25	34	41	28	35	37
Arbeitslos									
1999	40	37	23	38	37	25	42	36	22
2004	25	48	27	25	48	27	26	48	26
Schüler/ Auszu-									
bild./Studenten									
1999	20	43	37	18	42	39	25	46	29
2004	19	43	38	19	41	40	18	48	34
Hausfrau/-mann									
1999	35	27	38	34	27	39	44	37	19
2004	29	34	37	28	34	38	29	42	29
Rentner/Pension.									
1999	64	12	24	62	12	26	67	13	20
2004	55	17	28	53	17	30	60	18	21

Angaben in Prozent, Prozente gerundet

In der Folge wird sich zeigen, dass das freiwillige Engagement von Arbeitslosen neben der Suche nach Geselligkeit und nach Mitengagierten in der Tat vermehrt bürgerschaftlich motiviert ist. Arbeitslose verstehen allerdings gleichzeitig ihr Engagement auch verstärkt als Beitrag zur Lösung eigener Probleme. Sie streben deutlich mehr als andere Gruppen an, durch ihr freiwilliges Engagement ihre Kenntnisse und Erfahrungen zu erweitern. Soziale Kontakte und Kompetenzerhalt- bzw. -erwerb sollen auch einen Nutzen bei der Beschäftigungssuche erbringen. Nur Schülern, Auszubildenden und Studenten ist dieser berufliche Aspekt noch wichtiger als Arbeitslosen.

Tabelle 10: Bereitschaft zum Engagement nach Landesteil und Alter

	Alle			Alte Länder			Neue Länder		
	N	Bereit	FE	N	Bereit	FE	N	Bereit	FE
Alle									
1999	**40**	**26**	**34**	**38**	**26**	**36**	**44**	**28**	**28**
2004	**32**	**32**	**36**	**32**	**31**	**37**	**35**	**34**	**31**
14-30 Jahre									
1999	27	38	35	25	38	37	32	40	28
2004	21	44	35	22	41	37	20	51	29
31-45 Jahre									
1999	33	29	38	32	29	39	37	32	31
2004	25	36	39	24	36	40	25	38	37
46-65 Jahre									
1999	40	23	37	38	23	39	46	24	30
2004	29	31	40	28	30	41	35	31	34
66 Jahre +									
1999	68	9	23	66	10	24	72	9	19
2004	60	14	26	58	15	27	67	14	19

Angaben in Prozent, Prozente gerundet

2.5 Bereitschaft zur Ausdehnung des Engagements bei Engagierten – das „interne" Engagementpotenzial

Im Folgenden wird zusätzlich zum externen Engagementpotenzial das so genannte „interne" Engagementpotenzial untersucht. Diese Betrachtungsweise des freiwilligen Engagements interessiert sich dafür, inwieweit bereits freiwillig Engagierte bereit sind, ihr Engagement noch auszudehnen. Diesen Typ von Engagementpotenzial hat bei der Auswertung des Freiwilligensurveys 1999 Helmut Klages ins Gespräch gebracht.[52]

Um das „interne" Engagementpotenzial darstellen zu können, muss man einen Schnitt durch die Gruppe der Engagierten legen, um von denjenigen Engagierten, die ihr Engagement nicht ausweiten wollen oder können, diejenigen zu unterscheiden, die sich eine Erweiterung ihres Engagements vorstellen können (Grafik 11). Man erkennt, dass gegenüber 1999 diejenige Gruppe der Engagierten, die ihr freiwilliges Engagement in etwa beibehalten will, gleich groß geblieben ist. Demgegenüber hat die Gruppe der zur Erweiterung bereiten Engagierten um 2 Prozentpunkte zugenommen.

---

[52] Klages 2001a.

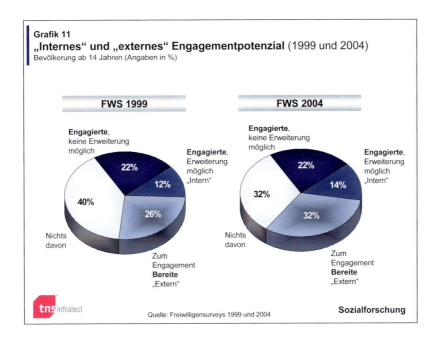

Grafik 11
„Internes" und „externes" Engagementpotenzial (1999 und 2004)
Bevölkerung ab 14 Jahren (Angaben in %)

Das heißt, es gab 2004 nicht nur mehr Engagierte, sondern unter diesen waren auch vermehrt „erweiterungsfreudige" Engagierte. Dieser Zuwachs an „internem" Potenzial vollzog sich in der Gruppe der jungen Leute von 14 bis 30 Jahren am deutlichsten. Obwohl der Anteil freiwillig Engagierter bei diesen seit 1999 etwa gleich geblieben ist, hat sich innerhalb dieser Gruppe der engagierten jungen Leute der Anteil der Engagierten deutlich erhöht, die angeben, ihr Engagement noch ausweiten zu können. Ohnehin war 1999 bereits etwa die Hälfte der Engagierten im Alter von bis zu 30 Jahren dem „internen" Potenzial zuzurechnen. Dieser hohe Prozentsatz ist 2004 noch einmal deutlich gestiegen.[53]

Noch auffälliger präsentieren sich die Schüler, Auszubildenden und Studenten mit einem Anteil von zwei Dritteln an Engagierten, die sich vorstellen können, ihr Engagement noch auszuweiten. Der Anteil solcher Engagierter ist auch bei den Arbeitslosen besonders hoch und außerdem seit 1999 deutlich gewachsen.

Insbesondere bei den jungen Leuten scheint sich in dieser besonderen Einstellung die für sie typischere Situation am Anfang einer möglichen „Engagementkarriere" (Klages 2001) auszudrücken. Engagierte in mittleren und älteren Jahren scheinen sich bereits vermehrt in einen für sie angemessenen Umfang bzw. in eine für sie angemessene Form des Engagements hineingefunden zu haben.

---

[53] Gerade bei den jungen Leuten muss man allerdings berücksichtigen, dass die Frageformulierung den Zusatz enthielt „wenn sich etwas Interessantes bietet".

3 Motivation des freiwilligen Engagements

3.1 Erklärungsmodelle für freiwilliges Engagement

Bisher wurden verschiedene Informationen darüber gewonnen, welche Bevölkerungsgruppen sich bevorzugt freiwillig engagieren bzw. sich freiwillig engagieren würden. Nun soll in den Blick genommen werden, welche Motive Menschen zum Engagement führen, welche Erwartungen Engagierte mit ihren freiwilligen Tätigkeiten verbinden. Bevor das direkt untersucht wird, soll in einem Zwischenschritt geklärt werden, welche von den Merkmalen, die eng mit freiwilligem Engagement zusammenhängen, die wesentlichen und welche die weniger wichtigen sind.

Hohes Bildungsniveau, hohes Einkommen und gute persönliche wirtschaftliche Lage, hohe Kirchenbindung, ein großer Freundes- und Bekanntenkreis, erhöhte Haushaltsgröße gehen in Einzelanalysen mit erhöhtem freiwilligem Engagement einher, eingeschränkter auch Wohnsitz in den alten Ländern, Erwerbstätigkeit und Männlichkeit. Solche Einzelmerkmale hängen jedoch oft selbst wieder miteinander zusammen, z.B. sind Männer öfter erwerbstätig, in den neuen Ländern und bei Migranten sind die Einkommen niedriger, Menschen mit höherer Bildung haben wiederum höhere Einkommen, aber auch höhere Engagementwerte und ein höheres politisches Interesse usw.

Die Frage ist, was letztlich wichtiger ist, um zu erklären, dass Personen sich mit erhöhter Wahrscheinlichkeit zum freiwilligen Engagement entschlossen haben. Ist es mehr das „Ideelle" (Werte, Bildung) oder das „Materielle" (Einkommen, persönliche Wirtschaftslage) bzw. sind es „Strukturmerkmale" (Haushalts- und Wohnortgröße, Einkommen) oder „Kulturmerkmale" (Kirchenbindung, Werte, Integration). Oder ist es allein die Tatsache, dass jemand eine Frau ist, in den neuen Ländern wohnt oder Migrant ist, die dazu führt, dass das freiwillige Engagement geringer ist? Oder verbergen sich hinter diesen Merkmalen wieder andere materielle, soziale oder kulturelle Unterschiede?

Dazu kommt, dass es, wie bereits gesehen, 2004 gegenüber 1999 Abschwächungen typischer Muster der Beteiligung von Bevölkerungsgruppen am freiwilligen Engagement gegeben hat. Die neuen Länder, Arbeitslose und ältere Menschen haben „aufgeholt" und ihren Rückstand hinter den quantitativ „führenden" Gruppen verringert. Wie wirkt sich das auf die Erklärungskraft dieser Merkmale für freiwilliges Engagement aus?

Tabelle 11 enthält die Ergebnisse zweier Vorhersagemodelle für die Zeitpunkte 1999 und 2004. Man erkennt ein so genanntes „Strukturmodell", das lediglich soziodemografische Merkmale enthält, sowie ein kombiniertes Modell „Struktur und Kultur", das zusätzlich kulturelle Merkmale zur Vorhersage freiwilligen Engagements einbezieht. Der erste Befund ist, dass die gesamte Erklärungskraft des Strukturmodells 1999 niedrig ist und 2004 weiter abnimmt (R^2=.08 bzw. R^2=.06). Das kombinierte Modell „Struktur und Kultur" hat dagegen eine wesentlich höhere Vorhersagekraft für freiwilliges Engagement, und diese steigt zwischen 1999 und 2004 an (R^2=.17 bzw. R^2=.19). Man kann daraus entnehmen, dass freiwilliges Engagement schon 1999 eine wesentlich mehr kultur- als strukturbestimmte Angelegenheit war und dass sich diese Tendenz 2004 noch verstärkt hat.[54]

Das Strukturmodell hat deshalb an Vorhersagekraft verloren, weil 2004 die Höhe des Haushaltseinkommens, das Alter und das männliche Geschlecht weniger vorhersagten, ob sich Personen freiwillig engagieren oder nicht. Dass das Lebensalter seine Vorhersagekraft verloren hat, liegt am deutlich gestiegenen Engagement der älteren Bevölkerung, die sich nunmehr diesbezüglich nicht mehr so deutlich von den mittleren und jüngeren Jahrgängen unterscheidet.

Die Bedeutung des Bildungsstatus hat dagegen im Strukturmodell zugenommen. Das Merkmal Bildung nimmt allerdings eher eine Zwitterstellung zwischen Struktur und Kultur ein, da mit dem Erwerb mittlerer und höherer Bildung auch der Erwerb bestimmter kultureller Orientierungen verbunden ist. Das Merkmal „Bildung" ist 2004 das mit Abstand wichtigste Merkmal des Strukturmodells geworden. Das „Ideelle" (die Bildung) dominiert jetzt deutlich das „Materielle" (Einkommen).

Das erweiterte Modell „Struktur und Kultur" zeigt jedoch, dass es Größen gibt, die wesentlich wichtiger dafür sind, ob sich Personen freiwillig engagieren, als Strukturmerkmale. Wie 1999 sind auch 2004 die entscheidenden Hintergrundfaktoren des freiwilligen Engagements (soweit sie im Freiwilligensurvey erfasst wurden) die „Größe des Freundes- und Bekanntenkreises" und die „Kirchenbindung". Beide Merkmale haben auch 2004 die höchste Vorhersagekraft dafür, ob sich Personen in Deutschland engagieren oder nicht.

Allerdings hat sich die Bedeutung des Merkmals „Größe des Freundes- und Bekanntenkreises" im kombinierten Struktur- und Kulturmodell gegenüber der Kirchenbindung erhöht. Ähnlich ist es beim Merkmal „Kreativitäts- und Engagementwerte", deren Vorhersagekraft für das freiwillige Engagement nahe an die Kirchenbindung herangerückt sind. Innerhalb der kulturellen Faktoren haben somit die Faktoren der sozialen Integration sowie Wertorientierungen gegenüber der religiös-kirchlichen Integration an Gewicht zugenommen, wenn es um die Hintergründe freiwilligen Engagements geht.

Die Variable „Kirchenbindung" im kombinierten Struktur- und Kulturmodell führt dazu, dass die Variable „Alte bzw. neue Länder" überlagert wird und ihre aufklärende Bedeutung verliert. Das hängt mit dem gravierenden Unterschied zwischen beiden Landesteilen im Verhältnis zu den Kirchen zusammen.[55] Während etwa drei Viertel der neuen Bundesbürger konfessionslos sind, trifft das nur auf ein knappes Viertel der alten Bundesbürger zu. Dieser Unterschied ist also letztlich wichtiger für die Vorhersage freiwilligen Engagements als der Wohnsitz in den alten bzw. neuen Ländern.

---

[54] Regressionsmodelle schätzen die Vorhersagekraft einzelner Merkmale für eine bestimmte Zielvariable, in unserem Fall der dreistufigen Variable „Engagement" mit den Stufen, „nicht gemeinschaftsaktiv", „nur gemeinschaftsaktiv" und „freiwillig engagiert". Es wird also ein idealisiertes Stufenmodell unterstellt, dass von Gemeinschaftsaktivität zum freiwilligen Engagement führt. Der Vorteil von Regressionsmodellen besteht darin, dass sie die wechselseitigen Bezüge der vorhersagenden Merkmale weitgehend ausschalten und gegenüber der einfachen Korrelation nur den spezifischen Erklärungswert der einzelnen Merkmale aufdecken. Die hier vorgeführte Regressionstabelle gibt zwei wesentliche Kennziffern an, R^2 die standardisierte Erklärungskraft des gesamten Modells, β die standardisierte Erklärungskraft der einzelnen Merkmale innerhalb des Modells.

[55] Die Variable „Kirchenbindung" wurde 4-stufig gebildet: „keine Konfession", „geringe subjektive Kirchenbindung", „mittlere subjektive Kirchenbindung" sowie „hohe subjektive Kirchenbindung".

Die Einbeziehung der kulturellen Merkmale reduziert aber auch die Erklärungskraft der Variable Bildung. Vor allem Kreativitäts- und Engagementwerte und politisch-öffentliches Interesse scheinen den kulturellen Anteil des „Zwittermerkmales" Bildung besser zu repräsentieren. Dennoch bleibt die Bildung das im erweiterten Modell wichtigste Merkmal, das aus dem Strukturmodell stammt.

Tabelle 11: Modelle zur Vorhersage öffentlicher Beteiligung bzw. freiwilligen Engagements

	Modell 1: Struktur		Modell 2: Struktur + Kultur	
	1999	2004	1999	2004
	β	β	β	β
Haushaltseinkommen	.12	.08	.07	.03
Haushaltsgröße	.09	.08	.07	.04
Bildungsstatus	.11	.14	.06	.08
Lebensalter	-.05	n.s.	-.06	n.s.
Region: Alte Länder	.10	.09	.06	n.s.
Geschlecht: Mann	.05	.03	.04	.03
Deutsche Staatsangehörigkeit	.06	.05	.04	.04
Erwerbstätig	n.s.	n.s.	.03	n.s.
Größe des Freundes- und Bekanntenkreises			.17	.20
Kirchenbindung			.13	.14
Spendenhöhe			.09	.09
Kreativitäts- und Engagementwerte[56]			.08	.12
Ordnungs- und Pflichtwerte[57]			-.04	-.04
Hilft gelegentlich Personen außerhalb des Haushaltes			.08	.09
Politisches Interesse			.07	.09
Kenntnis Kontakt- und Beratungsstellen für freiwilliges Engagement			.06	.08
R² der Modelle	**.08**	**.06**	**.17**	**.19**

Haushaltsbezogene Merkmale wie Einkommen und Größe der Haushalte werden im gemischten Modell deutlich relativiert. Sie dürften im erweiterten Modell durch die bessere Erklärungskraft der Spendenaktivität überlagert werden sowie durch Merkmale der sozialen Integration, wie „Größe des Freundes- und Bekanntenkreises" oder „Hilfeaktivitäten für Personen außerhalb des Haushaltes".

---

[56] Sammelvariable gebildet aus der Wichtigkeit von Kreativität, Toleranz, sozialer Hilfsbereitschaft und politischem Engagement.
[57] Sammelvariable gebildet aus der Wichtigkeit des Respekts vor Gesetz und Ordnung, von Sicherheit sowie von Fleiß und Ehrgeiz.

Insgesamt dominiert also 2004 das „Ideelle" (Werte und Bildung) eindeutiger das „Materielle", wenn man vorhersagen will, ob sich Personen freiwillig engagieren. Freiwilliges Engagement ist somit relativ wenig von rein ökonomischen Faktoren abhängig. Das gilt vor allem, wenn man sich vergegenwärtigt, dass die Einschätzung der persönlichen wirtschaftlichen Lage, die trotz deutlich gestiegener Einkommen 2004 bei den Befragten ungünstiger als 1999 ausfiel, keine Bedeutung für die Vorhersage des freiwilligen Engagements einer Person hat.

Das „Materielle" spielt insofern eine wichtige Rolle, als eine erhöhte Spendenaktivität mit erhöhtem freiwilligem Engagement einhergeht. Aber auch hier liegt die Erklärungskraft wohl eher bei einer prosozialen Einstellung, die sich hinter dem Spenden verbirgt. Auch wer es sich leisten kann, muss es dennoch erst einmal tun.

3.2 Selbstverständnis des freiwilligen Engagements

1999 ermittelte der Freiwilligensurvey, dass die meisten Engagierten ihre freiwilligen Tätigkeiten nicht als „Ehrenamt" verstehen, sondern als „Freiwilligenarbeit", insbesondere Frauen und junge Leute. Obwohl das ehrenamtliche Verständnis freiwilligen Engagements besonders bei Funktionsträgern bevorzugt wird, einigte sich der Projektverbund „Freiwilligensurvey" angesichts der Sicht der Engagierten insgesamt auf den Oberbegriff „freiwilliges Engagement" zur Bezeichnung der Vielfalt der ehrenamtlichen, freiwilligen oder bürgerschaftlichen Tätigkeiten. Tabelle 12 zeigt, wie sich diese Formen des Verständnisses freiwilliger Tätigkeiten[58] seit 1999 weiter entwickelt haben.

Auch 2004 wurden freiwillige Tätigkeiten bevorzugt als „Freiwilligenarbeit" verstanden und erst an zweiter Stelle als „Ehrenamt". Allerdings hat das „ehrenamtliche" Selbstverständnis an Bedeutung gewonnen und dasjenige als Freiwilligenarbeit verloren. Der Trend zum „Ehrenamt" ist besonders bei älteren Engagierten zu erkennen. Es scheint so, als ob der Zustrom von Menschen mittlerer und älterer Jahrgänge zum freiwilligen Engagement eine gewisse Renaissance des „ehrenamtlichen" Verständnisses freiwilliger Tätigkeiten mit sich bringt.

Bei jüngeren Menschen tendieren dagegen Veränderungen des Selbstverständnisses des freiwilligen Engagements vermehrt in Richtung des Begriffes des „bürgerschaftlichem Engagements" bzw. der „Initiativen und Projektarbeit". Beide Geschlechter definierten 2004 gleichermaßen zunehmend ihr Engagement als „bürgerschaftlich". Dieser Trend war allerdings typischer für die alten Länder. Die Engagierten in den neuen Ländern neigten dagegen 2004 zunehmend zu einem Verständnis ihrer freiwilligen Tätigkeiten als „Initiativen- und Projektarbeit".

---

[58] Man beachte, dass an dieser Stelle der Auswertung (Tabellen 12 und 13) erstmals eine Zählung auf Basis von Tätigkeiten und nicht von Personen erfolgt, da die Frage für die erste und die zweite Tätigkeit (soweit vorhanden) abgefragt wurde. Dieser Zählmodus wird erst wieder im 4. Kapitel des Hauptberichts aufgenommen und dort durchgängig angewendet.

Tabelle 12: Verständnis der freiwilligen Tätigkeiten 1999 und 2004

	Jahr	Alle	Geschlecht		Region		Altersgruppen			
			M	F	ABL	NBL	14-30	31-45	46-65	66+
Freiwilligen-arbeit	1999	**48**	46	52	48	50	59	51	40	44
	2004	**43**	40	46	43	46	54	44	36	43
Ehrenamt	1999	**33**	36	30	34	32	25	31	39	40
	2004	**36**	38	32	36	33	25	32	41	43
Initiativen- und Projektarbeit	1999	**7**	6	8	7	5	7	7	7	5
	2004	**7**	7	8	7	8	10	9	6	3
Bürger-engagement*	1999	**7**	7	5	6	8	4	6	9	8
	2004	**10**	11	9	10	9	7	10	12	9
Selbsthilfe	1999	**2**	2	2	2	2	2	2	2	1
	2004	**2**	2	2	2	2	1	3	2	1
Nebenberufli-che Tätigkeit	1999	**3**	3	3	3	3	3	3	3	2
	2004	**2**	2	3	2	2	3	2	3	1

Angaben in Prozent, Prozente gerundet, * 1999 „Bürgerengagement", 2004 „bürgerschaftliches Engagement"

Tabelle 13 zeigt erhebliche Unterschiede zwischen den Engagementbereichen, sowohl beim Verständnis der Tätigkeiten als auch bei der Veränderung dieses Verständnisses zwischen 1999 und 2004. Der Sportbereich sowie der Bereich „Kirche und Religion" überdecken durch ihre geringe Veränderung und wegen ihres starken Einflusses auf die Durchschnittswerte deutliche Veränderungen in den Einzelbereichen.

Sehr deutlich hat sich das Verständnis der freiwilligen Tätigkeiten im Bereich „Kultur und Musik" verändert. Das „ehrenamtliche" Verständnis hat von 24% auf 35% zugenommen, vor allem zuungunsten der Vorstellung der „Freiwilligenarbeit". Eine ähnliche wechselseitige Verschiebung zwischen beiden Tätigkeitsbezeichnungen gab es bei der freiwilligen Feuerwehr bzw. den Rettungsdiensten und beim lokalen Bürgerengagement.

Im Bereich „Freizeit und Geselligkeit" und „Soziales" begünstigten die deutlichen Rückgänge beim Verständnis freiwilliger Tätigkeiten als „Freiwilligenarbeit" nur teilweise das Verständnis des „Ehrenamtes". Im ersten Falle wurde auch das Verständnis der Tätigkeiten als „bürgerschaftliches Engagement" sowie als „Initiativen- und Projektarbeit" wichtiger. Im sozialen Bereich wurde auch die Vorstellung der „Selbsthilfe" gestärkt sowie des „bürgerschaftlichen Engagements".

Tabelle 13: Verständnis der freiwilligen Tätigkeiten 1999 und 2004

		Verständnis der Tätigkeiten					
		Frei-willigen-arbeit	Ehren-amt	Neben-berufl. Tätigkeit	Selbst-hilfe	Bürger-engage-ment*	Initiativen-/ Projekt-arbeit
Alle	1999	**48**	33	3	2	7	7
	2004	**43**	36	2	2	10	7
Sport und Bewegung	1999	55	35	3	1	3	3
	2004	54	36	2	1	4	3
Kultur und Musik	1999	55	24	3	0	4	14
	2004	44	35	2	1	7	11
Freizeit und Geselligkeit							
	1999	60	28	1	2	5	4
	2004	49	33	2	2	8	6
Sozialer Bereich	1999	42	37	2	4	6	9
	2004	34	41	3	6	11	5
Schule und Kindergarten							
	1999	59	22	2	3	4	10
	2004	49	25	2	3	10	11
Jugend und Bildung	1999	47	29	10	2	4	8
	2004	41	28	10	1	6	14
Umwelt- und Tierschutz							
	1999	42	26	1	5	15	11
	2004	47	31	2	1	5	14
Politik	1999	29	43	2	1	20	5
	2004	25	33	2	1	33	6
Berufl. Interessenvertretung							
	1999	26	49	9	4	3	9
	2004	24	46	6	1	7	16
Kirche und Religion	1999	41	46	1	1	4	7
	2004	41	46	2	1	5	5
FFW und Rettungsdienste							
	1999	53	32	4	1	8	2
	2004	44	39	1	1	13	2
Lokales Bürgerengagement							
	1999	40	23	0	2	32	3
	2004	29	30	1	1	31	8

Angaben in Prozent, Prozente gerundet, * 1999 „Bürgerengagement", 2004 „bürgerschaftliches Engagement"

Bei freiwilligen Tätigkeiten im Bereich „Kindergarten und Schule" entwickelte sich das Verständnis der freiwilligen Tätigkeiten deutlicher in Richtung des „bürgerschaftlichen Engagements als in Richtung des „Ehrenamtes". Im Bereich „außerschulische Jugendarbeit und Erwachsenenbildung" wurde der Begriff „Initiativen- und Projektarbeit" populärer, ähnlich in der beruflichen Interessenvertretung.

Im Bereich „Politische Interessenvertretung" verlor entgegen dem allgemeinen Trend die Vorstellung des „Ehrenamtes" deutlich und es gewann sehr deutlich das Selbstverständnis freiwilligen Engagements als „bürgerschaftliches Engagement". Dieses Selbstverständnis ist über die Zeit stabil und am stärksten mit dem lokalen Bürgerengagement verbunden (32% bzw. 31%), allerdings von der teilweise wörtlichen Übereinstimmung mit der Bereichsbezeichnung her plausibel.

Der Bereich „Umwelt- und Tierschutz" vollzog wiederum eine andere Entwicklung. Hier gewannen 2004 sowohl „Ehrenamt" als auch „Freiwilligenarbeit" deutlich an Bedeutung für das Verständnis freiwilliger Tätigkeiten. Das ging auf Kosten der Begriffe „bürgerschaftliches Engagement" und „Selbsthilfe".

Für die Erklärung dieser Entwicklungen in den Bereichen ist wie für die Entwicklung insgesamt die Altersvariable besonders wichtig. Insgesamt ist über alle Tätigkeiten hinweg das Durchschnittsalter der Engagierten um etwa zwei Jahre gestiegen. Am auffälligsten vollzog sich diese Veränderung in den Bereichen „freiwillige Feuerwehr und Rettungsdienste" sowie „lokales Bürgerengagement". Deutlich überdurchschnittlich war der Altersanstieg auch in den Bereichen „Kultur und Musik" wie „Soziales". Die meisten dieser Bereiche zeigen parallel dazu einen deutlichen Rückgang des Verständnisses der freiwilligen Tätigkeiten als „Freiwilligenarbeit" und ein deutliches Ansteigen des „ehrenamtlichen" Verständnisses der freiwilligen Tätigkeiten.

In den eben genannten Bereichen kam es zwischen 1999 und 2004 zu einem Rückgang des Anteils jüngerer Engagierter von 14 bis 30 Jahren. Der Anteil ging zwischen 1999 und 2004 im Bereich „freiwillige Feuerwehr und Rettungsdienste" besonders deutlich von 43% auf 27% zurück. Das scheint aber weniger an der zurückgehenden Neigung der jungen Leute zu liegen, sich in diesem Bereich zu engagieren. Da das Engagement in der jüngsten Gruppe unverändert und der Bereich sogar gewachsen ist (vgl. Tabelle 2), erklärt sich diese Entwicklung zum einen aus der schrumpfenden Größe der jüngsten Altersgruppe, zum anderen aus der höheren Beteiligung mittlerer und älterer Jahrgänge zwischen 40 und 59 Jahren in diesem Bereich.

Im Bereich „Umwelt- und Tierschutz" stieg das Durchschnittsalter ebenfalls deutlich an. Der Trend geht hier ebenfalls stark zur Altersgruppe der 40- bis 59-Jährigen, deren Anteil an den freiwilligen Tätigkeiten von 37% auf 49% gewachsen ist. Der Anteil der jüngeren Leute von 14 bis 30 Jahren ist dagegen von 23% auf 12% gesunken. Hier sind die Folgen in Bezug auf das Verständnis freiwilliger Tätigkeiten jedoch weniger eindeutig als in anderen Bereichen, vor allem, weil auch der Anteil der Älteren im Alter ab 60 Jahren gesunken ist.

Im Bereich „Sport und Bewegung" dagegen war der Altersanstieg zwischen 1999 und 2004 eher gering, ebenso in den Bereichen „außerschulische Jugendarbeit und Erwachsenenbildung", „Kirche und Religion" und „Politische Interessenvertretung. Im Bereich „berufliche Interessenvertretung" ist das Durchschnittsalter sogar rückläufig. Der Sportbereich konnte seinen Anteil bei den jungen Leuten einigermaßen halten (14- bis 30-Jährige: 1999 27%, 2004 23%). Im kirchlich-religiösen Bereich ist der Anteil der jüngsten Gruppe sogar ein wenig gestiegen (von 17% auf 18%), ein Anteil, der genau im Durchschnitt aller Bereiche liegt.

Im Bereich „Kultur und Musik" fiel der Anteil junger Leute dagegen deutlich (von 27% auf 18%), gleichzeitig stieg der Anteil der ab 50-Jährigen von 40% auf 49%. Vor allem im Bereich „Soziales" erhöhte sich der Anteil dieser Altersgruppe deutlich (von 46%

auf 64%), und das trotz des zunehmenden Engagements junger Leute in diesem Bereich (vgl. Tabelle 2). Im Bereich „außerschulische Jugendarbeit und Erwachsenenbildung" setzt sich dagegen das deutlich zunehmende Engagement junger Leute auch in einem erhöhten Anteil dieser Altersgruppe fort. Ausschließlich mit dem deutlichen Zustrom mittlerer und älterer Jahrgänge hängt der deutliche Zuwachs des Anteils der ab 50-Jährigen im lokalen Bürgerengagement zusammen (von 37% auf 54%).

3.3 Motive, sich freiwillig zu engagieren

Für den Freiwilligensurvey 2004 wurde ein Instrument entwickelt, das Motive von Engagierten weitergehender erfassen sollte. Im ersten Freiwilligensurvey wurden die Engagierten danach gefragt, welche Erwartungen mit ihrer freiwilligen Tätigkeit verbinden. Es wurde in der Folge kritisiert, dass damit keine grundsätzlichen Motive erfasst würden, sondern nur „Erwartungen", bezogen auf konkrete Tätigkeiten. Obwohl am Beispiel des Wertesurveys 1997 gezeigt werden kann, dass für das „Engagiertsein" im Allgemeinen erfragte Motive denen ähnlich sind, die im Freiwilligensurvey auf die konkrete Tätigkeit bezogen sind, wurde die Anregung dennoch berücksichtigt. Neue Information über Motive sollte vor allem darüber gewonnen werden, inwieweit freiwillig Engagierte den Anspruch erheben, an der Gestaltung der Gesellschaft sozial und politisch mitzuwirken.

Grafik 12 zeigt, dass es den meisten Engagierten wichtig ist, die Gesellschaft durch ihr Engagement mitgestalten zu können. 65% stimmen diesbezüglich „voll und ganz" zu, 29% „teilweise". Ein weiterer Grund für Freiwillige, sich zu engagieren, ist das Bedürfnis, mit anderen Menschen zusammenzukommen. Für 60% der Engagierten trifft das „voll und ganz" zu, für 35% „teilweise". Nicht mehr ganz so viele, doch eine kräftige Minderheit von 44% sieht sich „voll und ganz" in der Pflicht, durch ihr Engagement eine Aufgabe anzupacken, „die gemacht werden muss und für die sich schwer jemand findet" (40% „teilweise"). Eine weitere neue Frage an die Motive der Engagierten bestand darin, inwiefern diese ihr freiwilliges Engagement auch als eine Form von politischem Engagement begreifen. 21% der Engagierten stimmen diesbezüglich „voll und ganz" zu und weitere 27% „teilweise". Wenn man berücksichtigt, dass die meisten freiwilligen Tätigkeiten durch die Engagierten nicht ausdrücklich politisch eingeordnet wurden, ist das recht viel.

Bei jungen Leuten und bei Menschen mit mittlerem und niedrigem politischem Interesse ist der politische Anspruch des Engagements am wenigsten ausgeprägt, am höchsten bei politisch stark Interessierten und bei Befragten ab 46 Jahren (Tabelle 14). Allerdings versteht die große Gruppe der politisch hoch Interessierten ihr Engagement auch nur 31% vorrangig politisch. Interessanterweise ist vor allem in der Gruppe der Arbeitslosen das Engagement in besonderem Maße politisch motiviert. Unter den Berufsgruppen geben Beamte und Selbstständige häufiger ein politisches Motiv an.

Ähnliche Zusammenhänge mit dem Alter und dem politischen Interesse wie beim politischen Gestaltungsanspruch finden sich beim gesellschaftlichen Gestaltungsanspruch des freiwilligen Engagements, wobei in der kleinen Gruppe mit geringem politischem Interesse der gesellschaftliche Gestaltungsanspruch besonders schwach ausgeprägt ist. Wieder entwickelt die Gruppe der Arbeitslosen einen hohen sozialen Gestaltungsanspruch. 70% der Arbeitslosen bekunden diesen Anspruch „voll und ganz", mit 72% nur noch von den Rentnern bzw. Pensionären übertroffen.

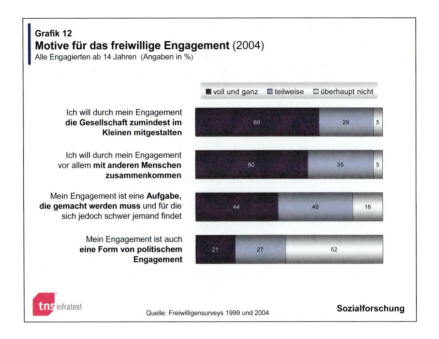

Wenn es um das eher sozial pflichtorientierte Verständnis des Engagements als „Aufgabe, die gemacht werden muss" geht, sind es wieder die Älteren, vor allem im Alter von über 65 Jahren, die bevorzugt in dieser Weise motiviert sind. Das betrifft auch die Berufsgruppe der Beamten. Das politische Interesse spielt in diesem Zusammenhang allerdings keine Rolle. Menschen mit niedrigem Bildungsstatus verstehen ihr Engagement in besonderem Maße als aus Pflicht motiviert. Diese Bildungsgruppe überschneidet sich statistisch mit der ältesten Altersgruppe. Dasselbe trifft auf Rentner bzw. Pensionäre zu. Bei Schülern, Auszubildenden und Studenten spielt die pflichtgemäße Aufgabenerfüllung als Motiv, sich zu engagieren, nur eine geringe Rolle.

Durch freiwilliges Engagement vorrangig nach Geselligkeit zu streben ist in allen in Tabelle 14 ausgewiesenen Gruppen wichtig. Vor allem im Alter über 65 Jahren wird dieser Punkt besonders betont. Die Berufsgruppe der Arbeiter und die wenig politisch Interessierten sind neben den Schülern, Auszubildenden und Studenten die einzigen Gruppen, für die die Suche nach Geselligkeit sogar wichtiger ist als die Mitgestaltung der Gesellschaft. Bei den in mittlerem Maße politisch Interessierten ist das Verhältnis fast ausgeglichen, ähnlich bei Konfessionslosen, in Singlehaushalten und bei niedrigem Bildungsstatus.

Tabelle 14: Motive, sich freiwillig zu engagieren

	Gesellschaft zumindest im Kleinen mitgestalten			Vor allem mit anderen zusammenkommen			Aufgabe, die gemacht werden muss			Auch eine Form von politischem Engagement		
	1	2	3	1	2	3	1	2	3	1	2	3
Alle	**66**	**29**	**5**	**60**	**35**	**5**	**44**	**40**	**16**	**21**	**27**	**52**
Geschlecht												
- Männer	65	29	6	58	36	6	46	40	14	24	27	49
- Frauen	66	29	5	62	34	4	43	39	18	17	28	55
Alter												
- 14-30 Jahre	58	36	6	63	35	2	28	47	25	10	28	62
- 31-45 Jahre	63	31	6	56	38	6	44	40	16	17	28	55
- 46-65 Jahre	71	24	5	61	34	5	50	39	11	27	28	45
- 66 Jahre +	71	25	4	64	30	6	57	30	13	27	25	48
Region												
- Alte Länder	66	29	5	60	35	5	46	39	15	20	26	54
- Neue Länder	66	28	6	61	33	6	39	44	17	24	33	43
Erwerbsstatus												
- Erwerbstätige	65	29	6	57	37	6	45	40	15	22	27	51
- Arbeitslose	70	26	4	64	33	3	40	47	13	31	27	42
- Schule/Auszub./Stud.	57	36	7	60	37	3	24	51	25	10	28	62
- Hausfrauen/-männer	66	28	6	63	33	4	48	38	14	9	29	62
- Rentner/Pensionäre	72	24	4	67	28	5	57	31	12	25	27	48
Berufsgruppe												
- Arbeiter	62	33	5	67	29	4	48	39	13	15	27	58
- Angestellte	68	27	5	61	34	5	46	39	15	21	27	52
- Beamte	68	26	6	60	35	5	52	36	12	30	29	41
- Selbstständige	66	28	6	44	44	12	44	39	17	29	26	45
Bildungsstatus												
- niedrig	68	29	3	67	29	4	53	37	10	13	27	60
- mittel	65	30	5	64	33	3	44	39	17	17	28	55
- hoch	66	28	6	54	39	7	41	42	17	26	27	47
Haushaltsgröße												
- 1 Person	66	28	6	65	29	6	44	38	18	23	25	52
- 2 Personen	67	26	7	62	33	5	49	37	14	25	28	47
- 3 Personen	65	31	4	60	34	6	41	42	17	21	27	52
- 4 Personen	66	29	5	58	39	3	43	42	15	15	27	58
- 5 Personen +	63	33	4	57	37	6	41	40	19	20	30	50
Politisches Interesse												
- hoch	71	24	5	59	35	6	46	39	15	31	29	40
- mittel	61	34	5	60	36	4	42	40	18	8	28	64
- niedrig	52	41	7	64	29	7	43	40	17	7	16	77
Kirchenbindung												
- hoch/mittel	70	26	4	61	35	4	46	39	15	20	29	51
- wenig	63	31	6	58	37	5	44	39	17	18	25	57
keine Konfession	61	32	7	60	34	6	42	41	17	24	26	50

Angaben in Prozent, Prozente gerundet.

Erläuterungen zum Tabellenkopf 14 (Motive, sich freiwillig zu engagieren):

(1) Stimme voll und ganz zu
(2) Stimme teilweise zu
(3) Stimme überhaupt nicht zu

Bei Engagierten, bei denen das politisch-öffentliche Interesse hoch ist, erhält der Anspruch der gesellschaftlichen Mitgestaltung dagegen einen klaren Vorzug vor der Gemeinschaftssuche, ähnlich bei höher Gebildeten und Selbstständigen, bei denen die Gemeinschaftssuche überhaupt nachrangig ist. Auch im Alter zwischen 46 und 65 Jahren hat die gestaltende Motivation deutlich mehr Bedeutung als die Suche nach Geselligkeit.

Die statistischen Zusammenhänge zwischen den eben einzeln analysierten Motiven, sich zu engagieren, wurden mit Hilfe des Verfahrens der Faktorenanalyse in vereinfachter Form in Tabelle 15 dargestellt. Am engsten miteinander verknüpft sind erwartungsgemäß die Motive „Gesellschaftsgestaltung" und „Engagement auch als Form von politischem Engagement". Ein deutlicher Zusammenhang dieses gesellschaftspolitischen Grundverständnisses des freiwilligen Engagements besteht auch zum pflichtorientierten Verständnis des freiwilligen Engagements als einer „Aufgabe, die gemacht werden muss".

Tabelle 15: Zusammenhänge zwischen Engagementmotiven (Faktorenanalyse[59])

	Aufgabenbezogene Gesellschaftsgestaltung	**Gemeinschaftsbezogene Gesellschaftsgestaltung**
Ich will durch mein Engagement vor allem mit anderen Menschen zusammenkommen		++++
Mein Engagement ist eine Aufgabe, die gemacht werden muss und für die sich schwer jemand findet	+++	- (-)
Ich will durch mein Engagement die Gesellschaft zumindest im Kleinen mitgestalten	+++	++
Mein Engagement ist auch eine Form von politischem Engagement	++++	

Von diesem ersten Motivbündel unabhängig ist ein zweites, innerhalb dessen das Bedürfnis nach Gemeinschaft mit anderen die Hauptrolle spielt. Dieses Motiv der Gemeinschaftssuche steht zum einen in einem negativen Zusammenhang zum pflichtorientierten Motiv der Erfüllung von „Aufgaben, die gemacht werden müssen". Gleichzeitig ist jedoch diese Gemeinschaftssuche ebenso wie das erste Motivbündel positiv mit dem Bedürfnis nach Gesellschaftsgestaltung verknüpft, auch wenn der Zusammenhang beim ersten Motivmuster enger ist.

---

[59] Rotierte Varimax-Faktorenanalyse, nur Eigenwerte über 1, 61% aufgeklärte Varianz, 1 Plus- bzw. Minuszeichen bedeutet etwa 0.2 Faktorkorrelation. Das Verfahren der Faktorenanalyse reduziert die Beziehungen einer Gruppe von Merkmalen auf wenige Grundmuster.

Auf der einen Seite gibt es somit ein „aufgabenbezogenes" Motivmuster, sich sozial gestaltend zu engagieren, welches auch bevorzugt politisch verstanden wird. Auf der anderen Seite erkennt man ein vermehrt auf Gemeinschaft gerichtetes Muster, das ebenfalls mit sozial gestaltendem Anspruch einhergeht, allerdings nicht so deutlich wie das erste Motivmuster. Vor allem hat dieser Typ der Motivation eine Tendenz zur Ablehnung der pflichtgemäßen Aufgabenerfüllung und ist unabhängig von politischen Ambitionen.

Der Kontrast beider Motivbündel erklärt sich hauptsächlich aus dem Alter der Engagierten. (Grafik 13). Bei jungen Leuten im Alter von 14 bis 30 Jahren dominiert die „gemeinschaftsbezogene Gesellschaftsgestaltung" als Motivmuster, ein Vorrang, der in der Gruppe der 31- bis 45-Jährigen noch knapp zu erkennen ist. Von der Altersgrenze ab 46 Jahren aufwärts dominiert dagegen das Motivmuster der „aufgabenbezogenen Gesellschaftsgestaltung".[60]

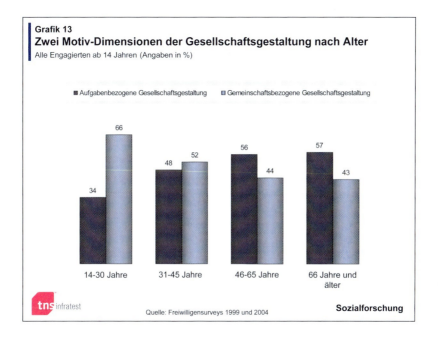

Man erkennt, dass bei jungen Leuten die Suche nach Gemeinschaft und Geselligkeit zunächst ein vorrangiges Motiv ist, sich zu engagieren, dass aber im Verlauf ihrer „Engagementkarriere" und von deren Sozialisationswirkungen gesellschaftsbezogene Motive wichtiger werden. Nachdem was über den Wertewandel[61] in entwickelten Ländern bekannt ist, wird die Entwicklung der Motivation auch im Bereich des freiwilligen Engagements im Laufe der Zeit zu einem Ausgleich zwischen Motiven der sozialen Pflicht und der persönlichern Entfaltung führen.

---

[60] Grafik 13 zeigt die Ergebnisse einer Clusteranalyse mit 2 Kontrasttypen mit jeweils einer hohen und einer tiefen Ausprägung beider Motiv-Dimensionen.
[61] Vgl. Klages 2001b und 2002; Gensicke, Klages 2004.

3.4 Erwartungen an die freiwillige Tätigkeit

- Erwartungen an die freiwillige Tätigkeit 1999 und 2004

Wie im Freiwilligensurvey 1999 wurden auch 2004 die Engagierten danach gefragt, welche Erwartungen sie mit ihrer freiwilligen Tätigkeit verbinden (Grafik 14). Die Frage wurde zur Entlastung der Interviews nur für die zeitaufwändigste Tätigkeit gestellt. Sie erlaubt eine Trendanalyse, inwiefern sich etwas an den Ansprüchen der Engagierten an ihre freiwillige Tätigkeit geändert hat. Die Grafik zeigt, dass das zumeist nicht der Fall ist.

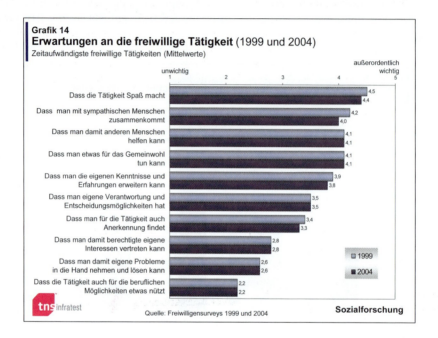

Nur bei einer Erwartung gab es eine deutliche Veränderung.[62] 2004 war der Wunsch geringer ausgeprägt, bei der freiwilligen Tätigkeit mit „sympathischen Menschen" zusammenzukommen. Den stärksten Rückgang gab es in diesem Punkt bei den mittleren Jahrgängen zwischen 31 und 65 Jahren. Diese Veränderung hat zur Folge, dass sich in der Rangfolge der Erwartungen von 2004 die Bedürfnisse, etwas für das „Gemeinwohl" zu tun und „anderen Menschen zu helfen" vor das Bedürfnis nach sozialen Kontakten geschoben haben.

Ansonsten erwarteten auch 2004 die meisten Engagierten vom freiwilligen Engagement eine Bereicherung ihres Lebensgefühls und ihrer Lebensfreude wünschen („Tätigkeit soll Spaß bereiten", in allen Altersgruppen etwas rückläufig) sowie interessante soziale

---

[62] Auf einer 5er-Skala stellt eine Veränderung um 0,2 Skalenpunkte eine deutliche Veränderung dar, auch wenn diese grafisch nicht sehr auffällig erscheint. Immerhin wurde der Skalenpunkt 5 („außerordentlich wichtig") 1999 noch von 52% der Engagierten gewählt, 2004 nur noch von 44%. Der Rückgang ist in allen Altersgruppen zu beobachten, am wenigsten allerdings bei Menschen im Alter von über 65 Jahren.

Kontakte. Gleichzeitig wollten sie mit ihrem Engagement „etwas Gutes tun", sei es für das Gemeinwohl oder für hilfsbedürftige Menschen.

Hohe Bedeutung für die Engagierten hat weiterhin die Erweiterung ihres persönlichen „Horizontes" durch das freiwillige Engagement, das einen Zuwachs an Kenntnissen und Erfahrungen erbringen soll. Besonders junge Leute bzw. Schüler, Auszubildende und Studenten wollen zusätzlich auch einen beruflichen Nutzen aus dem Engagement zu ziehen, 2004 noch mehr als 1999. Die Verfolgung berechtigter eigener Interessen ist bei ihnen (auf mittlerem Niveau) ebenfalls vermehrt und zunehmend wichtig.

Eine Reihe teils deutlicher Verschiebungen gab es zwischen 1999 und 2004 bei den Erwartungen von Arbeitslosen an ihre freiwillige Tätigkeit. Zum einen sind den freiwillig engagierten Arbeitslosen der berufliche Nutzen des Engagements sowie die Erweiterung ihrer Kenntnisse und Erfahrungen erheblich wichtiger geworden. Zum anderen wünschten sich Arbeitslose für ihre freiwillige Tätigkeit in gestiegenem Maße „Anerkennung" sowie die Möglichkeit zur Übernahme eigenständiger Verantwortung. Die Erwartungshaltung von Arbeitslosen an ihre freiwillige Tätigkeit ist somit 2004 deutlich anspruchsvoller geworden.

- Gemeinwohl-, geselligkeits- und interessenorientierte Engagierte

Auch wenn die meisten Erwartungen an die freiwilligen Tätigkeiten sich im Mittelwert zwischen 1999 und 2004 nur wenig geändert haben, muss das noch nicht bedeuten, dass sich deren wechselseitige Gewichtung nicht verschoben hat. Bereits 1999 wurde gezeigt, dass die einzelnen Erwartungen an die freiwilligen Tätigkeiten drei eng miteinander zusammenhängende Muster ergeben, die man als „Gemeinwohlorientierung", „Geselligkeitsorientierung" und „Interessenorientierung" bezeichnen kann. Auch diesmal ließen sich diese Muster der Erwartungen durch Faktorenanalysen darstellen, wobei sich zeigte, dass diese Muster (wie die Mittelwerte der einzelnen Erwartungen) über die Zeit recht stabil sind:

- „Gemeinwohlorientierung" bedeutet, Engagierte wollen mit ihrer Tätigkeit in besonderem Maße etwas für das Gemeinwohl sowie für andere Menschen tun.
- „Geselligkeitsorientierung" bedeutet, die Tätigkeit soll besonders den Kontakt zu sympathischen Menschen vermitteln sowie Spaß und Freude bereiten.
- „Interessenorientierung" bedeutet, die Tätigkeiten sollten es bevorzugt ermöglichen, berechtigte eigene Interessen zu vertreten, eigene Probleme zu lösen sowie auch einen beruflichen Nutzen daraus zu ziehen.

Der Wunsch nach Anerkennung für die freiwillige Tätigkeit, nach Erweiterung der Kenntnisse und Erfahrungen sowie nach eigener Verantwortung sind diesen Erwartungsmustern nicht eindeutig zuzuordnen, weil sie mit allen Mustern mehr oder weniger verträglich sind.

Auf Basis der Erwartungsmuster wurden mit Hilfe einer einfachen Matrix drei Kontrasttypen gebildet, die jeweils ein Erwartungsmuster bevorzugt und die beiden anderen Muster weniger vertreten sollten. Es werden hier also nur die einfachen Gewichtungs-Möglichkeiten der Erwartungsmuster ausgelotet, um die grundlegenden Kontrastlinien der Tätigkeitserwartungen auf Personenebene aufzeigen zu können (Grafik 15).

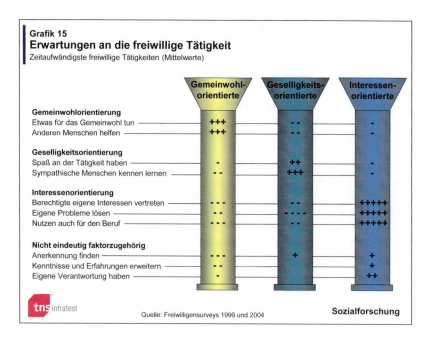

Die Grafik zeigt das Profil der durch eine einfache Clusteranalyse gewonnenen Kontrasttypen. „Interessenorientierte" vertreten ihr besonderes Erwartungsmuster stark abweichend vom Durchschnittwert aller Typen. Sie grenzen sich allerdings eher mäßig von den beiden anderen Erwartungsmustern ab. Ihre Typik besteht also darin, dass sie eher ihre „Interessenorientierung" den beiden anderen Mustern hinzufügen als dass sie diese stark ablehnen. Den anderen Erwartungsmustern stimmen sie leicht unterdurchschnittlich zu, wobei das absolute Bewertungsniveau im Bereich der durchschnittlichen „Wichtigkeit" verbleibt.

„Interessenorientierte" bleiben damit einigermaßen im Konsens der Leiterwartungen aller Engagierten (Gemeinwohl, Geselligkeit). Sie bestehen jedoch über diesen „Minimal-Konsens" hinaus vermehrt auf das Einbringen ihrer persönlichen Interessen bzw. die Erzielung eines persönlichen Nutzens. Diese Einbindung der „Interessenorientierung" in die „Leitkultur" des Engagements war wegen der hoch ausgeprägten Mittelwerte der Erwartungen der „Gemeinwohlorientierung" (Gemeinwohl, Helfen) und der „Geselligkeitsorientierung" (Geselligkeit, Spaß) und den insgesamt nur mittel bzw. niedrig ausgeprägten bei der „Interessenorientierung" zu erwarten, ist aber nicht unbedingt trivial.

Die beiden anderen Erwartungstypen sind kontrastreicher als die „Interessenorientierten" von den anderen Erwartungsmustern abgegrenzt. Eine nicht so deutlich nach oben abweichende Betonung des jeweils spezifischen Musters geht bei diesen Typen mit einer deutlich negativeren Abgrenzung zu den jeweils anderen Erwartungsmustern einher. Diese Distanz hat beiderseits einen besonderen Schwerpunkt bei der „Interessenorientierung". „Geselligkeitsorientierte" haben eine besonders geringe Beziehung zur Tätigkeitserwartung „Lösung eigener Probleme", „Gemeinwohlorientierte" wenig zur „berechtigten Interessenvertretung" und zum „beruflichen Nutzen".

Bemerkenswerterweise hat der Typus der „Interessenorientierten" eine Tendenz, die in der Faktoranalyse weniger eindeutig den Erwartungsmustern zuzuordnenden Merkmale an sich zu ziehen (vgl. nochmals Grafik 15), insbesondere das Bedürfnis nach eigener Verantwortung. Der Typus der „Gemeinwohlorientierten" gewichtet dagegen diese Erwartungen deutlich niedriger, insbesondere den Wunsch nach Anerkennung für die freiwillige Tätigkeit.

Personen, die beim freiwilligen Engagement eigene Interessen besonders wichtig finden, haben also auch ein erhöhtes Bedürfnis nach eigenständiger und eigenverantwortlicher Tätigkeit. Personen, die besonders am Gemeinwohl orientiert sind, kommt es dagegen auf die Anerkennung ihrer Tätigkeit deutlich weniger an als anderen und auch weniger auf die Erweiterung ihrer Kenntnisse und Erfahrungen.

Anhand des Freiwilligensurvey 2004 können die im vorhergehenden Kapitel analysierten Engagementmotive mit der Erwartungstypologie verknüpft werden. Der gesellschaftliche Gestaltungsanspruch ist bei den „Gemeinwohlorientierten" am höchsten. Mit 72% ist dieser Anspruch („voll und ganz") auch deutlich höher ausgeprägt als das Bedürfnis danach, mit anderen Menschen zusammenzukommen (52%). Weiterhin vorhersehbar war es, dass „Geselligkeitsorientierte" umgekehrt dieses „Zusammenkommen mir anderen" mit 70% höher bewerten als die Gesellschaftsgestaltung (60%). Interessant ist, dass die „Interessenorientierten" der Gesellschaftsgestaltung vor der Geselligkeit einen leichten Vorrang geben, wobei allerdings beide Optionen zu einem eher ausgeglichenen Verhältnis tendieren.

- Erwartungstypen in den Engagementbereichen

In den einzelnen Engagementbereichen finden sich verschiedene Konstellationen der Erwartungstypen (Tabelle 16). „Gemeinwohlorientierte" sind besonders für den sozialen Bereich typisch (mit zunehmender Tendenz) und den Bereich „Kirche und Religion" (leicht abnehmend), ebenso wie für den Bereich „Justiz und Kriminalitätsprobleme". Im Bereich „freiwillige Feuerwehr und Rettungsdienste" gab es 2004 deutlich mehr „Gemeinwohlorientierte" als noch 1999. „Geselligkeitsorientierte" trifft man besonders in den Bereichen „Kultur und Musik", „Freizeit und Geselligkeit" sowie „Sport und Bewegung" an, also in Bereichen, die stark von der traditionellen Vereinskultur geprägt sind. Allerdings ist der Typus in allen drei Bereichen abnehmend.

„Interessenorientierte" sind ganz besonders häufig im Bereich der „beruflichen Interessenvertretung" tätig, was allein schon durch die inhaltliche Ausrichtung und Bezeichnung des Bereiches nahe liegend ist. Auch in den Sektoren „Gesundheit", „Justiz und Kriminalitätsprobleme", „lokales Bürgerengagement" sowie „Schule und Kindergarten" sind vermehrt „Interessenorientierte" freiwillig tätig.

Neben der beruflichen Interessenvertretung gab es seit 1999 auch in den Bereichen „Schule und Kindergarten" sowie „außerschulische Jugendarbeit und Bildungsarbeit für Erwachsene" eine deutliche Zunahme der Gruppe der „Interessenorientierten". Dagegen ist der Anteil dieser Gruppe im Bereich „Umwelt- und Tierschutz" zugunsten von „Gemeinwohlorientierten" gesunken. Politisches Engagement, eigentlich ausdrücklich auf Interessenvertretung hin ausgerichtet, wird dennoch viel weniger als berufsbezogenes Engagement von „Interessenorientierten" ausgeübt. Man trifft im Bereich „Politik" in etwa gleichem Anteil „Interessenorientierte" wie „Gemeinwohlorientierte" an.

Tabelle 16: Erwartungstypen an die freiwillige Tätigkeit nach Engagementbereich

		Gemeinwohl-orientierte	Geselligkeits-orientierte	Interessen-orientierte
Alle	1999	32	36	32
	2004	34	31	35
Sport und Bewegung	1999	27	45	28
	2004	29	40	31
Kultur und Musik	1999	21	51	28
	2004	27	47	26
Freizeit und Geselligkeit	1999	24	46	30
	2004	27	40	33
Soziales	1999	42	29	29
	2004	49	24	27
Schule und Kindergarten	1999	41	20	39
	2004	35	15	50
Jugendarbeit und Bildung	1999	21	46	33
	2004	25	33	42
Umwelt- und Tierschutz	1999	30	28	42
	2004	35	29	36
Politik und Interessen	1999	36	26	38
	2004	38	21	41
Berufliche Interessen-vertretung	1999	26	18	56
	2004	19	13	68
Kirche und Religion	1999	47	28	25
	2004	44	27	29
FFW und Rettungsdienste	1999	33	34	33
	2004	40	27	33

Angaben in Prozent, Prozente gerundet.

Besonders auffällig ist der Rückgang von „Geselligkeitsorientierten" im Bereich „außerschulische Jugendarbeit und Bildungsarbeit für Erwachsene", deutlich auch im Bereich „freiwillige Feuerwehr und Rettungsdienste".

- Mehr „Interessenorientierte" in den neuen Ländern, bei jungen Leuten und bei Arbeitslosen

Über beide kumulierten Datensätze hinweg zeigt sich, dass die drei Kontrasttypen mit jeweils etwa einem Drittel ziemlich gleich verteilt sind, was allerdings auf Grund des verwendeten Verfahrens auch zu erwarten war. Vom Verfahren nicht vorherbestimmt ist, dass die Verteilung zwischen 1999 und 2004 recht stabil ist (Grafik 16). Das weist auch auf dieser Analyseebene darauf hin, dass die Erwartungen der freiwillig Engagierten eine stabile Selbstbeschreibung ihrer Einstellungen zur Freiwilligkeit darstellen. Es scheint sich hier um eine grundsätzliche Selbstdefinition als Freiwillige zu handeln.

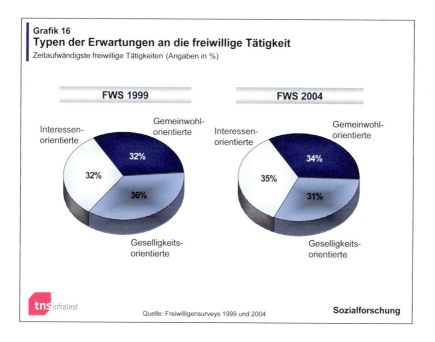

Allerdings hat bei den Freiwilligen der Typus der „Geselligkeitsorientierten" seit 1999 5 Prozentpunkte verloren, die relativ gleichmäßig den anderen beiden Kontrasttypen zugute kamen. Diese Verschiebungen haben sich allerdings ausschließlich in den alten Ländern zugetragen, wo die „Geselligkeitsorientierten" sogar 6 Prozentpunkte verloren. In den neuen Ländern ist dieser Typus dagegen auf niedrigerem Niveau stabil (jeweils 28%) (Grafik 17). Hier dominierten mit 39% bereits 1999 die „Interessenorientierten" die anderen Typen. Mit 40% ist für die neuen Länder dieser Typus auch 2004 typischer als für die alten Länder (33%).

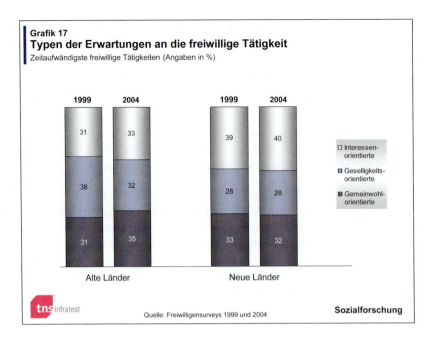

Grafik 17
Typen der Erwartungen an die freiwillige Tätigkeit
Zeitaufwändigste freiwillige Tätigkeiten (Angaben in %)

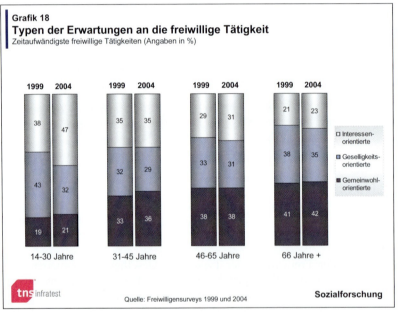

Grafik 18
Typen der Erwartungen an die freiwillige Tätigkeit
Zeitaufwändigste freiwillige Tätigkeiten (Angaben in %)

Eine Selbstdefinition als Freiwilliger, für den persönliche und berufliche Interessen bzw. Probleme vermehrt für die freiwillige Tätigkeit wichtig sind, war also bereits 1999 typischer für die neuen Länder und ist es auch 2004 geblieben. In den alten Ländern ist die

Verschiebung zu den „Gemeinwohlorientierten" (+4 Prozentpunkte) deutlich größer als die zu den „Interessenorientierten" (+2 Prozentpunkte).

Bereits 1999 stellte sich der Kontrast der „Gemeinwohlorientierten" und der „Interessenorientierten" nicht nur als Kontrast der alten und neuen Länder dar, sondern vor allem auch als Unterschied der Altersgruppen (Grafik 18). Die jüngste Altersgruppe der 14- bis 30-Jährigen wies ein Verhältnis von nur 19% „Gemeinwohlorientierten" zu 38% „Interessenorientierten" auf, die älteste Gruppe der über 65-Jährigen dagegen ein entsprechendes Verhältnis von 41% zu 23%. Dieser Unterschied hat sich 2004 weiter verstärkt: Das Verhältnis in der jüngsten Gruppe beträgt nunmehr 21% zu 47% und in der ältesten Gruppe 42% zu 21%. Diese Veränderungen bei den jungen Leuten bedeuten, dass ganz besonders diese Gruppe den Trend weg von den „Geselligkeitsorientierten" setzte und ganz besonders den hin zu den „Interessenorientierten".

Die Gruppe der Arbeitslosen, die uns bereits mehrfach als besonders auffällige Gruppe begegnet war, zeigt auch bei der Erwartungstypologie eine ähnlich deutliche Veränderung wie die Gruppe der jüngeren Leute. Der Anteil der „Interessenorientierten" erhöhte sich bei den Arbeitslosen um 9 Prozentpunkte und der Anteil der „Geselligkeitsorientierten" verringerte sich um 6 Prozentpunkte.

Das Veränderungsprofil der Arbeitslosen kann somit noch einmal zusammengefasst werden: In dieser Gruppe hat sich zum einen das freiwillige Engagement erhöht, des Weiteren die Bereitschaft zum freiwilligen Engagement bei nicht Engagierten sowie die Bereitschaft bereits Engagierter, ihr Engagement auszuweiten. Unsere Typologie zeigt, dass das Engagement von Arbeitslosen sich (bei Wahrung des Gemeinwohlinteresses) zunehmend auf die Vertretung persönlicher und beruflicher Interessen richtet, und damit auch vermehrt der Wiedererlangung eines Arbeitsplatzes bzw. dem Erhalt und der Erweiterung eigener Kompetenzen dienen soll.

4 Strukturen des freiwilligen Engagements

Das folgende Hauptkapitel beschäftigt sich mit den „Strukturen" des freiwilligen Engagements. Dieser Begriff soll ausdrücken, dass es nunmehr um die objektive Seite dieses Engagements geht und nicht um subjektive Aspekte wie dessen Selbstverständnis, Motive oder Erwartungen. Die Analysen beschäftigen sich mit der Einbettung freiwilliger Tätigkeiten in zeitliche und organisatorische Strukturen, dessen Zielgruppen, der Nutzung des Internets, der Weiterbildung sowie mit den Beziehungen des freiwilligen Engagements zum Arbeitsmarkt.

Die Analysen beruhen auf den Beschreibungen der freiwilligen Tätigkeiten durch die Freiwilligen. Zählbasis sind in der Regel sowohl die zeitaufwändigste Tätigkeit als auch eine eventuell vorhandene zweite Tätigkeit bzw. eine zufällig ausgewählte zweite Tätigkeit bei Befragten mit mehr als zwei Tätigkeiten. Zum Einsatz kommt der gewichtete Tätigkeitendatensatz des Freiwilligensurveys. Die von den Freiwilligen zusätzlich (zur zeitaufwändigsten) beschriebenen Tätigkeiten gehen mit dem gleichen Gewicht ein wie die zeitaufwändigsten Tätigkeiten.

Daher muss in diesem Hauptkapitel stets berücksichtigt werden, dass sich die angegebenen Prozentsätze auf Tätigkeiten beziehen und nicht auf Personen. Dieses Herangehen öffnet nunmehr auch der sektoralen Betrachtung (Engagementbereiche) einen breiten Raum. Die Analyse wird erweitert durch die standardisierte Auswertung der Daten nach folgenden Gruppen: Neue und alte Länder, Geschlecht, 4 Altergruppen sowie 5 Erwerbsstatusgruppen. Auch bei den Sektoren bzw. den Gruppen muss immer im Auge bleiben, dass Tätigkeiten und nicht Personen im Sektor bzw. in der Gruppe gezählt werden.

4.1 Zeitliche Strukturen des freiwilligen Engagements

- Regelmäßige Terminbindung und zeitliche Begrenzung der freiwilligen Tätigkeiten

Tabelle 17 und 18 sowie Grafik 19 beschäftigen sich mit zwei Fragen, die mit der zeitlichen Gestaltung des freiwilligen Engagements zu tun haben. Zum einen geht es darum, inwiefern freiwillige Tätigkeiten mit regelmäßigen terminlichen Verpflichtungen einhergehen. Zum anderen soll untersucht werden, ob diese Tätigkeiten durch die Freiwilligen über längere Zeit unbegrenzt ausgeübt werden oder ob es absehbar ist, dass diese „in absehbarer Zeit" beendet sein werden.

Insgesamt hat sich die Regelmäßigkeit der terminlichen Verpflichtung der freiwilligen Tätigkeiten zwischen 1999 und 2004 etwas verringert, blieb aber mit mehr als zwei Dritteln der Tätigkeiten hoch ausgeprägt. Freiwilliges Engagement ist also nach wie vor zum großen Teil in eine feste Terminstruktur eingebunden. Dabei muss berücksichtigt werden, dass in diese Zählung nicht nur die zeitaufwändigsten Haupttätigkeiten von freiwillig Engagierten eingehen, sondern darüber hinaus auch die zusätzlichen Tätigkeiten, die weniger zeitaufwändig sind. Solche „sekundären" Tätigkeiten waren im Freiwilligensurvey 2004 gegenüber 1999 in einem größeren Anteil vorhanden.

Zu beiden Zeitpunkten war die Regelmäßigkeit der terminlichen Verpflichtung in den großen Bereichen „Kirche und Religion", „Sport und Bewegung" sowie „Kultur und Musik" am höchsten. In den Bereichen „außerschulische Jugendarbeit und Erwachsenenbildung" und „freiwillige Feuerwehr und Rettungsdienste" ist ebenfalls eine hohe zeitliche Regelmäßigkeit zu beobachten.

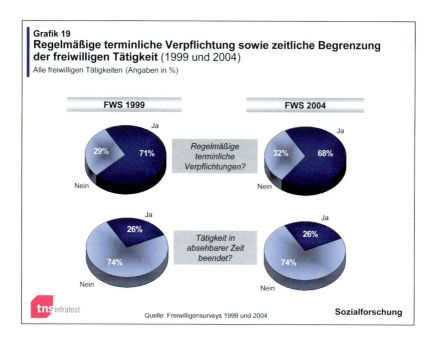

Am wenigsten einer festen Terminstruktur unterlagen 1999 die Tätigkeiten von Engagierten in den Bereichen „lokales Bürgerengagement" (1999: 45%, 2004: 54%) sowie „Umwelt- und Tierschutz" (1999: 48%, 2004: 57%), allerdings ist die terminliche Verpflichtung in beiden Bereichen deutlich regelmäßiger geworden. Von den großen Bereichen ist die regelmäßige terminliche Verpflichtung im Freizeitbereich und im Bereich „Kindergarten und Schule" rückläufig, im Sozialbereich dagegen etwa gleich geblieben.

1999 wie 2004 war mit 26% ein gleicher Anteil der freiwilligen Tätigkeiten zeitlich begrenzt, d.h. Engagierte gaben an, die Tätigkeiten würden „in absehbarer Zeit" beendet sein. Besonders viele der Tätigkeiten im Bereich „Kindergarten und Schule" sind zeitlich begrenzt und das konstant zwischen 1999 und 2004 (1999: 58%, 2004: 57%). Das hängt mit der besonderen Bedeutung zeitlich begrenzter Funktionen von Elternvertretern zusammen, wie überhaupt mit dem Faktum, dass es vom Alter der Kinder abhängt, ob für Eltern Funktionen im Kindergarten, in der Grundschule usw. überhaupt relevant sind. Bei Politik und beruflicher Interessenvertretung sowie beim lokalen Bürgerengagement hat die zeitliche Begrenzung von Tätigkeiten deutlich zugenommen.

Zwischen 1999 und 2004 sehr stabil bzw. teilweise sogar zunehmend zeitlich unbegrenzt angelegt waren die Tätigkeiten in den Bereichen „Sport und Bewegung", „Kultur und Musik", „Freizeit und Geselligkeit", „Soziales" (hier besonders häufig), „außerschulische Jugendarbeit und Erwachsenenbildung", „Umwelt und Tierschutz" sowie „freiwillige Feuerwehr und Rettungsdienste". Im Bereich „Kirche und Religion" waren die Tätigkeiten zwischen 1999 und 2004 zwar abnehmend mit regelmäßigen terminlichen Verpflichtungen verknüpft (allerdings auf hohem Niveau), dennoch zunehmend zeitlich unbegrenzt angelegt.

Bereits an dieser Stelle kann festgehalten werden, dass freiwilliges Engagement keine zeitlich beliebige Angelegenheit, sondern (trotz vielfältiger Unterschiede und gewisser Verschiebungen in den Bereichen) von stabilen Strukturen bestimmt ist. Die Bereiche „Sport und Bewegung", „Kultur und Musik", „Soziales", „freiwillige Feuerwehr und Rettungsdienste" und teilweise „Kirche und Religion" sind für solche stabilen Strukturen besonders typisch.

Betrachtet nach verschiedenen Gruppen, sind die Ergebnisse mit wenigen Ausnahmen noch stabiler (Tabelle 18). Auffällig ist zum einen, dass zwischen 1999 und 2004 die regelmäßige Terminbindung besonders bei Arbeitslosen, bei Schülern, Auszubildenden und Studenten und bei Menschen im Alter von über 65 Jahren abgenommen hat. Zum anderen waren Tätigkeiten von Hausfrauen bzw. Hausmännern 2004 zu einem deutlich größeren Anteil zeitlich unbegrenzt angelegt als noch 1999.

Tabelle 17: Regelmäßige Terminbindung und zeitliche Begrenzung der Tätigkeiten

	Regelmäßige terminliche Verpflichtung?		Tätigkeit zeitlich unbegrenzt angelegt?	
	Ja	Nein	Ja	Nein
Alle				
1999	**71**	**29**	**26**	**74**
2004	**68**	**32**	**26**	**74**
Sport und Bewegung				
1999	75	25	21	79
2004	75	25	18	82
Kultur und Musik				
1999	72	28	16	84
2004	74	26	17	83
Freizeit und Geselligkeit				
1999	69	31	19	81
2004	62	38	20	80
Sozialer Bereich				
1999	67	33	12	88
2004	66	34	10	90
Schule und Kindergarten				
1999	59	41	58	42
2004	54	46	57	43
Jugend und Bildung				
1999	82	18	24	76
2004	73	27	24	76
Umwelt- und Tierschutz				
1999	48	52	23	77
2004	57	43	24	76
Politik				
1999	77	23	38	62
2004	70	30	45	55
Berufl. Interessenvertretung				
1999	66	34	27	73
2004	72	28	35	65
Kirche und Religion				
1999	81	19	25	75
2004	75	25	21	79
FFW und Rettungsdienste				
1999	81	19	25	75
2004	79	21	19	81
Lokales Bürgerengagement				
1999	45	55	23	77
2004	54	46	32	68

Angaben in Prozent, Prozente gerundet, keine Angabe in „nein" eingerechnet.

Tabelle 18: Regelmäßige terminliche Verpflichtung und zeitliche Begrenzung der Tätigkeiten

		Regelmäßige terminliche Verpflichtung?		Tätigkeit zeitlich unbegrenzt angelegt?	
		Ja	Nein	Ja	Nein
Alle					
	1999	**71**	**29**	**26**	**74**
	2004	**68**	**32**	**26**	**74**
Alte Länder					
	1999	71	29	26	74
	2004	68	32	26	74
Neue Länder					
	1999	68	32	25	75
	2004	67	33	23	77
Männer					
	1999	72	28	26	74
	2004	69	31	27	73
Frauen					
	1999	69	31	25	75
	2004	67	33	24	76
14-30 Jahre					
	1999	69	31	26	74
	2004	68	32	27	73
31-45 Jahre					
	1999	71	29	29	71
	2004	67	33	28	72
46-65 Jahre					
	1999	72	28	23	77
	2004	71	29	24	76
66 Jahre +					
	1999	71	29	27	73
	2004	64	36	25	75
Erwerbstätige					
	1999	70	30	26	74
	2004	69	31	27	73
Arbeitslose					
	1999	68	32	23	77
	2004	59	41	26	74
Schüler/Auszubild./ Studenten					
	1999	73	27	29	71
	2004	66	34	28	72
Hausfrau/-mann					
	1999	73	27	33	67
	2004	71	29	23	77
Rentner/Pensionäre					
	1999	71	29	22	78
	2004	66	34	23	77

Angaben in Prozent, Prozente gerundet, keine Angabe in „nein" eingerechnet.

- Häufigkeit der Ausübung freiwilliger Tätigkeiten

Die Tabellen 19 und 20 sowie Grafik 20 erweitern die Analyse der zeitlichen Strukturen und stellen die Häufigkeit dar, mit der freiwillige Tätigkeiten ausgeübt werden. Diese zeitliche Struktur ist zwischen 1999 und 2004 insgesamt besonders stabil geblieben. Sie zeigt eine große Bandbreite der zeitlichen Gestaltung dieser Tätigkeiten von der täglichen Ausübung der Tätigkeit bis hin zur Ausübung „seltener als einmal im Monat". Insgesamt gab es 1999 wie 2004 bei 72% der Tätigkeiten eine Frequenz von mindestens mehreren Malen im Monat, davon jeweils bei 48% bzw. 49% einmal in der Woche. Das zeigt erneut eine außerordentliche Stabilität der zeitlichen Struktur an.

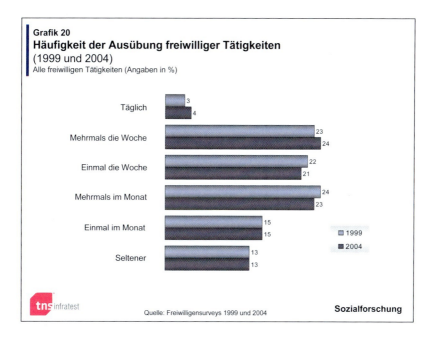

Tabelle 19: Häufigkeit, mit der freiwillige Tätigkeiten ausgeübt werden

	Häufigkeit der Ausübung der Tätigkeit					
	Täglich	2-mal +/ Woche	1-mal/ Woche	2-mal +/ Monat	1-mal/ Monat	Seltener
Alle						
1999	**3**	**23**	**22**	**24**	**15**	**13**
2004	**4**	**24**	**21**	**23**	**15**	**13**
Sport und Bewegung						
1999	2	36	25	18	10	9
2004	3	39	24	15	9	10
Kultur und Musik						
1999	2	26	30	21	10	11
2004	3	28	29	18	9	13
Freizeit und Geselligkeit						
1999	2	17	21	30	18	12
2004	3	17	20	28	18	14
Sozialer Bereich						
1999	7	27	22	27	10	7
2004	5	32	20	22	12	9
Schule und Kindergarten						
1999	3	12	16	24	24	21
2004	2	13	17	26	23	19
Jugend und Bildung						
1999	2	26	18	22	13	19
2004	8	26	17	19	14	16
Umwelt- und Tierschutz						
1999	4	19	19	26	16	16
2004	11	26	18	18	16	11
Politik						
1999	4	24	16	29	14	13
2004	4	20	15	31	15	15
Berufl. Interessenvertretung						
1999	6	13	9	24	24	24
2004	4	14	17	24	24	17
Kirche und Religion						
1999	1	22	22	29	17	9
2004	2	18	27	29	14	10
FFW und Rettungsdienste						
1999	3	21	28	29	12	7
2004	3	19	23	34	13	8
Lokales Bürgerengagement						
1999	7	9	21	24	19	20
2004	1	11	12	35	15	26

Angaben in Prozent, Prozente gerundet.

Besonders häufig und zwischen 1999 und 2004 mit zunehmender Tendenz werden Tätigkeiten in den Bereichen „Sport und Bewegung" und „Soziales" durchgeführt. Mindestens wöchentlich wurden beim Sport 1999 63% der Tätigkeiten und 2004 sogar 66% der Tätigkeiten ausgeübt, im sozialen Bereich 1999 56% und 2004 sogar 57%. Eine deutliche Steigerung gab es in diesem Zeitraum auch im Bereich „Umwelt- und Tierschutz" sowie im Bereich „außerschulische Jugendarbeit und Erwachsenenbildung". Im Bereich „Schule und Kindergarten" wurden dagegen 1999 die Tätigkeiten zu 45% und 2004 zu 42% nur maximal einmal im Monat ausgeübt. Eher niedrig ist die Engagementfrequenz auch bei Tätigkeiten im Bereich „berufliche Interessenvertretung" und beim lokalen Bürgerengagement.

Freiwillige Tätigkeiten werden von Männern zeitlich mit intensiverer Frequenz als von Frauen durchgeführt. Mehrmalige Ausübung pro Woche kommt bei ihnen vermehrt vor, von Frauen werden Tätigkeiten vermehrt nur monatlich oder überhaupt unregelmäßig ausgeübt. Diese Unterschiede sind über die Zeit hinweg unverändert. Ebenso unverändert ist das eher übereinstimmende Bild, das der Vergleich zwischen alten und neuen Ländern ergibt. Diese Ähnlichkeit der zeitlichen Strukturen hat sich sogar noch verstärkt. Eine deutliche „Verregelmäßigung" der zeitlichen Frequenz freiwilliger Tätigkeiten ist bei den älteren Engagierten über 65 Jahren zu erkennen. Bei ihnen hat die mehrmals wöchentlich ausgeübte Tätigkeit zugenommen und die mit keiner bestimmten Regelmäßigkeit ausgeübte Tätigkeit ab.

Stabil ist die zeitliche Frequenz freiwilliger Tätigkeiten bei den meisten Erwerbsstatusgruppen. Nur die Situation bei den Arbeitslosen hat sich deutlich verändert. Der Anteil seltener ausgeübter Tätigkeiten (einmal pro Monat) hat ebenso zugenommen wie der ohne feste zeitliche Regel ausgeübter Tätigkeiten. Zwei Gruppen, die ihr Engagement insgesamt deutlich ausgeweitet haben, Ältere und Arbeitslose, haben auch vermehrt dessen zeitliche Frequenz geändert. Das erfolgte jedoch in umgekehrter Richtung, bei Älteren in Richtung zu mehr zeitlicher Regelmäßigkeit, bei Arbeitslosen zu weniger. Dieser Veränderung bei den Älteren entspricht jedoch kein Gegenstück bei den Rentnern bzw. Pensionären, die sich in dieser Hinsicht kaum verändert haben.

Tabelle 20: Häufigkeit, mit der freiwillige Tätigkeiten ausgeübt werden

		\multicolumn{6}{c}{Häufigkeit der Ausübung der Tätigkeit}					
		Täglich	2-mal +/ Woche	1-mal/ Woche	2-mal +/ Monat	1-mal/ Monat	Seltener
Alle	1999	**3**	**23**	**22**	**24**	**15**	**13**
	2004	**4**	**24**	**21**	**23**	**15**	**13**
Alte Länder	1999	3	24	22	24	14	13
	2004	4	24	21	24	14	13
Neue Länder	1999	4	22	20	23	18	13
	2004	3	24	23	20	17	13
Männer	1999	4	26	21	25	13	11
	2004	5	27	19	23	14	12
Frauen	1999	2	20	22	23	17	16
	2004	2	21	23	23	16	15
14-30 Jahre	1999	3	33	22	24	11	7
	2004	4	28	25	20	12	11
31-45 Jahre	1999	3	20	21	24	18	14
	2004	3	22	21	24	16	14
46-65 Jahre	1999	3	21	21	25	16	14
	2004	4	23	20	24	15	14
66 Jahre +	1999	5	22	22	20	11	20
	2004	4	29	19	23	12	13
Erwerbstätige	1999	3	20	21	26	17	13
	2004	4	22	20	24	16	14
Arbeitslose	1999	3	30	21	26	10	10
	2004	2	28	16	24	14	16
Schüler/Aus./Stud.	1999	3	33	25	23	8	8
	2004	4	30	27	20	10	9
Hausfrau/-mann	1999	2	20	22	24	17	15
	2004	2	22	22	23	15	16
Rentner/Pensionäre	1999	5	26	21	20	14	14
	2004	4	26	21	22	14	13

Angaben in Prozent, Prozente gerundet.

- Tageszeiten, zu denen freiwillige Tätigkeiten ausgeübt werden

Die Tabellen 21 und 22 sowie Grafik 21 zeigen, zu welchen Tageszeiten freiwillige Tätigkeiten ausgeübt werden. Hier waren Mehrfachnennungen möglich, weil es mehrere Tageszeiten geben kann, zu denen die freiwilligen Tätigkeiten durchgeführt werden (deshalb keine Addition auf 100%). Man erkennt auch hier, dass insgesamt die Strukturen sehr stabil geblieben sind. Die häufigsten Tageszeiten, zu denen freiwillige Tätigkeiten ausgeübt werden, sind der Abend bzw. die Nacht sowie das Wochenende. Am seltensten kommt der Vormittag von Werktagen in Frage, deutlich mehr der werktägliche Nachmittag.

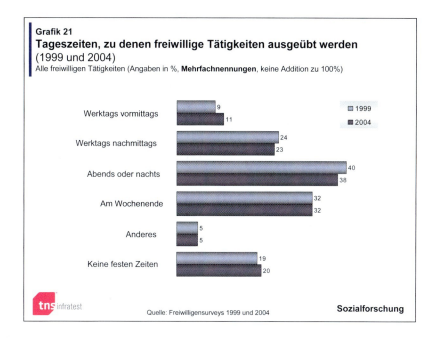

Abendliche oder auch nächtliche Tätigkeit ist typischer für kulturelle oder musische Tätigkeiten, besonders und zunehmend auch für die politische Interessenvertretung (1999: 57%, 2004: 64%). Am Wochenende finden häufiger Tätigkeiten im Bereich „Umwelt- und Tierschutz", „Kirche und Religion" und zunehmend auch bei der freiwilligen Feuerwehr und den Rettungsdiensten (1999: 37%, 2004: 46%) statt. Werktage werden für freiwillige Tätigkeiten besonders in den Bereichen „Soziales", bei der beruflichen Interessenvertretung sowie im Bereich „außerschulische Jugendarbeit und Erwachsenenbildung" genutzt, zunehmend auch im Bereich „Kindergarten und Schule", nicht selten auch vormittags.

Insgesamt gibt es trotz der Stabilität der Nutzung von Tageszeiten für freiwillige Tätigkeiten doch einige Verschiebungen auf Bereichsebene. Überhaupt scheinen die Daten in den großen Bereichen stabiler zu sein als in den kleinen. Da hier wesentlich mehr Tätigkeiten zugrunde liegen, sind die Ergebnisse auch statistisch sicherer. Daher werden in den auf die Bereiche bezogenen Tabellen die nur wenig besetzten Bereiche „Gesundheit" und „Justiz und Kriminalitätsprobleme" nicht extra ausgewiesen.

Tabelle 21: Tageszeiten, an denen freiwillige Tätigkeiten ausgeübt werden
(**Mehrfachnennungen**, keine Addition zu 100%)

		Tageszeit der Ausübung der Tätigkeit					
		Werktags Vormittag	Werktags Nachmittag	Abends/ nachts	Wochenende	Andere Zeiten	Keine feste Zeit
Alle							
	1999	9	24	40	32	5	19
	2004	**11**	**23**	**38**	**32**	**5**	**20**
Sport und Bewegung							
	1999	3	24	38	46	4	17
	2004	7	29	42	46	3	14
Kultur und Musik							
	1999	3	20	50	39	4	15
	2004	4	14	51	36	5	18
Freizeit und Geselligkeit							
	1999	6	6	40	35	6	19
	2004	6	14	38	36	7	24
Sozialer Bereich							
	1999	17	36	26	22	7	24
	2004	19	33	23	19	5	27
Schule und Kindergarten							
	1999	17	26	44	10	4	20
	2004	20	21	38	13	6	21
Jugend und Bildung							
	1999	11	33	37	32	5	13
	2004	13	31	33	30	6	20
Umwelt-/Tierschutz							
	1999	5	18	32	50	7	22
	2004	12	18	31	40	4	24
Politik							
	1999	3	20	57	19	6	20
	2004	9	16	64	27	3	17
Berufl. Interessenvertretung	1999	20	29	27	15	13	24
	2004	19	31	23	17	7	30
Kirche und Religion							
	1999	9	24	47	40	4	13
	2004	10	24	36	40	6	14
FFW/Rettungsdienste							
	1999	6	15	43	37	7	22
	2004	5	14	43	46	5	23
Lokales Bürgerengagement	1999	12	17	42	25	4	20
	2004	6	13	33	32	3	28

Angaben in Prozent, Prozente gerundet

Über alle Bereiche hinweg bestätigt sich, dass für die zeitlichen Strukturen des Freiwilligensektors die Bereiche „Sport und Bewegung", „Kultur und Musik", „Soziales", „freiwillige Feuerwehr und Rettungsdienste" und teilweise „Kirche und Religion" stabilisierende Faktoren sind. Daneben gibt es (vor allem kleinere) Bereiche, die über die Zeit stärkeren Veränderungen unterliegen.

Spürt man Besonderheiten und Veränderungen der zeitlichen Strukturen freiwilliger Tätigkeiten auf Gruppenebene in Bezug auf die Verteilung auf bestimmte Tageszeiten nach, fällt zunächst auf, dass mit zunehmendem Alter freiwillig Engagierter das Fehlen solcher fester Zeiten zu beobachten ist (Tabelle 22). Je jünger die Befragten sind, desto mehr wird dagegen das Wochenende für freiwillige Tätigkeiten genutzt, der Abend und die Nacht häufiger durch die mittleren Altersgruppen der 31- bis 45-Jährigen und der 46- bis 65-Jährigen. Die Älteren werden dagegen besonders (und über die Zeit auch zunehmend) unter der Woche freiwillig tätig, wobei die Zunahme besonders den Vormittag betrifft. Bei den jüngeren Engagierten zwischen 14 und 30 Jahren erkennt man eine Veränderung hin zu weniger genau bestimmten Tageszeiten, insbesondere auf Kosten von abendlicher und nächtlicher Tätigkeit.

Bei den Erwerbstätigen spielt naturgemäß der Werktag für das freiwillige Engagement eine weniger wichtige Rolle. Es gibt in dieser vom Erwerbsleben unter der Woche beanspruchten Gruppe eine starke Konzentration freiwilliger Tätigkeit auf Abend, Nacht und Wochenende. Letzteres ist über die Zeit noch wichtiger geworden. Bei den Hausfrauen bzw. Hausmännern hat der Werktag insgesamt eine wichtigere Rolle als bei Erwerbstätigen, besonders zunehmend der Vormittag. Bei Arbeitslosen ist werktägliche freiwillige Tätigkeit unter allen nicht Erwerbstätigen am wenigsten ausgeprägt, wenn auch mehr als bei Erwerbstätigen. Abendliche bzw. nächtliche Tätigkeit ist in dieser Gruppe wichtiger geworden, das Wochenende hat dagegen an Bedeutung verloren.

Bei den Schülern, Auszubildenden und Studenten hat, ähnlich wie in der Altersgruppe der 14- bis 30-Jährigen, der (für ihr freiwilliges Engagement sogar ganz besonders typische) werktägliche Nachmittag, aber auch der Abend, die Nacht sowie das Wochenende an Bedeutung verloren. Auch hier geht der Trend zu einer geringeren Festlegung der Tageszeiten wie bei den 14- bis 30-Jährigen.

Tabelle 22: Tageszeiten, an denen freiwillige Tätigkeiten ausgeübt werden
(**Mehrfachnennungen**, keine Addition zu 100%)

		Tageszeit der Ausübung der Tätigkeit					
		Werktags Vormittag	Werktags Nachmittag	Abends/ nachts	Wochenende	Andere Zeiten	Keine feste Zeit
Alle							
	1999	9	24	40	32	5	19
	2004	11	23	38	32	5	20
Alte Länder							
	1999	9	23	41	32	5	19
	2004	11	22	39	32	5	20
Neue Länder							
	1999	9	25	37	30	6	20
	2004	10	27	34	33	5	19
14-30 Jahre							
	1999	8	28	34	41	5	15
	2004	8	24	27	37	6	19
31-45 Jahre							
	1999	8	20	46	34	5	18
	2004	10	19	44	37	6	17
46-65 Jahre							
	1999	10	23	43	28	5	20
	2004	11	22	43	31	4	20
66 Jahre +							
	1999	14	29	26	22	8	25
	2004	20	31	30	19	4	26
Erwerbstätige							
	1999	6	19	47	35	6	18
	2004	7	18	47	39	5	18
Arbeitslose							
	1999	11	26	34	38	3	17
	2004	12	25	40	33	8	17
Schüler/Auszub./Stud.							
	1999	10	36	26	39	5	13
	2004	9	31	21	33	6	19
Hausfrau/-mann							
	1999	18	27	39	21	4	21
	2004	24	30	33	24	6	21
Rentner/Pensionäre							
	1999	15	30	28	23	5	25
	2004	19	28	28	19	4	27

Angaben in Prozent, Prozente gerundet

4.2 Organisatorische Strukturen des freiwilligen Engagements

- Organisationsformen des freiwilligen Engagements

Die wichtigste Organisationsform des freiwilligen Engagements ist der Verein, wie in Tabelle 24 und in Grafik 22 erkennbar wird. Das gilt völlig unverändert für 1999 und 2004 und betraf jeweils 43% aller freiwilligen Tätigkeiten. Mit großem Abstand nach den Vereinen und ebenfalls über die Zeit fast unverändert standen die Kirchen bzw. religiösen Vereinigungen an zweiter Stelle der Organisationsformen, innerhalb derer sich freiwillige Tätigkeiten vollziehen (1999: 14%, 2004: 15% aller freiwilligen Tätigkeiten). Dem folgten an dritter Stelle die staatlichen bzw. kommunalen Einrichtungen. Ansonsten streuen die freiwilligen Tätigkeiten über viele weitere Organisationsformen.

Die Stabilität der organisatorischen Struktur über alle Bereiche des freiwilligen Engagements hinweg ist bemerkenswert, ebenso die großen und über die Zeit zumeist stabilen Unterschiede zwischen den Engagementbereichen. Die Vielfalt der Sektoren des freiwilligen Engagements wird hierin besonders sichtbar.

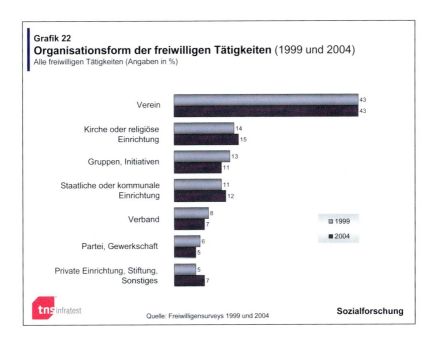

Tabelle 23: Organisationsform, in der sich die freiwilligen Tätigkeiten vollziehen

	Organisationsform der freiwilligen Tätigkeit										
	Ver-ein	Ver-band	Ge-werk.	Par-tei	Kir-che	Selb. hilfe	Initia-tive	Selb. org	Ein-richt.	Priv. Stiftg	Sons-stige
Alle											
1999	**43**	**8**	**2**	**4**	**14**	**2**	**4**	**7**	**11**	**2**	**3**
2004	**43**	**7**	**2**	**3**	**15**	**1**	**4**	**6**	**12**	**3**	**4**
Sport											
1999	90	4	0	0	0	0	1	3	0	1	1
2004	89	5	0	0	0	0	1	3	1	1	0
Kultur											
1999	61	4	0	1	5	2	7	9	7	3	1
2004	64	4	0	0	7	0	4	9	6	4	2
Freizeit											
1999	60	5	1	0	11	1	2	14	2	2	2
2004	63	6	0	0	9	1	3	12	1	4	1
Soziales											
1999	30	14	1	0	15	7	6	9	6	5	7
2004	26	15	0	1	21	6	5	6	5	9	6
Schule											
1999	13	3	0	0	5	3	13	14	37	2	10
2004	18	2	0	0	7	2	12	8	39	3	9
Jugend											
1999	28	18	4	0	19	0	2	3	20	1	5
2004	27	11	2	0	20	0	8	7	11	11	3
Umwelt											
1999	58	11	0	0	2	0	11	7	4	4	3
2004	60	13	0	0	0	1	6	6	6	4	4
Politik											
1999	4	2	1	63	0	0	4	3	20	0	3
2004	10	4	0	52	1	0	5	3	23	0	2
Beruf											
1999	11	27	38	0	0	1	5	5	4	6	2
2004	9	27	43	0	1	0	1	7	4	1	7
Kirche											
1999	4	3	0	0	88	0	2	1	1	0	1
2004	5	3	0	0	89	0	0	2	0	1	0
FFW/RD											
1999	35	18	0	1	0	2	0	3	39	1	1
2004	37	12	0	0	0	0	1	2	42	3	3
Bürgereng.											
1999	37	10	0	2	1	5	20	15	5	1	4
2004	44	5	0	0	3	1	11	11	17	2	6

Angaben in Prozent, Prozente gerundet.

Erläuterungen zum Tabellenkopf von Tabelle 23

- Verein
- Verband
- Gewerkschaft
- Partei
- Kirche oder eine religiöse Vereinigung
- Selbsthilfegruppe
- Initiative oder ein Projekt
- sonstige selbst organisierte Gruppe
- staatliche oder kommunale Einrichtung
- private Einrichtung/eine Stiftung
- Sonstiges

Es gibt Bereiche, in denen sich die Tätigkeiten sogar weitgehend in der Organisationsform des Vereins abspielen. Fast ausschließlich war das 1999 wie 2004 mit ca. 90% im Bereich „Sport und Bewegung" der Fall. Selbst organisierte Gruppen spielen hier fast keine Rolle. Mit 60% und mehr sind Vereine in den Bereichen „Kultur und Musik" sowie „Freizeit und Geselligkeit" ebenfalls dominierend. Das gilt auch für den „Umwelt- und Tierschutz". Hier hatten 1999 Initiativen und selbst organisierte Gruppen noch einen Anteil von 18%, welcher jedoch 2004 auf 12% zurückgegangen ist. Selbst organisierte Gruppen spielten 1999 im Freizeitbereich mit 14% eine erhöhte Rolle. Dieser Prozentsatz hatte sich mit 12% 2004 etwas verringert, war aber immer noch doppelt so hoch wie im Durchschnitt aller Bereiche (6%).

Naturgemäß weitgehend von der Organisationsform „Kirche und religiöse Vereinigung" beherrscht war 1999 wie 2004 der Bereich „Kirche und Religion" (bei 88% bzw. 89% aller freiwilligen Tätigkeiten). Immerhin konstant etwa ein Fünftel der Tätigkeiten im Bereich „außerschulische Jugendarbeit und Erwachsenbildung" vollzogen sich 1999 wie 2004 in Kirchen oder religiösen Vereinigungen. Im sozialen Bereich stieg dieser Anteil und war 2004 mit 21% (1999: 15%) deutlich höher als der der Verbände (1999: 14%, 2004: 15%).

Im Bereich „außerschulische Jugendarbeit und Erwachsenbildung" hat die Bedeutung der Verbände deutlich abgenommen (von 18% auf 11%). Dasselbe gilt für diesen Bereich auch bezüglich der staatlichen bzw. kommunalen Einrichtungen (von 20% auf 11%). Sehr deutlich stieg hier der Anteil der Tätigkeiten unter dem Dach von privaten Einrichtungen bzw. von Stiftungen (von 1% auf 11%, besonders in der Jugendarbeit) und der Initiativen bzw. selbst organisierten Gruppen (von 5% auf 15%). Initiativen und Projekte und selbst organisierte Gruppen waren 2004 besonders für die Erwachsenenbildung typisch (zusammen 27%). Insgesamt gab es im Bereich „außerschulische Jugendarbeit und Erwachsenenbildung" eine deutliche Verschiebung von Verbänden und öffentlichen Einrichtungen zu Gruppen und privaten Einrichtungen.

Staatliche bzw. kommunale Einrichtungen sind nach wie vor für den Bereich „Kindergarten und Schule" typisch (1999: 37%, 2004: 39%), hier insbesondere für den Untersektor „Schule" (46%). Hier nahm die Bedeutung selbst organisierter Gruppen deutlich ab, die Bedeutung von Vereinen und Kirchen bzw. religiöser Vereinigungen etwas zu. Dabei ist es fast ausschließlich der Untersektor „Kindergarten", auf den die Verortung in der Organisationsform „Kirche bzw. religiöse Vereinigung" zutrifft (25%). „Staatliche bzw. kommunale Einrichtungen" spielen auch für die freiwillige Feuerwehr und die Rettungsdienste eine wesentliche Rolle (1999: 39%, 2004: 42%). In diesem Bereich wurden Vereine etwas wichtiger und Verbände weniger wichtig. Wie im Bereich „Umwelt- und Tierschutz" gab es im Bereich „lokales Bürgerengagement" einen Trend weg von den Initiativen und selbst organisierten Gruppen. Lokales Bürgerengagement spielte sich dagegen 2004 vermehrt in Vereinen und vor allem auch in staatlichen bzw. kommunalen Einrichtungen ab. „Stabilere" Organisationsformen sind zunehmend der Rahmen, innerhalb dessen sich die freiwilligen Tätigkeiten in diesem Bereich vollziehen.

Die politische Interessenvertretung war 2004 weniger von der klassischen politischen Organisationsform der Partei bestimmt (1999: 63%, 2004: 52%). Auch hier gewann wie beim lokalen Bürgerengagement der Verein an Bedeutung, allerdings auf niedrigem Niveau (1999: 4%, 2004: 10%). Es gab ebenfalls einen (allerdings nur leichten) Trend zu den staatlichen bzw. kommunalen Einrichtungen. In der Organisation der beruflichen Interessenvertretung wurde die klassische Form der „Gewerkschaft" etwas wichtiger (1999: 38%, 2004: 43%), die andere klassische Form „Verband" blieb für das freiwillige Engagement in diesem Bereich mit 27% gleich bedeutsam.

Tabelle 23 weist die Organisationsformen der freiwilligen Tätigkeiten wiederum anhand verschiedener Gruppen aus. Auffällig ist zunächst, dass die quantitativ bedeutsamste Organisationsform, der Verein, für Tätigkeiten von Männern typischer ist als für Tätigkeiten von Frauen, während für Frauen Kirchen und religiöse Einrichtungen ungleich wichtiger sind als für Männer. Allerdings haben sich die Geschlechter in dieser Hinsicht deutlich angenähert. Männer fanden verstärkt Zugang zu den Einrichtungen, seien es kirchlich-religiöse oder öffentliche, Frauen vermehrt zu den Vereinen, bei diesen, wie es scheint, auf Kosten von weniger fest geknüpften gruppenartigen Strukturen.

Tabelle 24: Organisationsform, in der sich die freiwilligen Tätigkeiten vollziehen

	Organisationsform der freiwilligen Tätigkeit									
	Ver-ein	Ver-band	Ge-werk.	Part-ei	Kir-che	Selb. hilfe	Ini-tia-tive	Selb. org.	Ein-richt.	Priv. Stiftg	Sons-tige
Alle										
1999	**43**	**8**	**2**	**4**	**14**	**2**	**4**	**7**	**11**	**2**	**3**
2004	**43**	**7**	**2**	**3**	**15**	**1**	**4**	**6**	**12**	**3**	**4**
Alte Länder										
1999	43	8	2	4	15	2	4	7	10	2	3
2004	43	7	2	3	16	1	4	6	12	3	3
Neue Länder										
1999	46	7	3	3	7	2	5	6	16	2	3
2004	44	6	1	2	10	2	6	7	13	4	5
Männer										
1999	50	8	3	5	8	2	3	6	10	2	3
2004	48	8	2	4	10	1	4	6	11	3	3
Frauen										
1999	35	7	2	2	21	2	5	8	12	3	3
2004	38	6	1	1	21	1	5	6	13	4	4
14-30 Jahre										
1999	47	7	1	2	12	1	7	8	11	1	3
2004	43	6	1	2	16	0	7	8	10	4	3
31-45 Jahre										
1999	43	6	2	2	14	2	4	9	14	1	3
2004	47	5	2	2	12	1	4	6	15	2	4
46-65 Jahre										
1999	40	10	3	6	14	3	3	5	10	3	3
2004	43	8	3	4	13	2	3	5	12	4	3
66 Jahre +										
1999	44	6	2	4	19	0	4	7	5	5	4
2004	36	11	0	2	25	2	4	6	8	3	3
Erwerbstätige										
1999	47	7	3	4	11	1	4	7	11	2	3
2004	47	7	2	3	12	1	3	6	13	3	3
Arbeitslose										
1999	41	13	1	2	14	1	6	6	11	3	2
2004	48	8	1	3	9	1	8	5	10	3	4
Schüler/ Auszubild./ Stud.										
1999	43	6	0	2	14	2	9	8	12	0	4
2004	42	4	1	2	15	1	9	8	10	5	3
Hausfrauen*										
1999	29	8	0	2	27	2	4	7	13	4	4
2004	38	5	0	0	27	1	4	4	16	1	4
Rentner/ Pensionäre										
1999	43	9	1	4	17	3	3	5	7	4	4
2004	37	10	1	4	21	2	4	5	9	4	3

Angaben in Prozent, Prozente gerundet, * und Hausmänner

Erläuterungen zum Tabellenkopf von Tabelle 24

- Verein
- Verband
- Gewerkschaft
- Partei
- Kirche oder eine religiöse Vereinigung
- Selbsthilfegruppe
- Initiative oder ein Projekt
- sonstige selbst organisierte Gruppe
- staatliche oder kommunale Einrichtung
- private Einrichtung/eine Stiftung
- Sonstiges

Die Verhältnisse und Entwicklungen sind bei den Altersgruppen unterschiedlich. Am auffälligsten ist die stark rückläufige Bedeutung von vereinsgebundenen Tätigkeiten bei der Gruppe der über 65-Jährigen. Dagegen gab es in dieser Altersgruppe einen Bedeutungszuwachs der Organisationsform des „Verbandes" für die freiwilligen Tätigkeiten. Nur auf die 66- bis 75-Jährigen geht allerdings die erhöhte Bedeutung der öffentlichen bzw. kommunalen Einrichtungen für die freiwilligen Tätigkeiten älterer Menschen zurück.

Der deutliche Zuwachs der *Organisationsform* „Kirche oder religiöse Einrichtung" bei den Tätigkeiten der älteren Freiwilligen steht in einem gewissen Kontrast zur weniger stark ansteigenden Bedeutung des *Engagementbereichs* „Kirche und Religion". Dieser Unterschied erklärt sich daraus, dass die Organisationsform „Kirche oder religiöse Einrichtung" 2004 bei älteren Engagierten zunehmend Tätigkeiten der Bereiche „Soziales" und „Kultur und Kunst" sowie „Freizeit und Geselligkeit" unter ihrem „Dach" binden kann.

Die freiwilligen Tätigkeiten der Älteren, die sich in der Organisationsform der Kirche vollzogen, waren 1999 noch zu 70% solche, die von den freiwillig Engagierten auch dezidiert als kirchliche bzw. religiöse verstanden wurden. 2004 traf das jedoch nur noch auf 56% der freiwilligen Tätigkeiten zu. Die Institution der Kirche konnte somit ihre Bedeutung für das Engagement Älterer zwar steigern. Allerdings gingen damit eine gewisse „Verweltlichung", das heißt eine weniger „kirchlich-religiöse" Bindung des Verständnisses freiwilliger Tätigkeiten der Älteren einher.

Die große Gruppe der Erwerbstätigen stellt eine erhebliche Stabilität der organisatorischen Zuordnung ihrer freiwilligen Tätigkeiten zur Schau. Dennoch erkennt man auch in dieser Gruppe einige leichtere Verschiebungen. Parteien und Gewerkschaften (aber nicht die Verbände) verloren etwas an Bedeutung, Einrichtungen, kirchliche, öffentliche wie private, gewannen etwas. Das Muster ist dem der Männer ganz ähnlich, die in der Gruppe überproportional vertreten sind, insbesondere bei in Vollzeit Erwerbstätigen.

Als Hintergrund freiwilliger Tätigkeiten von Arbeitslosen hat zwischen 1999 und 2004 die Organisationsform der Vereine stark gewonnen. Abnehmend in ihrer Bedeutung als organisatorisches Umfeld waren in dieser Gruppe die Kirchen und die Verbände. Arbeitslose haben 2004 mit 48% der freiwilligen Tätigkeiten, die sich innerhalb von Vereinen abspielen, sogar den höchsten Wert aller hier analysierten Gruppen. Motor dieser Entwicklung scheint besonders der soziale Bereich zu sein: Arbeitslose waren einerseits zunehmend sozial engagiert, andererseits nahm die Bedeutung von Vereinen im sozialen Engagement von Arbeitslosen besonders zu.

Auch bei den Hausfrauen bzw. Hausmännern nahm zwischen 1999 und 2004 (und deutlich mehr als bei den Frauen insgesamt) die Bedeutung der Vereine als Träger der freiwilligen Tätigkeiten zu, und zwar auf Kosten der Verbände, gruppenhafter Strukturen sowie privater Einrichtungen. Öffentliche Einrichtungen waren dagegen 2004 für das Engagement von Hausfrauen bedeutsamer geworden. Bei Hausfrauen hat besonders in den Bereichen „Schule und Kindergarten" sowie „außerschulische Jugendarbeit und Erwachsenenbildung" die Bedeutung der Vereine deutlich zugenommen.

Im Freiwilligensurvey 2004 wurde zusätzlich die Vereinsgröße erfasst, um die für das freiwillige Engagement ungleich bedeutungsvollste Organisationskategorie „Verein" detaillierter untersuchen zu können (Tabelle 25). Die meisten Engagierten schätzten ihre Vereine entweder auf eine Größenordnung von 21 bis 100 Mitgliedern (36%) sowie auf eine Größenordnung von 101 bis 500 Mitgliedern. Kleinstvereine mit bis zu 20 Mitgliedern spielten mit 8% nur eine geringe Rolle. Immerhin werden 17% der Vereine in eine Größenordnung von über 500 Mitgliedern eingestuft, davon sogar 9% in die Größenordnung von über 1.000 Mitgliedern.

Die Einschätzungen der Größenordnungen der Vereine weichen in den neuen Ländern stark von denen in den alten Ländern ab. Während die Engagierten in den neuen Ländern ihre Vereine zu zwei Dritteln in eine Größenordnung von lediglich bis zu 100 Mitgliedern einstufen, ist es in den alten Ländern genau umgekehrt. Dort werden von knapp zwei Dritteln der Engagierten die Vereine auf eine Größe von über 100 Mitgliedern geschätzt. Am Beispiel der Vereinsgröße erkennt man noch einmal die längerfristig gewachsene Infrastruktur des freiwilligen Engagements in den alten Ländern und die sich wieder belebende Vereinsszene in den neuen Ländern.

Tabelle 25: Vereinsgrößen (Mitgliederzahl) in den alten und neuen Ländern

	Gesamt	**Alte Länder**	**Neue Länder**
Bis zu 20	8	6	14
21- 100	36	32	51
101- 500	37	40	24
501-1.000	8	9	3
über 1.000	9	10	6
weiß nicht	2	3	2

Angaben in Prozent, Prozente gerundet.

Betrachtet man getrennt für alte und neue Länder die drei Bereiche, für die Vereine besonders typisch sind, dann sind die Unterschiede im Bereich „Sport und Bewegung" besonders deutlich (Tabelle 26). Freiwillige in den alten Ländern schätzen die Vereine, in denen ihre Tätigkeiten angesiedelt sind, nur zu 24% auf eine Größe von bis zu 100 Mitgliedern. In den neuen Ländern werden jedoch mehr als das Doppelte der sportlichen Tätigkeiten (51%) solchen eher kleinen Vereinen zugeordnet. Im Bereich „Kultur und Musik" beträgt das Verhältnis zwischen alten und neuen Ländern 47% zu 72% und im Bereich „Freizeit und Geselligkeit" 48% zu 78% der Tätigkeiten. Kleine Vereinsgrößen sind also in diesen Bereichen auch in den alten Ländern typischer, in den neuen Ländern ist das jedoch noch viel mehr der Fall. Etwas ausgeglichener fällt der Vergleich in den anderen Bereichen aus, die weniger typisch für die Organisationsform der Vereine sind.

Tabelle 26: Vereinsgrößen in den alten und neuen Ländern

	Alte Länder			Neue Länder		
	Mitgliederzahl der Vereine					
	-100	101-500	501+	-100	101-500	501+
Sport und Bewegung	24	48	27	51	35	12
Kultur und Musik	47	43	8	72	23	4
Freizeit und Geselligkeit	48	38	13	78	18	3
Andere Bereiche	51	27	16	75	11	8

Angaben in Prozent, Prozente gerundet, fehlend zu 100%: „weiß nicht" oder keine Angabe

- Organisatorische Umfeldbedingungen des freiwilligen Engagements

Tabelle 27 beschäftigt sich mit weiteren Merkmalen des organisatorischen Umfelds der Freiwilligen, die im Freiwilligensurvey 2004 erstmals vertiefend erhoben wurden. Wenn sich freiwillige Tätigkeiten innerhalb von Organisationen (und nicht in Einrichtungen oder Gruppen) abspielen, dann sind die Freiwilligen auch fast immer Mitglied (zu 91%). Das gilt ganz besonders für den Bereich „Kirche und Religion" (96%), „freiwillige Feuerwehr und Rettungsdienste" (96%) und „berufliche Interessenvertretung" (96%). Einen niedrigeren Anteil an Mitgliedschaften verzeichnen die Bereiche „außerschulische Jugendarbeit und Erwachsenbildung" (80%) und „Umwelt- und Tierschutz" (82%).

Eine weitere neue Frage sollte ermitteln, inwieweit in den Organisationen und Einrichtungen im Umfeld von Freiwilligen hauptamtliche Mitarbeiterinnen oder Mitarbeiter beschäftigt sind. Das geben die Freiwilligen über alle Bereiche hinweg bei 46% der Tätigkeiten an. Auffällig sind die Bereiche „Religion und Kirche" (76%), „berufliche Interessenvertretung (76%), gefolgt vom Bereich „außerschulische Jugendarbeit und Erwachsenbildung" (64%) sowie vom sozialen Bereich (59%). Besonders geringe Anteile hauptamtlicher Mitarbeiterinnen oder Mitarbeiter gibt es im klassischen Vereinsbereich, allen voran bei „Freizeit und Geselligkeit" (18%), gefolgt von „Kultur und Musik" (28%) und dem Bereich „Sport und Bewegung" (30%). Besonders selten arbeiten Hauptamtliche im Umfeld von Freiwilligen auch im Bereich „lokales Bürgerengagement" (23%).

Tabelle 27: Organisatorische Umfeldbedingungen des Engagements

	Mitglied in Organisation		Hauptamtliche Mitarbeiter vorhanden			Ansprechpartner für Freiwillige vorhanden			Ausreichende Möglichkeiten zur Mitsprache und Mitentscheidung		
	ja	nein	ja	nein	weiß nicht	ja	nein	weiß nicht	ja	teils teils	nein
Alle	91	9	46	53	1	64	34	2	74	18	8
Sport und Bewegung	93	7	30	67	3	59	38	3	75	18	7
Kultur und Musik	95	5	28	71	1	57	42	1	81	15	4
Freizeit und Geselligkeit	92	8	18	81	1	57	42	1	84	9	7
Sozialer Bereich	87	13	59	41	0	69	30	1	74	17	9
Schule und Kindergarten	87	13	53	46	1	67	32	1	66	25	9
Jugend und Bildungsarbeit	80	20	64	35	1	64	36	0	72	17	11
Umwelt- und Tierschutz	82	18	48	50	2	64	33	3	69	18	13
Politik	90	10	52	48	0	67	29	4	74	18	8
Berufl. Interessenvertretung	96	4	76	24	0	64	32	4	77	20	3
Kirche und Religion	96	4	76	22	2	71	26	3	65	26	9
FFW und Rettungsdienste	96	4	39	61	0	78	21	1	73	22	5
Lokal. Bürgerengagement	85	15	23	76	1	60	38	2	82	9	9

Angaben in Prozent, Prozente gerundet.

Nicht so groß wie bezüglich des Vorhandenseins von Hauptamtlichen sind die Unterschiede zwischen den Bereichen in der Frage, ob in den Organisationen und Einrichtungen Ansprechpartner vorhanden sind, die sich um die Freiwilligen kümmern. Ansprechpartner werden insgesamt bei 64% der freiwilligen Tätigkeiten angegeben und diese gibt es besonders häufig bei Tätigkeiten bei der freiwilligen Feuerwehr und den Rettungsdiensten (78%), zu 71% bei den Kirchen und Religionsgemeinschaften und zu 69% im Bereich „Soziales". Ansprechpartner für Freiwillige sind in den Bereichen, die stark von Vereinsstrukturen bestimmt sind, weniger typisch, insbesondere in den Bereichen „Freizeit und Geselligkeit" und „Kultur und Musik".

Ein weiterer Aspekt der organisatorischen Umfeldbedingungen, mit dem sich der Freiwilligensurvey 2004 erstmals beschäftigte, war die Frage, ob den Freiwilligen in den Organisationen ausreichende Möglichkeiten zur Mitsprache und Mitentscheidung eingeräumt werden. Oft wird in der öffentlichen Diskussion die Annahme geäußert, diesbezüglich gebe es größere Defizite, die insgesamt die Motivation zum freiwilligen Engagement beeinträchtigen. Insgesamt machen die Engagierten bei der Einschätzung ihrer Möglichkeiten zur Mitsprache und Mitentscheidung bei 74% der freiwilligen Tätigkeiten keinerlei Einschränkungen. Bei nur 8% der Tätigkeiten fehlen solche Möglichkeiten, bei 18% sind diese wenigstens teilweise gegeben.

Die Möglichkeiten zur Mitsprache und Mitentscheidung werden im Vereinsbereich, wiederum insbesondere in den Bereichen „Freizeit und Geselligkeit" (84%) und „Kultur und Musik" (81%), am günstigsten eingeschätzt. Im Fall des Vereinswesens gibt es eine Parallelität zum geringen Vorhandensein von Hauptamtlichen. Im beruflichen Bereich (77%) und beim lokalen Bürgerengagement (82%), wo eher ein durchschnittlicher bzw. ein leicht unterdurchschnittlicher Anteil an Hauptamtlichen vorhanden ist, fällt die Einschätzung der Möglichkeiten zur Mitsprache und Mitentscheidung jedoch eher bzw. deutlich überdurchschnittlich aus.

Mit den Bereichen „Kirche und Religion" (65%)[63] sowie „Kindergarten und Schule" (66%) gibt es zwei große Bereiche, wo die Mitsprachemöglichkeiten deutlich ungünstiger eingeschätzt werden und gleichzeitig Hauptamtliche häufiger im Umfeld von Freiwilligen tätig sind als im Durchschnitt der Bereiche. Das Vorhandensein von Hauptamtlichen scheint im Zusammenhang mit dem Formalisierungsgrad und damit der Hierarchisierung einer Organisationsform zu stehen und damit Einfluss auf das Klima der Mitsprache zu haben. Das bestätigt sich auf der Ebene von Korrelationen.

Zunächst gibt es einen Zusammenhang zwischen dem Vorhandensein von Hauptamtlichen und von Ansprechpartnern für Freiwillige. Die Korrelation ist mit .23 nicht sehr groß, doch auffällig. Zwischen der Verfügbarkeit von Ansprechpartnern für Freiwillige und den von diesen wahrgenommenen Spielräumen zur Mitsprache und Mitentscheidung gibt es jedoch keinen Zusammenhang, so dass die Wahrnehmung von Ansprechpartnern bei Freiwilligen nicht zu einem verbesserten Gefühl der Beteiligung und Mitsprache führt. Wohl aber ist eine negative Korrelation (–.21) zwischen dem Vorhandensein von Hauptamtlichen und den von Freiwilligen wahrgenommenen Spielräumen zur Mitsprache und Mitentscheidung zu erkennen.

Es muss also festgehalten werden, dass in den größeren und formalisierten Organisationen, vor allem aber in den öffentlichen Einrichtungen, ein erhöhter Bedarf besteht, eine Kultur der Mitentscheidung und Mitsprache zu pflegen.

---

[63] Diese Einschätzungen fallen bei katholischen Engagierten wesentlich ungünstiger aus als bei evangelischen.

Tabelle 28: Organisatorische Umfeldbedingungen des Engagements

	Mitglied in Organisation		Hauptamtliche Mitarbeiter vorhanden			Ansprechpartner für Freiwillige vorhanden			Ausreichende Möglichkeiten zur Mitsprache und Mitentscheidung		
	ja	nein	ja	nein	weiß nicht	ja	nein	weiß nicht	ja	teils teils	nein
Alle	91	9	46	53	1	64	34	2	74	18	8
Verein	92	8	27	71	2	60	38	2	80	15	5
-20 Mg	87	13	17	82	1	47	52	1	86	9	5
21- 100 Mg	93	7	18	81	1	59	40	1	82	14	4
101- 500 Mg	94	6	21	77	2	62	36	2	80	15	5
501-1000 Mg	94	6	39	57	4	59	37	4	79	16	5
1001+ Mg	93	7	71	27	2	66	28	6	74	18	8
Verband	86	14	67	31	2	77	22	1	76	17	7
Gewerkschaft	98	2	94	6	0	78	15	7	71	25	4
Partei	88	12	58	41	1	63	30	7	71	22	7
Kirche	*	*	82	17	1	75	22	3	64	25	11
SH-Gruppe	*	*	24	74	2	66	33	1	85	9	6
Initiative	*	*	26	73	1	60	39	1	82	13	5
Gruppe	*	*	19	81	0	42	57	1	80	15	5
Öff. Einrichtung	*	*	71	28	1	74	25	1	59	28	13
Priv. Einrichtung	*	*	45	55	0	51	49	0	68	20	12
Stiftung	*	*	73	27	0	72	24	4	83	10	7
Sonstige	*	*	29	71	0	42	57	1	71	17	12
Leitungsfunktion											
ja	98	2	38	62	0	56	42	2	84	12	4
nein	87	13	49	49	2	68	30	2	68	22	10
Männer	93	7	40	59	1	62	36	2	78	16	6
Frauen	88	12	52	46	2	66	32	2	69	21	10
Alte Länder	92	8	46	53	1	63	35	2	73	19	8
Neue Länder	88	12	43	56	1	68	31	1	76	17	7
14-30 Jahre	89	11	49	49	2	69	29	2	69	21	10
31-45 Jahre	89	11	44	55	1	61	36	3	71	21	8
46-65 Jahre	93	7	43	56	1	61	37	2	77	16	7
66 Jahre +	96	4	51	49	0	69	29	2	77	16	7
Erwerbstätige	92	8	42	57	1	61	37	2	76	18	6
Arbeitslose	80	20	45	54	1	70	27	3	72	16	12
Schül./Ausb./St.	90	10	52	46	2	70	29	1	65	24	11
Hausfrauen**	85	15	58	40	2	69	28	3	65	24	11
Rentner/Pens.	94	6	47	52	1	66	32	2	75	17	8

Angaben in Prozent, Prozente gerundet, *nicht erhoben, ** und Hausmänner.

Das Problem wird auch direkt auf der Ebene der Organisations- und Einrichtungstypen erkennbar (Tabelle 28). Das günstigste Klima herrscht mit 85% „ausreichenden" Möglichkeiten zur Mitsprache und Mitentscheidung bei den Selbsthilfegruppen (85%) und den „Initiativen und Projekten" (82%), gefolgt von den „selbst organisierten Gruppen". Bei den „staatlichen und kommunalen Einrichtungen" werden diese Möglichkeiten am ungünstigsten eingeschätzt. Auch die privaten Einrichtungen (68%) erreichen eher ungünstige Werte, ähnlich die Kirchen und religiösen Vereinigungen (64%).

Die Vereine erreichen mit 80% ausreichenden Spielräumen zur Mitsprache und Mitentscheidung überdurchschnittliche Werte. Zwar besteht ein Gefälle in Abhängigkeit von der Vereinsgröße. Die günstig eingeschätzten Mitbestimmungsmöglichkeiten fallen von einem Wert von 86% bei den kleinsten Vereinen bis zu 20 Mitgliedern deutlich auf einen Wert von 74% bei dem größten Vereinstyp mit über 1000 Mitgliedern ab. Dieser Wert liegt dennoch immer noch über dem der öffentlichen, privaten und religiösen Einrichtungen und im Durchschnitt aller Tätigkeiten.

Freiwillige, die Leitungs- und Vorstandsfunktionen ausüben, schätzen in Bezug auf ihre Tätigkeiten die Mitbestimmungsmöglichkeiten mit 84% ganz besonders gut ein. Naturgemäß sind in leitende Funktionen auch vermehrt mit Entscheidungs- und Gestaltungsfreiräumen ausgestattet. Der Unterschied zwischen leitenden und nicht leitenden Freiwilligen drückt allerdings indirekt einen negativen Zusammenhang zwischen dem Vorhandensein von Hauptamtlichen und dem Umfang der Mitbestimmungsmöglichkeiten aus. Nur 38% der Leitenden nehmen Hauptamtliche in ihrem Umfeld wahr, aber 84% bekunden ausreichende Mitsprachemöglichkeiten, während mit 50% deutlich mehr nicht Leitende Hauptamtliche als vorhanden angeben und mit 68% weniger ausreichende Mitbestimmungsmöglichkeiten.

In etwas abgeschwächter Form wiederholt sich dieser Kontrast im Vergleich der Angaben männlicher und weiblicher Engagierter sowie älterer und jüngerer Engagierter. Das setzt sich fort in ähnlichen Unterschieden zwischen Erwerbstätigen sowie Rentnern bzw. Pensionären auf der einen Seite und Schülern, Auszubildenden und Studenten sowie Hausfrauen bzw. Hausmännern auf der anderen Seite.

- Formale Funktionen des freiwilligen Engagements

Tabelle 29 und Grafik 23 beschäftigen sich zunächst mit der Frage, inwieweit freiwillige Tätigkeiten auch formale Funktionen darstellen und wie sich das über die Zeit verändert hat.

Insgesamt ist der Anteil von freiwilligen Tätigkeiten, die entweder durch Wahl zustande kamen oder die Leitungs- und Vorstandsfunktionen sind, stabil geblieben.[64] Beide Funktionen überlagern sich in sehr hohem Maße; z. B. kamen Tätigkeiten, die Leitungs- und Vorstandsfunktionen sind, 1999 zu 73% durch Wahl zustande, 2004 zu 74%.

---

[64] Der Anteil formaler Funktionen an den freiwilligen Tätigkeiten erscheint insgesamt recht hoch. Bei der Interpretation ist zu berücksichtigen, dass es sich hier um eine subjektive Zuordnung der Engagierten handelt.

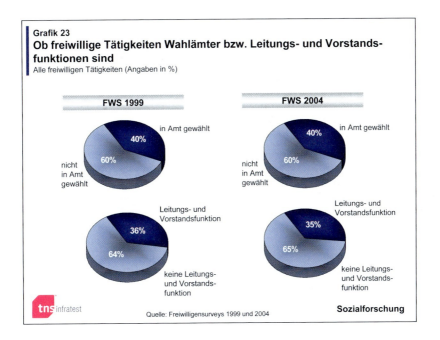

Bei den Wahlfunktionen überdecken allerdings die stabile Lage in den zwei Großbereichen „Sport und Bewegung" und „Kindergarten und Schule" sowie der Rückgang im Großbereich „Kirche und Religion" (1999: 32%, 2004: 26%) und im Bereich „außerschulische Jugendarbeit und Erwachsenenbildung" (1999: 30%, 2004: 25%) sowie beim „lokalen Bürgerengagement" (1999: 45%, 2004: 34%), dass es in vielen Bereichen einen Trend zur Zunahme der Wahlfunktionen gab. Das lässt sich besonders in den Bereichen „Kultur und Musik" (1999: 33%, 2004: 42%) sowie „Umwelt- und Tierschutz" (1999: 21%, 2004: 28%) beobachten.

Bei den Vorstands- und Leitungsfunktionen gab es in den Bereichen teilweise gleichläufige Tendenzen wie bei den Wahlämtern, insbesondere in den Bereichen „außerschulische Jugendarbeit und Erwachsenenbildung", „Umwelt- und Tierschutz" und beim „lokalen Bürgerengagement" sowie im Bereich „Politische Interessenvertretung", wo beide Funktionstypen zunahmen. Im Bereich „Freizeit und Geselligkeit" war dagegen die Entwicklung bei beiden formalen Funktionsarten gegenläufig.

Tabelle 29: Formale Funktionen freiwilliger Tätigkeiten, Überforderung

		Amt durch Wahl		Leitungsfunktion		Zurechtkommen mit Anforderungen	
		Ja	Nein*	Ja	Nein*	Anford. gewachsen	gelegentlich überfordert
Alle	1999	**40**	**60**	**36**	**64**	**75**	**25**
	2004	**40**	**60**	**35**	**65**	**82**	**18**
Sport und Bewegung	1999	37	63	37	63	79	21
	2004	36	64	36	64	85	15
Kultur und Musik	1999	33	67	42	58	79	21
	2004	42	58	44	56	84	16
Freizeit und Geselligkeit							
	1999	41	59	38	62	81	19
	2004	46	54	41	59	84	16
Sozialer Bereich	1999	24	76	29	71	69	31
	2004	28	72	28	72	74	26
Schule und Kindergarten							
	1999	62	38	36	64	78	22
	2004	60	40	27	73	83	17
Jugend und Bildung	1999	30	70	43	57	74	26
	2004	25	75	36	64	83	17
Umwelt- und Tierschutz							
	1999	21	79	16	84	65	35
	2004	28	72	28	72	78	22
Politik	1999	65	35	49	51	73	27
	2004	71	29	56	44	83	17
Berufl. Interessenvertretung							
	1999	61	39	38	62	74	26
	2004	67	33	39	61	74	26
Kirche und Religion	1999	32	68	31	69	72	28
	2004	26	74	28	72	76	24
FFW und Rettungsdienste							
	1999	28	72	35	65	67	33
	2004	29	71	38	62	79	21
Lokales Bürgerengagement							
	1999	45	55	42	58	80	20
	2004	34	66	27	73	91	9
Leitungsfunktion	1999	73	27			75	25
	2004	74	26			78	22
Keine Leitungsfunktion							
	1999	21	79			75	25
	2004	23	77			83	17

Angaben in Prozent, Prozente gerundet, *„keine Angabe" und „nein" zusammen gerechnet

In allen Engagementbereichen ist zwischen 1999 und 2004 zu beobachten, dass die Engagierten mit den Anforderungen, die die freiwilligen Tätigkeiten stellen, besser zurechtkommen. Der Anteil der Tätigkeiten, bei denen sich Freiwillige überfordert fühlten, ist insgesamt von 25% auf 18% zurückgegangen.

Der Befund rückläufiger Überlastungsgefühle könnte u. a. damit zusammenhängen, dass 2004 die Anforderung „Belastbarkeit" weniger von den Tätigkeiten der Freiwilligen gefordert war als 1999. Dieser Rückgang war bei Engagierten in mittleren Jahren, insbesondere im Alter zwischen 46 und 65 Jahren, mit 7 Prozentpunkten bei der Position „in starkem Maße" am größten. Bei jungen Leuten zwischen 14 und 30 Jahren hat sich in diesem Punkt allerdings wenig geändert, so dass sie nunmehr die Altersgruppe sind, die am meisten „in starkem Maße" Belastbarkeit als Anforderung an die freiwillige Tätigkeit angibt.

In der ältesten Gruppe im Alter von über 65 Jahren stieg die Relevanz der Belastbarkeit sogar an, allerdings eher von der Position „nicht gefordert" hin zu „in gewissem Maße gefordert".

Mit Rückgängen von 13 Prozentpunkten war die Entlastung von gelegentlicher Überforderung in den Bereichen „freiwillige Feuerwehr und Rettungsdienste" sowie „Umwelt- und Tierschutz" am größten, gefolgt vom Bereich „lokales Bürgerengagement".

In den neuen Ländern hat sich unter den freiwilligen Tätigkeiten der Anteil der Wahlämter deutlich verringert, während in den alten Ländern sogar eine leichte Zunahme zu erkennen ist (Tabelle 30). Leitungsfunktionen kamen in den neuen Ländern bereits 1999 weniger als in den alten vor.

Ebenso wie im Vergleich alter und neuer Länder sind die Verhältnisse zwischen den Geschlechtern unausgeglichener geworden. Frauen waren 2004 sogar deutlich weniger in Wahlfunktionen und in Leitungs- und Vorstandsfunktionen vertreten. Umgekehrt ist es bei Männern, die 2004 noch mehr als ohnehin schon 1999 in solchen Funktionen freiwillig tätig sind.[65]

---

[65] Mit diesem deutlichen Unterschied der Geschlechter und der Entwicklung zwischen 1999 und 2004 befasst sich die vertiefende Analyse zu Männern und Frauen detaillierter.

Tabelle 30: Formale Funktionen freiwilliger Tätigkeiten, Überforderung

		Amt durch Wahl		Leitungsfunktion		Zurechtkommen mit Anforderungen	
		Ja	Nein*	Ja	Nein*	Anford. gewachsen	gelegentlich überfordert
Alle							
	1999	**40**	**60**	**36**	**64**	**75**	**25**
	2004	**40**	**60**	**35**	**65**	**82**	**18**
Alte Länder							
	1999	39	61	36	64	75	25
	2004	41	59	35	64	82	18
Neue Länder							
	1999	41	59	33	67	75	25
	2004	36	64	31	69	81	19
Männer							
	1999	44	56	40	60	77	23
	2004	47	53	42	58	83	17
Frauen							
	1999	35	65	30	70	73	27
	2004	32	68	26	74	80	20
14-30 Jahre							
	1999	26	74	29	71	70	30
	2004	26	74	29	71	79	21
31-45 Jahre							
	1999	45	55	37	63	77	23
	2004	41	59	32	68	82	18
46-65 Jahre							
	1999	44	56	39	61	76	24
	2004	48	52	41	59	82	18
66 Jahre +							
	1999	39	61	36	64	81	19
	2004	41	59	35	65	83	17
Erwerbstätige							
	1999	44	56	38	62	76	24
	2004	45	55	37	63	82	18
Arbeitslose							
	1999	43	57	36	64	72	28
	2004	34	66	27	73	85	15
Schüler/Auszub./Stud.							
	1999	20	80	27	73	68	32
	2004	22	78	28	72	76	24
Hausfrau/-mann							
	1999	40	60	32	68	73	27
	2004	36	64	26	74	77	23
Rentner/Pensionäre							
	1999	40	60	38	62	80	20
	2004	43	57	37	63	84	16

Angaben in Prozent, Prozente gerundet, *„keine Angabe" und „nein" zusammengerechnet

Unter den Altersgruppen konzentrieren sich 2004 die formalen Funktionen, insbesondere die Wahlfunktionen deutlich stärker auf die Gruppe der 46- bis 65-Jährigen. Vor allem die Gruppe der 31- bis 45-Jährigen war deutlich weniger in solchen Funktionen vertreten. Die Erwerbstätigen sind in dieser Frage wiederum eine sehr stabile Gruppe. Arbeitslose und Hausfrauen bzw. Hausmänner waren 2004 deutlich weniger in Wahlämtern sowie in Leitungs- und Vorstandsfunktionen vertreten.

Alle hier analysierten Gruppen gaben 2004 vermehrt an, den Anforderungen ihrer freiwilligen Tätigkeiten gerecht werden zu können. Das betrifft insbesondere die jungen Befragten, die 1999 am wenigsten das Gefühl hatten, die Anforderungen ihrer Tätigkeit hinreichend bewältigen zu können. Interessanterweise fiel die „Entlastung" 2004 bei Freiwilligen mit Wahlämtern bzw. mit Leitungs- und Vorstandsfunktionen deutlich geringer aus als bei solchen ohne formale Funktionen.

4.3 Zielgruppen des freiwilligen Engagements

Freiwilliges Engagement kann verschiedene Zielgruppen haben. Tabelle 31 zeigt, dass Kinder und Jugendliche die ungleich größte dieser Gruppen sind. Freiwilliges Engagement ist jedoch zumeist nicht auf bestimmte Zielgruppen bezogen. 2004 kann im Unterschied zu 1999 unterschieden werden, ob freiwillige Tätigkeiten *keiner* bestimmten Zielgruppe zugute kommen oder ob sie sich auf *andere* Gruppen beziehen, die in der Frage nicht angesprochen wurden.

2004 hatten mit 41% die meisten freiwilligen Tätigkeiten mit keiner bestimmten Gruppe zu tun und nur 6% mit einer anderen Gruppe neben den in der Frage angesprochenen Kindern und Jugendlichen (33%), älteren Menschen (9%), Familien (5%), Frauen (3%) oder Behinderten (1%) sowie den Flüchtlingen bzw. Migranten (1%). Solche „anderen" Zielgruppen sind nur im Bereich der beruflichen Interessenvertretung besonders wichtig (31%), wohl vor allem Arbeitnehmer, Arbeitgeber, Selbstständige und Arbeitslose. Die Bereiche „freiwillige Feuerwehr und Rettungsdienste" (78%), „Politik" (68%), „Umwelt- und Tierschutz" (78%), „lokales Bürgerengagement" (68%) sowie „Kultur und Musik" (63%) sind, was bestimmte Zielgruppen betrifft, ganz besonders unspezifisch.

Tabelle 31: Zielgruppen freiwilliger Tätigkeiten

	Personenkreis, den die Tätigkeit überwiegend betrifft			
	Kinder und Jugendliche	Ältere Menschen	Frauen	Anderer/kein spezifischer
Alle				
1999	**35**	**8**	**4**	**53**
2004	**33**	**9**	**3**	**55**
Sport und Bewegung				
1999	41	5	5	49
2004	45	6	4	45
Kultur und Musik				
1999	30	5	3	62
2004	18	8	1	73
Freizeit und Geselligkeit				
1999	25	12	7	56
2004	18	11	4	67
Sozialer Bereich				
1999	21	34	6	39
2004	13	38	4	45
Schule und Kindergarten				
1999	94	1	0	5
2004	93	0	0	7
Jugend und Bildung				
1999	70	5	1	24
2004	65	4	1	30
Umwelt- und Tierschutz				
1999	11	1	0	88
2004	6	2	0	92
Politik				
1999	12	6	1	81
2004	11	6	3	80
Berufl. Interessenvertretung				
1999	16	3	5	76
2004	11	4	4	81
Kirche und Religion				
1999	24	10	6	60
2004	24	12	4	60
FFW und Rettungsdienste				
1999	16	2	0	82
2004	17	2	0	81
Lokales Bürgerengagement				
1999	6	7	1	86
2004	8	4	4	84

Angaben in Prozent, Prozente gerundet.

Tabelle 31 listet nur diejenigen Zielgruppen auf, die im Fragetext zwischen 1999 und 2004 konstant gehalten wurden, um den Trend untersuchen zu können. Die Zielgruppe „Kinder und Jugendliche" war zwischen 1999 und 2004 etwas rückläufig, die „anderen" Zielgruppen bzw. die Unspezifik gegenüber Zielgruppen nahmen zu. Bemerkenswert ist der Gegensatz des Bereiches „Sport und Bewegung", wo der Anteil der Zielgruppe „Kinder und Jugendliche" gegen den allgemeinen Trend zwischen 1999 und 2004 sogar zunahm (von 41% auf 45%), zu einer Reihe von Bereichen, wo Kinder und Jugendliche 2004 deutlich weniger als Zielgruppe freiwilliger Tätigkeiten erscheinen.

Besonders bei den ebenfalls stark von Vereinen geprägten Bereichen „Kultur und Musik" sowie „Freizeit und Geselligkeit" ist ein deutlicher Gegentrend gegenüber dem Sportbereich erkennbar. Das hohe Gewicht des Sportbereichs und seine fast ausschließliche Organisation in Vereinen führt jedoch dazu, dass die Zielgruppe „Kinder und Jugendliche", betrachtet nach der Organisationsform des Vereins, 2004 mit 33% fast gleich groß geblieben ist wie 1999. Der Trend in den Bereichen „Kultur und Musik" sowie „Freizeit und Geselligkeit" ging eindeutig in Richtung unspezifischer oder anderer Zielgruppen. Solche anderen Zielgruppen waren 2004 im Bereich „Freizeit und Geselligkeit" bevorzugt Familien (11%).

Im Bereich „Soziales" gab es ebenfalls eine Entwicklung weg von der Zielgruppe „Kinder und Jugendliche" und auch weg von den Frauen als Zielgruppe. Davon profitierten zum einen die „älteren Menschen", die zunehmend Zielgruppe des sozialen Engagements werden. Zum anderen ging der Trend bei den sozialen Tätigkeiten zu anderen bzw. unbestimmten Zielgruppen. „Andere" Zielgruppen sind 2004 im Sozialbereich auch die Behinderten (9%) und die Flüchtlinge bzw. Migranten (4%).

Einen Trend weg von der Zielgruppe „Kinder und Jugendliche" gab es zwischen 1999 und 2004 (auf hohem Niveau) auch im Bereich „außerschulische Jugendarbeit und Erwachsenenbildung" und auf sehr niedrigem Niveau im Bereich „Umwelt- und Tierschutz", wiederum hin zu den anderen bzw. unspezifischen Zielgruppen. Im Untersektor der Jugendarbeit lag 2004 der Anteil der Zielgruppe der „Kinder und Jugendlichen" bei 68%. Interessanterweise war dieser Zielgruppenanteil auch bei Tätigkeiten im Untersektor „Erwachsenenbildung" mit 54% recht hoch.

Interessant ist außerdem, dass Frauen zunehmend eine Zielgruppe der Politik und des lokalen Bürgerengagements werden.

Tabelle 32: Zielgruppen freiwilliger Tätigkeiten

		Personenkreis, den die Tätigkeit überwiegend betrifft			
		Kinder und Jugendliche	Ältere Menschen	Frauen	Anderer/kein spezifischer
Alle					
	1999	**35**	**8**	**4**	**53**
	2004	**33**	**9**	**3**	**55**
Alte Länder					
	1999	35	8	4	53
	2004	33	10	3	54
Neue Länder					
	1999	38	10	3	49
	2004	35	8	2	55
Männer					
	1999	31	6	1	62
	2004	31	7	0	62
Frauen					
	1999	39	12	8	41
	2004	36	13	6	45
14-30 Jahre					
	1999	53	1	1	45
	2004	54	1	1	44
31-45 Jahre					
	1999	43	4	4	49
	2004	43	2	3	52
46-65 Jahre					
	1999	23	13	5	59
	2004	22	12	4	62
66 Jahre +					
	1999	11	24	3	62
	2004	9	31	3	57
Erwerbstätige					
	1999	34	6	3	57
	2004	34	5	3	58
Arbeitslose					
	1999	37	4	6	53
	2004	36	9	1	54
Schüler/Auszub./Stud.					
	1999	60	2	0	38
	2004	58	1	1	40
Hausfrau/-mann					
	1999	42	13	9	36
	2004	40	10	9	41
Rentner/Pensionäre					
	1999	16	23	4	57
	2004	10	28	3	59

Angaben in Prozent, Prozente gerundet.

Auf der Ebene der sozialen und demografischen Kontrollgruppen (Tabelle 32) setzt die Altersvariable deutliche Unterschiede. Freiwillige Tätigkeiten junger Leute haben besonders häufig etwas mit Kindern und Jugendlichen zu tun. Der höchste Wert wird 2004 mit 58% in der Gruppe der Schüler, Auszubildenden und Studenten erreicht. An der hohen Bedeutung junger Menschen für das Engagement junger Freiwilliger hat sich über die Zeit kaum etwas geändert.

Mit zunehmendem Alter wird die Zielgruppe der Kinder und Jugendlichen (zumindest als exklusive) für freiwillige Tätigkeiten immer weniger wichtig. Nur 11% der Tätigkeiten der ältesten Gruppe der über 65-Jährigen kamen 1999 in erster Linie Kindern und Jugendlichen zugute, 2004 waren das mit 9% noch weniger. Der wichtigste Trend besteht darin, dass für die älteren Engagierten die eigene Altersgruppe immer wichtiger als Zielgruppe freiwilliger Tätigkeit wird. Seit 1999 zunehmendes freiwilliges Engagement älterer Menschen bedeutet also auch, dass dieses Engagement vermehrt auch Älteren zugute kam. Diese Veränderung wird auch durch die Gruppe der Rentner bzw. Pensionäre mit vollzogen.

Über die Zeit weitgehend konstant sind ältere Menschen deutlich häufiger Zielgruppe des Engagements von Frauen als von Männern. Für freiwillige Tätigkeiten von Frauen ist auch die Verbindung zur Gruppe der Kinder und Jugendlichen typischer als für Männer und (wie zu erwarten) diejenige zur eigenen Gruppe. Freiwillige Tätigkeiten von Frauen sind somit deutlich personenbezogener als die von Männern. Diese erhöhte Personenbezogenheit weiblichen Engagements ist allerdings über die Zeit sinkend und nähert sich damit der männlichen Typik an. Die Hausfrauen bzw. Hausmänner vollzogen diese Entwicklung mit Ausnahme der frauenbezogenen Tätigkeiten mit.

Neben den Rentnern bzw. Pensionären sind die Arbeitslosen unter den Erwerbsstatusgruppen eine weitere Gruppe, deren freiwilliges Engagement zunehmend etwas mit älteren Menschen zu tun hat. Erwerbstätige zeigen über die Zeit eine außerordentliche Stabilität bezüglich der Verknüpfung ihres Engagements mit den in der Tabelle ausgewiesenen Zielgruppen.

Im Freiwilligensurvey 2004 konnte die Zielgruppe der Kinder und Jugendlichen erstmals genauer nach Alter aufgeschlüsselt werden (Tabelle 33). Danach ist das Alter der Kinder und Jugendlichen oft gemischt (34%) oder es handelt sich bevorzugt um Schulkinder bis zu 14 Jahren (30%). Vorschulkinder sind am wenigsten Zielgruppe freiwilliger Tätigkeiten (13%), am häufigsten im Bereich „Kindergarten und Schule" (26%). In dessen Untersektor „Kindergarten" liegt dieser Anteil bei 82%. Im Untersektor „Schule" sind Schulkinder bis 14 Jahren zu 46% und Jugendliche über 14 Jahren zu 22% bevorzugt Zielgruppe. Bei den Schulkindern bis 14 Jahren ist auch der Bereich „Kirche und Religion" bedeutsam (40%).

Eine weitere Nachfrage, die der Freiwilligensurvey 2004 erstmals stellte, richtete sich darauf, ob sich diejenigen freiwilligen Tätigkeiten, die Kinder und Jugendliche als Zielgruppe betreffen, sich auch auf die eigenen Kinder richten oder nicht. Das ist mit 68% zu mehr als zwei Dritteln der Fall, ganz besonders im Bereich „Kindergarten und Schule" (83%). Dieser Bereich bestimmt in der Tabelle die Mittelwerte ganz besonders. Das hat sowohl mit dessen Schwergewicht bei der Zielgruppe zu tun als auch damit, dass Befragte, die in diesem Bereich engagiert sind, vermehrt Kinder und Jugendliche im Haushalt haben. So kommt es zu dem eigenartigen Phänomen, dass alle Bereiche unter dem Durchschnittswert von 68% liegen.

Tabelle 33: Zusammensetzung der Zielgruppe „Kinder und Jugendliche"

	Kinder und Jugendliche				Tätigkeit betrifft die eigenen Kinder	
	Vorschulkinder	Schulkinder	Jugend über 14 Jahre	gemischt	Ja	Nein
Alle	**13**	**30**	**23**	**34**	**68**	**32**
Sport und Bewegung	6	30	23	41	62	38
Schule und Kindergarten	26	37	16	21	83	17
Davon*						
Kindergarten	82	11	0	7	80	20
Schule	4	47	22	27	82	18
Jugend und Bildungsarbeit	6	24	27	43	48	52
Kirche und Religion	10	40	17	33	45	55

Angaben in Prozent, Prozente gerundet, * ohne gemischte/nicht zuzuordnende Formen

4.4 Nutzung des Internets beim freiwilligen Engagement

Als säkulare Erscheinung, die sich seit Mitte der 90er Jahre stark ausbreitet, hat das Internet die Informations- und Kommunikationsmöglichkeiten radikal verändert. Verbunden mit der Verbreitung des Internets waren auch Erwartungen hinsichtlich der Aktivierbarkeit von Bürgern für das Gemeinwesen. Das Internet als Marktplatz, dieses Bild beschränkt sich nicht auf den Handel mit Waren, sondern war die zunächst enthusiastisch begrüßte Idee eines freien Austauschs von Meinungen und Informationen mittels enorm leistungsfähiger Medien. Trotz erheblicher Ernüchterung hinsichtlich des Demokratisierungs- und Veränderungspotenzials, trotz teils höchst fragwürdiger bis hin zu krimineller Nutzung, hat sich das Internet doch inzwischen als nützliches Instrument auch für gemeinschaftsbezogene und politische Aktivitäten herausgestellt: als zentrales Informationsmittel, als Tummelplatz unterschiedlicher Meinungen und Diskurse, als wertvolles Mittel der Ansprache und Aktivierung von Gleich- oder Ähnlichgesinnten, als Publizitätsorgan, als Arbeits- und Organisationsmittel und natürlich als Vernetzungsinstrument.

Im Freiwilligensurvey wird 2004 erstmals auf quantitativer Basis der Zusammenhang zwischen freiwilligem Engagement und Internetnutzung untersucht.[66] Dabei handelt es sich um eine Bestandsaufnahme: Wer nutzt im Rahmen seines Engagements das Internet für welchen Zweck, und welche Arten der Internetnutzung sind für welche Nutzer besonders wichtig? Insgesamt wird bei 43% der freiwilligen Tätigkeiten das Internet genutzt.

---

[66] Eine qualitative Studie gibt es in der Shell Jugendstudie 2002 von Picot, Willert, 2002, S. 221–414

Vorgegebene *Nutzungsarten* waren:[67]

- Informationen beschaffen
- Kontakte und Netzwerke pflegen
- auf die Organisation oder Gruppe aufmerksam machen
- zum Informationsaustausch, zur Meinungsäußerung
- zur Organisation und Abwicklung der laufenden Arbeit

Nutzungsarten des Internets verbessern teils durch andere, traditionelle Medien gegebene Möglichkeiten, teils erweitern sie diese durch eine neue, spezifische Qualität. Man denke z.B. an die interaktiven Komponenten des Internets, die zu geringen Kosten Meinungsäußerung und Informations- bzw. Meinungsaustausch in Echtzeit oder zeitversetzt erlauben. Betrachtet man die Nutzerseite, so kann man Nutzungsarten danach unterscheiden, wie stark die Internetnutzer eher rezeptiv bestimmte Möglichkeiten nutzen oder aktiv selbst „nach außen" gehen, unter Nutzung der interaktiven Möglichkeiten. Wer selbst Homepages anlegt, Informationen ins Netz stellt und Netzwerke knüpft, nutzt das Internet „aktiver" als derjenige, der dort Informationen beschafft oder das Internet zur Abwicklung der laufenden Verwaltungsarbeit einsetzt.

- Internetnutzung in verschiedenen Tätigkeitsfeldern und Tätigkeitsformen des freiwilligen Engagements

In den verschiedenen Tätigkeitsbereichen des Engagements wird das Internet in sehr unterschiedlichem Maß und in verschiedener Weise in Anspruch genommen (Grafik 24).

Mit Abstand am häufigsten wird das Internet im Bereich „Außerschulische Jugendarbeit und Erwachsenenbildung", in der beruflichen Interessenvertretung und im politischen Bereich genutzt. Dagegen wird es von den Engagierten im sozialen Bereich und im Bereich „Kirche und Religion" erheblich seltener in Anspruch genommen. Gerade das Auseinanderklaffen der Werte für den Bereich Jugendarbeit und den kirchlichen Bereich zeigt indirekt an, dass das Alter der in den verschiedenen Tätigkeitsbereichen Engagierten eine wesentliche Rolle spielt. Die hohe Internetnutzung bei den im Durchschnitt jüngeren Engagierten im Bereich der Jugendarbeit und die niedrige bei den im Schnitt älteren Engagierten im Bereich "Kirche und Religion" erklärt sich weitgehend aus der Variable Alter.

Die relativ geringe oder hohe Nutzungshäufigkeit des Internets muss aber nicht mit der Bewertung der Wichtigkeit seiner Nutzung übereinstimmen. Dies wird besonders deutlich im sozialen Bereich (was der Vergleich von Grafik 24 und Tabelle 34 zeigt). In diesem Feld engagierte Internetnutzer bewerten die Wichtigkeit praktisch aller Funktionen des Internets für ihre Arbeit sehr hoch, d. h. sie geben besonders häufig an, dass die Nutzungsmöglichkeiten für sie „sehr wichtig" seien. Geringe Nutzung bei hoher Bedeutsamkeit, dieser Befund trifft auch auf das Engagement im Bereich des lokalen Bürgerengagements zu.

---

[67] Fragetext: Nutzen sie für Ihre Tätigkeit das Internet (inkl. E-Mail)? An Nutzer: Sagen Sie mir bitte, ob Ihnen bei Ihrer Tätigkeit folgende Möglichkeiten sehr wichtig, wichtig oder weniger wichtig sind?

Über alle Bereiche hinweg spielt die Informationsbeschaffung für die Engagierten eine wesentliche Rolle, mit Abstand gefolgt von Informationsaustausch und Meinungsäußerung, Organisation und Abwicklung der Arbeit, Publizität für die Organisation und schließlich Kontakte und Netzwerke aufbauen und pflegen.

Wie bereits erwähnt werden die verschiedenen Funktionen des Internets von Engagierten im sozialen Tätigkeitsfeld besonders hoch bewertet. Die Wichtigkeit der Netzwerkfunktion des Internets weicht im sozialen Bereich besonders stark vom Mittel aller Bereiche ab, was mit der Bedeutung von Selbsthilfegruppen in diesem Feld zusammenhängen kann.[68] Das Knüpfen von Netzwerken hat große Wichtigkeit auch für das Engagement bei der beruflichen Interessenvertretung und (addiert man die Nennungen „sehr wichtig" und „wichtig") auch für den politischen Bereich. In den drei genannten Bereichen spielt auch eine weitere interaktive Komponente, nämlich der Meinungs- und Informationsaustausch, eine besondere Rolle. Ähnliches gilt für Tätigkeiten im Bereich des lokalen Bürgerengagements.

Große Bedeutung hat das Internet zweifellos auch für Engagierte in der außerschulischen Jugend- und Bildungsarbeit, die ja zu den häufigsten Nutzern gehören. Das hängt mit dem Alter sowohl der Nutzergruppe als auch der Zielgruppe des Engagements zusammen. Wer heute mit Jugendlichen arbeitet, muss im Internet auf sich aufmerksam machen, das zeigt die hohe Bedeutung dieses Punktes für die Engagierten; außerdem gilt das Knüpfen von Netzwerken als sehr wichtig.

---

[68] Dies gilt auch für den Gesundheitsbereich.

Tabelle 34: Welche Möglichkeiten des Internets „sehr wichtig" sind

	Informationen beschaffen			Kontakte/ Netzwerke aufbauen			Auf Organisation aufmerksam machen			Austausch/ Meinungsäußerung			Organisation/ Abwicklung der Arbeit		
	1	2	3	1	2	3	1	2	3	1	2	3	1	2	3
Alle	**44**	**41**	**15**	**22**	**31**	**47**	**24**	**32**	**44**	**26**	**41**	**33**	**25**	**38**	**37**
Sport	38	48	14	17	32	51	21	34	45	20	43	37	26	40	34
Kultur	41	41	18	27	30	43	26	38	36	23	44	33	19	41	40
Freizeit	39	46	15	17	38	45	21	36	43	19	42	39	25	31	44
Soziales	52	34	14	34	35	31	43	28	29	39	34	27	35	35	30
Schule	50	39	11	16	29	55	14	27	59	25	41	34	20	41	39
Jugend	39	40	21	26	28	46	29	32	39	29	34	37	23	32	45
Umwelt	51	43	6	23	28	49	34	43	23	29	44	27	21	41	38
Politik	47	46	7	26	39	35	26	36	38	39	42	19	33	38	29
Beruf	54	26	20	35	30	35	27	20	53	41	39	20	23	42	35
Kirche	40	37	23	19	17	64	15	23	62	16	30	54	25	40	35
FFW/RD	30	49	21	13	40	47	25	38	37	17	48	35	23	47	30
Bürgereng.	46	35	19	26	26	48	21	36	43	37	45	18	39	26	35

Alle freiwilligen Tätigkeiten; Angaben in Prozent, Prozente gerundet, fehlend zu 100%: keine Angabe, Skala: 1=sehr wichtig, 2=wichtig, 3=weniger wichtig.

Auch im Bereich Umwelt und Tierschutz wird der Nutzen des Internets teilweise sehr hoch eingeschätzt. Dies gilt besonders für die Informationsfunktion und das Publikmachen der eigenen Organisation sowie den Informationsaustausch. Im Bereich des kirchlichen freiwilligen Engagements stehen Informationsbeschaffung und Organisationserleichterung durch das Internet im Vordergrund. Hier und bei einer Reihe anderer Tätigkeitsbereiche fällt auf, dass man für Vernetzung und Kontaktbildung offenbar stärker eigene Kommunikationsstrukturen und -kanäle nutzt und weniger auf das Kommunikationsmittel Internet angewiesen ist. Dies gilt neben den institutionalisierten Bereichen Kirche, Schule und Kindergarten auch für freiwillige Feuerwehr und Rettungsdienste, aber auch für den großen Sportbereich, der ja auf Vereinsstrukturen basiert. Im Bereich „Freizeit und Geselligkeit" ist die Netzwerk- und Kontaktfunktion des Internets ebenfalls nicht ganz so bedeutend, was sowohl strukturelle (Vereinswesen) als auch inhaltliche Gründe haben dürfte.

Die Internetnutzung variiert deutlich mit dem Hauptinhalt der Tätigkeit im Rahmen des freiwilligen Engagements (Grafik 25). Besonders häufig wird das Internet genutzt, wenn es um freiwillige Tätigkeiten geht, die Engagierte als „Vernetzungsarbeit" bezeichnen. Auch für Engagierte, die Verwaltungstätigkeiten verrichten, ist das Internet ein wichtiges Hilfsmittel. Daneben stehen Tätigkeitsinhalte mit der Internetnutzung im engen Zusammenhang, bei denen es um Außenkontakte der Organisation oder Gruppe geht. Außer der Vernetzungsarbeit, bei der das Internet zentrale Bedeutung hat, ist dies beim Fundraising (Mittelbeschaffung) und in der Öffentlichkeitsarbeit der Fall. Dort wo notwendige praktische Arbeiten und persönliche Hilfeleistungen Hauptinhalt der Tätigkeit sind, kann man auf das Internet eher verzichten. Diese Inhalte spielen aber quantitativ eine große Rolle im freiwilligen Engagement. Daraus erklärt sich der relativ niedrig erscheinende Prozentwert von 43% für die Internetnutzung über alle Tätigkeiten und Bereiche hinweg.

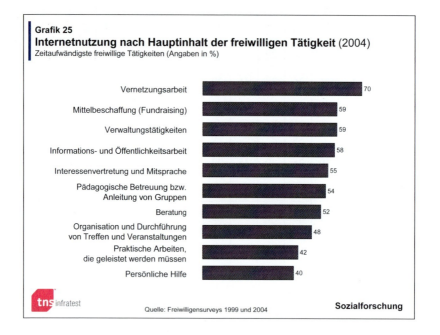

- Internetnutzung nach Geschlecht, Alter, Bildung und Ausmaß des Engagements

Im freiwilligen Engagement wird das Internet deutlich häufiger von Männern als von Frauen genutzt. Dies erklärt sich u. a. aus dem bereits dargestellten Tatbestand, dass engagierte Frauen häufiger Hilfstätigkeiten oder persönliche Hilfeleistungen übernehmen, Männer dagegen vermehrt in Leitungs- und Wahlämtern tätig sind. Sie üben häufiger Tätigkeiten aus, die mit der Repräsentation der Organisation nach außen zu tun haben. Durch diese Ausrichtung ihres freiwilligen Engagements kommen Männer mehr mit Organisations- und Verwaltungsarbeiten und damit auch der elektronischen Kommunikation in Berührung.

Bei jugendlichen Engagierten sind die geschlechtsspezifischen Unterschiede in der Internetnutzung wesentlich geringer, was auf einen Wandel in diesem Bereich hindeutet.

Was das Alter der Befragten betrifft, die im Rahmen ihres Engagements das Internet nutzen, so weist Tabelle 35 die 25- bis 34-Jährigen als häufigste Nutzer aus. Wenn man die Altersgruppe der 14- bis 24-Jährigen aber noch einmal aufsplittet, zeigt sich, dass die engagierten 20- bis 24-Jährigen mindestens genauso häufig (57%) das Internet nutzen. Stark ist die Nutzung auch bei den 35- bis 44-Jährigen, die ja auch einen sehr hohen Anteil an allen Engagierten stellen, und den 45- bis 54-Jährigen. In der Altersgruppe ab 55 wird das Internet seltener für das freiwillige Engagement genutzt, bei den „jungen Alten" von 55 bis 64 Jahren aber immerhin noch zu einem Drittel.

Tabelle 35: Internetnutzung nach sozialstatistischen Merkmalen

	Internet wird genutzt	Möglichkeiten des Internets, die „sehr wichtig" sind				
		Informationen	Kontakte/ Netzwerke	Aufmerksam machen	Austausch, Meinungen	Abwicklung der Arbeit
Geschlecht						
- Männer	**50**	46	20	23	26	23
- Frauen	**34**	41	20	26	21	24
Alter						
14-24 Jahre	**49**	38	25	28	28	24
25-34 Jahre	**56**	53	24	28	28	23
35-44 Jahre	**48**	49	21	22	22	23
45-54 Jahre	**48**	45	16	21	20	22
55-64 Jahre	**36**	38	20	23	25	26
65+ Jahre	**18**	26	11	24	25	25
Bildungsstatus						
- niedrig	**22**	43	18	28	20	18
- mittel	**41**	39	14	26	25	20
- hoch	**52**	47	24	22	25	27

Zeitaufwändigste freiwillige Tätigkeiten; Angaben in Prozent, Prozente gerundet

Es fällt auf, dass die Bedeutung der einzelnen Nutzungsmöglichkeiten von den Befragten der älteren Altersgruppen kaum weniger oft als „sehr wichtig" bezeichnet wird. Die 55- bis 74-Jährigen schätzen dabei besonders die Funktionen Austausch und Meinungsäußerung und die Organisations- und Arbeitserleichterungen durch das Internet. Für Jüngere rangieren besonders oft die aktiv nach außen gerichteten Funktionen in der Wichtigkeit vorn: das Netzwerken, die Publizität und der Austausch, Funktionen also, die besser entwickelte Computerkenntnisse voraussetzen.

Die Internetnutzung der Engagierten variiert stark mit dem Bildungsstatus. Während nur 22% der Befragten mit niedrigem formalen Bildungsstatus das Internet im Rahmen ihres Engagements nutzen, sind es über die Hälfte der Engagierten mit hohem Bildungsstatus. Diese starke Abstufung in der Internetnutzung nach formalem Bildungsgrad findet sich nicht nur bei der Internetnutzung im Rahmen des freiwilligen Engagements, sondern mindestens ebenso stark in der Internetnutzung durch die Bevölkerung generell.

Bei niedrigem wie hohem Bildungsgrad wird die Informationsfunktion des Internets gleichermaßen wertgeschätzt. Die Publizitätsfunktion bewerten Befragte mit niedrigem Bildungsgrad häufiger als besonders wichtig. Netzwerkfunktion, interaktive Kommunikation (Austausch) und Arbeitserleichterung bei der Verwaltungsarbeit werden dagegen von den Befragten mit hohem Bildungsstatus häufiger hervorgehoben.

Festzuhalten ist an dieser Stelle, dass es zwischen neuen und alten Ländern bei der Internetnutzung im Rahmen des freiwilligen Engagements keine nennenswerten Unterschiede gibt.

Wer mehr als einer freiwilligen Tätigkeit nachgeht oder wer viel Zeit in sein Engagement steckt, nutzt im Rahmen seines freiwilligen Engagements das Internet viel häufiger als Engagierte mit nur einer freiwilligen Tätigkeit oder Engagierte, die weniger Zeit auf ihr Engagement verwenden (Tabelle 36).

Tabelle 36: Internetnutzung nach Ausmaß des Engagements

		Möglichkeiten des Internets, die „sehr wichtig" und „wichtig" sind				
	Internet genutzt	Informationen	Kontakte, Netzwerke	Aufmerksam machen	Austausch Meinungen	Abwicklung der Arbeit
Anzahl der Tätigkeiten						
1 Tätigkeit	**35**	85	50	55	65	62
2 Tätigkeiten +	**53**	88	53	59	68	66
Zeitaufwand						
5 Std./ Woche und weniger	**38**	86	48	54	63	61
mehr als 5 Std./ Woche	**58**	88	60	63	72	68

Zeitaufwändigste freiwillige Tätigkeiten; Angaben in Prozent, Prozente gerundet

Die Nutzungsarten des Internets werden in ihrer Wichtigkeit von (nach Anzahl der Tätigkeiten oder Zeitaufwand) stärker Engagierten z.T. anders bewertet als von weniger Engagierten. Dabei spielt für die Bewertung der Zeitaufwand eine viel größere Rolle als die Anzahl der Tätigkeiten. Besonders stark differenzieren die Urteile hinsichtlich der Bedeutung der Netzwerkfunktion. Internetnutzer mit hohem Zeitaufwand für das freiwillige Engagement schätzen die Möglichkeit, Kontakte und Netzwerke zu knüpfen, zu 60% als „wichtig" oder „sehr wichtig" ein und damit um 12 Prozentpunkte häufiger als Engagierte mit niedrigerem Zeitaufwand. Auch hinsichtlich der Publizität und der Kommunikationsfunktion (Austausch) liegen die Bewertungen weit auseinander. Für die stärker Engagierten sind offenbar alle, auch die interaktiven bzw. die für die Außenkontakte und Außenwirkungen von Organisationen bedeutsamen Funktionen wichtiger. Dieses Ergebnis wird im Übrigen anhand der Frage nach den Tätigkeitsinhalten erhärtet. Engagierte mit mehr Tätigkeiten und höherem Zeitbeitrag haben vor allem häufiger Aufgaben, die mit der Außenkommunikation der Organisation zusammenhängen.

- Freiwillig engagierte Internetnutzer: Politisches Interesse und gesellschaftspolitische Motivation des freiwilligen Engagements

Das typische Profil der freiwillig engagierten Internetnutzer lässt aus den bisherigen Ergebnissen bereits ableiten: Geschlecht männlich (stark überrepräsentiert), jüngeres Alter und hoher Bildungsstatus sowie „Hoch-Engagement" sind typisch.

Angesichts dieser Charakteristika ist kaum überraschend, dass starkes politisches Interesse, das mit diesen Merkmalen oft einhergeht, bei Internetnutzern häufiger ist als bei den Engagierten insgesamt und erst recht häufiger als in der Bevölkerung (Tabelle 37). Während es zwischen freiwillig engagierten Internetnutzern und freiwillig Engagierten, die das Internet nicht nutzen, kaum Unterschiede hinsichtlich eher unpolitischer Engagementmotive gibt („durch Engagement mit anderen zusammenkommen"/„Aufgabe, die gemacht werden muss und für die sich schwer jemand findet"), sind die stärker politischen Motive unterschiedlich verbreitet.

Tabelle 37: Freiwillig engagierte Internetnutzer – Politisches Interesse und gesellschaftspolitische Motivation des freiwilligen Engagements

	Engagierte Internetnutzer	Alle Engagierten	Bevölkerung
Politisches Interesse			
- stark	63	56	47
- mittel	32	38	42
- wenig	5	6	11
Ich möchte durch mein Engagement die Gesellschaft wenigstens im Kleinen mitgestalten			
- stimme voll und ganz zu	71	66	
- stimme teilweise zu	25	29	
- stimme überhaupt nicht zu	4	5	
Mein Engagement ist auch eine Form von politischem Engagement			
- stimme voll und ganz zu	27	21	
- stimme teilweise zu	29	27	
- stimme überhaupt nicht zu	44	52	

Angaben in Prozent, Prozente gerundet.

Freiwillig Engagierte, die im Rahmen ihres Engagements das Internet nutzen, verbinden mit ihrem Engagement häufiger einen im weiteren Sinne gesellschaftlich gestalterischen Anspruch oder einen im engeren Sinne politischen Anspruch. Dies erscheint auch logisch, wenn man bedenkt, in welchen Tätigkeitsfeldern das Internet häufiger genutzt wird. Tabelle 37 zeigt die Vergleichsdaten für alle freiwillig Engagierten und freiwillig engagierten Internetnutzer.

Zusammenfassend kann man festhalten, dass sich das Internet im freiwilligen Engagement generell als nützliches Element durchsetzt, derzeit aber noch verstärkt für bestimmte, besonders engagierte Personenkreise, die auch in der Bevölkerung insgesamt zu den häufigeren Nutzern gehören. Es wird weiter zu beobachten sein, ob die Internetnutzung im Rahmen des freiwilligen Engagements kompensatorische Effekte für bestimmte Gruppen hat, die bisher zu den selteneren Nutzern zählten.

Als wichtige Frage bleibt zu untersuchen, ob der Zugang zum Engagement durch das Internet erleichtert werden kann. Mit Hilfe der uns vorliegenden Daten kann man hierzu einstweilen nur feststellen, dass sich zwischen Internetnutzung im Rahmen des freiwilligen Engagements und der Frage, von wem der Anstoß für das Engagement kam, allenfalls ganz geringe Zusammenhänge nachweisen lassen. Ein leichter positiver Zusammenhang mit Internetnutzung zeichnet sich ab zwischen dem Zugang zum Engagement über eine Informations- oder Kontaktstelle oder über „eigene Erlebnisse", ein schwacher negativer Zusammenhang besteht zwischen Internetnutzung und dem Anstoß für das Engagement durch andere Familienmitglieder.

Innerhalb von Organisationen und Gruppen dürften zur Werbung für das Engagement eher andere Kanäle genutzt werden. Die persönliche Ansprache und das damit verbundene Vertrauen haben eine nicht zu unterschätzende Wirkung auf den Entschluss zum freiwilligen Engagement und sind schwer durch andere Formen der Ansprache zu ersetzen.

Als Instrument zur Aktivierung bisher nicht gemeinschaftlich aktiver bzw. nicht freiwillig engagierter Bürger wird das Internet jedoch in Zukunft größere Bedeutung bekommen. Das erkennt man besonders bei international vernetzten Organisationen oder Organisationen im angelsächsischen Raum, wo das offensive Werben um „Volunteers" eine stärkere Tradition hat. Auch in Deutschland beginnt man z.B. bei Großereignissen mittels des Internets in ähnlicher Weise um freiwillige Helfer zu werben.

Die anhaltend steigende Ausbreitung und Nutzung des Internets im Verbund mit zunehmend leistungsfähigen Infrastrukturen (Breitband, Mobilkommunikation) werden die hier aufgezeigte insgesamt positive Beeinflussung des freiwilligen Engagements mit hoher Wahrscheinlichkeit verstärken, aber auch selbstverständlicher werden lassen.

4.5 Lernprozesse und Weiterbildung beim freiwilligen Engagement

- Lernprozesse besonders bei jüngeren Engagierten

Ein weiterer neuer Aspekt, den der Freiwilligensurvey 2004 untersuchen sollte, bestand in der Frage, inwiefern freiwilliges Engagement Lernprozesse bei den Engagierten ermöglicht. Freiwilliges Engagement kann als wichtiges „informelles" Lernfeld beschrieben werden. Das bestätigen auch die ermittelten Zahlen. Insgesamt wird bei 44% der freiwilligen Tätigkeiten berichtet, sie würden „in sehr hohem" bzw. „in hohem Maße" dazu beigetragen, dass Freiwillige Fähigkeiten erwerben, die für persönlich wichtig sind. „In gewissem Maße" werden solche Lernprozesse im Zusammenhang mit der freiwilligen Tätigkeit zu 45% ermöglicht. Nur zu 11% gewährte die freiwillige Tätigkeit Engagierten bisher keine Lernmöglichkeiten (Tabelle 38).

Junge Leute im Alter von 14 bis 30 Jahren berichten mit 55% besonders häufig über Lernchancen, welche die freiwillige Tätigkeit „in sehr hohem" bzw. „in hohem Maße" bietet, die mittleren Jahrgänge etwa durchschnittlich und die Älteren im Alter über 65 Jahren zu 34%. Bei den Älteren liegt der Schwerpunkt der Antworten auf der Angabe „in gewissem Maße" (52%). (Grafik 26)

Ost- und Westdeutsche, Frauen und Männer sowie Erwerbstätige profitieren in ähnlichem Maße von Lernprozessen im freiwilligen Engagement, ebenso Arbeitslose. Hausfrauen bzw. Hausmänner und Rentner bzw. Pensionäre legen den Schwerpunkt wie die Älteren auf die Angabe „in gewissem Maße". Nur wenige der untersuchten Gruppen üben zu deutlich mehr als einem Zehntel freiwillige Tätigkeiten aus, die bisher keine Lernmöglichkeiten eröffneten.

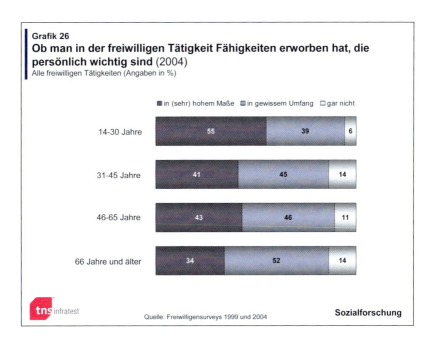

Eine Zusammenhangsanalyse zeigt, dass die Höhe der Anforderung „Fachwissen", die eine freiwillige Tätigkeit stellt, besonders wichtig für das Lernbewusstsein der Engagierten ist. Zusammenhänge dieses Lernbewusstseins bestehen weiterhin zur Anforderung der Tätigkeit an „Belastbarkeit" und „Einsatzbereitschaft" von Freiwilligen sowie zu deren Internetnutzung im freiwilligen Engagement. Diese Nutzung des Internets hat besonders bei Frauen und jungen Leuten etwas mit dem Bewusstsein von Lernprozessen zu tun. Die konkreten Tätigkeitsinhalte der Engagierten (helfen, beraten, Veranstaltungen vorbereiten usw.) stehen dagegen als solche weniger im Zusammenhang mit dem jeweiligen Lernbewusstsein.

Tabelle 38: Lernprozesse im Engagement und Weiterbildung

		Umfang des Erwerbs wichtiger Fähigkeiten				Weiterbildungs- möglichkeiten?		
		sehr hoch	hoch	ge- wisser	gar nicht	ja	nein	weiß nicht
Alle	1999					46	52	2
	2004	12	32	45	11	43	54	3
Alte Länder	1999					48	50	2
	2004	12	32	45	11	44	53	3
Neue Länder	1999					42	56	2
	2004	13	32	45	10	38	59	3
Männer	1999					50	48	2
	2004	12	32	45	11	45	53	2
Frauen	1999					42	56	2
	2004	11	32	46	11	40	57	3
14-30 Jahre	1999					49	49	2
	2004	12	43	39	6	43	55	2
31-45 Jahre	1999					43	55	2
	2004	11	30	45	14	40	57	3
46-65 Jahre	1999					48	50	2
	2004	12	31	46	11	47	50	3
66 Jahre +	1999					44	51	5
	2004	10	24	52	14	38	60	2
Erwerbstätige	1999					48	50	2
	2004	12	32	44	12	44	53	3
Arbeitslose	1999					41	57	2
	2004	12	34	43	11	35	60	5
Schüler/Auszub./Stud.								
	1999					46	53	1
	2004	13	44	37	6	42	56	2
Hausfrau/-mann	1999					42	56	2
	2004	7	32	49	12	43	54	3
Rentner/Pensionäre	1999					46	50	4
	2004	10	25	52	13	41	56	3
mit Leitungsfunktion	1999					54	44	2
	2004	14	35	43	8	49	49	2
ohne Leitungsfunktion								
	1999					42	56	2
	2004	10	31	46	13	40	58	2

Angaben in Prozent, Prozente gerundet.

Bei jungen, insbesondere sehr jungen Leuten spielt im Zusammenhang mit Lernprozessen, anders als in der gesamten Bevölkerung, die Anforderung „Belastbarkeit" eine wichtigere Rolle als das Fachwissen. Diese Konstellation ähnelt derjenigen bei Männern, während bei

Frauen das Fachwissen in diesem Zusammenhang deutlicher die anderen Anforderungen dominiert. Für die älteren Engagierten über 65 Jahren ist „Belastbarkeit" sogar nahezu die einzige Tätigkeitsanforderung, die mit dem Bewusstsein von Lernprozessen einhergeht, wobei Ältere (wie bereits gesehen) seltener über intensive Lernprozesse berichten.

Bei jungen Leuten, die den Eindruck haben, sie lernten Wichtiges bei ihrer freiwilligen Tätigkeit, kommt zur Bedeutung der Belastbarkeit und des Fachwissens noch zusätzlich die Tätigkeitsanforderung „Organisationstalent" ins Spiel. Somit scheint besonders für junge Leute neben dem Training der Belastbarkeit und neben fachlichen Aspekten der Tätigkeit auch das Erlernen gewisser „Managementqualitäten" (Organisieren) ein Lernertrag des freiwilligen Engagements zu sein.

Der Zusammenhang des „Fachwissens" als Anforderung an die freiwillige Tätigkeit mit dem Bewusstsein von Lernprozessen bei Engagierten ist auch deswegen von Interesse, weil die Anforderung „Fachwissen" die einzige ist, die zwischen 1999 und 2004 deutlich gestiegen ist. In „starkem Maße" wurde Fachwissen in der freiwilligen Tätigkeit 1999 zu 30% gefordert, 2004 zu 36%, „teilweise" 1999 zu 39% und 2004 zu 41%. Auf Fachwissen kam es bei den freiwilligen Tätigkeiten 1999 noch zu 31% nicht an, 2004 nur noch zu 23%.

Diese Veränderungen bei den Anforderungen an das Fachwissen sind in allen Altersgruppen erkennbar, bei Befragten bis zu 65 Jahren vor allem auf der Position „in starkem Maße", bei den Älteren auf der Position „in gewissem Maße". Auch bei Erwerbstätigen erhöhte sich die „starke" Anforderung an das „Fachwissen" deutlich. Auf der moderaten Position („in gewissem Maße") gab es bei Arbeitslosen und bei Hausfrauen bzw. Hausmännern besonders deutliche Anstiege.

- Weiterbildungsmöglichkeiten für Freiwillige

Die wachsende Bedeutung des Fachwissens für freiwillige Tätigkeiten steht in einem gewissen Kontrast dazu, dass Freiwilligen im Zusammenhang mit ihren Tätigkeiten 2004 weniger Angebote zur Weiterbildung bekannt sind als noch 1999. 1999 wurde noch zu 46% (2004: 43%) angegeben, es stünden für diejenigen, die die betreffende Tätigkeit ausübten, Weiterbildungsangebote zur Verfügung. Diese ungünstigeren Einschätzungen stammen allerdings zu einem Großteil von gut gebildeten Engagierten, die mindestens einen Fachabiturabschluss haben oder diesen anstreben. Ähnliches trifft auf die Männer zu, die ebenfalls weniger Weiterbildungsmöglichkeiten wahrnehmen, während das bei Frauen kaum der Fall ist. Möglicherweise sind im betreffenden Zeitraum besonders anspruchsvolle und damit kostenintensivere Weiterbildungsmaßnahmen weggefallen, die Hochqualifizierte und Männer mehr betreffen.

Allerdings werden einfache Erklärungsmöglichkeiten dadurch eingeschränkt, dass besonders junge Leute bis zu 30 Jahren und ältere Menschen über 65 Jahren einen Rückgang an Weiterbildungsangeboten wahrnehmen. Außerdem beobachten sowohl Männer mit als auch solche ohne Leitungsfunktionen einen entsprechenden Rückgang, während bei den Frauen beide Gruppen eine stabile Situation wahrnehmen. Möglicherweise rührt dieser Befund daher, dass die Rückgänge der Weiterbildungsmöglichkeiten vor allem bei den zeitaufwändigsten freiwilligen Tätigkeiten von Engagierten auftreten und viel weniger bei den zweiten freiwilligen Tätigkeiten.

Diejenigen Engagierten, die im Zusammenhang mit ihren Tätigkeiten Weiterbildungsmöglichkeiten wahrnehmen, geben 2004 wie 1999 eine ähnliche Beteiligung an diesen Angeboten an. Bei etwa der Hälfte der Tätigkeiten, für die Weiterbildungsangebote vorhanden waren, hatten Engagierte zu beiden Zeitpunkten mehrfach an Kursen oder Seminaren teilgenommen, jeweils ein weiteres Fünftel einmal. Bei weniger als einem Drittel der Tätigkeiten, für die Weiterbildungsmöglichkeiten bestanden, hatten Engagierte zu beiden Zeitpunkten nicht an Kursen oder Seminaren der Weiterbildung teilgenommen.

Die Quote der Nichtbeteiligung ist bei jungen Leuten bis zu 30 Jahren, noch mehr bei Schülern, Auszubildenden und Studenten gesunken, bei älteren Engagierten über 65 Jahren und Rentnern bzw. Pensionären dagegen gestiegen. Das könnte mit dem zunehmenden freiwilligen Engagement dieser Altersgruppe zusammenhängen, so dass „neu" Engagierte vermehrt noch keine Weiterbildungsangebote wahrnehmen konnten. Auffällig ist jedenfalls die starke Verringerung der Gruppe der Mehrfachteilnehmer an Weiterbildung bei den Älteren.

Tabelle 39: Zusammenhänge zwischen Lernprozessen und Weiterbildungsindikatoren

	WB-Angebote vorhanden?			Teilnahme an Weiterbildung?			Verbesserungen bei WB nötig?			
	ja	nein	weiß nicht	mehrmals	einmal	nein	ja		nein*	
Lernprozesse?										
(sehr) stark	53	45	2	61	18	21	42		58	
in gewissem Maße	39	58	3	41	22	37	31		69	
keine	21	77	2	29	11	60	22		78	
Jahr							99	04	99	04
Angebote vorhanden?										
ja							44	38	56	62
nein							34	32	66	68
weiß nicht							46	33	54	67
Teilnahme an WB?										
mehrmals							46	40	54	60
einmal							41	32	59	68
nein							42	38	58	62

Angaben in Prozent, Prozente gerundet * inkl. „weiß nicht".

Positiv ist zu bewerten, dass die Teilnahme an Weiterbildungsmaßnahmen vergleichsweise wenig vom Bildungsstatus der Engagierten abhängt. Es ist (anders als oft in der Arbeitswelt) somit nicht zu erkennen, dass beim Zugang zur Weiterbildung eine Privilegierung der ohnehin schon formal gut Gebildeten vorhanden ist.

Weiterbildungsmöglichkeiten und die Teilnahme an Weiterbildungsmaßnahmen stehen in engem Zusammenhang mit dem Bewusstsein und der Intensität von Lernprozessen bei freiwillig Engagierten. Wer in seiner freiwilligen Tätigkeit „in sehr hohem Maße" bzw. „in hohem Maße" den Eindruck hat, Wichtiges gelernt zu haben, hat auch zu 61% mehrmals bzw. zu 18% einmal an einer Weiterbildungsmaßnahme teilgenommen, wer „in gewissem Maße" Wichtiges gelernt hat, zu jeweils 41% bzw. 22%. Diese Werte sinken in der (kleinen) Gruppe, die bisher in ihrer Tätigkeit keine Lernprozesse erlebt hat, auf jeweils 29% bzw. 11% ab (Tabelle 39).

Interessant ist, dass gerade diejenigen, die intensive Lernprozesse im Rahmen ihrer freiwilligen Tätigkeit erlebt haben, von den Organisationen auch besonders häufig Verbesserungen bei den Weiterbildungsmöglichkeiten fordern. Je geringer das Gefühl des Lernens in der freiwilligen Tätigkeit, desto geringer auch die Nachfrage nach Verbesserungen bei den Weiterbildungsmöglichkeiten. Umgekehrt gilt: Wer die Chance hatte, im Zusammenhang mit der freiwilligen Tätigkeit Wichtiges zu lernen, bei dem ist auch die Nachfrage nach Weiterbildung erhöht.

Auffällig ist ebenfalls, dass diejenigen, die das Vorhandensein von Weiterbildungsmöglichkeiten wahrnehmen, mehr als diejenigen, die solche Möglichkeiten als nicht vorhanden einschätzen bzw. nichts darüber wissen, Verbesserungen bei den Weiterbildungsmöglichkeiten fordern. Das heißt, es könnte in der Gruppe, die Weiterbildungsmöglichkeiten als vorhanden wahrnimmt, ähnlich wie bei den intensiv Lernenden ein „Stimulationseffekt" wirken. Das scheinen auch die gleichlaufenden Unterschiede bei den Teilnehmern an Weiterbildungsmaßnahmen nahe zu legen. Diejenigen, die mehrmals an einer Maßnahme teilgenommen haben, fordern deutlich mehr als diejenigen, die nur einmal teilgenommen haben, verbesserte Weiterbildungsmöglichkeiten in den Organisationen.

Allerdings ist es so, dass die Nichtteilnehmer an Weiterbildungsmaßnahmen inzwischen deutlich mehr als einmalig Teilnehmende Verbesserungen fordern, weil letztere 2004 viel weniger einen Mangel an Weiterbildungsmöglichkeiten sehen. Möglicherweise wirkt sich eine Qualitätsverbesserung der letzten Jahre auf diese Gruppe besonders aus, wenn es zutrifft, dass diese ihre (bisher nur eine) Maßnahme mit höherer Wahrscheinlichkeit als die mehrmals Teilnehmenden in der letzten Zeit durchgeführt haben.

- Weiterbildung und Lernprozesse in den Engagementbereichen

Die Engagementbereiche unterscheiden sich oft erheblich, wenn es um das Angebot an Weiterbildungsmöglichkeiten geht (Tabelle 40). Führend ist der Bereich „freiwillige Feuerwehr und Rettungsdienste", wo im Durchschnitt von 1999 und 2004 für etwa 80% der freiwilligen Tätigkeiten Weiterbildungsangebote zur Verfügung standen, gefolgt vom Bereich „berufliche Interessenvertretung" (68%), „außerschulische Jugendarbeit und Erwachsenenbildung" (60%), der Politik (58%) sowie „Kirche und Religion" (56%). Besonders wenige Möglichkeiten werden von Engagierten im Bereich „lokales Bürgerengagement" (17%) sowie „Schule und Kindergarten" (22%) gesehen. Deutlich weniger als im Durchschnitt ist das auch in den Bereichen „Freizeit und Geselligkeit" (32%) und „Kultur und Musik" (35%) der Fall.

Der Kontrast zwischen den Bereichen „freiwillige Feuerwehr und Rettungsdienste" und „außerschulische Jugendarbeit und Erwachsenenbildung" auf der einen Seite und „lokales Bürgerengagement", „Schule und Kindergarten" und in der Tendenz „Freizeit und Geselligkeit" auf der anderen Seite wiederholt in gewisser Weise den bereits beobachteten Zusammenhang zwischen Lernprozessen und Weiterbildungsmöglichkeiten. In den ersteren Bereichen sind die Lernprozesse intensiver und das Weiterbildungsangebot ist umfassender. Beide Größen sind dagegen in der zweiten Gruppe deutlich niedriger ausgeprägt. In der Tendenz gilt das auch für die erhöhte bzw. geringere Bedeutung des „Fachwissens" in diesen kontrastierenden Bereichsgruppen.

In allen Bereichen ist allerdings der Trend zu beobachten, dass die Anforderung „Fachwissen", die wie gesehen eng mit der Intensität von Lernprozessen zusammenhängt, bei den freiwilligen Tätigkeiten zunimmt. Besonders ausgeprägt ist diese Entwicklung der Anforderung „Fachwissen" bei Tätigkeiten im Bereich „Umwelt und Tierschutz" zu erkennen, wo Fachwissen 1999 „in starkem Maße" erst zu 33% gefordert war, 2004 jedoch bereits zu 51%. Das war 2004 der dritthöchste Wert nach den Bereichen „freiwillige Feuerwehr und Rettungsdienste" und „berufliche Interessenvertretung". Diese Entwicklung geht entgegen dem abnehmenden Trend in anderen Bereichen in diesem Bereich mit einem zumindest stabil wahrgenommenen Weiterbildungsangebot einher. Und wieder entgegen dem allgemeinen Trend blieb im Bereich „Umwelt und Tierschutz" die Teilnahme an Weiterbildungsveranstaltungen insgesamt nicht konstant, sondern stieg deutlich an, wobei dieser Anstieg auf den Anteil der bisher einmalig Teilnehmenden zurückging.

Fachwissen ist im Bereich „freiwillige Feuerwehr und Rettungsdienste" häufig unabdingbar, vermehrt auch im beruflichen Bereich, wo dessen hohe Bedeutung für die Engagierten jedoch nur etwas intensiver als im Durchschnitt mit Lernprozessen einhergeht. Allerdings gibt es in diesem Bereich ein umfassendes Weiterbildungsangebot sowie inzwischen auch eine besonders hohe Zahl an Tätigkeiten mit mehrfach an Weiterbildung Teilnehmenden. Dieser Wert wurde 2004 nur noch durch die 75% Mehrfachteilnehmer im Bereich „freiwillige Feuerwehr und Rettungsdienste" übertroffen. Im Bereich „Kirche und Religion" geht dagegen das vergleichsweise umfangreiche Weiterbildungsangebot mit einer nur geringen Bedeutung des Fachwissens einher.

Zusammenfassend kann über die besondere Bedeutung von Lernprozessen bei jungen Leuten und deren abnehmende Relevanz mit dem Alter gesagt werden, dass man es bei diesem Phänomen sowohl mit dem normalen „Lebenszyklus" der Altersgruppen als auch mit der Bereichszugehörigkeit der Tätigkeiten zu tun hat. Junge Leute stehen am Anfang ihrer „Engagementkarriere" (und ihrer beruflichen Karriere) und sind vermehrt in Bereichen tätig, in denen Lernprozesse eine erhöhte Bedeutung haben.

Tabelle 40: Lernprozesse im Engagement und Weiterbildungsmöglichkeiten

	Umfang des Erwerbs wichtiger Fähigkeiten				Weiterbildungs- möglichkeiten?		
	sehr hoch	hoch	ge- wisser	gar nicht	ja	nein	weiß nicht
Alle							
1999					46	52	2
2004	12	32	45	11	43	54	3
Sport und Bewegung							
1999					46	53	1
2004	9	34	46	11	44	53	3
Kultur und Musik							
1999					36	62	2
2004	14	31	43	12	33	65	2
Freizeit und Geselligkeit							
1999					34	64	2
2004	6	28	54	12	30	68	2
Sozialer Bereich							
1999					49	49	2
2004	18	32	42	8	45	52	3
Schule und Kindergarten							
1999					21	76	3
2004	7	27	51	15	22	75	3
Jugend und Bildung							
1999					66	33	1
2004	16	46	26	12	55	43	2
Umwelt- und Tierschutz							
1999					42	57	1
2004	21	29	42	8	41	54	5
Politik							
1999					66	32	2
2004	8	36	48	8	50	44	6
Berufl. Interessenvertre- tung							
1999					72	24	4
2004	12	37	46	5	64	34	2
Kirche und Religion							
1999					56	40	4
2004	9	35	47	9	56	42	2
FFW und Rettungsdienste							
1999					81	19	0
2004	20	39	38	3	80	19	1
Lokales Bürgerengage- ment							
1999					15	82	3
2004	8	15	48	29	19	78	3

Angaben in Prozent, Prozente gerundet.

4.6 Arbeitsmarkt, Bezahlung und freiwilliges Engagement

In der öffentlichen Diskussion über die Entwicklung und die Rolle des freiwilligen Engagements wird oft die Frage diskutiert, in welchem Verhältnis freiwilliges Engagement bzw. der Freiwilligensektor zum Arbeitsmarkt steht und wie sich dieses Verhältnis in Zukunft gestalten wird. Werden Tätigkeiten von Freiwilligen zunehmend bezahlte Arbeitsverhältnisse ersetzen? Oder entwickeln Freiwillige angesichts der schwierigen Arbeitsmarktsituation die Neigung, aus der freiwilligen Tätigkeit in eine vergleichbare bezahlte Tätigkeit zu wechseln? Oder werden freiwillige Tätigkeiten zunehmend (wenn auch nur geringfügig) bezahlt?

Der Freiwilligensurvey kann zu dieser Diskussion, die oft mit Befürchtungen verbunden ist, nur bedingt beitragen. Im Freiwilligensurvey gibt es einige Indikatoren, die die Nähe freiwilliger Tätigkeiten zum Arbeitsmarkt bzw. Überschneidungen beider Bereiche anzeigen. Vor allem kann analysiert werden, ob der „Druck" von Freiwilligen auf den Arbeitsmarkt zunimmt. Üben Freiwillige Tätigkeiten aus, die andere gegen Bezahlung ausüben, und streben sie selbst an, diese Tätigkeit lieber bezahlt auszuüben? Außerdem kann einiges über die Rolle der Bezahlung im freiwilligen Engagement gesagt werden.

Dabei gilt es, im Folgenden wie bei allen Analysen des Freiwilligensurveys zu berücksichtigen, dass diesen stets der Blickwinkel der Freiwilligen zu Grunde liegt. Die Perspektive der Institutionen und der Organisationen gerät dabei nur sehr begrenzt in den Blick und muss durch andere Forschungsansätze dargestellt werden.

- Nähe freiwilliger Tätigkeiten zur beruflichen Tätigkeit von Freiwilligen

Zunächst soll interessieren, inwiefern die freiwilligen Tätigkeiten der Engagierten etwas mit der aktuellen Berufstätigkeit (bei Erwerbstätigen) oder der früheren Berufstätigkeit (bei nicht Erwerbstätigen) zu tun haben (Tabelle 41). Für 23% der Tätigkeiten ist eine solche Nähe gegeben. Diese Nähe beruflicher und freiwilliger Tätigkeiten ist über die Zeit konstant geblieben. Das Geschlecht spielt bei dieser Frage keine Rolle, und daran hat sich über die Zeit auch nichts geändert, indem 2004 eine solche Berufsnähe freiwilliger Tätigkeiten bei Männern zu 22%, bei Frauen zu 23% bestand.

Es gibt allerdings einen deutlichen Zusammenhang der Berufsnähe freiwilliger Tätigkeiten zum Alter. Die berufliche Nähe freiwilliger Tätigkeiten war zu beiden Zeitpunkten in der jüngsten Gruppe der 14- bis 30-Jährigen viel niedriger (1999: 15%, 2004: 17%) als in der ältesten Gruppe der über 65-Jährigen (1999: 30%, 2004: 28%, ähnlich bei Rentnern und Pensionären). Dazwischen ordnen sich die 31- bis 45-Jährigen mit durchschnittlichen und die 46- bis 65-Jährigen mit überdurchschnittlichen Werten ein.

Das bedeutet, dass es oft die Möglichkeit für aus der Berufstätigkeit ausgeschiedene ältere Menschen gibt, im freiwilligen Engagement eine Beziehung zur früheren Berufstätigkeit herzustellen. Damit können sie berufliche Erfahrungen weiterhin einbringen und die Gesellschaft profitiert von solchen Erfahrungen weiterhin. Dieser Ertrag dürfte gestiegen sein, weil 2004 die Tätigkeiten älterer Engagierter zwar eine unverändert hohe Berufsnähe aufwiesen, aber deutlich mehr Ältere freiwillig engagiert waren.

Bei Nichterwerbstätigen ist die Nähe zur früheren Berufstätigkeit mit Ausnahme der Rentner bzw. Pensionäre niedrig. Bei Erwerbstätigen liegt sie leicht über dem Durchschnitt.

Am niedrigsten war 1999 die Berufsnähe des freiwilligen Engagements bei engagierten Arbeitslosen. Diese Nähe ist allerdings zwischen 1999 und 2004 von 13% auf 18% deutlich angestiegen. Hierin könnte sich eine zunehmende Verbindung von freiwilligem Engagement und der Suche nach einer neuen bezahlten Tätigkeit bei Arbeitslosen ausdrücken. In den neuen Ländern waren freiwillige Tätigkeiten bereits 1999 berufsnäher als in den alten Ländern, woran sich auch 2004 nichts geändert hat.

Besonders bei hohem Bildungsstatus ist die Nähe von beruflicher und freiwilliger Tätigkeit oft gegeben (1999: 31%, 2004: 30%). Besonders wenig hat beides in der Berufsgruppe der Arbeiter miteinander zu tun (13% zu beiden Zeitpunkten), bei Angestellten ist der Zusammenhang etwa durchschnittlich. Bei Beamten ist die Berufsnähe der freiwillig ausgeübten Tätigkeiten deutlich überdurchschnittlich und über die Zeit ansteigend (1999: 32% bzw. 2004: 35%). Höhere Beamte erreichen unter den Berufsgruppen den besonders hohen Wert von 41% in 1999 und 44% in 2004.

Bei Selbstständigen gibt es ebenfalls einen erhöhten Zusammenhang zwischen freiwilligem Engagement und Beruf, der sich aber seit 1999 abgeschwächt hat (1999: 34% bzw. 2004: 30%). Die Rückgänge in dieser Berufsgruppe beruhen allerdings ausschließlich auf den Angaben derjenigen Selbstständigen, die Personal beschäftigen, insbesondere wenn das nur wenige Beschäftigte sind. Bei denjenigen Selbstständigen, die keine Arbeitnehmer beschäftigen, stieg dagegen die Berufsnähe der freiwilligen Tätigkeiten von 30% auf 35%. In dieser expandierenden Gruppe kann darüber spekuliert werden, ob hier freiwilliges Engagement zunehmend für die Geschäftsstrategie relevant wird.

Die (aktuelle und frühere) Beschäftigung von Freiwilligen in den verschiedenen Wirtschaftssektoren unterscheidet diese erheblich bezüglich der Nähe ihrer beruflichen und freiwilligen Tätigkeit. Tätigkeiten von Freiwilligen, die in der Privatwirtschaft beschäftigt sind oder waren, wiesen über die Zeit konstant nur zu 14% einen solchen Zusammenhang auf. Bei Beschäftigung im öffentlichen Dienst war dieser Prozentsatz mehr als doppelt so hoch (1999: 31% bzw. 2004: 29%). Im gemeinnützigen Wirtschaftsbereich ist der Zusammenhang von Beruf und freiwilligem Engagement mit 52% in 1999 bzw. 48% in 2004 noch deutlicher ausgeprägt. Bei früher oder aktuell im kirchlich-gemeinnützigen Bereich Beschäftigten ist diese Beziehung am stabilsten (1999: 52%, 2004: 53%).

Für den Zusammenhang von Beruf und freiwilliger Tätigkeit ist es kaum von Bedeutung, ob freiwillige Tätigkeiten Leitungs- und Vorstandsfunktionen oder Wahlfunktionen sind. Wichtiger ist die Bereichszugehörigkeit der Tätigkeiten (Tabelle 42). Naturgemäß wird ein extrem hoher Wert bei der beruflichen Interessenvertretung erreicht (1999 und 2004: jeweils 79%). Im Gesundheitsbereich (wegen geringer Fallzahl für beide Zeitpunkte kumuliert, nicht in der Tabelle) sind fast die Hälfte der Tätigkeiten berufsnah. Dem folgen die Bereiche „Jugendarbeit und Erwachsenenbildung" und „Soziales". Ganz besonders wenig haben sportlich ausgerichtete Tätigkeiten etwas mit beruflichen Angelegenheiten von Engagierten zu tun (12%), ebenso solche im Bereich „freiwillige Feuerwehr und Rettungsdienste". Im Bereich „Kirche und Religion" ist die Berufsnähe des Engagements von einem niedrigen Niveau her deutlich gestiegen, moderater im Bereich „Umwelt- und Tierschutz".

Tabelle 41: Arbeitsmarktnähe freiwilliger Tätigkeiten nach verschiedenen Gruppen

		Zusammenhang Engagement mit derzeitigem oder früherem Beruf		(A): Tätigkeit von anderen auch hauptberuflich ausgeübt			Falls (A): Interesse, Tätigkeit bezahlt auszuüben	
		ja	nein	ja	nein	weiß nicht *	ja	nein
Alle	1999	23	77	26	70	4	23	77
	2004	23	77	22	75	3	21	79
Alte Länder	1999	22	78	26	70	4	23	77
	2004	22	78	22	76	2	20	80
Neue Länder	1999	26	74	25	70	5	19	81
	2004	26	74	24	73	3	22	78
Männer	1999	22	78	28	68	4	20	80
	2004	22	78	22	76	2	19	81
Frauen	1999	23	77	23	72	5	26	74
	2004	23	77	23	74	3	23	77
14-30 Jahre	1999	15	85	32	65	3	34	66
	2004	17	83	29	69	2	32	68
31-45 Jahre	1999	21	79	23	73	4	25	75
	2004	22	78	22	77	1	25	75
46-65 Jahre	1999	27	73	25	71	4	16	84
	2004	25	75	21	76	3	13	87
66 Jahre +	1999	30	70	25	67	8	4	96
	2004	28	72	17	78	5	3	97
Erwerbstätige	1999	25	75	26	70	4	19	81
	2004	24	76	21	77	2	21	79
Arbeitslose	1999	13	87	25	72	3	29	71
	2004	18	82	19	79	2	30	70
Schüler/Auszub./Stud.								
	1999	14	86	34	62	4	44	56
	2004	14	86	29	69	2	33	67
Hausfrau/-mann	1999	15	85	16	82	2	31	69
	2004	16	84	21	77	2	21	79
Rentner/Pensionäre								
	1999	27	73	24	68	8	7	93
	2004	28	72	21	74	5	4	96

Angaben in Prozent, Prozente gerundet, *inkl. „keine Angabe".

Tabelle 42: Arbeitsmarktnähe freiwilliger Tätigkeiten nach Bereichen

		Zusammenhang Engegement mit derzeitigem oder früherem Beruf		(A): Tätigkeit von anderen auch hauptberuflich ausgeübt			Falls (A): Interesse, Tätigkeit bezahlt auszuüben	
		ja	nein	ja	nein	weiß nicht*	ja	nein
Alle	1999	23	77	26	70	4	23	77
	2004	23	77	22	75	3	21	79
Sport und Bewegung								
	1999	12	88	23	72	5	21	79
	2004	12	88	21	76	3	25	75
Kultur und Musik	1999	23	77	28	69	3	24	76
	2004	19	81	17	82	1	31	69
Freizeit und Gesselligkeit								
	1999	17	83	12	84	4	25	75
	2004	15	85	10	88	2	23	77
Sozialer Bereich	1999	35	65	36	59	5	24	76
	2004	35	65	32	62	6	20	80
Schule und Kinderg.								
	1999	19	81	14	83	3	41	59
	2004	21	79	12	87	1	20	80
Jugend und Bildung								
	1999	40	60	48	50	2	19	81
	2004	38	62	36	63	1	24	76
Umwelt- und Tierschutz								
	1999	12	88	22	68	10	28	72
	2004	17	83	29	68	3	26	74
Politik	1999	22	78	29	68	3	14	86
	2004	21	79	30	67	3	13	87
Berufl. Interessenvertr.								
	1999	79	21	41	50	9	16	84
	2004	79	21	33	63	4	13	87
Kirche und Religion								
	1999	16	84	24	72	4	17	83
	2004	23	77	22	75	3	13	87
FFW und RD	1999	10	90	41	56	3	18	82
	2004	12	88	32	67	1	21	79
Lokales Bürgerengagement								
	1999	26	74	22	77	1	33	67
	2004	20	80	15	84	1	7	93

Angaben in Prozent, Prozente gerundet, *inkl. „keine Angabe".

Die Bereichszuordnung der Berufsnähe freiwilliger Tätigkeiten (außer der beruflichen Interessenvertretung) scheint nahe zu legen, dass vor allem betreuende, beratende und bildungsbezogene Tätigkeiten besonders berufsnah sind. Die Korrelationen zu den allgemeinen Tätigkeitsinhalten (Helfen, Beraten etc.) sind allerdings durchweg gering. Somit scheint es letztlich doch wichtiger zu sein, in welchem Bereich solche Tätigkeiten ausgeübt werden.

Dabei scheint die Art der öffentlichen Ausrichtung der Bereiche bzw. deren Beziehung zu bestimmten öffentlichen Einrichtungen besonders wichtig zu sein. Das zeigen auch die (kumulierten) Ergebnisse des Bereichs „Justiz und Kriminalitätsbekämpfung" an, in dem die Tätigkeiten von Freiwilligen ebenfalls berufsnäher sind. Das betrifft allerdings nicht den Bereich „Schule und Kindergarten", wo die berufliche Nähe freiwilliger Tätigkeiten zu beiden Zeitpunkten unterdurchschnittlich ist.

- Parallelität freiwilliger und bezahlter Tätigkeiten

Ein anderer Zugang, um Zusammenhänge zwischen Arbeitsmarkt und dem Freiwilligensektor zu untersuchen, besteht in der Frage, ob Tätigkeiten von Freiwilligen in ähnlicher Form auch beruflich, also gegen Bezahlung ausgeübt werden. Insgesamt war diese Art der Überschneidung freiwilliger und bezahlter Tätigkeiten, die in der Folge als „Arbeitsmarktnähe" bezeichnet werden, seit 1999 rückläufig. 1999 bestand diese „Arbeitsmarktnähe" zu 26%, 2004 zu 22% (ebenfalls Tabellen 42 und 43). Freiwillige standen mit ihren Tätigkeiten 2004 also weniger in Parallelität zu bezahlten Jobs. Anders herum gesehen hatten Freiwillige 2004 weniger als noch 1999 die (zumindest theoretische) Möglichkeit, aus ihrer freiwilligen Tätigkeit in eine bezahlte zu wechseln.

Der Rückgang der Parallelität freiwilliger und bezahlter Tätigkeiten geht allerdings unter den Geschlechtern ausschließlich auf männliche Engagierte zurück (von 28% auf 22%) (Tabelle 41). Damit waren 2004 von Männern ausgeübte freiwillige Tätigkeiten etwa in gleichem Maße wie von Frauen ausgeübte „arbeitsmarktnah". Diese rückläufige „Arbeitsmarktnähe" ist stärker in den alten als den neuen Ländern zu beobachten. Vor allem aber geben ältere Befragte, insbesondere über 65 Jahre im Trend weniger an, dass ihre freiwilligen Tätigkeiten von anderen auch gegen Bezahlung ausgeübt werden. Wenn ältere Menschen (wie bereits gesehen) zunehmend im sozialen oder kulturellen Bereich engagiert sind, dann wohl zunehmend in Tätigkeiten, die mit bezahlten nicht unbedingt vergleichbar sind.

Mit dieser Veränderung bei den Älteren hat sich das Gefälle von den jüngeren Engagierten hin zu den älteren verstärkt, was die „Arbeitsmarktnähe" freiwilliger Tätigkeiten angeht. Bei den jungen Leuten bis zu 30 Jahren wurden 2004 29% der freiwilligen Tätigkeiten von anderen auch bezahlt ausgeübt, in der ältesten Gruppe war das nur zu 17% der Fall. Dazwischen ordnen sich die beiden mittleren Altersgruppen auf etwa durchschnittlichem Niveau ein.

Weiterhin hat sich die Parallelität freiwilliger und bezahlter Tätigkeiten besonders bei höher gebildeten Engagierten verringert, so dass sich 2004 die Unterschiede zwischen den Bildungsgruppen stark eingeebnet haben. Alle Erwerbsstatusgruppen, auch die Arbeitslosen, nahmen diese Art von Überschneidung zwischen bezahlter Beschäftigung und Freiwilligkeit abnehmend wahr, mit Ausnahme der Hausfrauen bzw. Hausmänner, von denen 2004 umgekehrt ein höherer Anteil angab, dass ihre freiwilligen Tätigkeiten von anderen auch bezahlt verrichtet werden (1999: 16%, 2004: 21%).

Tätigkeiten freiwillig engagierter Arbeitsloser waren somit 2004 zwar „berufsnäher", insofern sie vermehrt etwas mit der früheren Berufstätigkeit Arbeitsloser zu tun hatten. Sie waren aber auch „arbeitsmarktferner", insofern ihnen weniger vergleichbare bezahlte Tätigkeiten gegenüberstanden.

Naturgemäß setzt jedoch auch die Bereichszugehörigkeit der freiwilligen Tätigkeiten starke Unterschiede bei deren Arbeitsmarktnähe (Tabelle 42). Kumuliert man (wegen zu geringer Fallzahlen bei den kleinen Bereichen) die Daten von 1999 und 2004, dann war diese Nähe im Bereich „Justiz und Kriminalitätsprobleme" mit 46% und im Bereich „Gesundheit" mit 43% besonders hoch (beides nicht in der Tabelle). Dem folgt in der Rangordnung der Bereich „Jugendarbeit und Erwachsenenbildung" mit 41% (beide Zeitpunkte kumuliert, in der Tabelle Werte für 1999 und 2004), wo jedoch zwischen 1999 und 2004 ein auffälliger Rückgang zu beobachten war.

Der Bereich „berufliche Interessenvertretung" weist ebenfalls einen deutlichen Rückgang der Parallelität freiwilliger und bezahlter Ausübung freiwilliger Tätigkeiten auf, ebenso der Bereich „freiwillige Feuerwehr und Rettungsdienste". Auch im sozialen Bereich sank die Überschneidung mit dem Arbeitsmarkt, wenn auch eher moderat. Im politischen Bereich gaben Engagierte entgegen dem allgemeinen Trend etwa konstant an, andere würden ihre freiwillige Tätigkeit in ähnlicher Form gegen Bezahlung ausüben. Im Bereich „Umwelt und Tierschutz" ist zwischen 1999 und 2004 von einem eher niedrigen Niveau her ein deutlicher Anstieg auf ein nunmehr deutlich weit überdurchschnittliches Niveau zu erkennen.

Erwartungsgemäß ist die Überschneidung bezahlter und freiwilliger Ausübung von Tätigkeiten im Bereich „Freizeit und Geselligkeit" niedrig (1999: 12%, 2004: 10%). Das betrifft interessanterweise auch das Engagement in Kindergärten und Schulen (1999: 14%, 2004: 12%), wo Tätigkeiten auch am wenigsten etwas mit der Berufstätigkeit von Engagierten zu tun haben. Engagement in oder in Zusammenhang mit diesen Einrichtungen stellt sich für die Engagierten somit deutlich getrennt von den Tätigkeiten des dortigen Personals dar.

Sehr deutlich ist die Parallelität beruflicher und freiwilliger Tätigkeit im Bereich „Kultur und Musik" gesunken, auf ein nunmehr weit unterdurchschnittliches Niveau. Eine auf durchschnittlichem Niveau eher stabile Situation herrscht diesbezüglich in den großen Bereichen „Kirche und Religion" sowie „Sport und Bewegung".

- Bedürfnis von Freiwilligen, ihre Tätigkeit bezahlt auszuüben

Wo die eben analysierte Parallelität freiwilliger und bezahlter Tätigkeiten vorhanden ist, stellt sich naturgemäß die Frage, ob Freiwillige ihre Tätigkeit lieber beruflich gegen Bezahlung ausüben wollen als in Form freiwilligen Engagements. Das war 2004 immerhin bei 21% der freiwilligen Tätigkeiten der Fall, bei denen Engagierte wahrnehmen, dass andere diese in vergleichbarer Weise bezahlt ausüben (wieder Tabellen 41 und 42).

Aus der Angabe von Freiwilligen, dass eine Parallelität ihrer freiwilligen Tätigkeit zur bezahlten Ausübung dieser Tätigkeit durch andere besteht, und der gleichzeitigen Angabe dieser Freiwilligen, dass sie diese freiwillige Tätigkeit lieber bezahlt ausüben würden, kann man eine Kennziffer des „Dranges zum Arbeitsmarkt" berechnen. Diese Kennziffer gibt also an, inwiefern beide Merkmale zugleich zutreffen: die prinzipielle *Möglichkeit* eine freiwillige Tätigkeit bezahlt auszuüben (wegen der Parallelität freiwillig/bezahlt, d.h. wegen der „Arbeitsmarktnähe" der Tätigkeit) sowie das Bedürfnis, das auch tatsächlich zu tun.

Diese Kennziffer des „Dranges zum Arbeitsmarkt" umfasste 2004 4,5% der freiwilligen Tätigkeiten. Das war ein deutlicher Rückgang gegenüber 1999, wo dieser Prozentsatz noch 6% betrug.

Erwartungsgemäß stellt sich dieser „Drang" auf den Arbeitsmarkt in verschiedenen Gruppen unterschiedlich dar. Bei Männern war dieser zu beiden Zeitpunkten etwas höher als bei Frauen, vor allem jedoch bei den jungen Leuten besonders deutlich erkennbar. Allerdings ist auch bei diesen die Kennziffer von 11% auf 9,5% gesunken. Noch höher, aber ebenfalls sinkend, war sie bei Schülern, Auszubildenden und Studenten (1999: 15%, 2004: 9,5%).

Arbeitslose weichen weniger deutlich von der Bevölkerung ab, als man denken könnte (1999: 7%, 2004: 5,5%). Der Rückgang der kombinierten Ziffer aus Möglichkeit und Bedürfnis zur bezahlten Tätigkeit beruht allerdings bei den Arbeitslosen nicht auf dem rückläufigen Bedürfnis, die freiwillige Tätigkeit in eine bezahlte umzuwandeln, sondern auf der rückläufigen *Möglichkeit* dazu. Arbeitslose hatten (wie bereits gesehen) 2004 deutlich weniger angegeben, ihre freiwillige Tätigkeit werde von anderen in vergleichbarer Weise gegen Bezahlung ausgeübt. Wo das jedoch der Fall war, wollten sie auch 2004 mit nahezu konstanter Häufigkeit diese Tätigkeit lieber gegen Bezahlung ausüben.

Anders sind die Verhältnisse bei der (wie gesehen) besonders „arbeitsmarktnahen" Gruppe der Schüler, Auszubildenden und Studenten. Hier war vor allem das *Bedürfnis* nach einem Übergang von einer freiwilligen in eine bezahlte Tätigkeit rückläufig. Ähnlich fällt der Vergleich von Männern und Frauen aus. Bei Männern ist die sinkende Möglichkeit, zu einer bezahlten Tätigkeit zu gelangen, wichtiger, bei Frauen dagegen das sinkende Bedürfnis danach.

In den neuen Ländern gibt es eine weitere Besonderheit: Hier blieb die Möglichkeit, von der Freiwilligkeit in die Beruflichkeit zu wechseln („Arbeitsmarktnähe"), relativ konstant, aber das Bedürfnis dazu ist entgegen dem allgemeinen Trend sogar gestiegen. Damit ist hier die Kennziffer des „Dranges auf Arbeitsmarkt" mit 5% gleich geblieben, während diese in den alten Ländern wie im gesamten Durchschnitt von 6% auf 4,5% fiel.

Einen Sonderfall stellen auch die Hausfrauen bzw. Hausmänner dar. In ihrer Sicht ist (wie gesehen) die Parallelität ihrer freiwilligen Tätigkeiten mit bezahlten Tätigkeiten entgegen dem allgemeinen Trend sogar gestiegen. Gleichzeitig wollten sie aber 2004 viel weniger als 1999 aus der Freiwilligkeit ihrer Tätigkeit in die Beruflichkeit wechseln. Damit sank in dieser Gruppe die kombinierte Kennziffer von 5% auf 4%.

Die Analyse der Bereiche muss an dieser Stelle vorsichtig ausfallen, weil für viele Bereiche wegen der Fragenfilterung die Fallzahlen sehr niedrig sind. Es werden daher nur die größeren Bereiche und soweit wie möglich andere Bereiche kumuliert für 1999 und 2004 untersucht. Im Bereich „Sport und Bewegung", in dem die Parallelität freiwilliger Tätigkeiten zum Arbeitsmarkt eher weniger hoch ist, gab es dennoch ein ansteigendes Bedürfnis nach dem Übergang in eine bezahlte Tätigkeit, ähnlich im Bereich „Kultur und Musik".

Wegen der deutlichen „Arbeitsmarktnähe" der Sektoren „freiwillige Feuerwehr und Rettungsdienste" und „Soziales" haben diese Bereiche auch das höchste Potenzial an „Drang" auf den Arbeitsmarkt. Im Bereich „freiwillige Feuerwehr und Rettungsdienste" sank diese Kennziffer von 7,5% auf 7%, im sozialen Bereich deutlich stärker von 8,5% auf 6%. In beiden Bereichen, vor allem bei der freiwilligen Feuerwehr und den Rettungsdiensten, beruht dieses Absinken jedoch vor allem auf der sinkenden „Arbeitsmarktnähe" der Tätigkeiten und weniger auf dem sinkenden Bedürfnis nach Umwandlung freiwilliger in bezahlte Tätigkeiten. Ähnlich ist es im Bereich „Kultur und Musik", wo das Bedürfnis nach bezahlter Tätigkeit bei stark fallender Möglichkeit dazu sogar deutlich stieg.

Während im arbeitsmarktfernen Bereich „Kirche und Religion" vor allem aufgrund abnehmender Bedürfnisse nach bezahlten Tätigkeiten weniger „Arbeitsmarktdrang" vorhanden ist (1999: 4%, 2004: 3%), blieb diese Ziffer im Sportbereich etwa gleich (5%), weil hier ähnlich wie im Kulturbereich, allerdings moderater, zwar die Arbeitsmarktnähe der freiwilligen Tätigkeiten geringer geworden ist, gleichzeitig aber das Bedürfnis nach Umwandlung freiwilliger in bezahlte Tätigkeiten stieg.

Weiterhin ist festzuhalten, dass von Tätigkeiten, die Wahl- bzw. Leitungs- und Vorstandsfunktionen darstellen, ein geringerer „Drang zum Arbeitsmarkt" ausgeht als von solchen, die nicht solche Funktionen sind. Besonders wenig ist das bei Wahlfunktionen der Fall. Die allgemein abnehmende Kennziffer des „Dranges zum Arbeitsmarkt" seit 2004 betraf allerdings sowohl Tätigkeiten, die Wahl- bzw. Leitungs- und Vorstandsfunktionen sind, als auch solche, auf die das nicht zutrifft.

- Bezahlung für freiwillige Tätigkeiten

Freiwillige Tätigkeiten haben nicht vollständig immateriellen Charakter. In ihrem Zusammenhang können z.B. Aufwandsentschädigungen, Honorare oder eine geringfügige Bezahlung anfallen. Diese Arten der Honorierung sind allerdings in der Abdeckung von Kosten und Wertschöpfung in keiner Weise mit der beruflich-professionellen Vergütung zu vergleichen. Wenn im Zusammenhang mit freiwilligen Tätigkeiten höhere Honorare anfallen, dann werden diese oft als Spende an die eigene oder andere gemeinnützige Organisationen weitergereicht. Meist sind diese jedoch gering, wie etwa in den Bildungseinrichtungen, und damit eher symbolischer Natur.

Bei 7% der zeitaufwändigsten[69] Tätigkeiten wird den Freiwilligen eine pauschale Aufwandsentschädigung gezahlt, zu 2% gibt es Honorare und zu 6% eine geringfügige Bezahlung (Tabellen 44 und 45). 2004 erhielten Freiwillige bei 86% ihrer Tätigkeiten (1999: 82%) keine materielle Gratifikation. Von den Vergütungsarten war 2004 die geringfügige Bezahlung für einen höheren Anteil von freiwilligen Tätigkeiten bedeutsamer geworden, ansonsten gab es keine Veränderungen.

---

[69] Die Vergütungen wurden nur bei der zeitaufwändigsten Tätigkeit abgefragt.

Tabelle 43: Vergütungsarten nach Engagementbereichen
(**Mehrfachnennungen**, keine Addition zu 100%)

		Erhalt einer gewissen Vergütung			
		Pauschale Aufwandsentschädigung	Honorar	Geringfügige Bezahlung	Tätigkeiten ohne Vergütung
Alle	1999	**7**	**2**	**4**	**87**
	2004	**7**	**2**	**6**	**86**
Sport und Bewegung	1999	6	3	7	84
	2004	7	1	8	83
Kultur und Musik	1999	3	4	3	90
	2004	3	2	5	90
Freizeit und Geselligkeit	1999	5	0	4	91
	2004	3	1	3	93
Sozialer Bereich					
	1999	10	1	5	84
	2004	10	1	6	83
Schule und Kindergarten					
	1999	2	1	2	95
	2004	1	1	4	94
Jugend und Bildungsarbeit					
	1999	10	9	4	77
	2004	12	5	5	78
Umwelt- und Tierschutz	1999	3	1	5	91
	2004	3	1	2	94
Politik	1999	30	3	5	62
	2004	31	2	5	62
Berufl. Interessenvertretung					
	1999	17	1	4	78
	2004	20	4	6	70
Kirche und Religion	1999	3	1	2	94
	2004	3	2	4	91
FFW und Rettungsdienste					
	1999	17	2	5	76
	2004	17	0	7	76
Lokales Bürgerengagement					
	1999	5	0	3	92
	2004	8	0	5	87

Zeitaufwändigste freiwillige Tätigkeiten; Angaben in Prozent, Prozente gerundet

Besonders verbreitet sind Aufwandsentschädigungen im Bereich „Justiz und Kriminalitätsbekämpfung" (1999 und 2004 kumuliert 40%), gefolgt vom politischen Bereich (1999: 30%, 2004 31%), der beruflichen Interessenvertretung (1999: 17%, 2004: 20%) und der freiwilligen Feuerwehr und den Rettungsdiensten (1999: 17%, 2004: 17%). Ebenfalls zunehmend werden Aufwandsentschädigungen im sozialen Bereich gezahlt, seit 1999 gleich bleibend im Bereich „Sport und Bewegung". Besonders ansteigend ist der Anteil der Aufwandsentschädigungen im Bereich des lokalen Bürgerengagements. In den anderen Bereichen spielen Aufwandsentschädigungen eine geringere Rolle, praktisch gar keine im Bereich „Schule und Kindergarten".

Honorare werden (allerdings seit 1999 stark abnehmend) häufiger bei Tätigkeiten im Bereich „Jugendarbeit und Erwachsenenbildung" gezahlt sowie (stark zunehmend) bei der beruflichen Interessenvertretung. Geringfügige Bezahlung ist im Bereich „Sport und Bewegung" vermehrt und zunehmend üblich (1999: 6%, 2004: 8%). Besonders stark gestiegen ist diese Vergütungsart im sozialen Bereich (1999: 3%, 2004: 7%). Auch im Gesundheitsbereich scheint sich ein ähnlicher Trend anzudeuten. Geringfügige Bezahlung ist außerdem auch in den Bereichen „freiwillige Feuerwehr und Rettungsdienste", „Jugendarbeit und Erwachsenenbildung" (wie gesehen bei stark abnehmender Zahlung von Honoraren), „Politik und Interessenvertretung" sowie „Kirche und Religion" vermehrt zu beobachten.

In einer Reihe von Bereichen ist zu beobachten, dass zwischen 1999 und 2004 die materielle Komponente an Bedeutung gewonnen hat. Das betrifft unter den größeren Bereichen den sozialen und kirchlichen Bereich (beiderseits allerdings ausgehend von einem niedrigen Niveau), unter den mittelgroßen Bereichen die Politik, die freiwillige Feuerwehr und die Rettungsdienste sowie die berufliche Interessenvertretung, unter den kleinen Bereichen den Bereich „lokales Bürgerengagement". Sehr stabil sind dagegen die für Vereine typischen Bereiche (Sport, Kultur und Freizeit).

Der Trend zur geringfügigen Bezahlung betrifft Tätigkeiten von Männern und Frauen gleichermaßen, die alten Länder mehr als die neuen, und unter den Altersgruppen vermehrt die Befragten über 30 Jahren, insbesondere die Älteren über 65 Jahren (sowie Rentner und Pensionäre). Von der Verbreitung her ist geringfügige Bezahlung allerdings nach wie vor besonders typisch für junge Leute bis zu 30 Jahren, mehr noch für Schüler, Auszubildende und Studenten, bei denen 2004 für unverändert 10% der Tätigkeiten eine geringfügige Vergütung gezahlt wurde.

Deutlich zugenommen hat zwischen 1999 und 2004 die geringfügige Bezahlung bei freiwilligen Tätigkeiten für Arbeitslose. Allerdings erhielten Arbeitslose für ihre Tätigkeiten 2004 in deutlich geringerem Anteil Aufwandsentschädigungen. Letzteres betrifft auch freiwillige Tätigkeiten in den neuen Ländern, die sich damit an die niedrigeren Werte in den alten Ländern angeglichen haben.

Aufwandsentschädigungen sind insgesamt typischer für freiwillige Tätigkeiten von Männern und Erwerbstätigen sowie für Tätigkeiten von Engagierten im Alter zwischen 46 und 65 Jahren. Bei freiwilligen Tätigkeiten, die Wahl- oder Leitungs- und Vorstandsfunktionen darstellen, wird ebenfalls in höherem Maße eine Aufwandsentschädigung gezahlt als bei anderweitigen Tätigkeiten, bei den anderen Vergütungen sind die Unterschiede gering.

Tabelle 44: Vergütungsarten nach verschiedenen Gruppen
(**Mehrfachnennungen**, keine Addition zu 100%)

		Erhalt einer gewissen Vergütung			
		Pauschale Aufwands- entschädigung	Honorar	Geringfügige Bezahlung	Tätigkeiten ohne Vergütung
Alle					
	1999	**7**	**2**	**4**	**87**
	2004	**7**	**2**	**6**	**86**
Alte Länder					
	1999	7	2	4	88
	2004	7	1	6	86
Neue Länder					
	1999	9	2	5	84
	2004	7	2	5	85
Männer					
	1999	10	2	5	83
	2004	9	1	6	84
Frauen					
	1999	5	2	4	89
	2004	5	2	6	87
14-30 Jahre					
	1999	5	3	7	85
	2004	6	2	8	84
31-45 Jahre					
	1999	7	2	3	88
	2004	7	1	5	87
46-65 Jahre					
	1999	10	2	4	84
	2004	9	2	5	84
66 Jahre +					
	1999	7	1	2	90
	2004	7	2	4	87
Erwerbstätige					
	1999	8	2	4	86
	2004	8	2	5	85
Arbeitslose					
	1999	9	2	2	87
	2004	6	1	6	87
Schüler/Auszubild./Stud.					
	1999	5	3	9	83
	2004	5	2	10	83
Hausfrau/-mann					
	1999	5	2	5	88
	2004	4	1	5	90
Rentner/Pension.					
	1999	9	2	2	87
	2004	8	1	4	87

Zeitaufwändigste freiwillige Tätigkeiten; Angaben in Prozent, Prozente gerundet

- Kostenerstattung im Zusammenhang mit freiwilligen Tätigkeiten

Freiwillige Tätigkeiten führen oft zu Kosten für die Freiwilligen. Dabei dürften hauptsächlich Fahrtkosten eine Rolle spielen. Seit 1999 sind die Kraftstoff- und Energiepreise stark gestiegen, was sich auch auf die Preise des öffentlichen Verkehrs auswirkte. Im ländlichen Raum und in Großstädten sind wegen der Wegezeiten Fahrtkosten ein besonders sensibler Punkt.

Nur 12% der freiwilligen Tätigkeiten waren 2004 nicht mit Kosten für die Freiwilligen verbunden (1999: 10%). Die Möglichkeit, sich solche Kosten erstatten zu lassen, hat seitdem etwas zugenommen, Besonders Arbeitslose können diese Möglichkeit zunehmend in Anspruch nehmen (1999: 36%, 2004: 43%), ebenso ältere Menschen über 65 Jahren (1999: 31%, 2004: 38%), vermehrt auch Frauen, die sich an das deutlich höhere Niveau der Männer angenähert haben. Auch die neuen Länder haben sich in Richtung der vermehrten Möglichkeiten der Kostenerstattung in den alten Ländern bewegt (Tabelle 45).

Im Bereich „Schule und Kindergarten", wo wie gesehen Vergütungen im Zusammenhang mit freiwilligen Tätigkeiten kaum eine Rolle spielen, sind auch die Möglichkeiten der Kostenerstattung geringer (Tabelle 46). Immerhin sind diese von 26% auf 32% der Tätigkeiten gestiegen. Im Bereich „berufliche Interessenvertretung" wurde 2004 mit 67% (1999: 63%) der höchste Wert der Engagementbereiche erreicht. Bei der freiwilligen Feuerwehr bzw. den Rettungsdiensten ist eine Kostenerstattung ebenfalls vermehrt möglich. Vom höchsten Niveau aller Bereiche her sind diese Möglichkeiten bei der außerschulischen Jugendarbeit bzw. der Bildungsarbeit für Erwachsene deutlich rückläufig. Ansonsten waren in der Frage der Kostenerstattung die Unterschiede der Bereiche eher gering.

Tatsächlich wurden die verbesserten Möglichkeiten der Kostenerstattung von den Freiwilligen 2004 allerdings unregelmäßiger als 1999 wahrgenommen. 1999 ließen sich Freiwillige bei 30% der Tätigkeiten, bei denen das möglich war, regelmäßig Kosten erstatten, 2004 nur noch bei 24%. Die Verschiebung ging zugunsten einer „gelegentlich" wahrgenommenen Erstattung. Kein Gebrauch von der Kostenerstattung wurde konstant bei 23% der Tätigkeiten gemacht. Die „gegenläufige" Tendenz von vermehrten Möglichkeiten der Kostenerstattung und einer dennoch weniger regelmäßigen Wahrnehmung ist bei Menschen im Alter über 65 Jahren und Arbeitslosen besonders ausgeprägt.

Bei der freiwilligen Feuerwehr bzw. den Rettungsdiensten wird bei steigender Möglichkeit die Kostenerstattung auch deutlich vermehrt genutzt, mit einem Schwerpunkt bei der „gelegentlichen" Inanspruchnahme. Auch im Bereich „Freizeit und Geselligkeit" wird die Kostenerstattung inzwischen vermehrt in Anspruch genommen. Im sozialen Bereich wird diese Möglichkeit dagegen zunehmend gar nicht mehr wahrgenommen.

Tabelle 45: Kostenerstattung bei verschiedenen Gruppen

		Kostenerstattung gegen Nachweis im Zusammenhang mit der Tätigkeit möglich?			Wenn möglich: Wird davon Gebrauch gemacht?		
		ja	nein	trifft nicht zu*	ja, regelmäßig	ja, gelegentlich	nein
Alle	1999	**42**	**48**	**10**	**30**	**47**	**23**
	2004	**44**	**44**	**12**	**24**	**53**	**23**
Alte Länder	1999	43	48	9	29	47	24
	2004	45	44	11	23	53	24
Neue Länder	1999	36	52	12	31	48	21
	2004	40	47	13	26	53	21
Männer	1999	45	47	8	31	47	22
	2004	46	43	11	26	52	22
Frauen	1999	38	50	12	28	47	25
	2004	41	46	13	22	54	24
14-30 Jahre	1999	48	42	10	29	50	21
	2004	45	38	17	22	57	21
31-45 Jahre	1999	42	48	10	25	52	23
	2004	45	44	11	23	54	23
46-65 Jahre	1999	41	51	8	32	44	24
	2004	44	46	10	27	50	23
66 Jahre +	1999	31	57	12	42	31	27
	2004	38	51	11	21	48	31
Erwerbstätige	1999	43	48	9	28	48	24
	2004	46	44	10	24	53	23
Arbeitslose	1999	36	50	14	38	39	23
	2004	43	44	13	18	60	22
Schüler/Auszub./Stud.							
	1999	44	45	11	32	47	21
	2004	41	41	18	19	60	21
Hausfrau/-mann	1999	40	46	14	25	46	29
	2004	44	41	15	24	57	19
Rentner/Pensionäre							
	1999	37	53	10	38	42	20
	2004	40	50	10	27	46	27

Angaben in Prozent, Prozente gerundet, *keine Kosten.

Tabelle 46: Kostenerstattung nach Engagementbereichen

		Kostenerstattung gegen Nachweis im Zusammenhang mit der Tätigkeit möglich?			Wenn möglich: Wird davon Gebrauch gemacht?		
		ja	nein	trifft nicht zu*	ja, regelmäßig	ja, gelegentlich	nein
Alle	1999	**42**	**48**	**10**	**30**	**47**	**23**
	2004	**44**	**44**	**12**	**24**	**53**	**23**
Sport und Bewegung	1999	44	47	9	31	49	20
	2004	48	42	10	20	57	23
Kultur und Musik	1999	38	54	8	24	55	21
	2004	46	42	12	17	60	23
Freizeit und Geselligkeit							
	1999	39	51	10	23	52	25
	2004	42	49	9	28	52	20
Sozialer Bereich	1999	40	50	10	30	43	27
	2004	41	48	11	24	43	33
Schule und Kindergarten							
	1999	26	57	17	19	50	31
	2004	32	54	14	13	59	28
Jugend und Bildung	1999	65	29	6	45	49	6
	2004	50	40	10	39	56	5
Umwelt- und Tierschutz							
	1999	31	60	9	32	54	14
	2004	41	48	11	25	52	23
Politik	1999	48	49	3	34	33	33
	2004	44	45	11	26	51	23
Berufl. Interessenvertr.							
	1999	63	32	5	57	34	9
	2004	67	27	6	41	48	11
Kirche und Religion	1999	40	46	14	17	49	34
	2004	44	41	15	23	45	32
FFW und Rettungsdienste							
	1999	44	45	11	17	51	32
	2004	50	37	13	20	58	22
Lokales Bürgerengagement							
	1999	47	48	5	23	61	16
	2004	31	53	16	14	70	16

Angaben in Prozent, Prozente gerundet, *keine Kosten.

5 Verbesserungsbedarf bei den Rahmenbedingungen des freiwilligen Engagements

Nach der ausführlichen Strukturanalyse, die sich mit der objektiven Seite des freiwilligen Engagements beschäftigte, soll wieder vermehrt die subjektive Seite dieses Engagements in den Blick genommen werden. Aus drei verschiedenen Perspektiven wurden die Freiwilligen gebeten, ihren persönlichen bzw. den Bedarf des Freiwilligensektors nach Unterstützung durch die Arbeitgeber, durch die Organisationen und Einrichtungen sowie durch Staat und Öffentlichkeit anzugeben.[70]

Die folgenden Informationen des Freiwilligensurveys, insbesondere die dabei erkennbaren Trends, sind besonders wichtig als Orientierung für die Verantwortlichen, Multiplikatoren und Entscheidungsträger in Wirtschaft, Drittem Sektor und Staat zur Ausrichtung der zukünftigen Förderung des freiwilligen Engagements.

5.1 Unterstützung der Freiwilligen durch die Arbeitgeber

Der Freiwilligensurvey 2004 kann erstmals Aussagen über die Unterstützung der Arbeitgeber für das freiwillige Engagement ihrer Beschäftigten treffen. Man erkennt in Tabelle 47, dass diese Unterstützung bisher noch nicht sehr verbreitet ist. Das Verhältnis von 29% Unterstützung zu 53% fehlender Unterstützung erscheint unausgeglichen. Da die Engagierten ausdrücklich angeben konnten, ob sie diese Unterstützung der Arbeitgeber nicht benötigen, was zu 18% auch erfolgte, ist durchaus ein Verbesserungsbedarf zu erkennen.

Vorarbeiter, Poliere bzw. Meister (37%), Angestellte im öffentlichen Dienst (36%), Angestellte in höherer Position (34%) sowie höhere Beamte (32%) erhalten mehr Unterstützung vom Arbeitgeber für ihr freiwilliges Engagement als andere Gruppen. Unter den Wirtschaftssektoren ist es vor allem der gemeinnützige Bereich, in dem die Unterstützung besonders hoch ist (50%), insbesondere bei Beschäftigen im kirchlichen Bereich. Den günstigsten Wert gaben mit 65% Unterstützung Angestellte in höherer Position in gemeinnützigen Betrieben an. Günstiger als im Durchschnitt ist die Lage auch im öffentlichen Dienst (36%), deutlich ungünstiger in der privaten Wirtschaft (21%).

---

[70] Die folgenden Informationen wurden zur Entlastung der Interviews nur in Bezug auf die zeitaufwändigste freiwillige Tätigkeit erfragt. Sie sind nicht so sehr tätigkeitsbezogen wie die vorhergehenden Daten, sondern eher in grundsätzlicher Art mit dem Freiwilligensektor und seiner Entwicklung im Ganzen verknüpft. Die Zählung nach Personen und nach Tätigkeiten ergibt hier identische Ergebnisse, weil es sich immer um eine freiwillige Tätigkeit pro engagierte Person handelt.

Tabelle 47: Unterstützung Freiwilliger (Arbeitnehmer) durch den Arbeitgeber

	Unterstützung durch den Arbeitgeber		
	Vorhanden	Nicht vorhanden	Nicht nötig
Alle	**29**	**53**	**18**
Berufsgruppen			
Arbeiter	24	59	17
Angestellte	31	51	19
davon: Privatwirtschaft	25	54	21
davon: öffentlicher Dienst	36	49	15
Beamte	28	53	19
Arbeiter			
un- und angelernte	24	61	15
Facharbeiter	21	62	17
Vorarbeiter, Polier, Meister	37	46	17
Angestellte			
angelernte	34	45	21
mittlere Fachkräfte	27	55	18
höhere Position	34	48	18
Beamte			
einfacher/mittlerer Dienst	27	52	21
gehobener Dienst	26	53	21
höherer Dienst	32	55	13
Wirtschaftssektor			
Privatwirtschaft	24	56	20
Öffentlicher Dienst	36	49	15
Gemeinnütziger Betrieb	50	34	16
Privatwirtschaft: Branche			
Industrie	21	60	19
Dienstleistung	26	54	20
Handwerk	31	50	19

Zeitaufwändigste freiwillige Tätigkeiten; Angaben in Prozent, Prozente gerundet.

Innerhalb der Privatwirtschaft ist im Bereich des Handwerks die Unterstützung von freiwillig engagierten Beschäftigen mit 31% noch am ehesten gegeben, am wenigsten in der Industrie (21%). Diese unterschiedliche Situation in der Privatwirtschaft drückt sich auch in der vermehrten Unterstützung von Beschäftigten in kleineren Betrieben aus. Bei Betrieben mit einer Beschäftigtenzahl bis zu 20 Mitarbeiterinnen und Mitarbeitern liegt der Unterstützungswert bei 39%, und bei einer Beschäftigtenzahl von 21 bis 50 Mitarbeiterinnen und Mitarbeitern noch bei 34%.

Tabelle 48: Unterstützung Freiwilliger (Arbeitnehmer) durch den Arbeitgeber

	Unterstützung durch den Arbeitgeber		
	Ja	Nein	Nicht nötig
Alle	**29**	**53**	**18**
Sport und Bewegung	22	59	19
Kultur und Musik	25	58	17
Freizeit und Geselligkeit	14	67	19
Sozialer Bereich	37	46	17
Schule und Kindergarten	22	59	19
Jugend und Bildung	40	45	15
Umwelt- und Tierschutz	29	53	18
Politik	46	39	15
Berufl. Interessenvertretung	62	27	11
Kirche und Religion	27	48	25
FFW und Rettungsdienste	56	32	12
Lokales Bürgerengagement	20	49	31

Zeitaufwändigste freiwillige Tätigkeiten; Angaben in Prozent, Prozente gerundet.

Im Engagementbereich der „beruflichen Interessenvertretung" ist bezüglich der Unterstützung durch die Arbeitgeber die günstigste Situation zu beobachten (Tabelle 49). Bei 62% der freiwilligen Tätigkeiten gibt es diese Unterstützung und nur bei 27% nicht. Die Nähe der Engagement-Thematik zur Arbeitswelt scheint das zu befördern. Die Verhältnisse kehren sich hier gegenüber dem Durchschnitt aller Bereiche geradezu um. Diese umgekehrte Tendenz ist auch bei der freiwilligen Feuerwehr und den Rettungsdiensten zu erkennen (56% zu 32%) und nicht mehr ganz so stark bei der „politischen Interessenvertretung" (46% zu 39%).

Überdeutlich tritt dagegen die Mehrheitskonstellation im Vereinswesen zu Tage, besonders in den Bereichen „Freizeit und Geselligkeit" und „Sport und Bewegung". Auch im Bereich „Schule und Kindergarten" ist das Verhältnis mit 22% Unterstützten zu 59% nicht Unterstützten besonders ungünstig.

Die Unterstützung der Arbeitgeber hat ihren Schwerpunkt bei der Freistellung von Engagierten, bei den Möglichkeiten, die Infrastruktur des Arbeitgebers zu nutzen (z.B. Telefon, Fax, Internet oder Kopierer), und bei den Vorteilen flexibler Arbeitszeitgestaltung für Engagierte. Zurückhaltender sind die Arbeitgeber, wenn es um die Berücksichtigung freiwilligen Engagements bei Entscheidungen über Beförderungen sowie um Belobigungen von Beschäftigten geht, also um die Einbeziehung freiwilligen Engagements in die Personalpolitik (Tabelle 49).

Tabelle 49: Arten der Unterstützung durch die Arbeitgeber (Mehrfachnennungen)

	Arten der Unterstützung durch den Arbeitgeber				
	Freistellung	Nutzung Infrastruktur	Flexible Arbeitszeit	Lob/Beförderung	Sonstiges
Alle	**70**	**70**	**76**	**42**	**22**
Alte Länder	70	68	77	41	22
Neue Länder	71	78	72	47	23
Männer	74	69	77	35	22
Frauen	65	72	74	52	23
14-30 Jahre	70	67	74	47	21
31-45 Jahre	70	70	74	36	19
46-65 Jahre	70	71	78	45	26
niedriger Bildungsstatus	75	65	78	41	26
mittlerer Bildungsstatus	71	68	77	46	19
hoher Bildungsstatus	67	73	74	40	23
Arbeiter	76	64	78	35	20
Angestellte(r)	69	72	77	42	23
Beamte(r)	70	67	62	47	18
Privates Unternehmen	70	71	79	38	23
Öffentlicher Dienst	70	68	73	36	22
Gemeinnützige Organisationen	68	79	86	67	27

Zeitaufwändigste freiwillige Tätigkeiten; Angaben in Prozent, Prozente gerundet.

Erläuterung zum Tabellenkopf 49

Unterstützungsformen durch den Arbeitgeber

- bei der Freistellung für mein Engagement
- ich kann die Infrastruktur, z. B. Räume, Telefon oder den Kopierer, für mein Engagement nutzen
- flexible Arbeitszeitgestaltung kommt meinem Engagement zugute
- mein freiwilliges Engagement wird anerkannt, z. B. durch Lob oder bei Beförderungen
- Sonstiges

Eine Ausnahme bildet der gemeinnützige Wirtschaftsbereich, wo die Personalpolitik in deutlich erhöhtem Maße freiwilliges Engagement der Beschäftigten anerkennt. Erwerbstätige Frauen profitieren überdurchschnittlich von einer solchen, das freiwillige Engagement einbeziehenden Ausrichtung der Personalpolitik, wohl vor allem auch deswegen, weil sie bevorzugt im gemeinnützigen Sektor beschäftigt sind.

Mit steigendem Bildungsstatus werden von freiwillig engagierten Erwerbstätigen die Freistellungsmöglichkeiten ungünstiger beschrieben, dagegen die Möglichkeiten günstiger, die betriebliche Infrastruktur zu nutzen. Diese Möglichkeit der Nutzung der Infrastruktur wird auch von Beschäftigen im gemeinnützigen Wirtschaftssektor vermehrt angegeben, desgleichen eine für freiwilliges Engagement vorteilhafte Arbeitszeitregelung.

5.2 Forderungen der Freiwilligen an die Organisationen und Einrichtungen

- Rahmenbedingungen allgemein besser eingeschätzt

Organisationen und Einrichtungen haben es in der Hand, freiwillig Engagierten günstige Rahmenbedingungen für ihre freiwillige Tätigkeit zu schaffen. Gute Tätigkeitsbedingungen für Freiwillige sichern deren Motivation und können andere Menschen dazu bewegen, sich freiwillig zu engagieren. Das Thema der Rahmenbedingungen des freiwilligen Engagements wurde bereits bei der Frage gestreift, ob Freiwilligen in ihrem Tätigkeitsumfeld ausreichende Mitgestaltungs- und Mitbestimmungsmöglichkeiten gewährt werden. Diese Möglichkeiten wurden im Vergleich der Organisationsformen, der Bereiche und der Kontrollgruppen durchaus unterschiedlich eingeschätzt.

Die folgenden Auswertungen vertiefen dieses Thema der Rahmenbedingungen des freiwilligen Engagements zunächst in Bezug auf die Wünsche von Freiwilligen an die Organisationen und Einrichtungen. Die freiwillig Engagierten wurden aufgefordert, aus ihrer Perspektive zu verschiedenen Themen Vorschläge dazu zu äußern, was in den Organisationen und Einrichtungen verbessert werden könnte (Grafik 27, Tabellen 51 und 52).

1999 wie 2004 stuften die freiwillig Engagierten in Bezug auf die Organisationen und Einrichtungen den Mangel an Finanzmitteln für Projekte unverändert als das wichtigste Problem ein, das einer Verbesserung bedarf (1999 wie 2004: 63%). An zweiter Stelle forderten die Engagierten eine bessere Bereitstellung geeigneter Räume und von Ausstattungsmitteln für die Projekt- und Gruppenarbeit. Diesbezüglich äußerten die Freiwilligen allerdings 2004 gegenüber 1999 etwas weniger Verbesserungsbedarf (1999: 46% und 2004: 43%).

Die Weiterbildungsmöglichkeiten wurden durch die Freiwilligen 2004 gegenüber 1999 deutlich weniger als verbesserungsbedürftig eingeschätzt, außerdem fehlende fachliche Unterstützung für Freiwillige weniger bemängelt. Dieser Befund relativiert die im Strukturteil gewonnene Information, dass 2004 gegenüber 1999 den Freiwilligen in etwas geringerem Maße Weiterbildungsmöglichkeiten bekannt waren. Die etwa gleich gebliebene Beteiligung an Weiterbildungsmaßnahmen bei Freiwilligen, denen solche bekannt waren, scheint insgesamt von einer verbesserten Sicht der Weiterbildungsfrage begleitet zu werden.

Kaum eine Veränderung gab es in der Frage der Kostenerstattung, die auch 2004 von etwa einem Drittel der Freiwilligen als verbesserungswürdig bzw. als zu bürokratisch empfunden wurde. Auch dieser mehr subjektiven Information steht eine bereits im Strukturteil gewonnene objektive gegenüber, nach der die Möglichkeiten der Kostenerstattung sich leicht verbessert hatten, allerdings unregelmäßiger genutzt wurden.

Das Problem der besseren Anerkennung der Tätigkeiten von Freiwilligen durch hauptamtliche Mitarbeiter nahm bereits 1999 nicht die vorderste Stelle der Verbesserungswünsche der Freiwilligen ein. Die Bedeutsamkeit dieses Problems hat zwar weiter abgenommen, war jedoch 2004 noch für 28% der Freiwilligen von Bedeutung. Die Frage der Anerkennung freiwilliger Tätigkeit stellte sich 2004 besonders deutlich bei Engagierten in der Organisationsform „Partei" (44%), gefolgt von den Verbänden und Kirchen bzw. Religionsgemeinschaften (jeweils 32%).

Freiwillige in den staatlichen bzw. kommunalen Einrichtungen forderten 2004 mit 30% in etwas überdurchschnittlichem Maße Verbesserungen bei der Anerkennung durch Hauptamtliche. Diese Wünsche waren allerdings deutlich rückläufig (1999: 38%), bei den Kirchen etwas rückläufig (1999: 35%).

Verbesserte Anerkennung ihrer Tätigkeit durch hauptamtliche Mitarbeiter forderten 2004 mit 37% bevorzugt Freiwillige, die bei ihrer Tätigkeit keine ausreichenden Mitgestaltungs- und Mitbestimmungsmöglichkeiten wahrnahmen. Eine bessere Wertschätzung der Tätigkeit von Freiwilligen wünschten allerdings nicht nur diejenigen, bei denen es im Umfeld tatsächlich Hauptamtliche gibt, sondern auch diejenigen, bei denen das nicht der Fall ist. Das Problem wird von Freiwilligen offensichtlich auch im Allgemeinen als verbesserungswürdig eingestuft, unabhängig davon, ob es sich im direkten Umfeld stellt oder nicht.

- Verschiedene Trends in den Bereichen

Am häufigsten wird im Bereich der freiwilligen Feuerwehr und der Rettungsdienste auf eine unbürokratischere Kostenerstattung gedrängt. Die Situation wurde durch die Freiwilligen in diesem Bereich 2004 gegenüber 1999 sogar als deutlich verbesserungswürdiger eingeschätzt (1999: 43% und 2004: 47%). Das gilt auch für den Bereich „außerschulische Jugendarbeit und Erwachsenenbildung", desgleichen für den politischen Bereich. Verbessert hat sich dagegen in dieser Frage das Meinungsklima bei Freiwilligen im Bereich der beruflichen Interessenvertretung.

Bereits 1999 wurde der Mangel an Finanzmitteln für die Projektarbeit im Bereich „Schule und Kindergarten" als besonders drückend eingeschätzt. Dieses Problem hat sich in diesem Bereich weiter verstärkt (1999: 73% und 2004: 76%), ähnlich bei der freiwilligen Feuerwehr bzw. den Rettungsdiensten (1999: 74% und 2004: 77%) und im Bereich „Umwelt und Tierschutz" (1999: 71% und 2004: 76%). Der Bereich „Umwelt und Tierschutz" kann allerdings auf einen günstigen Trend bei der Beurteilung der Bereitstellung von Räumen und Ausstattungsmitteln blicken, während die Urteile aus den Bereichen „freiwillige Feuerwehr und Rettungsdienste" sowie „Kindergarten und Schule" in dieser Frage auf ungünstigem Niveau stagnieren.

Im Gegensatz zur Entwicklung in vielen anderen Bereichen klagen Freiwillige in den Bereichen „Politik" und „lokales Bürgerengagement" zunehmend über fehlende Weiterbildungsmöglichkeiten und fehlende fachliche Unterstützung. Unverändert typisch sind diese Probleme auch für den Bereich „Kindergarten und Schule". Eine besonders deutliche Entspannung zeigen diesbezüglich die Meinungen aus dem Bereich „berufliche Interessenvertretung" an, und zwar vom insgesamt höchsten Niveau der Verbesserungsbedürfnisse her.

In zwei Bereichen wird von Freiwilligen gegen den allgemeinen Trend vermehrt eine bessere Anerkennung freiwilliger Tätigkeit durch Hauptamtliche gefordert. Das betrifft die Bereiche „Politik" sowie „Umwelt- und Tierschutz". Zumindest im letzteren Bereich könnte der Übergang von Gruppenstrukturen in feste Strukturen der Hintergrund für diese Veränderung sein. Bei der freiwilligen Feuerwehr und den Rettungsdiensten hat sich dagegen die Einschätzung des Verhältnisses zwischen Hauptamtlichen und Freiwilligen verbessert, und zwar deutlich vom 1999 höchsten Niveau der Verbesserungswünsche aller Bereiche auf ein 2004 immerhin durchschnittliches Niveau.

Tabelle 50: Verbesserungswünsche an die Organisationen (Mehrfachnennungen)

		Da drückt der Schuh, da wären Verbesserungen wichtig							
		Fachl. Unter- stützg.	Weiter- bild- ung	Aner- ken- nung*	Ver- gütung	Kosten- erstat- tung	Räume/ Ausstat- tung	Finanz- mittel	Nichts davon
Alle	1999	**37**	**39**	**32**	**26**	**34**	**46**	**63**	**15**
	2004	**34**	**35**	**28**	**22**	**33**	**43**	**63**	**15**
Sport	1999	34	37	30	30	36	49	65	13
	2004	32	33	26	23	33	49	64	15
Kultur	1999	36	42	26	28	35	57	66	15
	2004	28	32	21	17	29	45	60	20
Freizeit	1999	30	31	28	24	31	44	54	22
	2004	27	26	27	19	27	40	57	20
Soziales	1999	43	40	33	28	37	37	58	19
	2004	35	34	29	26	36	37	61	21
Schule	1999	44	40	31	20	36	51	73	9
	2004	42	38	29	19	36	52	76	10
Jugend	1999	34	40	35	28	39	47	69	11
	2004	35	43	24	29	43	43	63	8
Umwelt	1999	38	42	25	19	38	57	71	11
	2004	34	35	30	26	40	45	76	11
Politik	1999	36	41	36	22	26	43	64	13
	2004	49	41	42	24	34	38	69	8
Beruf	1999	48	52	31	29	37	34	62	10
	2004	41	37	23	17	30	27	51	14
Kirche	1999	36	39	37	15	24	34	52	22
	2004	31	34	32	20	25	35	54	17
FFW/RD	1999	42	36	38	32	43	54	74	8
	2004	33	38	28	32	47	52	77	7
Lokal. Bürger- engagement	1999	40	36	35	19	30	45	61	14
	2004	38	40	26	16	31	34	59	18

Zeitaufwändigste freiwillige Tätigkeiten; Angaben in Prozent, Prozente gerundet, * durch Hauptamtliche

Erläuterungen zum Tabellenkopf 50

Da drückt der Schuh, da wären Verbesserungen wichtig:
- bei der fachlichen Unterstützung der Tätigkeit
- bei den Weiterbildungsmöglichkeiten
- bei der Anerkennung der Tätigkeit durch hauptamtliche Kräfte in der Organisation
- bei der finanziellen Vergütung für die geleistete Arbeit
- bei einer unbürokratischen Kostenerstattung
- bei der Bereitstellung von geeigneten Räumen und Ausstattungsmitteln für die Projekt- und Gruppenarbeit
- bei der Bereitstellung von Finanzmitteln für bestimmte Projekte

Verbesserungen bei der „finanziellen Vergütung für die geleistete Arbeit" wurden bereits 1999 besonders häufig im Bereich der freiwilligen Feuerwehr bzw. der Rettungsdienste gefordert. Daran hat sich auch 2004 nichts geändert. So ist es auch im Bereich „außerschulische Jugendarbeit und Erwachsenenbildung". Gegen den allgemeinen Trend wird diese Forderung im Bereich „Umwelt- und Tierschutz" sogar in zunehmendem Maße erhoben (1999: 19% und 2004: 26%). Ähnlich ist die Entwicklung auch im Bereich „Kirche und Religion" (1999: 15% und 2004: 20%) und in der Tendenz auch bei Freiwilligen im politischen Bereich.

Von deutlich abnehmender Wichtigkeit ist dagegen die Frage der finanziellen Vergütung im Vereinswesen, vor allem im Bereich „Sport und Bewegung", sehr deutlich auch im Bereich „Kultur und Musik".

- Zunehmende Problemwahrnehmungen bei Arbeitslosen und älteren Menschen

Die Frage der Vergütung für freiwillige Tätigkeiten ist für Arbeitslose wichtiger geworden. Ein knappes Drittel sah hierin 2004 Verbesserungsbedarf, 1999 war das erst ein knappes Viertel. Bei Schülern, Auszubildenden und Studenten ist diese Frage dagegen 2004 deutlich weniger bedeutsam. Auch andere monetäre Aspekte wurden von Arbeitslosen teils deutlich zunehmend als Problem genannt, die Frage der Kostenerstattung (von 30% auf 45%) und die Finanzausstattung für Freiwilligenprojekte (von 67% auf 71%). Finanzielle Aspekte im Zusammenhang mit freiwilligem Engagement werden also in dieser Gruppe mit ungünstigem sozialem Status entgegen dem allgemeinen Trend zunehmend betont.

Freiwillig engagierte ältere Menschen im Alter von über 65 Jahren haben zwischen 1999 und 2004 nicht von dem allgemeinen Trend zu einer günstigeren Wahrnehmung der „Weiterbildungsmöglichkeiten" und der „fachlichen Unterstützung" profitieren können. Insbesondere Letzteres wird von ihnen sogar deutlich zunehmend eingefordert. Das betrifft auch die Anerkennung durch hauptamtliche Mitarbeiter. Diese Anerkennung fordern entgegen dem allgemein rückläufigen Trend neben den Älteren und den 31- bis 45-Jährigen auch die Hausfrauen bzw. Hausmänner zunehmend ein. Diese sehen wie die Arbeitslosen und die Älteren auch die Finanzausstattung für Projekte zunehmend als verbesserungswürdig an.

Allgemein rückläufig waren die Verbesserungswünsche unter den Erwerbsgruppen nur bei der großen Gruppe der Erwerbstätigen, auf die offensichtlich auch der allgemeine Trend zu rückläufigen Problemwahrnehmungen bevorzugt zurückgeht. Dagegen gab es seit 1999 bei den Älteren und den Arbeitslosen einen Trend zunehmender Problemwahrnehmung. Diese Gruppen mit einem deutlichen Anstieg des Anteils von Freiwilligen haben somit auch den größten Zuwachs bei den Verbesserungswünschen, die Arbeitslosen mehr im monetären Bereich, die Älteren mehr bei Anerkennung, Weiterbildung und fachlicher Unterstützung.

Auffällig ist das in Richtung der Organisationen und Einrichtungen durchweg höhere Niveau materieller Verbesserungswünsche in den neuen Ländern. Eine weitere Besonderheit ist der in den neuen Ländern viel stärkere Trend zu einem geringeren Verbesserungsbedarf bei den Weiterbildungsmöglichkeiten, der fachlichen Unterstützung sowie der Anerkennung freiwilliger Tätigkeiten durch hauptamtliche Mitarbeiter.

Tabelle 51: Verbesserungswünsche an die Organisationen (Mehrfachnennungen)

		Da drückt der Schuh, da wären Verbesserungen wichtig							
		Fachl. Unterstütz.	Weiterbildung	Anerkennung*	Vergütung	Kostenerstattung	Räume/ Ausstattung	Finanzmittel	Nichts davon
Alle	1999	**37**	**39**	**32**	**26**	**34**	**46**	**63**	**15**
	2004	**34**	**35**	**28**	**22**	**33**	**43**	**63**	**15**
Alte Länder									
	1999	38	39	32	25	33	46	61	15
	2004	35	36	28	22	32	43	62	16
Neue Länder									
	1999	36	39	32	29	39	47	71	12
	2004	30	30	27	25	39	43	71	12
Männer	1999	38	39	32	26	36	47	65	13
	2004	33	34	27	22	35	44	64	14
Frauen	1999	37	39	31	25	33	45	61	17
	2004	34	35	29	23	31	42	63	16
14-30 Jahre									
	1999	36	40	31	28	32	53	64	12
	2004	31	35	28	24	32	55	62	12
31-45 Jahre									
	1999	40	39	32	25	37	51	69	11
	2004	35	36	28	22	38	47	69	12
46-65 Jahre									
	1999	39	40	33	27	37	41	61	16
	2004	35	33	27	23	33	39	63	17
66 Jahre +	1999	28	32	27	20	23	31	49	27
	2004	34	34	31	19	25	30	55	21
Erwerbstätige									
	1999	38	40	31	25	39	48	67	12
	2004	34	35	26	22	36	44	66	13
Arbeitslose									
	1999	35	44	34	25	30	49	67	18
	2004	33	38	33	32	45	47	71	17
Schü./Ausz./Stud									
	1999	36	42	32	31	27	53	63	13
	2004	30	34	30	24	31	56	59	12
Hausfrau/-mann									
	1999	45	37	33	25	30	44	57	15
	2004	37	35	35	21	29	43	64	16
Rentner/Pension.									
	1999	32	35	30	22	28	34	53	25
	2004	35	32	29	19	26	33	56	20

Zeitaufwändigste freiwillige Tätigkeiten; Angaben in Prozent, Prozente gerundet, * durch Hauptamtliche

Erläuterungen zum Tabellenkopf 51

Da drückt der Schuh, da wären Verbesserungen wichtig:

- bei der fachlichen Unterstützung der Tätigkeit
- bei den Weiterbildungsmöglichkeiten
- bei der Anerkennung der Tätigkeit durch hauptamtliche Kräfte in der Organisation
- bei der finanziellen Vergütung für die geleistete Arbeit
- bei einer unbürokratischen Kostenerstattung
- bei der Bereitstellung von geeigneten Räumen und Ausstattungsmitteln für die Projekt- und Gruppenarbeit
- bei der Bereitstellung von Finanzmitteln für bestimmte Projekte

5.3 Forderungen der Freiwilligen an den Staat und die Öffentlichkeit

- Unverändert hohe Bedeutung der öffentlichen Information und Beratung über freiwilliges Engagement

Neben den Organisationen und Einrichtungen setzen Staat und Öffentlichkeit einen wichtigen Teil der Rahmenbedingungen für freiwilliges Engagement. Auch in dieser Hinsicht soll im Trend untersucht werden, ob die Freiwilligen Veränderungen dieser Rahmenbedingungen wahrnehmen. Wichtigstes Ergebnis ist, dass die Freiwilligen 2004 unverändert den größten Verbesserungsbedarf bei der öffentlichen Information und Beratung der Bürgerinnen und Bürger über Gelegenheiten des freiwilligen Engagements sahen (Grafik 28).

In dieser Frage gibt es allerdings große Unterschiede in den Niveaus und den Entwicklungen zwischen den Bereichen. Freiwillige aus den Bereichen „lokales Bürgerengagement", „berufliche Interessenvertretung", „Umwelt- und Tierschutz" sowie „Soziales" sahen bereits 1999 einen deutlich höheren Bedarf an Information und Beratung potenzieller Freiwilliger (Tabelle 52). Die Entwicklung in diesen Bereichen verlief seither jedoch sehr verschieden.

Beim lokalen Bürgerengagement wird 2004 das Problem der öffentlichen Information und Beratung über freiwilliges Engagement deutlich weniger dringlich eingeschätzt (1999: 73%, 2004: 57%), im beruflichen Bereich etwas weniger dringlich. Dagegen forderten 2004 Freiwillige im Bereich „Umwelt- und Tierschutz" unverändert in hohem Maße Verbesserungen bei der öffentlichen Information über Möglichkeiten des freiwilligen Engagements, Freiwillige im sozialen Bereich in etwas höherem Maße.

Am deutlichsten gestiegen ist der Wunsch nach besseren Informations- und Beratungsmöglichkeiten über Möglichkeiten für freiwilliges Engagement im Bereich „Politik" (1999: 59%, 2004: 68%), deutlich auch im Bereich „Kindergarten und Schule" (1999: 58%, 2004: 64%). Dem stehen rückläufige Verbesserungswünsche in den Bereichen „Kultur und Musik" sowie „Freizeit und Geselligkeit" gegenüber.

Bei den Kontrollgruppen besteht die auffälligste Entwicklung darin, dass Engagierte im Alter von über 65 Jahren die Frage der Information und Beratung über Möglichkeiten des freiwilligen Engagements 2004 deutlich verbesserungswürdiger einstufen als noch 1999. Ältere Menschen haben zwar den besten Zugang zu öffentlichen Beratungs- und Kontaktstellen für freiwilliges Engagement, schätzen aber dennoch die öffentliche Information zunehmend als verbesserungsbedürftig ein.[71]

- Abnehmende Bedeutung materieller Fragen

Die Frage der steuerlichen Entlastung freiwilligen Engagements bei Kosten und Aufwandsentschädigungen, stellte sich für freiwillig Engagierte im Jahr 2004 weit weniger verbesserungswürdig dar als 1999. Forderten 1999 noch 56% der Engagierten eine bessere steuerliche Absetzbarkeit der Kosten des freiwilligen Engagements, so waren es 2004 nur noch 43%. Eine steuerliche Freistellung von Aufwandsentschädigungen wurde 1999 noch zu 52% gewünscht, 2004 waren das nur noch 44%.

Im Bereich „Freizeit und Geselligkeit" fiel diese Veränderung seit 1999 am deutlichsten aus. Die Bereiche „Politik", „Soziales", „Sport und Bewegung", „Kindergarten und Schule" sowie „Politik" vollziehen diesen Trend abnehmender Problemwahrnehmung bei den Steuerfragen deutlich zurückhaltender mit.

In der Frage der steuerlichen Befreiung von Aufwandsentschädigungen hat sich zwischen 1999 und 2004 die Wahrnehmung bei der Freiwilligen Feuerwehr und den Rettungsdiensten Tätigen ausgehend vom höchsten Niveau aller Bereiche wesentlich verbessert (1999: 66%, 2004: 50%), liegt allerdings immer noch ungünstiger als im Durchschnitt. Von einem durchschnittlichen Niveau auf ein deutlich unterdurchschnittliches Niveau hat sich die diesbezügliche Problemwahrnehmung im Bereich „außerschulische Jugendarbeit und Erwachsenenbildung" verringert (1999: 51%, 2004: 34%).

---

[71] Dieses besondere Verhältnis älterer Menschen zu den Informations- und Kontaktstellen für freiwilliges Engagement wird in der Vertiefung für diese Gruppe näher untersucht.

Tabelle 52: Verbesserungswünsche an den Staat und die Öffentlichkeit
(Mehrfachnennungen)

		Da drückt der Schuh, da wären Verbesserungen wichtig							
		Versich. (1)	Unkosten (2)	Aufwand (3)	Praktikum (4)	Anerkenn. (5)	Medien (6)	Information (7)	Nichts davon
Alle	1999	**44**	**56**	**52**	**47**	**23**	**47**	**57**	**13**
	2004	**38**	**43**	**44**	**40**	**24**	**48**	**55**	**15**
Sport	1999	44	58	55	43	24	45	53	13
	2004	38	45	47	36	23	43	51	17
Kultur	1999	45	54	46	44	22	48	50	15
	2004	32	41	40	32	23	55	42	18
Freizeit	1999	45	59	53	41	26	45	54	15
	2004	32	38	37	30	25	47	43	22
Soziales	1999	51	59	51	53	23	50	63	12
	2004	43	44	47	54	26	55	65	11
Schule	1999	44	53	52	48	17	45	58	13
	2004	37	45	44	46	21	48	64	13
Jugend	1999	43	52	51	60	28	56	61	10
	2004	40	40	34	43	23	46	50	14
Umwelt	1999	48	56	50	49	27	67	64	7
	2004	45	45	48	49	23	55	64	8
Politik	1999	47	59	52	49	24	52	60	9
	2004	44	52	48	47	29	62	68	7
Beruf	1999	34	60	62	52	27	51	66	9
	2004	49	54	52	39	27	54	63	10
Kirche	1999	38	47	44	49	20	39	55	19
	2004	36	37	36	41	18	40	52	19
FFW/RD	1999	36	59	66	51	26	47	58	9
	2004	38	53	50	44	32	49	60	12
Lok. Bürgerengagement	1999	60	53	38	42	35	55	73	8
	2004	37	30	34	28	23	47	57	16

Zeitaufwändigste freiwillige Tätigkeiten; Angaben in Prozent, Prozente gerundet

Erläuterungen zum Tabellenkopf 52

Da drückt der Schuh, da wären Verbesserungen wichtig

(1) bessere Absicherung durch Haft-/Unfallversicherung
(2) steuerliche Absetzbarkeit der Kosten des Ehrenamts
(3) steuerliche Absetzbarkeit der Aufwandsentschädigungen
(4) Anerkennung des Ehrenamts als berufliches Praktikum/ Weiterbildung
(5) Anerkennung des Ehrenamts von Staat/Arbeitgeber durch Ehrung
(6) mehr Anerkennung in Presse und Medien
(7) mehr Aufklärung über mögliche Ehrenämter

Deutlich weniger Verbesserungsbedarf sahen die Freiwilligen 2004 gegenüber 1999 in der Frage einer öffentlichen Versicherung für Freiwillige gegen Haftpflichtfälle und Unfälle, die im Zusammenhang mit freiwilligem Engagement eintreten. Fast alle Bereiche tragen diese Entwicklung mit, in besonderem Maße das lokale Bürgerengagement, vermehrt auch der Freizeit- und Kulturbereich. Ausnahmen sind die Bereiche der beruflichen Interessenvertretung sowie der freiwilligen Feuerwehr bzw. der Rettungsdienste, wo 2004 bei Versicherungsfragen sogar mehr Verbesserungsbedarf als 1999 gesehen wurde, und zwar ganz besonders bei der beruflichen Interessenvertretung.

Ein deutlich überdurchschnittliches Niveau an Bedürfnissen nach Verbesserungen in Versicherungsfragen gab es 2004 in den Bereichen „Umwelt- und Tierschutz" sowie „Politik".

Auch bei den Verbesserungswünschen in Richtung von Staat und Öffentlichkeit sind es wiederum die Arbeitslosen, die bei gleichzeitig steigendem Engagement am allgemeinen Trend geringerer Verbesserungswünsche weniger als andere Gruppen teilnehmen. Neben den materiellen Fragen sind es auch Fragen der Anerkennung, bei denen Arbeitslose konstant oder sogar zunehmend Verbesserungsbedarf sehen.

So wird die Frage der steuerlichen Absetzbarkeit von Aufwandsentschädigungen von Arbeitslosen im Gegensatz zum allgemeinen Trend nur leicht besser beurteilt als 1999. Außerdem werden die Anrechnung freiwilligen Engagements als berufliches Praktikum sowie die Frage der Versicherung für Freiwillige von Arbeitslosen überdurchschnittlich als verbesserungswürdig eingestuft.

Deutlich ungünstiger als in anderen Gruppen und mit negativem Trend werden von Arbeitslosen Anerkennungsfragen eingeschätzt, sowohl was die öffentliche Ehrung von Freiwilligen als auch die Medienberichterstattung über freiwilliges Engagement betrifft. Die Arbeitslosen stellen somit eine besondere und sensible Zielgruppe der Förderung freiwilligen Engagements seitens des Staates und der Öffentlichkeit dar.

- Wichtige Rolle der Medien

Da die Freiwilligen bei den materiellen Fragen weniger Verbesserungen als 1999 forderten, ist 2004 die Frage der öffentlichen Anerkennung des freiwilligen Engagements in den Medien an die zweite Stelle der Verbesserungswünsche der Freiwilligen gerückt. Wiederum gibt es jedoch verschiedene Tendenzen in den Bereichen.

Tabelle 53: Verbesserungswünsche an den Staat und die Öffentlichkeit
(Mehrfachnennungen)

		\multicolumn{8}{c}{Da drückt der Schuh, da wären Verbesserungen wichtig}							
		Ver-sich. (1)	Un-kosten (2)	Auf-wand (3)	Prakti-kum (4)	Aner-kenn. (5)	Medien (6)	Infor-mation (7)	Nichts davon
Alle	1999	44	56	52	47	23	47	57	13
	2004	38	43	44	40	24	48	55	15
Alte Länder	1999	45	56	52	48	22	47	56	13
	2004	38	44	44	41	22	48	55	16
Neue Länder									
	1999	40	56	51	43	31	47	58	13
	2004	38	43	43	36	30	49	55	14
Männer	1999	44	57	54	44	25	49	55	12
	2004	38	45	44	36	26	50	52	14
Frauen	1999	44	54	49	51	21	45	58	15
	2004	38	42	44	45	20	46	58	16
14-30 Jahre	1999	42	51	47	55	26	52	57	10
	2004	34	39	39	47	24	46	54	14
31-45 Jahre	1999	47	63	61	50	19	45	58	10
	2004	41	50	49	42	23	50	55	12
46-65 Jahre	1999	46	59	54	44	24	46	59	12
	2004	40	46	48	39	24	50	55	15
66 Jahre +	1999	36	39	32	30	25	44	43	30
	2004	33	29	31	29	22	44	54	23
Erwerbstätige									
	1999	46	63	59	46	22	47	59	10
	2004	40	51	50	40	23	51	54	14
Arbeitslose	1999	46	59	49	49	21	40	61	13
	2004	42	50	47	50	29	55	57	10
Schü./Ausz./Stud									
	1999	38	42	39	58	31	56	54	12
	2004	32	35	34	48	26	45	53	14
Hausfrau/-mann									
	1999	52	57	53	53	19	40	59	13
	2004	38	38	32	46	17	41	55	19
Rentner/Pension.									
	1999	39	45	40	34	27	46	49	25
	2004	37	30	34	29	25	45	56	21

Zeitaufwändigste freiwillige Tätigkeiten; Angaben in Prozent, Prozente gerundet.

Erläuterungen zum Tabellenkopf 53

Da drückt der Schuh, da wären Verbesserungen wichtig

(1) bessere Absicherung durch Haft-/Unfallversicherung
(2) steuerliche Absetzbarkeit der Kosten des Ehrenamts
(3) steuerliche Absetzbarkeit der Aufwandsentschädigungen
(4) Anerkennung des Ehrenamts als berufliches Praktikum/ Weiterbildung
(5) Anerkennung des Ehrenamts von Staat/Arbeitgeber durch Ehrung
(6) mehr Anerkennung in Presse und Medien
(7) mehr Aufklärung über mögliche Ehrenämter

In den Bereichen „Politik" (1999: 52%, 2004: 62%) sowie „Kultur und Musik" (1999: 48%, 2004: 55%) wird die Medienpräsenz des freiwilligen Engagements 2004 sogar deutlich mehr als 1999 eingefordert, verstärkt auch im Bereich „Soziales" (1999: 50%, 2004: 55%) sowie etwas verstärkt in den Bereichen „Kindergarten und Schule", und „berufliche Interessenvertretung".

Freiwillige im Bereich „Umwelt- und Tierschutz" (1999: 67%, 2004: 55%) sehen dagegen die Frage der Medienaufmerksamkeit für das freiwillige Engagement nicht mehr so kritisch wie noch 1999, als dieser Bereich die Medienfrage an die Spitze der Verbesserungswünsche stellte. Allerdings ist das diesbezügliche Verbesserungsbedürfnis im Bereich „Umwelt- und Tierschutz" immer noch deutlich überdurchschnittlich.

Deutlich rückläufig ist der Wunsch nach besserer Medienpräsenz des freiwilligen Engagements im Bereich „lokales Bürgerengagement" (1999: 55%, 2004: 47%). Im Bereich „außerschulische Jugendarbeit und Erwachsenenbildung" ist die Parallelität rückläufiger Kritik an der Medienpräsenz sowie an nicht ausreichender öffentlicher Information und Beratung über Möglichkeiten des freiwilligen Engagements auffällig. Eine ähnliche Parallelität erkennt man auch im Bereich „lokales Bürgerengagement".

Auch gleichläufig, allerdings beiderseits in Richtung steigender Bekundung von Verbesserungsbedarf, hat sich die Sichtweise im Bereich „Politik" bezüglich der Medienpräsenz und der öffentlichen Information und Beratung über freiwilliges Engagement verändert.

Vergleicht man den Trend der Rahmenbedingungen für freiwilliges Engagement, die durch die Organisationen und Einrichtungen gesetzt werden, mit dem Trend bei den Rahmenbedingungen, für die Staat und Öffentlichkeit verantwortlich sind, hat sich in Bezug auf Staat und Öffentlichkeit die Lage deutlicher entspannt als in Bezug auf die Organisationen und Einrichtungen. Am wenigsten sind beide Trends in Richtung abnehmender Kritik an den Rahmenbedingungen freiwilligen Engagements jedoch im Meinungsbild von Arbeitslosen zu beobachten.

Die wichtigste Erkenntnis für die zukünftige Förderpolitik besteht in der zunehmenden Ausrichtung der Forderungen der Freiwilligen auf die Verbesserung der öffentlichen Information und Beratung potenzieller Freiwilliger sowie der Anerkennung freiwilligen Engagements in den Medien.

II Vertiefungen

A Freiwilliges Engagement Jugendlicher im Zeitvergleich 1999 – 2004

Sibylle Picot

1 Einleitung

Der Frage nach dem freiwilligen Engagement Jugendlicher, ebenso Bestandteil wie Ausdruck ihrer gesellschaftlichen Sozialisation, gilt im Diskurs um die Funktionsfähigkeit der Zivilgesellschaft besondere Aufmerksamkeit. Tatsächlich wäre geringe oder schwindende Beteiligung Heranwachsender an gemeinschaftlichen Aufgaben ein bedenkliches Signal für die Zivilgesellschaft, für die bürgerschaftliches Engagement konstitutiv ist. Der spezielle Wert des Engagements Jugendlicher liegt u.a. darin begründet, dass es Lernerfahrungen ermöglicht und in der Übernahme von Verantwortung schult. Außerdem: wer sich in jungen Jahren engagiert, tut dies mit größerer Wahrscheinlichkeit auch später.[72]

Hinzu kommt das demografische Argument. Jugend ist in einer alternden Gesellschaft eine knappe Ressource. Seit Mitte der 60er Jahre ist die Geburtenrate in Deutschland stark zurückgegangen und hat nach gewissen Schwankungen 2005 ihren vorläufigen Tiefststand erreicht. Entsprechend gesunken ist die Zahl der Kinder und Jugendlichen. 1950 waren noch 30,4% der Bevölkerung unter 20 Jahren, 2004 waren es nur noch 20,4%. Für 2030 wird ein Stand von 17,1% prognostiziert.[73] Zwar ist der Anteil der Jugendlichen im Alter von 14 bis 24 Jahren, unsere Untersuchungsgruppe also, im Zeitraum zwischen den beiden Erhebungen zum Freiwilligensurvey nicht weiter zurückgegangen, ja hat sogar minimal zugenommen (1999 sind es 14,3%, 5 Jahre später 14,8% der Gesamtbevölkerung). Schon vorher jedoch hatte der Anteil Jugendlicher an der Bevölkerung einen tiefen Stand erreicht.[74] Vor allem: die Relation zu den Älteren verschiebt sich u. a. aufgrund der gewachsenen Lebenserwartung immer mehr. Nach Zahlen der OECD wird Deutschland immer älter. Für 2020 wird ein Altersdurchschnitt von 46,7 Jahren prognostiziert. Dann werden knapp 30% und 2030 schon etwas mehr als jeder Dritte im Rentenalter sein.[75] Der Jugend wächst als kommendem Leistungsträger der Gesellschaft also besondere Bedeutung zu. Selten war die Gesellschaft so angewiesen auf die Tatkraft und Motivation der Jüngeren, und selten ruhten die Erwartungen auf so wenigen Schultern. Gleichzeitig sieht sich die heranwachsende Generation auf dem Arbeitsmarkt mit Lehrstellenmangel und Jugendarbeitslosigkeit konfrontiert.

---

[72] Vgl. Kapitel 7.1 dieses Berichts.
[73] Statistisches Bundesamt 2006.
[74] Statistisches Bundesamt, Statistische Jahrbücher, insbesondere 1989, 2002, 2004, 2005
[75] Europäische Kommission 2002, S. 126.

In diesem Kontext gesehen wird die oft artikulierte Sorge, ob die Jugend bereit sei, ihren Part in der Gesellschaft zu spielen und auch gemeinnützige Aufgaben zu übernehmen, sicherlich noch verständlicher, der dahinter stehende Anspruch allerdings auch problematischer.

Zum Thema Ehrenamt, Freiwilligenarbeit und bürgerschaftliches Engagement, zusammengefasst unter dem Begriff „freiwilliges Engagement", ermöglichte der Freiwilligensurvey von 1999 eine umfassende Bestandsaufnahme. Die Ergebnisse konnten die besorgte Debatte um jugendliches Engagement entschärfen, zeigte sich doch, dass Jugendliche sich in erheblichem Umfang und auf vielfältige Art freiwillig engagieren. Gleichzeitig erwiesen sich die Jugendlichen als „aktivste" Gruppe in der Gesellschaft im Sinne des „Mitmachens" in Vereinen, Gruppen und Initiativen und als Altersgruppe mit dem größten Engagementpotenzial.

Mit der Wiederholung des Freiwilligensurveys auf Basis des 1999 entwickelten Erhebungskonzepts liegen nun die 5 Jahre später erhobenen Vergleichsdaten vor, jetzt also können Aussagen über die Entwicklung des Engagements gemacht werden. Der folgende Bericht wird im Wesentlichen auf die Veränderungen im Engagement Jugendlicher abzielen.

2   Zusammenfassung: Die wichtigsten Veränderungen

- Aktivität und freiwilliges Engagement nach wie vor auf hohem Niveau

Verglichen zu 1999 ist der Anteil der freiwillig Engagierten unter Jugendlichen von 14 bis 24 Jahren nach wie vor hoch, heute sind 36% freiwillig engagiert, damals wurden 37% ermittelt. Bei der Bewertung ist allerdings zu berücksichtigen, dass in anderen Altersgruppen, insbesondere bei Personen ab 55 Jahren, das Engagement zugenommen hat. Die Zahl der „aktiven" Jugendlichen, das sind Jugendliche, die in verschiedenen Organisationen, in Gruppen, Vereinen, Initiativen, Projekten etc. mitmachen, ohne dort auch bestimmte Aufgaben zu übernehmen, ist in den 5 Jahren zwischen 1999 und 2004 gestiegen. Entsprechend gesunken ist der Anteil derer, die weder aktiv noch engagiert sind.[76]

- Ausmaß und individuelle Bedeutung des Engagements nur wenig verändert

2004 ist der Anteil der Jugendlichen höher, die mehr als eine freiwillige Tätigkeit übernommen haben. Engagierte Jugendliche gehen ihren Tätigkeiten deutlich häufiger nach als Engagierte ab 25 Jahren. Der Anteil der Jugendlichen mit sehr häufigem Engagement ist dabei leicht zurückgegangen.

Eher noch zugenommen hat dagegen die persönliche Bedeutung des Engagements. 80% der engagierten Jugendlichen empfinden ihr Engagement als wichtigen oder sehr wichtigen Teil ihres Lebens, wobei der Anteil derer, denen ihr Engagement „sehr wichtig" ist, etwas größer wurde.

- Bereitschaft zum Engagement weiter gestiegen

Das Potenzial der derzeit schon engagierten Jugendlichen, die daran interessiert wären, weitere Aufgaben zu übernehmen, ist seit 1999 gewachsen. Zwei Drittel der freiwillig Engagierten sind zu einer Ausweitung des Engagements bereit. Auch unter den Jugendlichen, die sich bisher nicht engagieren, ist die Engagementbereitschaft gestiegen: Bezogen auf alle Jugendlichen sind es nun 43%, die bisher nicht engagiert sind, aber bereit wären, eine freiwillige Tätigkeit aufzunehmen.

- Zunahme von Aktivität und Engagement in den klassischen Bereichen

Jugendliche sind 2004 häufiger *aktiv* in den Bereichen Sport, Schule und Kirche. *Freiwilliges Engagement* ist ebenfalls vermehrt im Rahmen von Kirche und Schule festzustellen und darüber hinaus in der außerschulischen Jugendarbeit, damit also in den traditionellen Bereichen und Einrichtungen, die sich spezifisch der Jugendarbeit widmen. Abgenommen hat das freiwillige Engagement im Bereich von Freizeit und Geselligkeit.

---

[76] Zur Unterscheidung der Begriffe s. auch S. 208 f und vgl. Hauptbericht, Kapitel 2.1 und 2.3.

- Aber auch: strukturelle Verschiebung hin zu informellen Organisationsformen

Zwei Trends sind gleichzeitig festzustellen: das freiwillige Engagement hat wie erwähnt besonders im Rahmen von Schule, Kirche und Jugendarbeit zugenommen. Eine Veränderung gibt es aber auch bei den Strukturen des Engagements, und zwar vorwiegend hinsichtlich der Bedeutung der lockeren, eher informellen Organisationsformen. Die erste freiwillige Tätigkeit Jugendlicher (das ist bei den meisten Jugendlichen die einzige Tätigkeit, bei den mehrfach Engagierten die zeitaufwändigste) findet heute etwas häufiger als früher in Initiativen und Projekten, in selbst organisierten Gruppen oder privaten Einrichtungen statt. Früher war das Engagement in Gruppen, Initiativen und Projekten eher typisch für die zweite Tätigkeit, wenn Jugendliche eine solche übernommen hatten. Hier hat eine gewisse Verschiebung stattgefunden, und alles in allem sind lockere Strukturen wichtiger geworden. Am Beispiel „Schule" zeigt sich, dass Projekte, Initiativen und selbst organisierte Gruppen zunehmend auch unter dem Dach einer größeren Einrichtung gedeihen.

- Bildungsstatus als zunehmend wichtiges Differenzierungsmerkmal

Für die Frage, ob Jugendliche aktiv sind und sich freiwillig engagieren, spielen Schulabschluss und Bildungsaspiration eine entscheidende Rolle. Deutlich stärker als bei Engagierten über 24 Jahren ist der Bildungsstatus zentraler Erklärungsfaktor für freiwilliges Engagement und hat an Bedeutung noch zugenommen. Jugendliche mit niedrigem Bildungsstatus sind erheblich seltener aktiv oder freiwillig engagiert; 2004 ist dies noch deutlicher der Fall.

Weitere wichtige Erklärungsfaktoren für freiwilliges Engagement sind Merkmale wie ein großer Freundes- und Bekanntenkreis und die Stärke der Bindung Jugendlicher an Kirchen und Religionsgemeinschaften. Wer sich in Organisationen und Gruppen freiwillig engagiert, übernimmt im Übrigen auch häufiger persönliche Hilfeleistungen für Personen außerhalb des eigenen Haushalts. Diesen Faktoren gemeinsam ist ihre Bedeutung im Hinblick auf soziale Integration. Es sind also in steigendem Maße die Jugendlichen mit höherem Bildungsstatus und die besser sozial Integrierten, die sich freiwillig engagieren. Das Engagement Jugendlicher scheint damit seit 1999 zunehmend sozial selektiver geworden zu sein.

- Jugendliche aus Ost und West: Unterschiede trotz paralleler Entwicklungen

In Ost und West gibt es 2004 mehr aktive Jugendliche, während die Zahl der Engagierten nicht zunimmt. Die Entwicklung läuft insoweit parallel. Deutlich gestiegen ist bei den Jugendlichen in den neuen Bundesländern die Bereitschaft zum Engagement.

Freiwilliges Engagement nimmt bei den ost- und westdeutschen Jugendlichen in den gleichen Bereichen zu: in Jugendarbeit, Schule und Kirche. In den neuen Ländern hat sich, ausgehend von einem niedrigen Niveau, der Anteil engagierter Jugendlicher im kirchlichen Bereich verdoppelt. Dagegen hat sich der Anteil im Bereich Politik halbiert. Mehr Jugendliche in den neuen *und* alten Bundesländern engagieren sich in Initiativen, Projekten und selbst organisierten Gruppen, auch hier also eine ähnliche Entwicklung. Allerdings waren in den neuen Ländern schon 1999 Formen der Selbstorganisation stärker verbreitet, vermutlich weil sich dort, wo alte Engagementstrukturen zusammengebrochen waren, Strukturen neuen Typs rascher etablieren konnten.

Engagierte Jugendliche in den neuen Bundesländern verbinden noch stärker als 1999 ihre freiwillige Tätigkeit mit der Erwartung, auch eigene Probleme besser lösen bzw. eigene Interessen einbringen zu können.

- Weibliches und männliches Engagement im Wandel

Bei männlichen Jugendlichen ging die 1999 sehr hohe Engagementquote zurück, sie ist aber immer noch höher als die der weiblichen Jugendlichen. Dennoch hat sich die Relation leicht verschoben, denn bei den weiblichen Jugendlichen blieb der Anteil der Engagierten stabil. Dafür ist die Zahl der Jungen und jungen Männer, die „nur" aktiv sind, darüber hinaus aber keine Aufgaben im Sinne freiwilligen Engagements übernehmen, stärker gestiegen. Immer mehr bisher nicht engagierte Mädchen und junge Frauen wären bereit, sich freiwillig zu engagieren; der Anteil liegt weit über dem männlicher Jugendlicher.

Geschlechtsspezifische Vorlieben für bestimmte Tätigkeitsfelder sind nach wie vor sehr deutlich. Mehr weibliche Jugendliche allerdings gibt es in einer typisch männlichen Domäne: den freiwilligen Feuerwehren und Rettungsdiensten. Auch andere stereotypische Unterschiede sind leicht zurückgegangen. Mädchen und junge Frauen werden inzwischen häufiger durch Dritte ermutigt, sich zu engagieren, als junge Männer, bei denen dieser Anteil zurückging. Allerdings werden sie immer noch seltener in ein Amt gewählt oder üben leitende Funktionen aus. Seit 1999 ist die Zahl der jungen weiblichen Engagierten in Vorstands- und Leitungsfunktionen weiter gesunken. Weibliche Jugendliche sind damit im traditionellen Ehrenamt weiterhin sehr wenig vertreten.

- Erwartungen an das freiwillige Engagement: Interessenorientierung nimmt zu

2004 lässt sich ein Wandel in der Akzentuierung bestimmter Erwartungen an das Engagement feststellen. Bei Jugendlichen stand immer die Geselligkeits- oder Spaßorientierung an erster Stelle. Einen Beitrag zum Gemeinwohl zu leisten motiviert auch Jugendliche, ist jedoch für ältere Menschen besonders wichtig. Die stärkste Veränderung in den Erwartungen fand zwischen 1999 und 2004 eindeutig bei der Altersgruppe der Jugendlichen statt. Mehr und mehr betonen Jugendliche die eigenen Interessen, ob es nun darum geht, Kenntnisse und Erfahrungen zu erweitern, oder darum, auch beruflich aus dem Engagement zu profitieren. Die zunehmende Verquickung des freiwilligen Engagements mit den eigenen Interessen geht jedoch nicht zulasten der Orientierung am Gemeinwohl, es ist vielmehr die Geselligkeit- bzw. Spaßorientierung, die zurückgeht.

Ein in diesem Sinne stärker zweckrationales Verständnis des Engagements ist vor allem bei Jugendlichen in den neuen Bundesländern und zwar speziell bei männlichen Jugendlichen festzustellen. In den alten Bundesländern ist die Entwicklung ähnlich, aber mit größerer Dynamik bei den weiblichen Jugendlichen.

- Lernen durch Engagement: großer Lerngewinn, aber Weiterbildungsmöglichkeiten weniger bekannt

Jugendliche antworten auf eine 2004 erstmals gestellte Frage sehr häufig, dass sie durch ihre freiwillige Tätigkeit in hohem Umfang Fähigkeiten erwerben. Dabei steht für sie weniger der Erwerb von Fachwissen im Vordergrund, als Belastbarkeit und Organisationstalent. Die Anforderungen an das Fachwissen der Engagierten sind seit 1999 deutlich gestiegen. Trotz teilweise höherer Anforderungen sind weniger Jugendlichen Weiterbildungsmöglichkeiten bekannt. Die vorhandenen Angebote werden aber stärker genutzt als früher.

- Rahmenbedingungen: Problemdruck geringer, Defizite bei der Finanzierung

Auf die Frage, wo im Rahmen ihrer freiwilligen Tätigkeit Verbesserungen nötig sind bzw. „wo der Schuh drückt", zeigte sich 2004 ein geringerer Problemdruck bei den Jugendlichen. Nicht verbessert hat sich die Situation hinsichtlich der Bereitstellung von Räumlichkeiten und Ausstattung für Projekt- und Gruppenarbeit – nach wie vor ein zentrales Thema speziell für jugendliche Engagierte. Probleme mit der Finanzierung für Projekte und Vorhaben werden trotz geringfügigen Rückgangs weiterhin am häufigsten beklagt.

3 Aktivität und freiwilliges Engagement Jugendlicher: Art und Ausmaß

3.1 Aktivität und Engagement weiterhin auf hohem Niveau

Im Vergleich zum Freiwilligensurvey von 1999 hat der Anteil der „aktiven" Jugendlichen leicht zugenommen.[77] Gemeint ist damit der Anteil der 14- bis 24-Jährigen, die sich in Gruppen, Vereinen, Organisationen und Einrichtungen beteiligen, beispielsweise in einem Sportverein, in einer Musikgruppe oder in einer Bürgerinitiative. Einige dieser Jugendlichen übernehmen darüber hinaus für einen gewissen Zeitraum eine oder mehrere Aufgaben oder Arbeiten, für die sie maximal eine geringe Entschädigung bekommen, sie sind also *freiwillig engagiert*.[78] Der Anteil dieser freiwillig engagierten Jugendlichen liegt 2004 bei 36% aller Jugendlichen, im Jahr 1999 waren 37% freiwillig engagiert. 40% zählen zu den Jugendlichen, die zwar *aktiv* sind, aber sich darüber hinaus nicht engagieren. Diese Gruppe ist um drei Prozentpunkte gewachsen. Das bedeutet, dass die Gruppe der Jugendlichen, die in keiner Weise gemeinschaftlich aktiv sind und die damit auch keinen Zugang zum freiwilligen Engagement haben, kleiner geworden ist.[79] Grafik J1 zeigt diese Entwicklung und vergleicht die Jugendlichen mit der Bevölkerung im Alter von 25 bis 59 Jahren und den Senioren, also Befragten ab 60 Jahren.

Für alle Altersgruppen gilt, dass sich die Aktivität (also „Aktive" und „Freiwillige" zusammen gerechnet) erhöht hat, was umgekehrt bedeutet, dass weniger Personen in keinerlei organisatorischem Kontext an Aktivitäten teilnehmen. Die Aktivität ist am höchsten bei Jugendlichen unter 20 Jahren, nur 21% nehmen 2004 an keinerlei Form von gemeinschaftlicher Aktivität teil. Bei den 20- bis 24-Jährigen sieht das etwas anders aus: die Aktivität insgesamt ist geringer als bei den Jüngeren, ebenfalls der Anteil der freiwillig Engagierten, der im Vergleich zu 1999 gesunken ist. Noch einmal geringer ist der Anteil der Aktiven und Engagierten bei der sich im Alter anschließenden Gruppe der 25- bis 34-Jährigen. Für Jugendliche und junge Erwachsene gilt also die Formel: je jünger, desto aktiver und engagierter. Jugendliche finden offensichtlich während ihrer Schulzeit eher Zeit für das Engagement und für Aktivitäten in unterschiedlichen Bereichen als in der späteren Phase von Ausbildung und erster Berufstätigkeit. Doch dazu später.

---

[77] Die Aussagen über Jugendliche im Freiwilligensurvey von 2004 basieren auf einer repräsentativen Stichprobe von 2042 Befragten im Alter von 14 bis 24 Jahren, 1999 wurden 1587 Jugendliche befragt.
[78] Zum Beispiel: wer im Sportverein *aktiv* ist, spielt dort Fußball, wer sich *freiwillig engagiert*, übernimmt die Mannschaftsbetreuung der E-Jugend.
[79] Man mag einwenden, freiwilliges Engagement finde auch außerhalb von Gruppen- und organisatorischen Zusammenhängen im privaten Raum als Eigeninitiative statt. Ein solches Engagement wäre jedoch empirisch praktisch nicht überprüfbar, darüber hinaus fehlt der soziale Zusammenhang, der für freiwilliges Engagement als konstitutiv angesehen wird. Im weitesten Sinne ist eine Tätigkeit für andere und mit anderen gemeint.

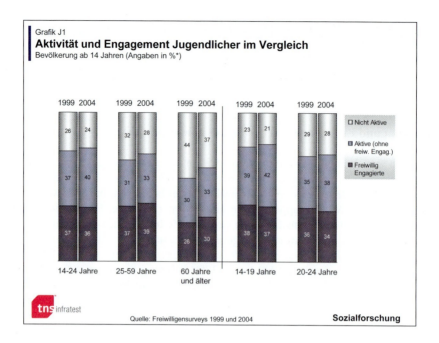

Grafik J1
Aktivität und Engagement Jugendlicher im Vergleich
Bevölkerung ab 14 Jahren (Angaben in %*)

Quelle: Freiwilligensurveys 1999 und 2004

Während der Anteil der freiwillig Engagierten bei den Jugendlichen im Vergleich zu 1999 auf hohem Niveau etwa gleich bleibt,[80] hat er bei der erwachsenen Bevölkerung im erwerbstätigen Alter leicht und bei den Senioren deutlich zugenommen.[81]

Will man beurteilen, wie sich die Situation des freiwilligen Engagements im Zeitvergleich entwickelt hat, so liefert die Engagementquote nur eine erste Information. Interessant ist darüber hinaus, ob sich das Ausmaß des Engagements gemessen am Zeitaufwand und der Anzahl der Tätigkeiten und ob sich die Relevanz des Engagements für den Einzelnen verändert hat.

Tabelle J1 zeigt, dass im Vergleich zu den Engagierten ab 25 Jahren bei Jugendlichen der Anteil derer, die zwei Tätigkeiten ausüben, stark zugenommen hat. Zu drei oder mehr engagierten Tätigkeiten kommt es dann erst im Verlauf des Erwachsenenlebens. Bei den Befragten unter 20 und noch stärker den 20- bis 24-Jährigen ist jeweils die Zahl der Engagierten mit „nur" einer Tätigkeit zurückgegangen, bei Letzteren allerdings auch der Anteil der „Hochengagierten" mit 3 und mehr Tätigkeiten.

Leicht zugenommen hat auch die persönliche Bedeutung des Engagements: ein Viertel aller engagierten Jugendlichen geben an, das freiwillige Engagement spiele eine sehr wichtige Rolle in ihrem Leben. Gestiegen ist hier vor allem der Anteil bei den Jugendlichen unter 20 Jahren, Jugendliche ab 20 wählten häufiger die Kategorie „wichtig".

---

[80] Eine Veränderung um 1% können wir in der Interpretation aufgrund der Fehlertoleranz nicht berücksichtigen.
[81] Diese Tendenz hat sich im Übrigen auch auf der Basis von Daten des Sozio-ökonomischen Panels abgezeichnet. Hier liegt zwar ein anderes, engeres Erhebungskonzept zugrunde, das ausschließlich auf „ehrenamtliche Tätigkeiten in Vereinen, Verbänden und sozialen Diensten" zielt, dennoch war auch hier im Vergleich von 1986 bis 2002 eine etwa gleich bleibende Zahl Jugendlicher mit ehrenamtlichen Tätigkeiten verzeichnet worden. Deutliche Zuwächse gab es beim ehrenamtlichen Engagement der Älteren, und hier besonders bei den Frauen.

Tabelle J1: Anzahl der Tätigkeiten und Wichtigkeit des Engagements, Engagierte ab 14 Jahren

		14-24 Jahre	25 Jahre +	14-19 Jahre	20-24 Jahre
Anzahl der Tätigkeiten					
1 Tätigkeit	1999	72	66	70	74
	2004	64	62	65	65
2 Tätigkeiten	1999	19	22	21	16
	2004	28	24	27	29
3 Tätigkeiten +	1999	9	12	9	10
	2004	8	14	8	6
Wichtigkeit des Engagements					
sehr wichtig	1999	23	29	19	26
	2004	25	28	24	26
wichtig	1999	55	49	57	53
	2004	55	55	53	56
weniger wichtig	1999	21	19	22	20
	2004	18	15	20	15
gar nicht wichtig	1999	1	3	2	1
	2004	2	2	3	1

Angaben in Prozent

Die Häufigkeit, mit der die freiwillige Tätigkeit ausgeübt wird, ist bei *Engagierten ab 25 Jahren* im Zeitvergleich bemerkenswert stabil. Dies gilt für die zeitaufwändigste (oder einzige) Tätigkeit und für die zweite freiwillige Tätigkeit. Es zeigt sich lediglich eine kleine Verschiebung hin zu etwas häufigerem Engagement. Bei den *Jugendlichen* liegen die 1999 ermittelten, verblüffend hohen Werte im Bereich sehr häufigen Engagements 2004 etwas niedriger. Damals hatten 41% der Jugendlichen gegenüber 28% der Engagierten jenseits des Jugendalters angegeben, sich mehrmals in der Woche Zeit für ihr Engagement (erste Tätigkeit) zu nehmen, desgleichen sogar noch 20% derjenigen, die eine zweite Tätigkeit ausübten. Die Zahlen haben sich nur leicht verändert: zugenommen hat die Angabe „einmal in der Woche", bei der zweiten Tätigkeit auch die Angabe „einmal im Monat". Jugendliche gehen ihrem Engagement immer noch deutlich häufiger nach als Engagierte über 24 Jahren.

Auch bei Jugendlichen ist die freiwillige Tätigkeit meist zeitlich nicht begrenzt. Drei Viertel aller jugendlichen Engagierten geben für die erste Tätigkeit an, die Aufgabe sei von unbegrenzter Dauer, genau wie die Engagierten ab 25. Auch im Zeitvergleich hat sich hier nichts geändert. Die zweite Tätigkeit jedoch ist 2004 öfter ein zeitlich begrenztes Engagement. Insgesamt zeigt das Ergebnis auf diese Frage auch für jugendliche Engagierte ein hohes Commitment und ist eher ein Beleg für die Stabilität des Engagements als für Spontaneität.

Insgesamt also bestätigt sich nach den Daten des zweiten Freiwilligensurveys das Bild einer aktiven Jugend mit stabil hoher Neigung zum Engagement. Diesen Eindruck vertiefen die Ergebnisse zum Engagementpotenzial. Dabei geht es sowohl um die Bereitschaft von bereits Engagierten, ihr Engagement auszuweiten (internes Engagementpotenzial), als auch um die grundsätzliche Bereitschaft der Nicht-Engagierten, eine freiwillige Tätigkeit aufzunehmen (externes Engagementpotenzial).

Tabelle J2: Häufigkeit der freiwilligen Tätigkeit, Engagierte ab 14 Jahren

		Erste Tätigkeit		**Zweite Tätigkeit**	
		14-24 Jahre	25 Jahre +	14-24 Jahre	25 Jahre +
Häufigkeit					
täglich					
	1999	3	4	6	1
	2004	4	5	2	2
mehrmals die Woche					
	1999	41	28	20	11
	2004	39	30	14	14
einmal die Woche					
	1999	23	24	24	18
	2004	26	23	29	17
mehrmals im Monat					
	1999	18	23	27	27
	2004	17	23	25	25
einmal im Monat					
	1999	9	12	12	22
	2004	7	12	20	20
seltener					
	1999	6	9	11	21
	2004	7	9	10	21
Die Aufgabe ist…					
zeitlich begrenzt /					
bald beendet	1999	25	25	29	29
	2004	24	25	39	29
unbegrenzt	1999	75	75	71	71
	2004	76	75	61	71

Angaben in Prozent

3.2 Gestiegenes Potenzial

Grafik J2 zeigt Engagement und Engagementbereitschaft und belegt, dass in allen Altersgruppen die Zahl derer abnimmt, die weder engagiert sind noch dazu bereit, sich zukünftig zu engagieren.

Die Gruppe der nicht zum Engagement Bereiten ist bei Jugendlichen besonders klein. Es wäre allerdings mehr als bedenklich, wenn schon in jungen Jahren die Anzahl derer, die für sich freiwilliges Engagement grundsätzlich ausschließen, hoch wäre oder höher als bei den Älteren. Im Vergleich zu 1999 ist die Zahl der engagementbereiten Jugendlichen auf 43% gestiegen, und dies zeigt sicherlich auch, dass noch viel Engagementpotenzial sozusagen „brachliegt". Bei den ab 60-Jährigen zeigt sich demgegenüber ein anderes Bild: hier ist die Engagementquote gestiegen, ebenso das Potenzial. Gut die Hälfte der Senioren ist weder engagiert noch bereit dazu, ein Engagement aufzunehmen. Dieses Ergebnis wird durch die Jahrgänge über 75 Jahre geprägt, die sich oft zu einer freiwilligen Tätigkeit nicht mehr in der Lage fühlen. Stark angestiegen ist die Engagementbereitschaft auch in der Altersgruppe der 25- bis 59-Jährigen.

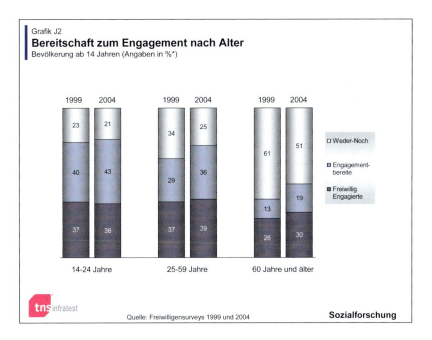

Grafik J3 ermöglicht eine differenzierte Betrachtung des Engagementpotenzials bei derzeit Nicht-Engagierten mit Blick auf die Verbindlichkeit der Bereitschaft zum Engagement. Die Antwort „vielleicht interessiert" an einer freiwilligen Tätigkeit ist möglicherweise doch eher eine Erklärung guten Willens, bei der unklar ist, ob Taten folgen. „Sicher interessiert" dagegen bezeichnet eine ganz andere Verbindlichkeit. In allen Altersgruppen ist der Anteil der Engagementbereiten leicht gewachsen, die Zuwächse liegen aber eher im Bereich der weniger verpflichtenden Bereitschaft, besonders bei der großen Gruppe der Befragten im Alter zwischen 25 und 59 Jahren.

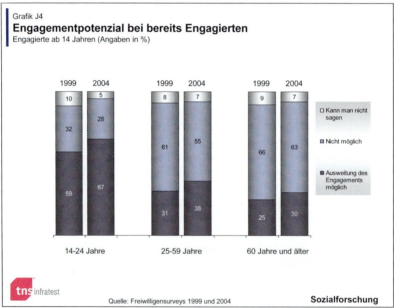

Beeindruckend ist die Zahl von 67% der engagierten Jugendlichen, die 2004 die Bereitschaft erklären, ihr freiwilliges Engagement „noch auszuweiten und weitere Aufgaben zu übernehmen, wenn sich etwas Interessantes bietet", so der Fragetext. Das bedeutet von einem 1999 hohen Ausgangsniveau aus nochmals eine Zunahme um 9 Prozentpunkte. Dies wirft ein Licht auf die Ansprechbarkeit, man könnte auch sagen den Tatendrang der engagierten Jugendlichen. Die Unterschiede zwischen den Altersgruppen sind in dieser Frage erheblich. Allerdings ist in allen drei Gruppen die Anzahl der zu weiterem Engagement Bereiten deutlich gewachsen.

Wenn man externes und internes Engagementpotenzial auf Basis *aller* Jugendlichen addiert, so heißt dies: Zusammen mit den 43% der Jugendlichen, die als Nicht-Engagierte bereit wären, eine Aufgabe zu übernehmen (s. Grafik J2), und den 21% aller Jugendlichen, die derzeit engagiert sind *und* einer Ausweitung des Engagements positiv gegenüberstehen (das sind die in Grafik J4 ausgewiesenen zwei Drittel der *engagierten* Jugendlichen), ergibt sich ein maximales Gesamtpotenzial von 64%. Dies also ist der Anteil der Jugendlichen, die mit unterschiedlicher Verbindlichkeit Aufgeschlossenheit für ein „Mehr" an Engagement signalisieren.

3.3 Zunahme von Aktivität und Engagement in den klassischen Bereichen

In welchen Bereichen zeigt sich die Zunahme der *Aktivität* Jugendlicher, die 2004 ermittelt wurde, vor allem? Dabei geht es um das Aktivsein, unabhängig davon, ob jemand darüber hinaus eine freiwillige Tätigkeit übernommen hat.

Tabelle J3 zeigt, dass die Aktivität Jugendlicher prinzipiell sehr ähnlich verteilt ist, wie bereits 1999 festgestellt. Eine Zunahme gab es vor allem in den Bereichen Sport, Schule, Kirche und in etwas geringerem Umfang im Bereich Kultur und Musik. Somit ist es das klassische persönliche Umfeld Heranwachsender, bestimmt von Schule, Sportverein und Kirche, in dem Jugendliche heute noch stärker mitmachen. Besonders ausgeprägt trifft dies auf die Jüngeren unter 20 Jahren zu, wo die Aktivität in diesen drei Bereichen um jeweils 5 Prozentpunkte zugenommen hat. Bei den Jugendlichen ab 20 zeigt sich die zunehmende Aktivität vor allem in der außerschulischen Jugend- und Bildungsarbeit und ist ansonsten recht gleichmäßig über die Tätigkeitsfelder verteilt.

Im Vergleich zur Bevölkerung ab 25 Jahren – und hier gibt es keine grundsätzliche Veränderung im Zeitvergleich – sind es die Interessenbereiche Sport sowie Kultur und Musik, außerdem die freiwillige Feuerwehr und die Rettungsdienste, wo jugendliche Aktivität vorrangig ihren Platz hat. In anderen Bereichen, die im engeren oder weiteren Sinn dem sozialen oder politischen Feld zuzurechnen sind, ist jugendliche Aktivität unterrepräsentiert. Im sozialen Bereich sind mehr Menschen ab 25 Jahren aktiv geworden, bei Jugendlichen hat sich die geringe Aktivitätsquote nicht verändert.

Was das *freiwillige Engagement* Jugendlicher betrifft, so fällt zunächst der Rückgang im Bereich Freizeit und Geselligkeit ins Auge. Offenbar fallen hier weniger Tätigkeiten an, die als Engagement eingestuft werden können, wogegen die Aktivität nach wie vor in diesem Bereich recht ausgeprägt ist.

Tabelle J3: Aktivität und freiwilliges Engagement von Jugendlichen nach Tätigkeitsbereichen, Bevölkerung ab 14 Jahren

		Aktivität				Engagement	
		14-24 Jahre	25 Jahre +	14-19 Jahre	20-24 Jahre	14-24 Jahre	25 Jahre +
Sport und Bewegung	1999	51	34	54	48	15	11
	2004	54	37	59	49	14	12
Kultur und Musik	1999	20	15	24	15	5	5
	2004	22	17	27	17	5	6
Freizeit und Geselligkeit	1999	29	24	30	28	7	5
	2004	30	25	32	27	4	5
Sozialer Bereich	1999	8	11	6	9	2	4
	2004	8	14	8	9	3	6
Gesundheit	1999	3	5	2	4	1	1
	2004	3	5	3	4	0	1
Schule und Kindergarten	1999	12	11	17	5	6	6
	2004	15	12	22	8	7	7
Jugend- und Bildungsarbeit	1999	8	6	7	8	2	2
	2004	9	7	8	11	4	2
Umwelt- und Tierschutz	1999	7	9	7	7	2	2
	2004	8	10	7	8	2	3
Politik und Interessenvertretung	1999	5	7	4	5	2	2
	2004	5	7	4	6	2	3
Berufl. Interessenvertretung	1999	5	10	3	8	1	2
	2004	4	10	2	6	1	2
Kirche und Religion	1999	11	10	12	9	5	5
	2004	14	11	17	10	6	6
FFW und Rettungsdienste	1999	7	4	7	7	4	3
	2004	8	5	10	7	4	3
Lokal. Bürgerengagement	1999	3	5	3	2	1	2
	2004	3	7	3	4	3	3
Summe Mehrfachnennungen							
	1999	166	151	175	155	53	50
	2004	185	176	201	166	55	57

Angaben in Prozent, Mehrfachnennungen

Grafik J5 macht die Entwicklung zwischen 1999 und 2004 auf Basis der Zahlen für die engagierten Jugendlichen noch deutlicher sichtbar. Eine Zunahme des Engagements zeichnet sich in den Feldern Schule (und Kindergarten), Jugendarbeit (und Erwachsenenbildung) sowie im kirchlichen Bereich ab.

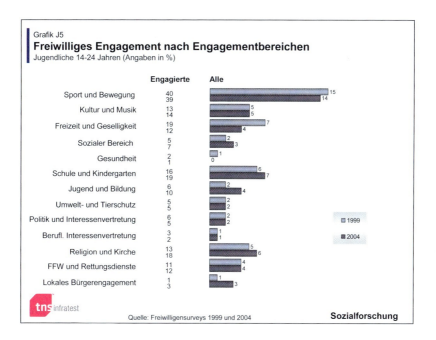

Hier ein Wort zu den Bereichen „Schule und Kindergarten" sowie „außerschulische Jugend- und Bildungsarbeit". Was das freiwillige Engagement Jugendlicher betrifft, so spielt der Kindergarten als Engagementfeld praktisch keine Rolle, so dass es berechtigt ist, hier nur von der Schule zu sprechen. Dies ergibt sich aus einer Zusatzfrage, in der nur ein minimaler Anteil jugendlicher Engagierter angibt, bei ihrem Engagement ginge es um Kinder im Vorschulalter. Im Falle der „außerschulischen Jugendarbeit oder Bildungsarbeit für Erwachsene" gaben im ersten Freiwilligensurvey 95% der jugendlichen Engagierten (auf Basis aller Tätigkeiten) an, ihr Engagement käme Kindern und Jugendlichen zugute, 5% meinten: „kein spezieller Personenkreis". 2004 ist der Anteil der Jugendlichen etwas geringer, die hier ausschließlich ein Engagement für Kinder und Jugendliche sehen, mit über 80% fast genauso hoch wie der Anteil bei Schule und Kindergarten, wo praktisch nur Kinder und Jugendliche als Nutznießer in Frage kommen. Ein Teil der jugendlichen Befragten nennt keinen spezifischen Personenkreis. Das heißt, die Zusatzangabe „Bildungsarbeit *für Erwachsene*" ist insbesondere bei jugendlichen Engagierten praktisch zu vernachlässigen.
Gleichzeitig ist zu bedenken, dass im Grunde in einer ganzen Reihe von Tätigkeitsbereichen außerschulische Jugendarbeit geleistet wird. Neben Schule und Kindergarten ist vor allem der Bereich Sport zu nennen. Hier kommen 2004 knapp 70% der Tätigkeiten jugendlicher Engagierter Kindern und Jugendlichen zugute und 45% der Tätigkeiten aller Engagierten. Auch die Kirchen sind traditionell Akteure im Bereich der Jugendarbeit: Hier sind

es ein Viertel aller Tätigkeiten, die der Zielgruppe „Kinder und Jugendliche" gelten und zwei Drittel der Tätigkeiten von jugendlichen Engagierten.

Im Freiwilligensurvey wird die Zuordnung zu den Engagementbereichen im Interview vom Befragten selbst vorgenommen und bei der Datenprüfung nur in eindeutig fehlerhaften Fällen korrigiert. Eine Tätigkeit im Bereich der kirchlichen Jugendarbeit beispielsweise könnte sowohl dem Bereich „außerschulische Jugendarbeit" wie dem Bereich „Kirche und Religion" zugeordnet sein. Vorrang hat die Einschätzung der Befragten.

Insofern ist also die „außerschulische Jugend- und Bildungsarbeit" nur ein Bereich, in dem die Jugendarbeit bei weitem dominiert, nicht aber der einzige Bereich, in dem Jugendarbeit geleistet wird.

In diesem Tätigkeitsbereich hat das Engagement Jugendlicher deutlich zugenommen, ähnlich dem Engagement im Rahmen der Schule. Die kräftigste Zunahme von jugendlichem Engagement ist im kirchlichen Bereich zu konstatieren. Keine Veränderung zum Positiven, sprich zu mehr Engagement, gibt es im Bereich Politik, wo jugendliches Engagement weiterhin eher schwach ausgeprägt ist. Eine kleine Verbesserung der Engagementquote Jugendlicher deutet sich im sozialen Bereich an.

Nicht nur für die Aktivität, auch für das Engagement Jugendlicher kann man also festhalten: es sind die klassischen Felder jugendlichen Engagements bzw. die Bereiche, in denen in besonderem Maß Strukturen für jugendliches Engagement vorhanden sind, wo sich 2004 eine Zunahme verzeichnen lässt.

3.4 Strukturelle Verschiebungen

Neben der Zuordnung des eigenen freiwilligen Engagements zu einem Tätigkeitsbereich sollten die Befragten auch angeben, in welchem organisatorischen Rahmen sie tätig sind, ob in einem Verein, einer Partei, einer selbst organisierten Gruppe. Insbesondere für Jugendliche ist dies eine nicht ganz einfache Frage, zum einen, weil Fragen der Organisationsstruktur Jugendliche vermutlich nicht sonderlich interessieren, zum anderen, weil die organisatorischen Zusammenhänge tatsächlich nicht immer leicht zu durchschauen sind. Ob z.B. eine Initiative zur Ausrichtung eines Musikfestivals aus formalen Gründen als Verein organisiert ist, dürfte den teilnehmenden Jugendlichen durchaus nicht immer präsent sein.

Eine Kreuztabellierung über alle Tätigkeiten zeigt für einige Tätigkeitsbereiche sehr einfache organisatorische Zuordnungen, für andere ein komplexes Muster. Im Sport dominierten zu 90% die Vereine, die auch eine große Rolle im Kultur- und Freizeitbereich spielen, sowie im Bereich von Umwelt, Natur- und Tierschutz. Politisches Engagement findet naturgemäß vorwiegend in Parteien statt, aber auch in staatlichen oder kommunalen Einrichtungen. Im sozialen und Gesundheitsbereich, in der Jugend- und Bildungsarbeit spielen neben Vereinen und Verbänden auch die Kirche bzw. kirchliche Vereinigungen eine nennenswerte Rolle.

Der Zuwachs von freiwilligem Engagement in einigen Tätigkeitsbereichen muss sich also nicht gleichermaßen in bestimmten „zugeordneten" Organisationsstrukturen abbilden (mehr Engagement in der Schule also z.B. nicht als Zunahme von Engagement in staatlichen und kommunalen Einrichtungen etc.). Hinzu kommt, dass die Frage nach den Organisationsstrukturen auch Vorgaben wie „Initiativen und Projekte" und „selbst organisierte Gruppen" enthält. Diese wiederum können sich auch unter dem Dach größerer Organisationen bilden, im Rahmen von Verbänden, Vereinen, Parteien etwa und natürlich in Institutionen wie der Schule oder der Kirche.

Tabelle J4: Organisatorischer Rahmen des freiwilligen Engagements, Engagierte ab 14 Jahren

		Erste Tätigkeit		**Zweite Tätigkeit**	
		14-24 Jahre	25 Jahre +	14-24 Jahre	25 Jahre +
Verein	1999	49	49	26	34
	2004	49	49	30	38
Verband	1999	6	8	4	10
	2004	5	8	2	7
Gewerkschaft	1999	0	2	4	3
	2004	0	1	1	3
Partei	1999	3	3	1	5
	2004	2	2	3	2
Kirche / religiöse Vereinigung	1999	15	13	10	16
	2004	12	15	25	15
Selbsthilfegruppe	1999	2	2	0	2
	2004	1	1	0	2
Initiative / Projekt	1999	3	2	20	4
	2004	7	5	12	4
Selbstorganisierte Gruppe	1999	6	6	13	8
	2004	8	5	10	7
Staatl. / kommunale Einrichtung	1999	11	10	17	13
	2004	10	10	8	16
Private Einrichtung / Stiftung	1999	1	3	0	1
	2004	4	2	4	2
Sonstiges	1999	4	2	5	4
	2004	2	3	5	4

Angaben in Prozent

In Tabelle J4 sind die Ergebnisse zum organisatorischen Rahmen des freiwilligen Engagements für die erste und zweite Tätigkeit zusammengestellt. Für die *erste freiwillige Tätigkeit* zeichnet sich klar ein Zuwachs in den eher informellen Strukturen, den Formen der Selbstorganisation, ab: bei Initiativen und Projekten, bei selbst organisierten Gruppen und außerdem bei privaten Einrichtungen oder Stiftungen.

Diese Entwicklung ist weitgehend auf das jugendliche Engagement beschränkt, für das Engagement der Bevölkerung ab 25 Jahre lässt sich nur eine Zunahme bei Initiativen und Projekten feststellen, mit 5% bleibt der Anteil hier aber unter dem der Jugendlichen.

Was die *zweite Tätigkeit* betrifft, so zeigt sich beim jugendlichen Engagement eine entgegengesetzte Veränderung.[82] 1999 waren Formen der Selbstorganisation bei der zweiten Tätigkeit Jugendlicher ein sehr häufiges Phänomen. Ein Drittel dieser Tätigkeiten fand in Initiativen, Projekten oder selbst organisierten Gruppen statt. 2004 sind die Zahlen hier deutlich zurückgegangen. Einen Zuwachs gibt es nur bei den privaten Einrichtungen, bei denen man vermuten kann, dass sie ebenfalls eine weniger traditionelle Organisationsform aufweisen. Einen angesichts der relativ geringen Fallzahl kaum zu bewertenden Zuwachs stellen wir bei Parteien fest, einen größeren bei den Vereinen. Die entscheidende Veränderung jedoch ist die enorme Zunahme des jugendlichen Engagements im Rahmen kirchlicher Vereinigungen.

Dass es insgesamt über alle Tätigkeiten Jugendlicher eine Zunahme des Engagements im Rahmen von Kirche und Religionsgemeinschaften gab, hatten wir angesichts der Auswertung nach Tätigkeitsbereichen bereits festgestellt. Die Aufschlüsselung nach den Organisationsstrukturen zeigt nun, dass es sich dabei 2004 häufig um die zweite Tätigkeit Jugendlicher handelt. Bei der ersten (oder einzigen) Tätigkeit kann man einen kleinen Rückgang des Engagements im Rahmen der Kirche feststellen, bei der zweiten Tätigkeit eine erhebliche Zunahme von 10% auf 25%.

Die zweite wichtige Veränderung betrifft – wie schon erwähnt – die Formen der Selbstorganisation. Diese gewinnen insofern an Bedeutung, als sie häufiger als Organisationsformen der ersten Tätigkeit genannt werden, die ja zugleich bei sehr vielen die einzige ist und damit quantitativ mehr ins Gewicht fällt. Bei den Engagierten mit mehr als einer Tätigkeit ist die erste Tätigkeit die zeitaufwändigste. Somit hat hier eine Verschiebung stattgefunden und der Stellenwert von informellen, weniger traditionellen Organisationsformen hat zugenommen.

Einerseits erleben wir also ein „Mehr" an Engagement in Schule, Kirche und Jugendarbeit, andererseits sehen wir die gewachsene Bedeutung von Initiativen, Projekten und selbst organisierten Gruppen. Daher ist es naheliegend zu prüfen, ob diese Organisationsformen in den Tätigkeitsbereichen mit mehr Zulauf zum Engagement auch wichtiger geworden sind als früher. Für Kirche und Jugendarbeit lässt sich dies nicht nachweisen, jedoch sehr deutlich im Bereich schulischen Engagements.[83] 1999 entfielen auf alle Tätigkeiten Jugendlicher im Rahmen der Schule 31% auf Initiativen, Projekte und Gruppen, 2004 war es bereits knapp die Hälfte der Tätigkeiten.

Wichtig erscheint, dass diese Entwicklungen nur für Jugendliche festzustellen sind. Bei den Engagierten ab 25 Jahren ist, was die zweite Tätigkeit betrifft, ein häufigeres Engagement im Rahmen von staatlichen und kommunalen Einrichtungen sowie Vereinen festzustellen. Bei Initiativen und Projekten zeichnet sich dagegen eine Abnahme des Engagements ab, ebenfalls bei Parteien und Verbänden. Eher gibt es einen leichten Bedeutungszuwachs der traditionellen Vereinsheimat.

Entsprechend der Ergebnisse bei den Organisationsformen des freiwilligen Engagements, die einen neuen Stellenwert für eher lockere Formen des Engagements aufzeigen, hat sich auch bei den von den Jugendlichen gewählten Bezeichnungen für ihre freiwillige

---

[82] Zu berücksichtigen ist hier allerdings eine größere Fehlertoleranz, da die Fallzahlen der Jugendlichen, die über eine zweite Tätigkeit Auskunft gaben, relativ klein ist (N=120).
[83] Dies kann an der Fragestellung bzw. den verfügbaren Vorgaben liegen, denn in der Frage nach den Organisationsformen gibt es u.a. die Vorgabe „kirchliche Einrichtungen", die logischerweise von den im kirchlichen Tätigkeitsbereich Engagierten auch gewählt wird. Sie sticht damit praktisch andere organisatorische Zuordnungsmöglichkeiten (wie Gruppen und Initiativen etc.) aus.

Tätigkeit etwas geändert. Die Engagierten wählen für die zeitaufwändigste Tätigkeit unter verschiedenen Alternativen häufiger als 1999 den Begriff „Initiativen- und Projektarbeit" als charakteristisch für ihre Tätigkeit (9 versus 11%), für die zweite Tätigkeit sogar doppelt so häufig (4 versus 8%).[84] Auch hier lässt sich bei den Engagierten über 24 Jahren keine entsprechende Tendenz nachweisen.

Einstweilen sei festgehalten, dass sich bei jugendlichen Engagierten bestimmte typische strukturelle Veränderungen abzeichnen. Dabei nimmt zwar das Engagement in den für Jugendliche traditionellen Institutionen und Engagementzusammenhängen wie Schule, Kirche und Jugendarbeit zu, gleichzeitig wächst der Stellenwert informeller Formen des Engagements. Diese werden in der Diskussion üblicherweise den neueren Formen des Engagements zugerechnet. Die Entwicklung ist aber offensichtlich sehr differenziert zu betrachten. So verdient z.B. die gewachsene Bedeutung kirchlicher Einrichtungen und Angebote für Aktivität und Engagement Jugendlicher besondere Aufmerksamkeit. Das Gesamtbild legt eher nahe, auf „neue Vereinbarkeiten" zu achten, als in den Schubladen „alt" und „neu" zu denken.

---

[84] Im Fragetext genannt waren: Freiwilligenarbeit, Ehrenamt, bürgerschaftliches Engagement, Initiativen- und Projektarbeit, Selbsthilfe, nebenberufliche Tätigkeit.

4 Erklärungsfaktoren des freiwilligen Engagements

Es gibt eine Reihe von Merkmalen, die – wie wir auch aus dem ersten Freiwilligensurvey wissen – mit Aktivität und freiwilligem Engagement in der Gesellschaft zusammenhängen. Neben sozialstrukturellen Merkmalen sind es vor allem Variablen, die für soziale Integration stehen und für die Nähe zu Kirche und Religion. Auch Werte haben einen deutlich erkennbaren Einfluss. Dies zeigt sich auf der Basis eines Regressionsmodells für alle Befragten des Freiwilligensurveys.[85] Allerdings: gilt dies in gleichem Maße auch für unterschiedliche Altersgruppen? Gelten die gleichen Zusammenhänge für Befragte im Seniorenalter wie für Jugendliche? Und hat sich an der Erklärungskraft der Merkmale im Zeitvergleich etwas geändert? Wenn ja, welche Merkmale sind wichtiger, welche weniger wichtig geworden?

4.1 Bildung und soziale Einbindung

Für die Frage, ob Jugendliche gemeinschaftlich aktiv sind und ob sie sich freiwillig engagieren, spielt ihr Bildungsstatus eine ganz entscheidende Rolle. Diesen für Jugendliche zu bestimmen, war 2004 besser möglich, da neben der Frage nach dem erreichten Bildungsabschluss nun für Schüler auch die Frage nach der Schulform in den Fragenkatalog aufgenommen wurde.[86] Die Merkmale Beruf und Einkommen sind für Jugendliche generell betrachtet noch wenig aussagekräftig, daher ist der Bildungsstatus hier zentrales Schichtmerkmal. Das Haushaltseinkommen, ein bei Jugendlichen eingeschränkt aussagekräftiges Schichtmerkmal, ist kaum relevant für die Frage, ob Jugendliche sich engagieren.[87]

---

[85] Vgl. Hauptbericht, Kapitel 3.1.

[86] Im ersten Freiwilligensurvey 1999 war keine Frage an Schüler nach der Schulart enthalten. Stattdessen wurden alle Befragten nach ihrem *Schulabschluss* gefragt. Schüler nannten entweder ihren angestrebten oder ihren bisher erreichten Schulabschluss. Beim Bilden der dreistufigen Bildungsstatusvariable wurde für die Daten der Schüler aus 1999 diese Angabe zum Abschluss berücksichtigt. Die verbleibenden Schüler, die sich damals in die Kategorie „bin noch Schüler" einordneten, wurden dem mittleren Bildungsstatus zugeschlagen. Der etwas zu hohe Anteil von Schülern mit mittlerem Bildungsstatus 1999 erklärt sich aus dieser im Vergleich zu 2004 ungenaueren Erfassung.

Um den Bildungsstatus von Schülern im zweiten Freiwilligensurvey exakter zu erfassen, wurden Schüler gefragt, welchen *Schultyp* sie besuchen. Entsprechend dieser Einordnung wurden sie in drei Bildungsstufen eingeteilt (hohe, mittlere, niedrige Schulbildung). Die detailliertere Erfassung des Schultyps führte somit zu einer exakteren Einteilung der Schüler in die drei Bildungskategorien.

Die Variable „Bildungsstatus" wurde aus den Angaben von 1999 und 2004 folgendermaßen gebildet: Jugendliche, die die Hauptschule besuchen bzw. den Hauptschulabschluss anstreben oder aber keinen Schulabschluss besitzen, wurden der Gruppe „niedriger Bildungsstatus" zugeordnet. Jugendliche, die die Realschule besuchen oder angeben, bisher die mittlere Reife erreicht zu haben bzw. diese anzustreben, sind im „mittleren Bildungsstatus" zusammengefasst. Hier findet sich auch der Teil der Gymnasiasten, die die 10. Klasse des Gymnasiums abgeschlossen haben und 1999 nicht den angestrebten Schulabschluss (Abitur) angeben. In der Gruppe mit „hohem Bildungsstatus" befinden sich diejenigen Jugendlichen, die das Gymnasium besuchten oder das Abitur bzw. die Fachhochschulreife anstreben.

[87] Ein Problem ist auch, dass Jugendliche in Umfragen oft keine oder nur eine unzuverlässige Auskunft über das zumeist elterliche Haushaltseinkommen geben können.

Tabelle J5: Aktivität und Engagement nach Bildungs- und Erwerbsstatus, Jugendliche 14-24 Jahre

Prozentwerte quer		nicht Aktive	Aktive, ohne Engagement	Engagierte
Bildungsstatus				
niedrig	1999	36	29	35
	2004	35	43	22
mittel	1999	26	38	36
	2004	26	42	32
hoch	1999	21	39	40
	2004	18	39	43
Erwerbsstatus				
Schüler	1999	20	41	39
	2004	19	43	38
Studenten	1999	19	35	46
	2004	22	36	42
Azubis	1999	37	35	28
	2004	35	31	34
Erwerbstätige	1999	29	32	39
	2004	25	43	32
Sonstige	1999	39	31	30
	2004	36	40	24

Angaben in Prozent

Unbestritten haben für die schichtspezifische Zuteilung von Chancen in der Gesellschaft und dementsprechend für die soziale Stellung die Wahl des Schultyps und der entsprechende Bildungsabschluss hohe Bedeutung. Dabei ist die Wahl des Bildungsweges in Deutschland nach wie vor sehr stark durch die schichtspezifische familiäre Herkunft determiniert.[88] Auch im freiwilligen Sektor zeigt sich die Bedeutung des Bildungsstatus als Differenzierungsmerkmal: wer einen niedrigen Bildungsstatus hat, ist häufiger nicht aktiv und wenn aktiv, dann ohne Übernahme einer freiwilligen Tätigkeit. Nach den Ergebnissen des Freiwilligensurveys von 2004 sind nur 22% der Jugendlichen mit niedrigem Bildungsstatus engagiert gegenüber 43% der Jugendlichen mit hohem Abschluss bzw. hoher Bildungsaspiration. Umgekehrt sind nur 18% der Jugendlichen mit hohem Bildungsstatus in keinerlei gemeinschaftliche Aktivität involviert, aber mehr als ein Drittel aller Jugendlichen mit niedrigem Status. Die Jugendlichen mit mittlerem Bildungsstatus sind häufig aktiv, vielfach aber ohne sich darüber hinaus freiwillig zu engagieren. Bei wie erwähnt leicht eingeschränkter Vergleichbarkeit zeigt sich zwischen 1999 und 2004 eine zunehmende Bedeutung des Bildungsstatus. Im Folgenden wird noch zu sehen sein, dass der Faktor Bildung als Differenzierungsmerkmal für die Vorhersage von Aktivität und freiwilligem Engagement bei Jugendlichen deutlich aussagekräftiger ist als bei Engagierten zwischen 25 und 59 Jahren und bei Senioren.

---

[88] Vgl. auch Linssen, Leven, Hurrelmann in Shell Jugendstudie 2002, S. 53 f.

Im Übrigen zeigen die Daten auch einen Unterschied in der Intensität bzw. der Häufigkeit des Engagements je nach Bildungsstatus. Mehr Jugendliche mit hohem Bildungsstatus üben mehr als eine Tätigkeit aus, ihr Engagement ist häufiger mit einer regelmäßigen zeitlichen Verpflichtung verknüpft und/oder findet mehrmals pro Woche statt.

Der Erwerbsstatus Jugendlicher hat für Aktivität und freiwilliges Engagement ebenfalls einen hohen Stellenwert. Die höchste Engagementquote haben Studenten. Nach den Daten von 2004 sind Schüler die Gruppe mit dem zweithöchsten Anteil freiwillig Engagierter, bei ihnen ist außerdem der Anteil der Aktiven ohne freiwilliges Engagement besonders hoch. Verglichen zu 1999 ist die Engagementquote bei den Auszubildenden deutlich gestiegen. Bei den jugendlichen Erwerbstätigen dagegen sind weniger Befragte engagiert, dafür ist der Anteil der aktiven Jugendlichen ohne freiwillige Tätigkeit 2004 höher. Der geringste Anteil an Engagierten findet sich bei der Gruppe der „Sonstigen", in der geringfügig Beschäftigte, Arbeitslose und Hausfrauen zusammengefasst wurden.

Schüler sind diejenige Gruppe, die am ehesten über freie oder frei einteilbare Zeit verfügen, wobei Letzteres weitgehend auch für Studenten gilt. Bei Schülern findet freiwilliges Engagement sehr häufig werktags nachmittags statt (47%), erwerbstätige Jugendliche sind hier auf die Abendstunden oder die Wochenenden angewiesen. Insofern ist die Tatsache des Vormittagsunterrichts an deutschen Schulen eine äußerst günstige Voraussetzung für Aktivität und Engagement. Wie sich die größere Verbreitung von Ganztagsschulen auf das Engagement der Schüler auswirkt, kann aufgrund der zu geringen Zahl von Schülern in diesem Schultyp im Freiwilligensurvey noch nicht festgestellt werden. Sicherlich dürften Pläne sinnvoll sein, die vorsehen, freiwilliges Engagement im Rahmen des Nachmittagsunterrichts zu fördern.

Schon im ersten Freiwilligensurvey wurde auf die enge Beziehung zwischen sozialer Integration und Engagement verwiesen. Sicherlich geht es hier um eine Wechselwirkung, denn es dürfte klar sein, dass Aktivität und freiwilliges Engagement ihrerseits zur sozialen Integration beitragen. Freiwillig Engagierte haben erheblich häufiger einen großen Freundes- und Bekanntenkreis als Nicht-Engagierte und vor allem Nicht-Aktive.

Wer aktiv ist und besonders, wer sich engagiert, ist auch häufiger zu Hilfeleistungen bereit, im Sinne von „Besorgungen, kleinen Arbeiten oder der Betreuung von Kindern und Kranken" außerhalb des eigenen Haushalts. Freiwillig Engagierte nehmen also ihr soziales Umfeld bewusster wahr und wirken sozial unterstützend. 2004 zeigt sich dieser Zusammenhang noch deutlicher.

Bindung an Konfession und Kirche bedeutet häufig neben der Nähe zu Religion und Glauben die Einbindung in das soziale Geschehen innerhalb einer Gemeinde. Seit dem ersten Freiwilligensurvey wissen wir, dass auch bei Jugendlichen Konfessionszugehörigkeit und Kirchenbindung mit vermehrtem Engagement einhergehen. Für das Merkmal „Konfession" zeigt sich dies 2004 noch klarer; der Zusammenhang zwischen Engagement und Kirchenbindung ist 2004 auch nachweisbar, aber etwas schwächer ausgeprägt. Generell hat die Kirchenbindung bei Jugendlichen seit 1999 zugenommen bzw. ist stärker geworden. Interessant ist im Übrigen, dass die Art der Konfessionszugehörigkeit im Hinblick auf vermehrtes Engagement relativ unerheblich ist: sowohl für junge Katholiken wie für Jugendliche evangelischen Glaubens zeichnet sich ein schwach positiver Zusammenhang zum Engagement ab. Was demnach vor allem zählt, ist die Tatsache der konfessionellen Bindung überhaupt.

Tabelle J6: Aktivität und Engagement nach sozialer Einbindung und Nähe zur Kirche/ Religion, Engagierte Jugendliche 14-24 Jahre

Prozentwerte senkrecht		alle Jugendlichen	nicht Aktive	Aktive, ohne Engag.	Engagierte
Freundes- und Bekanntenkreis					
sehr groß	1999	40	39	34	46
	2004	36	27	34	46
mittel	1999	44	43	49	41
	2004	45	48	50	38
eher klein	1999	16	18	17	13
	2004	19	25	16	16
Erbringe Hilfe für andere (außerhalb des Haushalts)*					
	1999	75	68	73	80
	2004	73	66	68	82
Konfessionell gebunden*					
	1999	67	62	64	73
	2004	63	47	64	73
Neue Basis:					
konfessionell gebunden					
Kirchenbindung					
stark	1999	10	7	7	16
	2004	16	13	13	20
mittel	1999	40	31	42	43
	2004	38	35	39	38
wenig	1999	50	62	51	41
	2004	46	52	48	42

Angaben in Prozent / * Rest auf 100% = nein

4.2 Erklärungsfaktoren im Kontext

Wie wir bisher gesehen haben, zeigte sich bei den Jugendlichen für eine Reihe struktureller und kultureller Merkmale ein positiver Zusammenhang mit dem freiwilligen Engagement. Allerdings sind diese Merkmale nicht isoliert zu sehen, sondern sie hängen miteinander zusammen, bedingen sich gegenseitig. Politisches Interesse beispielsweise hat offenbar großen Einfluss auf das Auftreten von freiwilligem Engagement. Wer stark politisch interessiert ist, engagiert sich mit erheblich größerer Wahrscheinlichkeit. Jedoch sind die Bildung und ihr positiver Einfluss auf das Engagement der wichtigere Hintergrund, der bedeutend mehr erklärt. Diese Zusammenhänge erschließen sich über eine Regressionsanalyse.

Hier werden mit einem multivariablen Rechenverfahren aus einem Satz von unabhängigen Variablen diejenigen bestimmt, die den höchsten Erklärungswert für die abhängige Variable haben, in unserem Fall das freiwillige Engagement. Korrelationskoeffizienten (Beta bzw. R^2) geben den Erklärungsgehalt des einzelnen Merkmals bzw. den des gesamten Erklärungsmodells an. (Bei einem vollständigen Zusammenhang zweier Merkmale nimmt der Korrelationskoeffizient den Wert 1.0 an, bei Unabhängigkeit den Wert .0 und den Wert -1.0 bei völlig gegenläufigem Zusammenhang.)

Tabelle J7: Erklärungsmodell: Altersgruppen im Vergleich, Bevölkerung ab 14 Jahren

	14-24 Jahre	25-59 Jahre	60 Jahre +
Haushaltseinkommen*		.04	n.s.
Haushaltsgröße	n.s.	.05	n.s.
Bildungsstatus	.18	.07	.11
Lebensalter	-.13	n.s.	-.16
Region: alte Bundesländer	.06	n.s..	n.s.
Geschlecht: Mann	.06	.02	n.s.
Deutsche Staatsangehörigkeit	.07	.03	.04
Erwerbstätig	-.06	-.03	n.s.
Ortsgröße nach BIK	-.07	-.07	n.s.
Größe des Freundes- und Bekanntenkreises	.12	.19	.25
Kirchenbindung	.12	.13	.15
Spendenhöhe	.07	.09	.04
Kreativitäts- und Engagementwerte	.07	.12	.12
Ordnungs- und Pflichtwerte	-.04	-.07	n.s.
Hilft gelegentlich Person außerhalb des Haushaltes	.10	.08	.08
Politisches Interesse	.08	.06	.06
Kenntnis Kontakt- und Beratungsstellen für freiwilliges Engagement	n.s.	.08	.10
Persönliche Wirtschaftslage	n.s.	n.s.	n.s.
R^2	**.15**	**.18**	**.24**

n.s. bedeutet nicht signifikant / * Haushaltseinkommen wegen zu vieler fehlender Angaben bei Jugendlichen nicht im Modell verwendet

Tabelle J7 zeigt den Erklärungswert unterschiedlicher sozialstruktureller bzw. schichtbezogener und kultureller bzw. sozialintegrativer Variablen für das Auftreten von freiwilligem Engagement für das Jahr 2004. In den Zeilen der einzelnen Merkmale stehen die partiellen Korrelationskoeffizienten (Beta), die den Beitrag der jeweiligen Variablen zur Erklärungskraft des Modells angeben. In der letzten Zeile wird die Erklärungskraft des gesamten Modells ausgewiesen (R²). Hier erkennt man, dass sich Aktivität und freiwilliges Engagement umso besser aus dem verfügbaren Satz an Merkmalen erklären lassen, je älter die Befragten sind. Man erkennt außerdem, dass noch Raum für andere Merkmale bleibt, die wir nicht erfasst haben, wie z.B. Persönlichkeitsmerkmale, Gelegenheiten zum Engagement oder Schlüsselereignisse, die zum Engagement führten. Dennoch ist die Erklärungskraft nach Maßstäben der empirischen Sozialforschung recht gut, besonders bei Befragten ab 60 Jahren.

Bei Jugendlichen ist der Bildungsstatus der ausschlaggebende Erklärungsfaktor (.18). Ein negativer Zusammenhang wird für das Lebensalter ausgewiesen (-.13), d.h. je jünger die Befragten, desto häufiger sind sie engagiert. Zwei weitere wichtige positive Erklärungsfaktoren sind die Größe des Freundes- und Bekanntenkreises (.12) und die Kirchenbindung (.12). Diese und andere Zusammenhänge (z.B. männliches Geschlecht, Wohnort alte Bundesländer) wurden bereits anhand der bisherigen (bivariaten) Analysen deutlich. Das multivariate Modell gibt jedoch eine Rangfolge für die Erklärungskraft der Variablen an. Wie schon gesagt zeigt sich dabei, dass die zentrale Schichtvariable Bildung mit Abstand die höchste Vorhersagekraft für das Engagement Jugendlicher hat. Dagegen hat die Einschätzung der persönlichen Wirtschaftslage praktisch keinen signifikanten Einfluss auf das Engagement Jugendlicher.

Ein anderer Faktor, der bisher noch nicht erwähnt wurde, ist die Ortsgröße: hier zeigt sich ein negativer Zusammenhang, also je kleiner die Gemeinde, desto eher sind offenbar Gelegenheit und soziale Anreize zu Engagement gegeben, oder: je überschaubarer das kommunale Umfeld, desto integrativer, wobei Engagement selbst integrierend wirkt. Das gilt auch für die Randgebiete großer Ballungsräume, wo viele Familien mit Kindern und Jugendlichen wohnen.

Bei Jugendlichen stärker als in anderen Altersgruppen zeigt sich auch, dass die Frage der Staatsangehörigkeit für das Engagement eine Rolle spielt, insofern nicht-deutsche Jugendliche weniger häufig engagiert sind. Migranten leben außerdem viel häufiger in Kerngebieten von Großstädten, wo das Engagement allgemein niedriger ist. Dennoch vermittelt auch dieses Ergebnis den Eindruck, vor allem das jugendliche Engagement sei sozialer Selektion unterworfen und selbst selektierendes Merkmal zumindest im Hinblick auf Integration in der Gesellschaft.

Im Altersvergleich wird deutlich, dass Bildung für die anderen Altersgruppen ein weniger stark differenzierendes Merkmal ist. Bei den Engagierten im Alter zwischen 25 und 59 Jahren hat der Bildungsstatus sehr viel weniger Bedeutung als bei Jugendlichen. Hier sind für die Frage, ob man sich engagiert oder nicht, vor allem das soziale Umfeld (Größe des Freundes- und Bekanntenkreises) und die Nähe zu Konfession und Kirche wichtig, aber auch in starkem Maße, welche Werte man vertritt. „Kreativitäts- und Engagementwerte" – Toleranz gegenüber Anderen, Entwicklung von Phantasie und Kreativität, Hilfe für sozial Benachteiligte und politisches Engagement – fördern die Neigung, sich freiwillig zu engagieren, noch mehr wenn diese Werte in einer gewissen „Opposition" zu Pflicht- und Ordnungswerten stehen, wie das negative Vorzeichen bei dieser Wertegruppe anzeigt.[89] Ob diese Werte für den Einzelnen eine Rolle spielen, ist für die Bereitschaft zum Engagement wesentlicher als alle „harten" sozialstrukturellen Merkmale. Dies gilt neben den 25- bis 59-Jährigen auch für die Senioren. Für jugendliches Engagement sind dagegen die Wertori-

---

[89] Diese Auswirkung einer tendenziell „normenkritischen" Wertekonstellation findet man noch ausgeprägter in der Gruppe der Frauen. Vgl. die geschlechterbezogene Auswertung in diesem Band.

entierungen viel weniger wichtig. Bei den Befragten im Seniorenalter ist der herausragend wichtige Zusammenhang mit dem Engagement der große Freundes- und Bekanntenkreis, also die Einbindung in ein großes soziales Umfeld.

An dieser Stelle ist darauf hinzuweisen, dass die „Größe" des sozialen Umfelds sicher nicht einfach ein quantitativer Wert ist. Es geht bei freiwilligem Engagement in hohem Maße um soziale Erwünschtheit des Verhaltens, aber in gewissem Maß wohl auch der Person. Ein großes Freundesumfeld im Alter ist auch ein Zeichen gelungenen Lebens. In diesem Kontext ist die Nähe der beiden Faktoren „Größe des Freundes- und Bekanntenkreises" und „Ausübung von gemeinschaftlichen, freiwilligen Tätigkeiten" zu sehen.

Auch die Kirchenbindung, ebenfalls zu einem guten Teil ein Merkmal sozialer Integration, spielt beim Thema ältere Menschen und Engagement eine wichtige Rolle bzw. eine über das Lebensalter hin zunehmende.

Die Kenntnis von Kontakt- und Beratungsstellen korreliert bei den Senioren stärker mit Engagement, bei Jugendlichen spielt dieser Aspekt praktisch keine Rolle. Jugendliche haben andere Zugangswege zum Engagement, z.B. über Sportvereine, Schulen, Kirchen, Jugendgruppen, dabei häufig angeregt durch Freunde bzw. andere Jugendliche.

Tabelle J8: Erklärungsmodell: Jugendliches Engagement im Zeitvergleich, Jugendliche 14-24 Jahre

	1999	2004
Haushaltsgröße	.07	n.s.
Bildungsstatus	.09	.18
Lebensalter	-.07	-.13
Region: alte Bundesländer	n.s.	.06
Geschlecht: Mann	.07	.06
Deutsche Staatsangehörigkeit	.07	.07
Erwerbstätig	n.s.	-.06
Ortsgröße nach BIK	n.s.	-.07
Größe des Freundes- und Bekanntenkreises	.05	.12
Kirchenbindung	.13	.12
Spendenhöhe	.07	.07
Kreativitäts- und Engagementwerte	.06	.07
Ordnungs- und Pflichtwerte	n.s.	-.04
Hilft gelegentlich Person außerhalb des Haushaltes	.05	.10
Politisches Interesse	.07	.08
Persönliche Wirtschaftslage	n.s.	n.s.
R^2	.08	.15

n.s.= nicht signifikant

Ein Erklärungsfaktor, dessen Bedeutung für das Engagement Jugendlicher seit 1999 gewachsen ist, ist das Lebensalter. Wie schon an anderer Stelle gezeigt, sind es immer stärker die jüngeren Jugendlichen, die sich engagieren.

Die Variable Bildungsstatus ist diejenige, die am stärksten an Erklärungskraft gewonnen hat, und das bedeutet, dass das freiwillige Engagement Jugendlicher immer stärker schichtspezifisch determiniert ist.[90] Zugenommen hat auch die Erklärungskraft mehrerer Faktoren, die für das Maß an sozialer Integration stehen, so z.B. die „Größe des Freundes- und Bekanntenkreises", ebenso die Variable „Hilfe für andere Personen außerhalb des eigenen Haushalts". Hohe Kirchenbindung ist ein etwa gleichbleibend wichtiges Merkmal, das mit vermehrtem Engagement einhergeht.

Es ist 2004 also verstärkt davon auszugehen, dass es die besser ausgebildeten und die besser sozial integrierten Jugendlichen sind, die sich freiwillig engagieren. Freiwilliges Engagement kann mit wachsender Berechtigung selbst als Indikator für gelingende soziale Integration gelten.

---

[90] Die Tendenz dieses Befundes ist eindeutig, das Ausmaß möglicherweise leicht überhöht aufgrund der etwas unterschiedlichen Erhebung des Bildungsstatus 1999 und 2004. Zur Bildungsvariable vgl. Kapitel 4.1 mit Fußnote.

5 Charakteristische Unterschiede im freiwilligen Engagement Jugendlicher

5.1 Ost und West: Unterschiede trotz paralleler Entwicklungen

Der Freiwilligensurvey von 1999 zeigte für die Jugendlichen in den neuen und alten Bundesländern einen ähnlich hohen Anteil von *Aktiven* (ohne freiwillige Tätigkeit) und einen deutlich geringeren Anteil von *freiwillig Engagierten* in den neuen Bundesländern.[91] Das Engagement*potenzial* war bei Jugendlichen im Osten etwas niedriger als im Westen.

Tabelle J9: Politisches Interesse, Aktivität, Engagement in Ost und West, Jugendliche 14-24 Jahre

	Ost		West	
	1999	2004	1999	2004
Politisches Interesse				
stark	19	20	29	27
mittel	59	56	57	56
wenig	22	24	14	17
Aktivität und Engagement				
nicht Aktive	33	32	23	21
Aktive (ohne Eng.)	36	38	38	41
Engagierte	31	30	39	38
Engagementpotenzial				
nicht engagiert, aber bereit dazu	41	50	39	40
Anzahl der Tätigkeiten				
1 Tätigkeit	24	20	28	24
2 Tätigkeiten oder mehr	7	9	11	14

Angaben in Prozent / Teilweise ausgewählte Merkmale bzw. Antwortvorgaben

---

[91] Im zweiten Freiwilligensurvey wurde Berlin insgesamt den neuen Bundesländern zugerechnet. Auch die Ergebnisse von 1999 wurden um der Vergleichsbasis willen so neu errechnet. Die in der Veröffentlichung des ersten Freiwilligensurveys präsentierten Daten für Jugendliche in den neuen Ländern (vgl. Picot 2001, S.175ff) weisen leichte Unterschiede zu den hier verwendeten auf, da Berlin damals noch je nach Stadtteil zu West oder Ost gerechnet wurde. Bei beiden Erhebungen wurden die Stichproben der von der Bevölkerungszahl her kleinen Bundesländer überproportional aufgestockt, um auf Länderebene belastbare Aussagen zu ermöglichen. Dies kam speziell den neuen Bundesländern zugute. Die ausgewiesenen Ergebnisse für alle Befragten (bzw. alle Jugendlichen) wurden durch Gewichtung wieder richtig proportionalisiert.

Tabelle J10: Charakteristika des Engagements Jugendlicher in Ost und West, Engagierte Jugendliche 14-24 Jahre

	Ost		West	
	1999	2004	1999	2004
Tätigkeitsbereiche				
Sport und Bewegung	31	36	42	40
Freizeit und Geselligkeit	20	8	18	13
Schule	16	22	16	19
Jugendarbeit und Bildung	8	13	5	10
Politik und Interessenvertretung	7	3	5	6
Religion und Kirche	7	14	15	19
Organisationsform (1. Tätigkeit)				
Initiative / Projekt / selbst org. Gruppe	15	19	8	14
Staatl. oder kommunal. Einrichtung	15	10	10	10
private Einrichtung / Stiftung	1	4	2	4
Gewählte Bezeichnung				
Ehrenamt	17	13	21	22
Freiwilligenarbeit	68	62	64	58
Bürgerschaftliches Engagement	2	7	3	5
Initiativen / Projektarbeit	9	14	9	10
In Funktion bzw. Amt gewählt	22	18	24	26
Leitungs-/Vorstandsfunktion	22	24	28	29
In starkem Maße gefordert				
Führungsqualitäten	21	20	26	30
Fachwissen	21	35	28	31
Hohe Einsatzbereitschaft	61	72	65	67
Engagement ist mir sehr wichtig	20	28	23	24
Erwartungen				
Index Interessenorientierung	3.10	3.30	3.05	3.15

Angaben in Prozent und Durchschnittswerten / Ausgewählte Merkmale bzw. Antwortvorgaben

2004 gibt es bei Jugendlichen sowohl in den neuen wie in den alten Bundesländern mehr Aktivität, dagegen stagniert der Anteil der freiwillig Engagierten. An der Relation zwischen Ost und West hat sich damit kaum etwas geändert. In den neuen Ländern ist etwa jeder dritte Jugendliche nicht aktiv oder freiwillig engagiert, im Westen ist es nur etwa jeder fünfte. Deutlich gestiegen aber ist die Bereitschaft zum Engagement im Osten. Jeder zweite Jugendliche in den neuen Bundesländern wäre bereit, eine freiwillige Tätigkeit zu übernehmen, davon ein Drittel „sicher" bereit. Im Westen blieb die Zahl der zum Engagement Bereiten praktisch unverändert und liegt damit niedriger als im Osten. Das vorhandene Potenzial ist in den alten Ländern sehr viel stärker ausgeschöpft, in den neuen Bundesländern gibt es mehr brachliegende Motivation und Energie. Bei den engagierten Jugendlichen ist die Anzahl der Tätigkeiten, die junge Engagierte ausüben, jeweils leicht gestiegen.

Viele Entwicklungen laufen parallel, aber die Niveaus gleichen sich dadurch nicht an. Trotz minimal unterschiedlicher Entwicklungen gilt das auch für das politische Interesse. Dieses Thema ist mit dem Thema freiwilliges Engagement insofern verwandt, weil es hier um eine grundlegende Stufe von Partizipation am öffentlichen Leben geht. Die Zahl der wenig Interessierten nimmt in Ost und West zu. Das insgesamt geringere Niveau politischen Interesses der Jugend in den neuen Ländern nähert sich dem etwas höheren Westniveau nicht nennenswert an.

Tabelle J10 zeigt charakteristische Unterschiede zwischen dem Engagement Jugendlicher in den neuen und alten Bundesländern und interessante Veränderungen im Zeitvergleich.

Mehr Engagement im Sportbereich bei Jugendlichen im Osten und ein geringer Rückgang im Westen führen in diesem Tätigkeitsbereich zu einer Annäherung der Werte. Parallel wiederum sind die Abnahme im Freizeitbereich und die Zunahme der Engagiertenzahlen in der Jugendarbeit und den Institutionen Schule und Kirche. Im Rahmen der Kirche sind 2004 doppelt so viele ostdeutsche Jugendliche engagiert wie fünf Jahre zuvor. Dagegen hat sich der Anteil der in der Politik Engagierten etwa halbiert, ein Ergebnis, das sicherlich in Zusammenhang mit dem gering ausgeprägten politischen Interesse bei Jugendlichen in den neuen Bundesländern zu sehen ist.

Für die Veränderungen in den neuen Bundesländern sind vermutlich vorrangig Prozesse strukturellen Wandels verantwortlich: die Vereinsstrukturen z.B. haben sich besser etabliert, die Kirche hat in der Jugendarbeit einen größeren Stellenwert bekommen. Bemerkenswert ist auch, dass sich im Bereich Schule relativ mehr Jugendliche in den neuen Bundesländern engagieren als in den alten. In der Jugendarbeit war dies schon 1999 der Fall, die Anteile in Ost und West sind gleichermaßen gestiegen.

Formen der Selbstorganisation spielten 1999 für junge Engagierte im Osten eine klar größere Rolle als im Westen. Wir führten das darauf zurück, dass dort, wo alte Engagementstrukturen zusammengebrochen sind, sich neue, informellere Formen des Engagements leichter etablieren. Die Tendenz zum Engagement in Initiativen, Projekten und selbst organisierten Gruppen hat sich weiter verstärkt. Gleichzeitig ist das Engagement in staatlichen und kommunalen Einrichtungen, das im Osten 1999 noch eine größere Bedeutung hatte, rückläufig, in privaten Einrichtungen dagegen nimmt es zu. Im Westen verzeichnen wir eine ähnliche Tendenz zu mehr Engagement in Initiativen, Projekten und Gruppen und in privaten Einrichtungen.[92] Für ihre engagierte Tätigkeit wählen Jugendliche in den neuen Ländern noch weniger oft als 1999 die Bezeichnung „Ehrenamt", während der Anteil im Westen auf höherem Niveau stabil bleibt. Der Terminus „Freiwilligenarbeit" wird überall seltener, stattdessen steigt die Beliebtheit des Begriffs „bürgerschaftliches Engagement". Entsprechend der aufgezeigten Veränderungen hin zu mehr „Initiativen und Projektarbeit" wird diese Bezeichnung vor allem im Osten auch öfter zur Charakterisierung des eigenen Engagements verwendet.

Jugendliche in den neuen Bundesländern üben immer weniger oft eine Funktion aus, in die sie gewählt wurden, was damit konform geht, dass sie ihre Tätigkeit äußerst selten als „Ehrenamt" bezeichnen. Was die hierarchischen Bezüge angeht, die ja ebenfalls für das

---

[92] Diese Aussagen beziehen sich auf die erste Tätigkeit. Auf die Auswertung der zweiten Tätigkeit verzichten wir hier, weil die Fallzahlen für engagierte Jugendliche im Osten eine zu große Fehlertoleranz aufweisen.

traditionelle Ehrenamt typischer sind, so gibt es weitere Unterschiede: jugendliche Engagierte im Osten geben zwar leicht vermehrt gegenüber 1999, aber immer noch deutlich seltener als westdeutsche Jugendliche an, Leitungs- oder Vorstandsfunktionen auszuüben. (Auf eine im ersten Freiwilligensurvey gestellte Frage hatten Jugendliche im Osten im Übrigen häufiger ausgesagt, ihre Tätigkeit „im Team" auszuüben.) Und was die Anforderungen an ihre Tätigkeit betrifft, so sehen sie weniger stark „Führungsqualitäten" gefordert, und gerade in diesem Punkt ist der West-Ost-Unterschied sogar noch deutlicher geworden (10% Differenz zu den westlichen Jugendlichen). Da sich die engagierten Jugendlichen in den neuen und alten Bundesländern doch recht ähnlich auf die Tätigkeitsbereiche verteilen, ist es wenig wahrscheinlich, dass die Anforderungen sich objektiv so stark unterscheiden. Aus all dem lässt sich schließen, dass jugendliches Engagement im Osten weniger hierarchisch strukturiert ist, wie wir schon anhand der Daten von 1999 folgerten.[93]

Zu den Anforderungen bleibt zu ergänzen, dass in den neuen Bundesländern im Zeitvergleich sehr viel häufiger angegeben wird, man benötige in starkem Maß „Fachwissen" und „hohe Einsatzbereitschaft". Das lässt auf anspruchsvollere Aufgaben ebenso wie auf gewachsenes Selbstbewusstsein schließen. Gleichzeitig geben 2004 mehr ostdeutsche Jugendliche an, ihr Engagement sei ihnen „sehr wichtig", der Anteil ist nun höher als bei den Westdeutschen zwischen 14 und 24 Jahren.

Hinsichtlich der Erwartungen, die engagierte Jugendliche mit ihrem freiwilligen Engagement verbinden, hatte sich 1999 ebenfalls ein Ost-West-Unterschied abgezeichnet. Jugendliche aus den ostdeutschen Bundesländern hatten z.B. häufiger betont, das Engagement solle dazu dienen, die eigenen Probleme zu lösen. Diesen Unterschied konstatieren wir auch für 2004, bei in West wie Ost leicht steigenden Werten. Ostdeutsche Jugendliche verbinden in wachsendem Maße ihr Engagement mit der Erwartung eines beruflichen Nutzens, der Durchschnittswert liegt nun deutlich über dem der westdeutschen Jugendlichen.

Den Erwartungen Jugendlicher an das Engagement gilt im Folgenden ein eigener Gliederungspunkt. Nur ein Aspekt sei hier vorweggenommen:

Unter Berücksichtigung der Ergebnisse einer Faktorenanalyse[94] wurde ein Index der „Interessenorientierung" gebildet. (Dabei wurden folgende Items berücksichtigt: die Erwartung, durch das Engagement auch eigene Probleme zu lösen, berechtigte eigene Interessen zu vertreten und einen Nutzen für den Beruf aus dem Engagement ziehen zu können und als viertes das Item „Eigenverantwortung übernehmen", das laut Faktorenanalyse ebenfalls mit diesem Erwartungsmuster zusammenhängt und bei Jugendlichen besonders wichtig ist.[95]) Wie sich zeigt, hat die Bedeutung der Interessenorientierung besonders für die engagierten Jugendlichen in den neuen Bundesländern deutlich zugenommen. Auch bei westdeutschen jungen Engagierten gibt es eine Zunahme, sie fällt aber etwas geringer aus, somit hat sich der Unterschied vergrößert. Insgesamt erscheint dieses Ergebnis nicht verwunderlich. Angesichts der problematischen wirtschaftlichen Lage in den neuen Ländern und der schwierigen Situation Jugendlicher am Arbeitsmarkt gibt es für ein stärker pragmatisches Engagementverständnis Anlass genug.

Dass Jugendlichen im Osten und Westen die Orientierung am Gemeinwohl und – wenn auch abgeschwächt – die mit dem Engagement verbundene Geselligkeit grundsätzlich

---

[93] Vgl. Picot 2001, S. 176f.
[94] Vgl. Hauptbericht, Kapitel 3.4.
[95] Der in der Tabelle aufgeführte Index ist gebildet aus den Durchschnittswerten der jeweiligen Items. Schon geringe Abweichungen sind aussagekräftig.

wichtig bleiben, zeigen wir an anderer Stelle. Offenbar gelingt es Jugendlichen heute, gegensätzlich erscheinende Werte und Erwartungen relativ gut zu integrieren.[96]

Der Anstoß für das Engagement Jugendlicher in den neuen Ländern kommt heute etwas stärker auch von leitenden Personen aus der jeweiligen Organisation. Dennoch erscheint mit der Zunahme von Engagement in lockeren, stärker selbst bestimmten Organisationsformen sowie wachsender Betonung der eigenen Interessen das jugendliche Engagement im Osten mehr durch die Jugendlichen selbst geprägt und ihrer spezifischen Lebenslage angepasst.

5.2 Weibliche und männliche Jugendliche: Engagement im Wandel

Der Freiwilligensurvey von 1999 hat deutliche geschlechtsspezifische Unterschiede im Engagementverhalten Jugendlicher aufgezeigt. Daher liegt die Frage nahe, ob diese stereotypen Unterschiede sich heute noch genau so abzeichnen oder inzwischen eingeebnet haben.

Was zunächst die Anzahl *aktiver* weiblicher und männlicher Jugendlicher (ohne freiwilliges Engagement) angeht, so ist – wie aus Tabelle J11 ersichtlich – dieser Anteil bei Mädchen und jungen Frauen leicht gestiegen, bei Jungen und jungen Männern etwas stärker. Gleichzeitig sinkt bei männlichen Jugendlichen die *Engagementquote* von einem 1999 sehr hohen Anteil um 3 Prozentpunkte auf 38% im Jahr 2004. Mädchen und junge Frauen gaben damals erheblich seltener an, eine freiwillige Tätigkeit übernommen zu haben, dieser Anteil ist 2004 mit 33% stabil. Im gleichen Zeitraum ist die Bereitschaft zum Engagement bei den nicht engagierten weiblichen Jugendlichen von einem damals schon hohen Ausgangsniveau um weitere 5 Prozentpunkte gestiegen. Fast jede zweite Nicht-Engagierte wäre bereit, eine freiwillige Tätigkeit zu übernehmen, knapp die Hälfte davon „sicher". Sowohl hinsichtlich der Aktivität als auch hinsichtlich des Engagements gibt es also eine Angleichung der Anteilswerte, nicht hingegen beim Engagementpotenzial, weil die Bereitschaft, sich zu engagieren, bei männlichen Jugendlichen nicht im gleichen Maß zunahm.

Ein kleiner Exkurs an dieser Stelle zur Altersgruppe der *25- bis 34-Jährigen*: Im ersten Freiwilligensurvey war festzustellen, dass bei dieser Altersgruppe die Unterschiede im Engagement von jungen Männern und Frauen besonders groß waren. Seit 1999 haben sich jedoch die Engagementquoten noch stärker als bei Jugendlichen bis 24 Jahre einander angenähert: junge Männer im Alter von 25 bis 34 Jahren geben seltener an, sich zu engagieren (38% versus 34%), junge Frauen dagegen häufiger (27% versus 32%). Damit stieg der auffällig niedrigere Engagementanteil dieser Altersgruppe junger Frauen auf den Durchschnittswert aller Frauen. Zu bemerken ist allerdings, dass die Gruppe der „nur" Aktiven in genau dem gleichen Maß abnimmt, wie die Gruppe der freiwillig Engagierten zunimmt.[97]

---

[96] Vgl. Kapitel 6.
Zu verweisen ist hier auch auf die Shell-Jugendstudie von 2002, wo festgestellt wurde, dass Jugendliche heute stärker als früher Werte pragmatisch kombinieren, so wie es für die eigene Lebensgestaltung sinnvoll ist. Die Engagementbereitschaft ist dabei keinesfalls an ein spezifisches Wertemuster gekoppelt. Vgl. Gensicke 2002

[97] Somit erscheint es möglich, dass hier ein Definitions- bzw. Zuordnungsproblem eine Rolle spielt. Die Annahme lautete schon 1999, dass Frauen nicht nur dieser Altersgruppe zurückhaltender darin sind, eine Tätigkeit als *Engagement* einzustufen. Das mag daran liegen, dass – wie schon 1999 festgestellt – Frauen häufiger Hilfstätigkeiten übernehmen, die sie teilweise wohl nicht als Ehrenamt oder freiwilliges Engagement wahrnehmen. Wobei die Frage offen bleibt, warum Frauen ihre Zurückhaltung in der Einstufung ihres Engagements in den letzten Jahren

Tabelle J11: Charakteristika des Engagements der weiblichen und männlichen Jugendlichen

	weibliche Jugendliche		männliche Jugendliche	
	1999	2004	1999	2004
Basis: Jugend gesamt				
Aktivität und Engagement				
nicht Aktive	28	26	24	22
Aktive (ohne Engagement)	39	41	35	40
Engagierte	33	33	41	38
Engagementpotenzial				
nicht engagiert, aber bereit dazu	43	48	36	38
Basis: Engagierte Jugendliche				
Erweiterung des Engagements denkbar	60	72	56	62
Tätigkeitsbereiche				
Sport und Bewegung	35	31	43	45
Kultur und Musik	13	17	14	13
Schule	20	24	13	16
Religion und Kirche	17	21	10	14
FFW und Rettungsdienste	3	8	17	16
Politik	4	3	8	7
Sozialer- und Gesundheitsbereich	11	5	10	5
Leitungs- oder Vorstandsfunktion	28	24	27	32
In Funktion bzw. Amt gewählt	20	20	27	27
In starkem Maße gefordert				
Führungsqualität	19	24	30	32
Mit Menschen gut umgehen können	75	72	66	69
Fachwissen	20	29	32	35
Belastbarkeit	42	37	39	38
Engagement ist mir sehr wichtig	27	29	18	22
Erwartungen				
Index Interessenorientierung	3.25	3.40	3.15	3.10
Initiative zur Übernahme der Tätigkeit				
ging von mir aus	48	47	40	49
wurde geworben / gefragt	50	51	58	47
so hineingewachsen / anderes	2	2	2	4

Angaben in Prozent und Durchschnittswerten / Ausgewählte Merkmale bzw. Antwortvorgaben

---

abgelegt haben sollten. Immerhin möglich wäre, dass im Zuge der öffentlichen Präsenz des Themas „Ehrenamt" und „Engagement" Verständnis bzw. Begrifflichkeiten sich erweitert hätten, was die Frage aber ebenfalls nicht zufriedenstellend beantwortet. Wir interpretieren dieses Ergebnis im Einklang mit Ergebnissen der Shell-Jugendstudie von 2002 als wachsende weibliche Selbstsicherheit. Vgl. Gensicke 2002

In dieser Lebensphase sind junge Erwachsene mit Beendigung von Ausbildung, erster Berufserfahrung, Realisierung von Karrierewünschen und Familiengründung besonders belastet; junge Frauen noch mehr als junge Männer, da sie sich stärker mit der Frage des Kinderwunsches und der Vereinbarkeit von Berufs- und Familienplänen auseinandersetzen und/oder bereits kleine Kinder haben. Wenn sich bei Frauen dieser Altersgruppe die Engagementquote erhöht, so ist es wenig verwunderlich, dass andererseits die Zahlen für Aktivität (ohne Engagement) zurückgehen. Es geht eher um eine Umwidmung der knapp bemessenen Spielräume. Eine Zunahme des Engagements gegenüber der aktiven Teilnahme, dem einfachen Mitmachen ohne freiwillige Tätigkeit, indiziert aber auch eine gewisse qualitative Veränderung, die jungen Frauen partizipieren stärker an gemeinschaftlichen Aufgaben und übernehmen damit Verantwortung außerhalb ihres engeren Lebensumfelds.[98]

Während sich in den Bereichen Sport und Kultur/Musik das Engagement von weiblichen und männlichen Jugendlichen gegenläufig entwickelt, was die Unterschiede in diesem Bereich vergrößert, verläuft die Zunahme des Engagements in Schule und Kirche parallel. Junge Frauen interessieren sich auch vermehrt für eine typisch männliche Domäne: die freiwilligen Feuerwehren und die Rettungsdienste. Der Anteil der engagierten Mädchen und jungen Frauen hat sich hier fast verdreifacht. Nach wie vor bleiben aber große geschlechtsspezifische Unterschiede, was die Tätigkeitsbereiche des Engagements angeht: der Sport mit stärkerer männlicher Beteiligung, Schule und Kirche mit besonders hohem weiblichen Engagement, auch Kultur und Musik 2004 mit mehr Beteiligung weiblicher Engagierter. Im Politikbereich engagieren sich 2004 mehr als doppelt so viele männliche Jugendliche. Zählt man den sozialen und den Gesundheitsbereich zusammen, so bleibt auch hier die geschlechtsspezifisch unterschiedliche Relation im Engagement praktisch unverändert, trotz einer leichten Zunahme männlichen Engagements im sozialen Bereich, wenn man diesen für sich betrachtet.

Was den Stellenwert des Engagements betrifft, so sind zwei Fragen aufschlussreich: die Frage danach, ob man eine Leitungs- oder Vorstandsfunktion ausübt, und die Frage, ob man in ein Amt gewählt wurde. Letzteres war 1999 bei engagierten weiblichen Jugendlichen viel seltener der Fall als bei männlichen Jugendlichen, immerhin hatten sie genauso oft eine Leitungs- bzw. Vorstandsfunktion inne. Junge Frauen üben 2004 nach wie vor seltener ein Amt aus, in das man gewählt wird, und übernehmen seltener als 1999 eine führende Rolle. Beinahe jeder dritte junge Mann gibt 2004 an, eine Leitungs- oder Vorstandsfunktion auszuüben gegenüber knapp jeder vierten jungen Frau. Dies kann man interpretieren als hierarchische Verschlechterung der Position junger Frauen, wobei auch möglich ist, dass die jungen Frauen sich nicht nach diesen Positionen drängen. Ämter und Vorstandspositionen sind charakteristisch für das traditionelle Ehrenamt, das stärker hierarchisch strukturiert ist. Junge Frauen sind offenbar in diesem Bereich weiterhin wenig vertreten, sogar noch schwächer als 5 Jahre zuvor.

Weibliche Jugendliche bezeichnen ihre freiwillige Tätigkeit auf die entsprechende Frage hin auch weniger oft als „Ehrenamt": 2004 wählen 17% der jungen Frauen diesen Begriff als charakteristisch für ihre freiwillige Tätigkeit gegenüber 23% der jungen Männer, letztere mit im Zeitvergleich zunehmender Tendenz, weibliche Jugendliche mit abnehmender Tendenz.

Charakteristische Unterschiede fanden sich 1999 auch bei der Einschätzung der Anforderungen an das Engagement, was prinzipiell angesichts der geschlechtsspezifisch unter-

---

[98] Vgl. hierzu auch Picot 2003a.

schiedlichen Vorlieben für bestimmte Tätigkeitsbereiche zu erwarten ist. Bei Jungen und jungen Männern ging es mehr um Fachwissen und Führungsqualitäten, bei den Mädchen und jungen Frauen um die Kompetenz im Umgang mit Menschen. Die Unterschiede sind hier leicht zurückgegangen. Auch im Hinblick auf die nötige Belastbarkeit haben sich die Werte angenähert. 2004 ist starke Belastbarkeit vor allem bei jungen Frauen seltener erforderlich, 1999 lag diese Zahl mit 42% sehr hoch.

Ihr Engagement hatten weibliche Jugendliche im ersten Freiwilligensurvey sehr viel häufiger als „sehr wichtigen" Teil ihres Lebens bezeichnet, nämlich zu 27% gegenüber 18% bei den männlichen Jugendlichen. Beide Werte sind gestiegen, bei den männlichen Jugendlichen aber noch deutlicher, so dass auch hier der Unterschied nicht mehr so groß ist.

Offensichtlich gibt es in verschiedenen Punkten also eine gewisse Annäherung der Ergebnisse, die Differenz der Antworten männlicher und weiblicher Jugendlicher ist weniger augenfällig. So auch bei einem anderen wichtigen Thema, nämlich dem Zugang zum Engagement. 1999 vermittelte sich der Eindruck, dass Mädchen und junge Frauen seltener durch Dritte zum Engagement ermuntert würden als Jungen und junge Männer. Hier zeigen die Ergebnisse von 2004 ein anderes Bild: Nun sagen 51% der weiblichen Jugendlichen, sie seien „geworben oder gefragt" worden, und nur 47% der männlichen Jugendlichen. Auch geben nun mehr junge Frauen an, „Freunde und Bekannte" hätten einen Anstoß zum Engagement gegeben.[99] Junge Männer sagen häufiger als vor fünf Jahren, die Initiative zum Engagement sei von ihnen selbst ausgegangen. Die sich damals andeutende Benachteiligung junger Frauen im Zugang zum Engagement, die im Wesentlichen in einer mangelnden Ermutigung durch Dritte bestand, zeigt sich heute nicht mehr, allerdings nicht, weil weibliche Jugendliche so viel häufiger geworben oder gefragt werden, sondern eher weil diese Zahlen für die männliche Jugendlichen niedriger sind. Da gleichzeitig deren Engagementquote (wenn auch von sehr hohem Niveau) um 3 Prozentpunkte zurückging, wird sorgfältig zu beobachten sein, ob sich eine nachteilige Entwicklung für das Engagement von Jungen und jungen Männern abzeichnet.

Abschließend sei noch auf eine interessante, bei weiblichen und männlichen Jugendlichen offenbar auseinander strebende Entwicklung eingegangen. Es geht um die Erwartungen, die Jugendliche mit ihrer freiwilligen Tätigkeit verbinden. Wie erwähnt wurden mittels einer Faktorenanalyse zusammenhängende Erwartungsmuster ermittelt. Einen Trend konnte man bei Jugendlichen hinsichtlich der Interessenorientierung ausmachen.[100]

Schon 1999 war die Interessenorientierung weiblicher 14- bis 24-Jähriger ausgeprägter als bei männlichen Befragten dieses Alters. Der Indexwert zeigt eine deutliche Zunahme dieses Erwartungsmusters bei weiblichen Jugendlichen, während er bei männlichen Jugendlichen leicht zurückgeht.[101] Besonders klar ist der unterschiedliche Trend bei den Erwartungen eines beruflichen Nutzens und bei der Erwartung, eigene Probleme lösen zu können. Weibliche Jugendliche zeigen hier zunehmend eine pragmatische, nutzenorientierte Haltung hinsichtlich des eigenen Engagements. Dass diese Entwicklung nicht auf Kosten der Orientierung am Gemeinwohl geht, kann man der detaillierteren Darstellung im folgenden Kapitel entnehmen.

---

[99] Wegen der erhöhten Zahl von Mehrfachnennungen wird an dieser Stelle der Vergleich nicht vertieft.
[100] Der Index Interessenorientierung umfasst auch hier als Kern-Items die Erwartung, einen beruflichen Nutzen aus dem Engagement zu ziehen, berechtigte eigene Interessen zu verfolgen und eigene Probleme zu lösen. Hinzugenommen haben wir für die geschlechtsspezifische Auswertung das Item „eigene Kenntnisse erweitern", das ebenfalls auf dem Faktor lädt und für weibliche und männliche Jugendliche unterschiedliche Relevanz hat.
[101] Vgl. Tabelle J11: Hier sind anders als bei den Prozentwerten schon kleinere Abweichungen sehr aussagekräftig.

6 Erwartungen an freiwilliges Engagement: Wachsende Interessenorientierung

Auf die Frage nach den Erwartungen, die Jugendliche mit ihrem freiwilligen Engagement verbinden, hatte sich 1999 gezeigt, dass Jugendliche den Spaß an der Tätigkeit und die Gemeinschaft mit Freunden und Gleichgesinnten in den Vordergrund stellen, und zwar stärker als ältere Engagierte. Die Erwartungen, die auf das Gemeinwohl zielen (anderen helfen, etwas fürs Gemeinwohl tun) wurden ebenfalls als wichtig akzentuiert, spielten aber eine geringere Rolle als bei den Engagierten ab 25 Jahren. Dagegen wurde bei Jugendlichen stärker die Verbindung von eigenen Interessen und Engagement deutlich (eigene Interessen vertreten, eigene Probleme selbst in die Hand nehmen, beruflicher Nutzen der Tätigkeit). 2004 wurde bezogen auf die zeitaufwändigste Tätigkeit die gleiche Frage gestellt (Tabelle J12).

Erwartungen, die mit der geselligen Komponente des Engagements verbunden sind (mit anderen zusammenkommen, Spaß an der Tätigkeit), wurden 2004 bei Jugendlichen und Befragten über 25 weniger betont. Bei altruistischen bzw. auf das Gemeinwohl bezogenen Erwartungen gab es kaum Veränderungen, sie blieben gleichermaßen wichtig. Was die Verbindung des Engagements mit eigenen Interessen betrifft, so blieben diese Erwartungen bei Engagierten über 25 Jahren stabil, bei Jugendlichen nahmen sie an Bedeutung zu, besonders bei den beruflichen Interessen.[102]

Mit Hilfe einer Faktorenanalyse wurden im Rahmen der für 2004 vorgelegten Auswertung unter zehn nach ihrer Wichtigkeit zu bewertenden Erwartungen drei voneinander unabhängige Erwartungsmuster ermittelt: die „Geselligkeitsorientierung", die „Gemeinwohlorientierung" und die „Interessenorientierung". Auf Basis dieser Erwartungsmuster wurden drei kontrastierende Typen gebildet. Die einem Typus zugerechneten Befragten bevorzugen jeweils ein Erwartungsmuster *überdurchschnittlich stark* gegenüber den anderen beiden Mustern.[103]

---

[102] Viele jugendliche Engagierte haben Interesse daran, ihre freiwillige Tätigkeit beruflich auszuüben. Vgl. dazu Hauptbericht, Kapitel 4.6.

[103] Gemeinwohlorientierte akzentuieren besonders stark die Erwartungen: etwas für das Gemeinwohl tun, anderen Menschen helfen; Geselligkeitsorientierte: mit sympathischen Menschen zusammen kommen, hierbei Spaß an der Tätigkeit haben; Interessenorientierte: berechtigte eigene Interessen vertreten, eigene Probleme selbst in die Hand nehmen, auch einen beruflichen Nutzen davon tragen. Darüber hinaus zählen bei den Interessenorientierten stärker: Anerkennung finden, Kenntnisse und Erfahrungen erweitern, eigene Verantwortung haben. Vgl. hierzu ausführlich Kapitel 3.4 im Hauptbericht.

Tabelle J12: Erwartungen an die freiwillige Tätigkeit, Freiwillig Engagierte ab 14 Jahren (1. Tätigkeit)

	14-24 Jahre		25 Jahre und älter	
	1999	2004	1999	2004
Dass die Tätigkeit Spaß macht	4,6	4,5	4,4	4,3
Dass man mit sympathischen Menschen zusammenkommt	4,3	4,2	4,2	4,0
Dass man die eigenen Kenntnisse und Erfahrungen erweitern kann	4,0	4,0	3,9	3,8
Dass man anderen Menschen helfen kann	4,0	4,0	4,2	4,1
Dass man etwas für das Gemeinwohl tun kann	3,9	3,9	4,1	4,1
Dass man eigene Verantwortung und Entscheidungsmöglichkeiten hat	3,7	3,8	3,5	3,4
Dass man für die Tätigkeit auch Anerkennung findet	3,5	3,4	3,3	3,2
Dass man damit berechtigte eigene Interessen vertreten kann	3,1	3,2	2,7	2,7
Dass man damit auch eigene Probleme in die Hand nehmen und lösen kann	2,8	2,8	2,6	2,6
Dass die Tätigkeit auch für die beruflichen Möglichkeiten etwas nützt	2,7	2,9	2,1	2,1

Durchschnittswerte einer 5er-Skala von 1-unwichtig bis 5-sehr wichtig.

Grafik J6 zeigt hinsichtlich der Repräsentanz der Erwartungstypen in unterschiedlichen Altersgruppen große Unterschiede und auch eine erhebliche Veränderung in den letzten fünf Jahren. Bei den Jugendlichen war noch 1999 der Typus der „Geselligkeitsorientierten" am stärksten ausgeprägt, daneben waren ähnlich stark die „Interessenorientierten" vertreten. Dies hat sich 2004 geändert: der Anteil der „Geselligkeitsorientierten" (man könnte mit Bezug auf die Faktorenanalyse hier auch von den „Spaßorientierten" sprechen) ist massiv zurückgegangen vor allem zugunsten der „Interessenorientierten". In den anderen Altersgruppen bleibt die Erwartungsstruktur über die Zeit stabiler. Bei den Engagierten im Erwerbstätigenalter waren 1999 die drei Erwartungsmuster völlig ausgewogen – zu je einem Drittel – repräsentiert. Hier wird für 2004 der Typ der „Geselligkeitsorientierten" ebenfalls etwas seltener ausgewiesen. Diesen Trend sieht man auch bei den engagierten Senioren, verbunden mit einer geringen Zunahme des stärker interessenbezogenen Typus. Der Anteil der „Gemeinwohlorientierten" ist und bleibt in dieser Altersgruppe am stärksten ausgeprägt. Sehr interessant ist bei der sich abzeichnenden Entwicklung: die Zunahme des Anteils der „Interessenorientierten" bedeutet keine Reduzierung des Typs der „Gemeinwohlorientierten". In allen Altersgruppen ist die Wichtigkeit der auf das Gemeinwohl bezogenen Erwartungen – wie auch die Antworten auf die Frage im Einzelnen zeigen – eher noch größer oder stabil, die Veränderung geht eindeutig zulasten der Geselligkeitsorientierung.

Bei allen mit unserer Typologie sichtbar gemachten Veränderungen darf man nicht außer Acht lassen, dass die Skalenwerte für die Wichtigkeit der Erwartungen, Spaß an der freiwilligen Tätigkeit zu haben oder damit etwas für das Gemeinwohl tun zu können, nach wie vor höher sind als diejenigen der interessenbezogenen Erwartungen (siehe Tabelle J12). Dennoch: ein Wandel in der Akzentuierung der Engagementmotive ist nicht zu leugnen, und er zeigt eine ernsthaftere Jugend, die versucht, unterschiedliche Erwartungen zu kombinieren, und die ihre Interessen deutlicher im Blick hat.

Grafik J7 weist die Verteilung der Erwartungstypen bei Jugendlichen nach Geschlecht und im Vergleich der alten und neuen Bundesländer aus. Nimmt man die Variablen Geschlecht und Region für sich, so erkennt man – wie im vorherigen Gliederungspunkt mit Hilfe eines Index gezeigt – bei weiblichen Jugendlichen und bei Jugendlichen in den neuen Bundesländern eine Zunahme der Interessenorientierung. Allerdings verdienen die Ergebnisse eine differenziertere Betrachtung: der Anteil der „Interessenorientierten" hat ganz besonders bei weiblichen Engagierten in den alten Bundesländern zugenommen sowie bei männlichen Jugendlichen in den neuen Bundesländern.

Die Erwartung, durch ihr Engagement eigene Probleme zu lösen, war bei Jugendlichen im Osten bereits 1999 recht ausgeprägt und ist – wie vorne gezeigt – noch stärker geworden. Das galt ähnlich für andere an den eigenen Interessen ausgerichtete Motive. Was die Verbindung wohl verstandener Eigeninteressen mit dem Engagement angeht, so haben Jugendliche im Osten offenbar angesichts der dort zum Teil für Jugendliche besonders schwierigen Lage auf dem Arbeitsmarkt ein stärker zweckrationales Verständnis des Engagements entwickelt. In der Relation der Erwartungsmuster zeigt sich hier 2004 vor allem bei den männlichen Jugendlichen eine sehr deutliche Zunahme der Gruppe der Interessenorientierten. Bei den weiblichen Jugendlichen in den neuen Bundesländern war dieser Typus schon 1999 sehr stark verbreitet, ist nun etwas zurückgegangen, liegt aber immer noch über dem westlicher Jugendlicher.

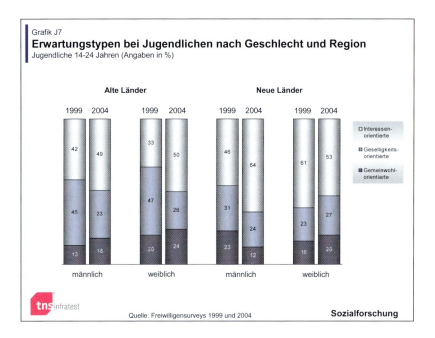

In den alten Bundesländern haben die weiblichen Jugendlichen ihre Erwartungshaltung erheblich verändert und pflegen zunehmend pragmatische bzw. an ihren Interessen orientierte Erwartungen. Dennoch nimmt der Typus der „Gemeinwohlorientierten" unter jungen Frauen im Westen an Bedeutung noch zu. Diese Entwicklung geht stark zu Lasten der „Geselligkeitsorientierten" Bei männlichen Jugendlichen in den neuen Ländern nimmt ebenfalls die Gruppe der „Geselligkeitsorientierten" ab, aber auch der Typus der „Gemeinwohlorientierten" hat mit 12% nur noch einen sehr geringen quantitativen Stellenwert. Anders in den alten Bundesländern, wo bei männlichen Jugendlichen die Gruppe der „Geselligkeitsorientierten" abnimmt, der Anteil der „Gemeinwohlorientierten" jedoch gewachsen ist.

Aus all dem lässt sich folgern, dass Jugendliche auf stärkeren sozialen Problemdruck auch im Hinblick auf ihr freiwilliges Engagement reagieren: sie engagieren sich weiterhin, versuchen aber etwas für sich aus dem Engagement mitzunehmen. Außerdem ist der Problemdruck zunehmend unterschiedlich verteilt oder wird unterschiedlich wahrgenommen, wie die stark voneinander abweichenden Ergebnisse in den Gruppen zeigen.

7 Lernen durch freiwilliges Engagement

7.1 Vielfältige Inhalte, teils wachsende Anforderungen

Dass gerade Jugendliche durch ihr freiwilliges Engagement einen ganz wesentlichen Lerngewinn haben, zeigt u.a. eine 2004 erstmals direkt gestellte Frage, die lautet: „In welchem Umfang haben Sie durch Ihre Tätigkeit Fähigkeiten erworben, die für Sie wichtig sind?" Tabelle J13 macht ersichtlich, wie deutlich die Jugendlichen nach eigener Einschätzung durch ihr Engagement profitieren, was auch für die 25- bis 34-Jährigen in hohem Maß der Fall ist. Ab Mitte 30 wird der Erwerb von Fähigkeiten durch engagierte Tätigkeit zunehmend geringer eingeschätzt. Mit 58%, die in sehr hohem oder hohem Umfang Lernerfahrungen machen, und nur 7%, die angeben, keine Fähigkeiten erworben zu haben, sind die jugendlichen Engagierten eindeutig die Gruppe mit dem höchsten Lerngewinn.

Tabelle J13: Erwerb wichtiger Fähigkeiten durch die freiwillige Tätigkeit, Bevölkerung ab 14 Jahren

	in sehr hohem Umfang	in hohem Umfang	in gewissem Umfang	gar nicht
14-24 Jahre	13	45	35	7
25-34 Jahre	11	41	40	8
35-44 Jahre	10	29	49	12
45-54 Jahre	15	33	43	9
55-64 Jahre	11	32	45	12
65-74 Jahre	8	28	52	12
75 +	14	23	48	15

Angaben in Prozent, Prozentwerte quer

Der Begriff des Lernens wird längst nicht mehr ausschließlich mit Wissenserwerb und rein schulischem Lernen verbunden. Für die Persönlichkeitsentwicklung können informelles und soziales Lernen einen sehr viel wichtigeren Beitrag leisten. Hervorzuheben ist auch die größere Intensität selbst motivierten Lernens, wie es Erfahrungen im freiwilligen Engagement ermöglichen. Wer erfolgreich ein Kulturfestival organisiert hat oder einen Medikamententransport ins Ausland verantwortlich managt, profitiert darüber hinaus von dieser Lernerfahrung im Sinne eines fundierten Selbstbewusstseins. Die so erworbenen Fähigkeiten werden auch zunehmend gesellschaftlich anerkannt und wertgeschätzt. Heute wird in

Lebensläufen und Bewerbungsschreiben schon mehr oder weniger selbstverständlich das freiwillige Engagement erwähnt.

Anhand einer Regressionsanalyse wurden die Zusammenhänge zwischen den Anforderungen an die Engagierten und dem Lerngewinn (Erwerb von Fähigkeiten) untersucht.[104] Interessanterweise zeigt sich, dass hoher Lerngewinn *für Jugendliche* besonders stark mit der Anforderung der „Belastbarkeit" im freiwilligen Engagement einhergeht. Auch Fachwissen spielt für Jugendliche eine Rolle, wird aber bei Engagierten ab 25 Jahren deutlich relevanter für den Lerngewinn. Hohe Anforderungen an das Organisationstalent korrelieren bei Engagierten zwischen 14 und 24 Jahren ebenfalls mit vermehrtem Lerngewinn. Im Bewusstsein der jungen Engagierten ist der Lernertrag des freiwilligen Engagements also umfassender zu sehen, erschöpft sich nicht im Wissenserwerb, sondern generiert sich eher aus der Bewältigung komplexer Situationen.

Anhand der Daten von 1999 hatten wir bereits versucht, den sozialisatorischen Effekt des freiwilligen Engagements Jugendlicher zu verdeutlichen.[105] Wir konnten zeigen, dass jugendliches Engagement im persönlichen Lebensumfeld beginnt: sehr häufig im Sportbereich, bei Freizeitaktivitäten und dabei oft mit der Betreuung Jüngerer. Dies gilt vor allem für die unter 20-Jährigen, bei den 20- bis 24-Jährigen kommen andere Tätigkeitsfelder und Aufgaben hinzu, ändern sich die Anforderungen. Nun sind es z.B. auch Öffentlichkeitsarbeit, Verwaltungstätigkeiten und Mittelbeschaffung, womit jugendliche Engagierte sich befassen. Sie engagieren sich stärker auch im sozialen und politischen Bereich, in der beruflichen Interessenvertretung, benötigen Schulungen und Fachwissen für ihre Tätigkeit, sie werden öfter in ein „Amt" gewählt und übernehmen Leitungs- oder Vorstandsfunktionen. Jugendliche werden erwachsen *mit* ihren Aufgaben und wohl auch *durch* ihre Aufgaben.

Tabelle J14: Anforderungen an die freiwillige Tätigkeit, Bevölkerung ab 14 Jahren

	14-24 Jahre		25 Jahre +	
	1999	2004	1999	2004
In starkem Maße gefordert...				
Mit Menschen umgehen können	70	70	70	68
Hohe Einsatzbereitschaft	65	68	55	53
Belastbarkeit	40	37	37	32
Organisationstalent	38	35	39	38
Fachwissen	27	32	30	36
Führungsqualitäten	25	28	25	25
Selbstlosigkeit	12	11	21	20
Mit Behörden gut umgehen können	9	12	23	20

Angaben in Prozent

43% aller Engagierten, die älter als 24 Jahre sind, haben nach Ergebnissen des aktuellen Freiwilligensurveys im Alter zwischen 6 und 20 Jahren erstmals eine freiwillige Tätigkeit

---
[104] Vgl. Hauptbericht, Kapitel 4.5.
[105] Vgl. Picot 2001 und 2003b.

übernommen, auch hier eine Bestätigung der Ergebnisse von 1999 (42%). Dies heißt, dass die Wahrscheinlichkeit für Engagement im späteren Leben größer ist, wenn man sich bereits frühzeitig engagiert. Die Bedeutung des frühen Hineinwachsens in freiwilliges Engagement und damit der sozialisatorische Effekt des Engagements sind also nicht zu unterschätzen.

Bei den Anforderungen, mit denen Jugendliche sich im Engagement konfrontiert sehen, stehen soziale Kompetenz und hohe Einsatzbereitschaft obenan, gefolgt von Belastbarkeit, Organisationstalent, Fachwissen und Führungsqualitäten.

Ihr Engagement wird, wie Tabelle J14 zeigt, von den Jugendlichen als mindestens so anforderungsreich eingeschätzt wie von Engagierten ab 25 Jahren. Unterschiede gibt es hinsichtlich der hohen Einsatzbereitschaft, die viel eher ein Charakteristikum jugendlichen Engagements darstellt. Auch Belastbarkeit wird Jugendlichen nach eigener Einschätzung etwas häufiger abverlangt. Dagegen ist die Selbstlosigkeit eher etwas, das erwachsene Engagierte als notwendig für ihr Engagement betrachten, besonders bei Senioren wird dieser Begriff stärker mit dem Engagement verbunden. Der Umgang mit Behörden ist ebenfalls eine Anforderung, mit der sich eher Engagierte jenseits des Jugendalters auseinandersetzen.

Neben den konkreten Lerninhalten geht es hier vor allem um eine große Palette sozialen Lernens und sozialer Erfahrung, und damit um etwas, das in der Schule nicht in diesem Umfang vermittelt werden kann.

Die Angaben zu der Frage, welche Anforderungen „in starkem Maße gefordert" sind, haben sich im Zeitverlauf teilweise geändert. „Belastbarkeit" ist eine Anforderung, die von allen Engagierten inzwischen etwas seltener genannt wird. Ganz deutlich zugenommen hat der Anteil der Befragten, die hohe Anforderungen an ihr Fachwissen konstatieren. Diese Entwicklung gilt ebenfalls für Jugendliche und Engagierte über 24 Jahren. Bei Jugendlichen gibt 2004 ein Drittel der Engagierten an, Fachwissen sei in starkem Maße gefordert, bei Engagierten ab 25 Jahren sind es 36%.

An dieser Stelle sei noch einmal daran erinnert, dass Jugendliche mit ihrem Engagement teils auch handfeste eigene Interessen verbinden. Engagierte im Alter von 14 bis 24 Jahren sind die Altersgruppe mit dem höchsten Interesse daran, ihre Tätigkeit „beruflich und gegen Bezahlung" auszuüben. Dieser Anteil ist 2004 gleich hoch (40%), obwohl weniger Jugendliche angeben, dass ihre Tätigkeit von anderen hauptberuflich verrichtet wird. Mit 28% sind dies aber immer noch deutlich mehr als der Durchschnitt der Engagierten, der bei 22% liegt.[106]

Der Vergleich von jugendlichen Engagierten und Engagierten im Erwerbstätigenalter zeigt, dass auch bei Jugendlichen die ganze Breite der Tätigkeitsinhalte vertreten ist. Beratung, Öffentlichkeitsarbeit, Fundraising und Verwaltungsarbeiten haben auch im jugendlichen Engagement ihren Stellenwert, sind aber häufiger im Tätigkeitsspektrum der Engagierten ab 25 Jahren vertreten. Pädagogische Betreuung und Gruppenleitung sind typischer für engagierte Jugendliche, vor allem für Jugendliche zwischen 20 und 24 Jahren. Diese Altersgruppe ist auch sehr häufig mit der Organisation von Veranstaltungen und mit praktischen Arbeiten befasst. Im Vergleich zu den Jugendlichen unter 20 wird alles häufiger angegeben, was im weiteren Sinn Organisations- und Verwaltungsarbeit ist. Dies verdeutlicht wieder, wie Jugendliche mit ihren Aufgaben wachsen bzw. „erwachsener" werden und welche Lernprozesse das Engagement ermöglicht.

---

[106] Vgl. hierzu den Hauptbericht, Kapitel 4.6.

Tabelle J15: Hauptinhalt der Tätigkeit / Internetnutzung, Engagierte ab 14 Jahren

	14-24 Jahre	25 Jahre +	14-19 Jahre	20-24 Jahre
Hauptinhalt der Tätigkeit:				
Persönliche Hilfeleistung	31	31	33	29
Durchführung von Hilfsprojekten	22	23	22	22
Organisation von Veranstaltungen	55	59	50	62
Beratung	16	25	14	18
Gruppenleitung	35	25	31	41
Mitsprache	30	29	29	31
Öffentlichkeitsarbeit	25	34	21	30
Verwaltungstätigkeiten	11	18	6	18
Praktische Arbeiten	47	45	45	51
Vernetzungsarbeiten	8	12	5	12
Mittelbeschaffung	14	20	11	17
Nutze für meine Tätigkeit das Internet	49	42	43	57
Nutzungsmöglichkeiten sehr wichtig:				
Informationen beschaffen	38	45	37	38
Kontakte / Netzwerke knüpfen	25	19	17	33
Auf Organisation / Gruppe aufmerksam machen	28	23	26	30
Austausch / Meinungsäußerung	28	24	29	28
Abwicklung laufender Arbeit	24	24	20	28

Angaben in Prozent / Hauptinhalt d. Tätigkeit: Mehrfachngn. / Internetnutzung: Rest zu 100% = nein

Beinahe jeder zweite engagierte Jugendliche nutzt im Rahmen seiner freiwilligen Tätigkeit das Internet. Die Gruppe der 20- bis 24-Jährigen zählt mit der Gruppe der 25- bis 34-Jährigen zu den häufigsten Nutzern in diesem Kontext.[107] Damit hat das Internet für jugendliche Engagierte einen besonders hohen Stellenwert. Wenn man analysiert, welche Nutzungsmöglichkeiten des Internets Jugendliche für „sehr wichtig" im Rahmen ihrer freiwilligen Tätigkeit ansehen, so sind dies neben der Informationssuche, die ihrerseits von älteren Engagierten noch mehr geschätzt wird, vor allem die Funktionen, mit denen man selbst aktiv nach außen gehen oder interaktiv werden kann. Das sind die Publizitätsfunktion, also das Aufmerksammachen auf die eigene Organisation oder Gruppe, die Möglichkeit des Austausches und der Meinungsäußerung sowie die Netzwerkfunktion. Diese Funktionen des Internets sind jugendlichen Engagierten wichtiger als älteren. Insbesondere die Jugendlichen im Alter von 20 bis 24 Jahren bewerten auch die Netzwerkfunktion häufig als hoch relevant für ihre freiwillige Arbeit.

Tatsache und Art der Internetnutzung unterstreichen den Charakter der Aufgaben Jugendlicher im Rahmen ihres Engagements und das damit verbundene Lernpotenzial. Dank der verbreitet hohen Internetkompetenz Jugendlicher geht es aber auch um einen wichtigen

---

[107] Vgl. auch Kapitel 4.4 im Hauptbericht.

Beitrag, den sie in ihrem Engagementkontext einbringen und von dem andere, z.B. ältere Engagierte, profitieren können.

7.2 Weiterbildung: weniger Möglichkeiten bekannt, aber häufigere Nutzung

Der Prozentsatz der engagierten Jugendlichen, die sich „den Anforderungen ihrer Tätigkeit immer gewachsen" fühlen, ist erheblich höher als 1999. Damals gab noch jeder dritte jugendliche Engagierte an, manchmal überfordert zu sein, 2004 sind es nur noch 22%. Andererseits sind die Anforderungen an die Engagierten teilweise gewachsen: vor allem Fachwissen, so sahen wir, wird zunehmend wichtiger. Insofern ist es natürlich kein zufriedenstellendes Ergebnis, dass den Engagierten 2004 weniger Weiterbildungsmöglichkeiten für ihre freiwillige Arbeit bekannt sind.

Tabelle J16: Weiterbildungsmöglichkeiten, Engagierte ab 14 Jahren

	14-24 Jahre	25 Jahre +	14-19 Jahre	20-24 Jahre	14-24 West	14-24 Ost
Weiterbildungsmöglichkeiten bekannt						
1999	49	48	43	58	52	38
2004	41	44	36	49	42	39
Neue Basis:						
wenn bekannt...						
Teilnahme an Weiterbildungskursen						
Ja, einmal						
1999	27	18	32	22	27	26
2004	26	18	26	27	27	24
Ja, mehrmals						
1999	33	54	23	43	33	31
2004	44	52	45	44	45	42

Angaben in Prozent / fehlend auf 100%: nein/weiß nicht bzw. nein, keine Teilnahme

Der Anteil derer, die von Weiterbildungsmöglichkeiten gehört haben, ist bei jugendlichen Engagierten deutlich zurückgegangen. Das liegt vor allem an den 14- bis 19-Jährigen, von denen 2004 nur 36% Weiterbildungsmöglichkeiten kennen. Einen Rückgang gibt es darüber hinaus bei Jugendlichen in den alten Bundesländern. In den neuen Bundesländern waren 1999 Weiterbildungsangebote weniger bekannt als in den alten Ländern. Hier ist die Zahl derer, die von Angeboten wissen, aber stabil geblieben.

Mit dem Abbau hauptamtlicher Strukturen in verschiedenen Bereichen des freiwilligen Engagements gehen auch die Weiterbildungsangebote zurück. Die Tatsache, dass weniger

Befragte über Angeboten informiert sind, könnte jedoch auch mit der Zunahme des jugendlichen Engagements in informellen Strukturen zusammenhängen. Hier existiert organisationsbedingt eine vergleichsweise geringe infrastrukturelle Unterstützung, folglich gibt es auch weniger Weiterbildungsmöglichkeiten. Zusätzlich funktioniert das Informationsmanagement natürlich nicht so gut wie beispielsweise in Jugendverbänden.

Von den vorhandenen Weiterbildungsangeboten machen Jugendliche 2004 allerdings häufiger Gebrauch, während bei Engagierten über 24 Jahren die Teilnahme gleich geblieben ist. Gestiegen ist die Zahl der engagierten Jugendlichen, die schon mehrmals Weiterbildungsangebote wahrgenommen haben, und zwar gleich um 11 Prozentpunkte. Gerade die jüngeren Engagierten, haben, wenn sie denn Kursangebote kennen, häufiger als 1999 gleich mehrfach teilgenommen. In West und Ost ist die Zahl derer, die schon mehrmals von Weiterbildungsangeboten Gebrauch gemacht haben, gleichermaßen gestiegen.

Im Übrigen wird seltener als vor 5 Jahren, jedoch immer noch von 34% der jungen Engagierten, das Fehlen von Weiterbildungsmöglichkeiten reklamiert. Dies zeigte sich auf die Frage nach den Rahmenbedingungen des Engagements, um die es im Folgenden geht.

8 Rahmenbedingungen jugendlichen Engagements: weniger Problemdruck

In den Jahren zwischen 1999 und 2004, den beiden Erhebungszeitpunkten des Freiwilligensurveys, hat es auf unterschiedlichen Ebenen Bemühungen gegeben, die Rahmenbedingungen für das freiwillige Engagement zu verbessern. Allerdings ließen die knappen Finanzmittel der öffentlichen Hand teilweise nur wenig Spielraum. So ging z.B. auf kommunaler Ebene die finanzielle Förderung der Jugendarbeit deutlich zurück. Bei anderen Einrichtungen und Organisationen wurden hauptamtliche Strukturen abgebaut, z.B. im Bereich der kirchlichen Jugendarbeit. Generell jedoch gibt es seit einigen Jahren eine Sensibilisierung für das Thema freiwilliges bzw. bürgerschaftliches Engagement, die ihren objektiven Niederschlag in zahlreichen Maßnahmen fand: vom besseren Versicherungsschutz der Freiwilligen über steuerliche Erleichterungen, Förderung von Kontaktstellen, Verbesserung z.B. der Situation arbeitsloser Engagierter und bei Jugendlichen die Einführung von Kompetenznachweisen etc.

Wie bewerten die jugendlichen Engagierten selbst die Rahmenbedingungen im Vergleich zum Stand von 1999? Es ging um mögliche Verbesserungen der Situation des freiwilligen Engagements durch die Organisationen sowie durch Staat und Öffentlichkeit. Tabelle J17 zeigt den Zeitvergleich.

Ähnlich wie bei den Engagierten ab 25 Jahren ist der Problemdruck auch bei den Jugendlichen in 2004 deutlich geringer. In nahezu allen Punkten wird weniger häufig Verbesserungsbedarf reklamiert. Einzig die Bereitstellung von Räumen und von Ausstattungsmitteln für Projekt- und Gruppenarbeit ist unverändert das große Thema der jugendlichen Engagierten. Es mangelt ganz offensichtlich nach wie vor an Räumlichkeiten, die Jugendliche selbst bestimmt nutzen können. Denn mit einer zeitlich regulierten Nutzung von Gemeinschaftsräumen ist Jugendlichen meist nicht gedient. Die Finanzmittel für Projekte stellen auch 2004 ein großes Problem dar. Hier bleibt unklar, ob die Organisationen selbst als Geldgeber gemeint sind oder eher als Zwischenstation, denn die Finanzierung von Projekten erfolgt selten direkt durch die Organisationen. Mangelnde Grundförderung, das Fehlen passender Fördertöpfe, komplizierte Beantragungen: das sind Probleme, über die in der Praxis der Jugendarbeit nach wie vor geklagt wird. Auch im Engagement der Befragten ab 25 Jahren hat hier der Problemdruck nicht abgenommen.

Was die Rahmenbedingungen angeht, die in der Verantwortung von Staat und Öffentlichkeit liegen, ist die Zufriedenheit offenbar 2004 ebenfalls größer. Für Jugendliche, die sich ja vielfach im Sportbereich und als Gruppenleiter bei Freizeitaktivitäten von Kindern und Jugendlichen engagieren, ist ein verbesserter Versicherungsschutz wichtig. Hier gab es insbesondere im Bereich der Unfallversicherung Initiativen in verschiedenen Bundesländern und 2004 wird weniger oft Verbesserungsbedarf gesehen. Sehr wichtig für Jugendliche ist auch die Anerkennung des freiwilligen Engagements als Praktikum: auch in diesem Punkt gibt es zwar weniger Klagen, aber fast die Hälfte der jungen Engagierten sehen Verbesserungsbedarf. Bei den Engagierten ab 25 Jahren sind es vor allem zwei kritische Punkte, die häufig genannt werden und in denen sich nach Wahrnehmung der Befragten nichts gebessert hat. Sie reklamieren mehr Anerkennung des freiwilligen Engagements in den

Medien und bessere Informationen über Gelegenheiten zum Engagement. Dieser letzte Punkt wird auch von über der Hälfte der jugendlichen Engagierten als verbesserungsbedürftig genannt. Ganz besondere Relevanz hat dies für die Jugendlichen im Osten: zwei Drittel meinen, dass hier mehr geschehen müsste, was in Zusammenhang mit dem sehr hohen unausgeschöpften Potenzial engagementbereiter Jugendlicher in den neuen Bundesländern gesehen werden muss.

Tabelle J17: Rahmenbedingungen: Wo sind Verbesserungen nötig, wo „drückt der Schuh"?, Engagierte ab 14 Jahren

	14-24 Jahre		25 Jahre +	
	1999	2004	1999	2004
Verbesserungen nötig				
... durch die Organisationen				
Fachliche Unterstützung	36	30	38	35
Weiterbildungsmöglichkeiten	41	34	39	35
Anerkennung durch Hauptamtliche	33	29	32	28
Finanzielle Vergütung	28	24	25	22
Unbürokratische Kostenerstattung	30	29	36	34
Bereitstellung von Räumen, Ausstattung für Projektarbeit	53	53	45	42
Finanzmittel für Projekte	62	59	64	65
... durch Staat / Öffentlichkeit				
Bessere Haftpflicht, Unfallversicherg.	37	32	46	41
Steuerl. Absetzung der Unkosten	47	37	58	46
Steuerl. Absetzbarkeit der Aufwandsentschädigung	43	35	54	46
Anerkennung als Praktikum	56	49	46	40
Anerkennung durch Ehrungen	29	26	23	24
Anerkennung in Medien	51	45	47	50
Bessere Informationen über Gelegenheiten zum Engagement	57	55	57	56

Angaben in Prozent; Mehrfachnennungen

Der Problemdruck ist also insgesamt etwas zurückgegangen. Tatsächlich hat sich, wie gesagt, an den Rahmenbedingungen jugendlichen Engagements einiges zum Positiven entwickelt, andererseits haben sich die Bedingungen zum Teil auch verschlechtert. Möglicherweise vermittelt die breite öffentliche und innerhalb von Vereinen und anderen Organisationen stattfindende Thematisierung in Kombination mit einer Reihe von Verbesserungen den Eindruck, dass dem freiwilligen Engagement und seinen Problemen mehr Aufmerksamkeit gewidmet wird. Die Ergebnisse des Surveys zeigen jedoch auch, dass noch viel zu tun bleibt.

B Freiwilliges Engagement bei Frauen und Männern im Zeitvergleich 1999 – 2004

Sibylle Picot, Thomas Gensicke

1 Einleitung

Im Freiwilligensurvey von 1999 zu Ehrenamt, Freiwilligenarbeit und bürgerschaftlichem Engagement in Deutschland erbrachte die geschlechtsspezifische Analyse zum Teil Ergebnisse, die geläufigen Einschätzungen widersprachen.[108] So zum Beispiel der Befund, dass Frauen weniger häufig freiwillig engagiert sind als Männer – vor allem aus der Sicht des sozialen Ehrenamts ein überraschendes Ergebnis. Freiwilliges Engagement, das zeigte der Freiwilligensurvey, umfasst aber wesentlich mehr als das soziale Ehrenamt im engeren oder weiteren Sinne. Ein erheblicher Teil des freiwilligen Engagements wird von den vorrangig im Vereinswesen angesiedelten sportlichen, kulturellen und freizeitbezogenen Tätigkeiten bestimmt. Dazu kommen die Bereiche „Politik", „Freiwillige Feuerwehr und Rettungsdienste", „Berufliche Interessenvertretung" sowie „Umwelt- und Tierschutz". Besonders das Vereinswesen, aber auch die Tätigkeiten in Parteien, Verbänden und Gewerkschaften sowie in den Feuerwehren und Rettungsdiensten sind typischer für männliches Engagement. Männer werden auch häufiger in Ämter gewählt oder üben Leitungs- und Vorstandsfunktionen aus. Charakteristischer für Frauen sind betreuende und helfende Funktionen, oft mit konkretem Bezug auf Personen, vor allem Kinder und Jugendliche sowie ältere Menschen.

Neben dem stärker helfenden Charakter und dem konkret menschlichen Bezug ist freiwilliges Engagement von Frauen stark vom jeweiligen Alter geprägt bzw. von den Anforderungen der entsprechenden Lebensphase. Männliches Engagement ist dagegen in Ausmaß und Ausrichtung im Lebensverlauf stabiler, vor allem zeigt es sich weniger abhängig von der Familiensituation. Bei Frauen steht freiwilliges Engagement stärker in der Zeitkonkurrenz mit der Familien- und Erwerbsarbeit. Dagegen zeigte 1999 bei Männern eine hohe zeitliche Belastung im Erwerbsleben keine einengende Wirkung auf ihr freiwilliges Engagement.[109] Auch wenn Kinder im Haushalt zu betreuen sind, führt dies bei Männern im Gegensatz zu Frauen nicht zu einer Reduzierung des freiwilligen Engagements.

Wir wollen in dieser Auswertung die Daten des Freiwilligensurveys von 2004 danach untersuchen, ob und inwiefern sich inzwischen bei den markanten Geschlechterprofilen, die im ersten Freiwilligensurvey erkennbar wurden, Veränderungstendenzen abzeichnen. In der Zeit zwischen den beiden Surveys haben sich die sozialstrukturellen Bedingungen für

---

[108] Vgl. Zierau 2001.
[109] ebd., S. 53 ff.

Männer und Frauen in Deutschland nicht grundlegend verändert. Was die Frage des „freiwilligen Engagements" betrifft, ist allerdings einiges in Bewegung geraten: Das Thema ist spätestens seit 2001, dem „Internationalen Jahr der Freiwilligen", deutlich stärker in der öffentlichen Diskussion präsent und steht vermehrt im Fokus von Sozialwissenschaften, Politik und Medien. Von staatlicher Seite wie von Seiten gemeinnütziger Organisationen wurde eine aktive Förderpolitik betrieben. Ein Ziel war dabei, freiwilliges Engagement verstärkt „sichtbar" zu machen. Dabei ging es gerade um Engagement, dem bisher weniger Aufmerksamkeit und Anerkennung zuteil wurde. Dies gilt besonders für das freiwillige Engagement von Frauen, obwohl die Frauenbewegung schon seit den 80er und frühen 90er Jahren versucht, die Wahrnehmung für dieses Thema zu schärfen.[110]

Die im Folgenden dargestellten Ergebnisse einer geschlechterbezogenen Auswertung des Freiwilligensurveys zeigen in vielen Punkten eine große Stabilität in den Engagementstrukturen bei Frauen und Männern. Sie zeigen andererseits Veränderungen vermehrt dort, wo die grundsätzliche subjektive Bewertung des Themas eine Rolle spielt. Das schließt auch die Bereitschaft zum Engagement bei nicht freiwillig Engagierten ein. Die Ergebnisse belegen zudem die große Vielfalt männlichen und weiblichen Engagements jenseits der Stereotype.

Das gilt nicht nur für die große Breite des Spektrums an Engagementbereichen und Tätigkeitsinhalten bei verschiedenen Untersuchungsgruppen. Über die gruppenspezifische Betrachtung hinaus ist zu bedenken, dass es bei freiwilligem Engagement in einem individuellen Leben um verschiedene Tätigkeiten gehen kann, die zeitversetzt oder gleichzeitig, mit unterschiedlicher Ausrichtung und Intensität betrieben werden können.

Bei der Interpretation typischer Unterschiede im Engagement von Männern und Frauen ist es relativ schwer, nicht in normative Interpretationsmuster zu verfallen. Das beginnt beim Fokus des Interesses: Häufig wird in vergleichbaren Untersuchungen das freiwillige Engagement von Männern nur als Kontrastfolie benutzt und dem Engagement von Frauen wird bedeutend mehr Aufmerksamkeit gewidmet. Das wird durch verschiedene Befunde allerdings nahegelegt, so z.B. durch die offensichtliche Ungleichverteilung von Leitungs- und Vorstandsfunktionen oder die Tatsache, dass Frauen vermehrt nur dann bestimmte leitende Funktionen einnehmen, wenn sie „zumindest" einen hohen Bildungsstatus innehaben. Dabei ist der Prozess, der zu diesem „ungleichen" Ergebnis führt wohl ein sehr vermittelter. Frauen stellen sich auch weniger oft für bestimmte Positionen zur Verfügung oder haben andere Tätigkeitsschwerpunkte. Und diese Präferenzen können natürlich weiter auf ihr Zustandekommen hinterfragt werden.

Basso continuo der Interpretation geschlechtsspezifischer Analysen ist die Idee der gleich hohen Repräsentanz der Geschlechter im Engagement oder die grundsätzliche Gleichverteilung auf Tätigkeitsfelder und Aufgaben. Auch dies ist keine „Selbstverständlichkeit". So wird im Bericht des ersten Freiwilligensurveys empfohlen, die geringere Präsenz von Frauen im freiwilligen Engagement nicht als Defizit anzusehen, sondern „im Kontext ihrer Mehrfachtätigkeiten zu reflektieren".[111] Entsprechende Zielsetzungen („Gleichverteilung") und zugrunde liegende Interpretationsschemata sollten also offen gelegt und diskutiert werden. Das betrifft ebenso die unbemerkt einfließende Bewertung

---

[110] Man denke z.B. an Titel von Tagungen und Veröffentlichungen, die auch eine bestimmte Botschaft beinhalten: „Frauen im sozialen Ehrenamt: viel Amt – wenig Ehre" und „Erst war ich selbstlos, jetzt gehe ich selbst los", um nur zwei Beispiele zu nennen. Vgl. auch Beher, Liebig, Rauschenbach, 1999, S. 185.
[111] Vgl. Zierau, a.a.O., S.105.

von Aufgaben als attraktiv (männlich) oder weniger attraktiv (weiblich) und von freiwilligen Tätigkeiten als gesellschaftlich nutzbringender (weiblich) oder weniger nützlich (männlich). Eine ideologiekritische Diskussion können wir hier nicht führen. Unsere Interpretation ist eine betont zurückhaltende und wir beschränken uns darauf, die empirischen Ergebnisse möglichst breit gefächert offenzulegen.

Der Freiwilligensurvey ist als thematisch breit angelegte Studie mit einer hohen Fallzahl besonders geeignet, die Vielfalt des Phänomens, das wir als „freiwilliges Engagement" definieren, für verschiedene Untersuchungsgruppen abzubilden. Besonderes Interesse muss dabei der Möglichkeit gelten, erstmals systematisch die Veränderungen im Zeitvergleich auch in einer geschlechterbezogenen Untersuchung darstellen zu können.

2 Zusammenfassung

Die vorliegende geschlechtsspezifische Auswertung der Ergebnisse des Freiwilligensurveys soll vor allem die Frage beantworten, ob sich die unterschiedlichen Engagementprofile von Frauen und Männern, die durch den ersten Freiwilligensurvey erkennbar wurden, angeglichen oder verstärkt haben. Die Auswertung baut dabei auf der geschlechtsbezogenen Analyse des ersten Freiwilligensurveys auf und beschäftigt sich vor allem mit Entwicklungen und Trends zwischen 1999 und 2004.

Die Studie zeigt, dass die Profile männlichen und weiblichen Engagements in vielen Punkten zwar unterschiedlich geblieben sind, sich andererseits aber in einigen Punkten angenähert haben. Diese Annäherung kann in zweierlei Richtung gehen. Das weibliche Engagementprofil kann dem der Männer ähnlicher werden oder umgekehrt. So stellten wir beispielsweise fest, dass mehr Männer sich in Schule und Kindergarten engagieren oder im sozialen Bereich, bislang eher Domänen weiblichen Engagements. Bei Frauen zeigen sich zum Teil Veränderungen bei der Organisationsform ihres Engagements. Sie engagieren sich vermehrt im Vereinswesen, einem typischen Bereich männlichen Engagements. Insgesamt ist jedoch die Weiterexistenz unterschiedlicher Engagementprofile der Geschlechter der empirisch auffälligere Befund.

Von der Bewertung her kann man die Sache jedoch auch anders sehen. Angesichts von kulturell fest gefügten Traditionen der Geschlechterunterschiede, die längerfristig gewachsen sind, sollte man auch kleinere bis mittlere Veränderungen innerhalb eines historisch sehr kurzen Zeitraums hervorheben. Ein Beispiel dafür ist, dass sich Männer mit Kleinkindern 2004 vermehrt in die häusliche Kinderbetreuung einbringen und in der Folge Frauen mit Kleinkindern verstärkte Freiräume für freiwilliges Engagement erhielten.

Männer sind auch 2004 in höherem Maße freiwillig engagiert als Frauen (1999: 39%, 2004: 39%). Der Unterschied in der Engagementquote hat sich jedoch verringert, denn Frauen sind 2004 etwas häufiger engagiert (1999: 30%, 2004: 32%). In einigen Gruppen gab es sogar eine stärkere Angleichung: Bei in Vollzeit beschäftigten Frauen hat das freiwillige Engagement um 6 Prozentpunkte zugenommen und die 1999 besonders große Differenz von 15 Prozentpunkten zur entsprechenden Männergruppe hat sich auf 8 Prozentpunkte verringert. Arbeitslose Frauen sind inzwischen genau so häufig engagiert wie arbeitslose Männer. Im Vergleich zu 1999 waren 2004 deutlich mehr freiwillig engagierte Frauen daran interessiert, ihr Engagement auszudehnen. Außerdem sind nicht engagierte Männer wie Frauen zunehmend zum Engagement bereit.

Wichtiger als die quantitativen Unterschiede sind allerdings die qualitativen Unterschiede zwischen den Engagementprofilen der Geschlechter. Das beginnt damit, dass Männer ein deutlich höheres Zeitbudget in ihre freiwillige Tätigkeit investieren. Sie übten 2004 außerdem zunehmend 2 und mehr Tätigkeiten aus. Dass sich mehr Männer als Frauen freiwillig engagieren und dass engagierte Männer mehr Zeit für ihr Engagement aufbringen können, liegt offensichtlich daran, dass sie viel weniger unter Doppelbelastung durch Berufs- und Familienarbeit stehen als Frauen. Der Freiwilligensurvey kann das beispielhaft daran zeigen, dass auch 2004 die Hauptverantwortung für die Kinderbetreuung nahezu ausschließlich den Frauen zufiel.

Die stärksten qualitativen Unterschiede zwischen Männern und Frauen zeigen sich im Tätigkeitsprofil. Bei Männern dominieren sportliche, freizeit-, politik- und berufsbezogene Tätigkeiten sowie solche bei der Freiwilligen Feuerwehr bzw. den Rettungsdiensten. Bei Frauen spielen dagegen soziale und gesundheitsbezogene Tätigkeiten, Tätigkeiten in Schule und Kindergarten sowie kirchlich-religiöses Engagement eine bevorzugte Rolle. Ein gewisser Ausgleich dieser Geschlechterprofile kam 2004 vor allem durch ein erhöhtes Engagement der Männer im Sozialbereich zustande und ein gleichzeitig verringertes im Sport.

Auf der Ebene der Organisationsformen des freiwilligen Engagements dominieren Männer weiterhin das Engagement in Vereinen. Weibliche Engagierte sind hier allerdings häufiger vertreten als früher, vor allem diejenigen mit einer zweiten Tätigkeit. Männer sind, ebenfalls vor allem im Rahmen einer zweiten Tätigkeit, zunehmend in kirchlichen sowie in staatlichen bzw. kommunalen Einrichtungen präsent. Beide Geschlechter haben also einen gewissen Zugang zu typischen Organisationsformen des anderen Geschlechts gefunden.

Langsame Annäherungsprozesse finden allerdings vorerst dort ihre Grenze, wo es um die hierarchische Zuordnung von freiwilligen Tätigkeiten zu Wahlämtern bzw. Leitungs- und Vorstandfunktionen geht. Insbesondere in letzteren waren Frauen 2004 sogar deutlich weniger anzutreffen als 1999. Damit hat sich 2004 auch das typische Tätigkeitsprofil der Männer bestätigt: „Organisieren, repräsentieren, führen" bzw. das der Frauen: „Helfen, betreuen, beraten". In diesem Zusammenhang ist das Engagement der Frauen auch weiterhin erheblich öfter auf konkrete Personen bezogen, vor allem auf Kinder und Jugendliche bzw. ältere Menschen.

Der drastische Unterschied zwischen Männern und Frauen bezüglich der leitenden Tätigkeiten wird bestätigt durch die Analyse der Tätigkeitsprofile von Männern und Frauen in Abhängigkeit vom Bildungsstatus. Frauen mit höherem Bildungsstatus üben mit 32% deutlich mehr Leitungs- und Vorstandsfunktionen aus als Frauen mit mittlerem (23%) und Frauen mit niedrigem Status (21%). Sogar bei Männern mit einfachem Bildungsstatus ist der Anteil in Leitungs- und Vorstandsfunktionen mit 37% immer noch weit höher als bei den hoch qualifizierten Frauen.

Besonderes Augenmerk legte die vorliegende Sonderauswertung auf die Situation von Frauen mit Kleinkindern bis zu 3 Jahren. Wir können konstatieren, dass in dieser Familiensituation Frauen zwar immer noch die Hauptverantwortung für die häusliche Kinderbetreuung innehaben, Männer dabei aber zunehmend eine Teilverantwortung übernehmen. Das ging seit 1999 mit einem deutlichen Aufschwung des freiwilligen Engagements bei Frauen mit Kleinkindern einher und mit einem Rückgang in der entsprechenden Männergruppe. Frauen mit Kindern unter 4 Jahren konnten 2004 sogar vermehrt eine zweite freiwillige Tätigkeit ausüben und waren, falls nicht engagiert, viel häufiger zu freiwilligem Engagement bereit.

Interessanterweise war das vermehrte Engagement der Frauen mit Kleinkindern 2004 deutlich weniger auf die Zielgruppe „Kinder und Jugendliche" hin ausgerichtet, das insgesamt zurückgehende der Männer nahm dagegen in diesem Bereich zu. Bei den Männern verlagerte sich das Engagement von sportlichen Tätigkeiten hin zu solchen im Rahmen von Kindergarten und Schule. In der Gruppe der Männer und Frauen mit Kleinkindern können wir somit im Rahmen dieser Studie einen der auffälligsten Angleichungsprozesse beobachten.

Gewisse Angleichungsprozesse gab es seit 1999 auch bei den Hintergründen des freiwilligen Engagements. Bei Frauen korrelierte 1999 das Engagement stärker als bei Männern mit der Haushaltssituation: mit einem höheren Haushaltseinkommen und einem größeren Haushalt. Bei Männern waren kulturelle und sozialintegrative Faktoren relativ gesehen wichtiger. Inzwischen sind bei Frauen diese Faktoren für das Engagement sogar noch etwas wichtiger geworden als bei Männern, ebenso eine engagiert-kritische Werthaltung, die besonders Frauen in mittleren Jahren zunehmend zu freiwilligem Engagement führt.

Frauen setzen noch mehr als Männer die wichtigste Priorität für die Förderung des Engagements bei der Information und Beratung über Möglichkeiten des Engagements. Damit in Zusammenhang steht die inzwischen zweite Priorität einer vermehrten und zeitgemäßen Präsenz des Engagements in den Medien. Angesichts vieler am Engagement Interessierter in beiden Geschlechtern und einer zunehmenden Anzahl erweiterungs- und veränderungsfreudiger weiblicher Freiwilliger ist diese Prioritätensetzung plausibel. Demgegenüber sind inzwischen in beiden Geschlechtern materielle Fragen z.B. der steuerlichen Unterstützung und einer öffentlichen Unfall- bzw. Haftpflichtversicherung zwar nicht unwichtig geworden, aber ein wenig in den Hintergrund getreten.

3 Aktivität und freiwilliges Engagement bei Frauen und Männern im Zeitvergleich

3.1 Umfang von Aktivität und freiwilligem Engagement

Im Freiwilligensurvey von 2004 wurden 15.000 Personen ab 14 Jahren befragt, davon mehr als die Hälfte Frauen. Etwa ebenso war der erste Freiwilligensurvey von 1999 angelegt.

Der Freiwilligensurvey bestimmt das freiwillige Engagement in einer Abfolge von zwei Stufen. Zunächst wird ermittelt, wie viele Personen sich in Deutschland „außerhalb von Beruf und Familie" in Vereinen und Gruppen, in Organisationen und Einrichtungen „aktiv beteiligen". Die in diesem Sinne „aktiven" Personen werden in einem zweiten Schritt befragt, ob sie im Rahmen dieser gemeinschaftlichen Aktivität auch freiwillig und unentgeltlich[112] bestimmte Aufgaben und Tätigkeiten übernommen haben. Diese Gruppe nennen wir die freiwillig Engagierten.[113]

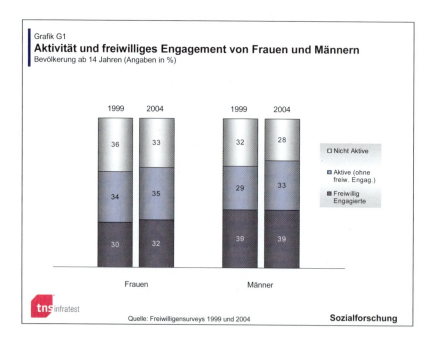

Grafik G1 teilt Frauen und Männer im Zeitvergleich in drei Gruppen ein. Die dunklen Säulenteile zeigen die Gruppe der *freiwillig Engagierten*. Bei Männern ist zu beiden Zeitpunkten diese Gruppe der Engagierten größer als bei Frauen. Die Differenz ist allerdings 2004

---

[112] Eine geringfügige Aufwandsentschädigung ist in dieser Definition zugelassen.
[113] Vgl. hierzu auch den Hauptbericht, Kapitel 2.1.

etwas geringer, denn der Anteil der freiwillig Engagierten stieg nur bei den Frauen. Die zweite Gruppe (graue Säulenteile) stellen jene Personen dar, die zwar über berufliche und private Zwecke hinaus *aktiv* sind, aber in diesem Rahmen keine bestimmten Aufgaben oder Funktionen übernommen haben. Diese Gruppe ist bei Frauen zu beiden Zeitpunkten größer als bei Männern, wobei dieser Unterschied seit 1999 kleiner geworden ist. Die verbleibende Gruppe sind diejenigen, die in keinerlei Kontext gemeinschaftlich aktiv sind (*Nicht Aktive*). Diese Gruppe ist bei Frauen ebenfalls und zu beiden Zeitpunkten größer als bei Männern.

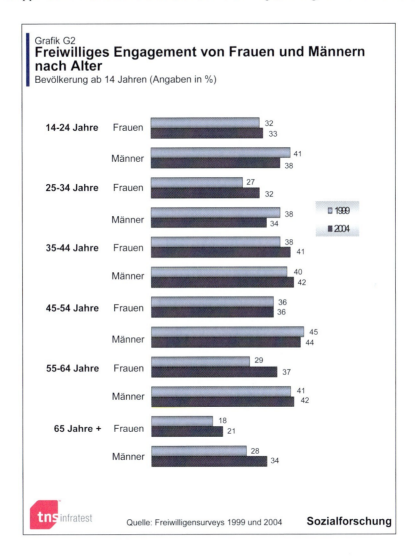

Grafik G2 wählt zum Vergleich der Geschlechter in 6 Altersgruppen die Gruppe der „freiwillig Engagierten" aus. Männer und Frauen in den verschiedenen Altersgruppen sind unterschiedlich häufig engagiert, wie schon die Daten von 1999 zeigen. Bei Jugendlichen im

Alter von 14 bis 24 Jahren und in der Altersgruppe der jungen Erwachsenen im Alter von 25 bis 34 Jahren war 1999 der Unterschied der Engagementquote zwischen den Geschlechtern besonders groß, hat sich jedoch 2004 angeglichen. In beiden Altersgruppen gab es einen Rückgang beim Engagement der jungen Männer. Der 1999 noch niedrige Anteil an freiwillig Engagierten bei jungen Frauen zwischen 25 und 34 Jahren ist dagegen um fünf Prozentpunkte gestiegen.[114] In den mittleren Altersgruppen zwischen 35 und 64 Jahren ist der Anteil der Engagierten bei Männern auf hohem Niveau recht stabil. Die Senioren ab 65 Jahren sind die einzige männliche Altersgruppe, bei der 2004 ein deutlich höherer Anteil an freiwilligen Engagierten konstatiert werden kann (1999: 28%, 2004: 34%).

Bei den Frauen ist das Bild weitgehend anders: Hier gibt es in den meisten Altersgruppen einen Zuwachs an freiwillig Engagierten. Besonders groß war dieser bei den 55- bis 64-jährigen Frauen.

Die Anteile an freiwillig Engagierten in den weiblichen Altersgruppen unterschieden sich 1999 stärker als bei den männlichen Altersgruppen. Das ist auch 2004 so geblieben. Nur 21% sind in der Altersgruppe der Seniorinnen engagiert, aber 41% der Frauen im Alter von 35 bis 44 Jahren, eine Differenz von 20 Prozentpunkten. Dagegen haben sich die Unterschiede zwischen den männlichen Altersgruppen noch verringert. Der Anteil an Engagierten ist ebenfalls am niedrigsten bei den Senioren ab 65 Jahren (34%). Am häufigsten engagieren sich Männer zwischen 45 und 54 Jahren (44%), eine Differenz also von nur noch 10 Prozentpunkten. Der Eindruck, dass der Anteil an Engagierten über altersspezifische Lebenslagen hinweg bei Männern stabiler bleibt und bei Frauen größeren Schwankungen unterliegt, wird also bestärkt.

3.2 Bereitschaft zum freiwilligen Engagement

Deutlich gesunken ist seit 1999 der Anteil der Männer und Frauen, die weder freiwillig engagiert sind, noch bereit wären, sich zukünftig zu engagieren – und zwar um jeweils sieben Prozentpunkte. Bei Frauen stieg zum einen der Anteil der freiwillig Engagierten an. Zum anderen nahm die bereits 1999 große Gruppe der zum Engagement bereiten Frauen weiter zu (sog. „externes" Engagementpotenzial).

Bei Männern blieb die hohe Engagementquote stabil und die Bereitschaft zum Engagement nahm wie bei den Frauen deutlich zu. 2004 ist die Engagementbereitschaft bei bisher nicht engagierten Frauen und Männer sehr ähnlich ausgeprägt, auch was den Grad der Verbindlichkeit angeht. Unterschiede gibt es auch hier in den Altersgruppen.[115] Bei Männern stieg die Engagementbereitschaft zwischen den beiden Erhebungszeitpunkten vor allem in der Altersgruppe der 25- bis 34-Jährigen und in den Altersgruppen ab Mitte 40 an. Die Zahl der Männer, die „sicher" engagementbereit waren, nahm mit zunehmendem Alter ab.

Bei Frauen ist die Engagementbereitschaft nach wie vor am höchsten im Alter unter 35 Jahren, *gestiegen* hingegen ist sie am stärksten in den mittleren und älteren Altersgruppen. Dabei sind sich die Frauen ihrer Sache sehr sicher, gerade im Vergleich zu den Männern der gleichen Altersgruppe. Besonders gilt dies für die 55- bis 64-Jährigen. Für diese Gruppe von Frauen konnten wir 2004 nicht nur einen beträchtlich höheren Anteil an freiwillig En-

---

[114] Vgl. hierzu auch den Jugendbericht des 2. Freiwilligensurveys.
[115] Vgl. Hauptbericht, Kapitel 2.4.

gagierten feststellen, auch die Engagementbereitschaft stieg deutlich an, und zwar mit recht hoher Verbindlichkeit.

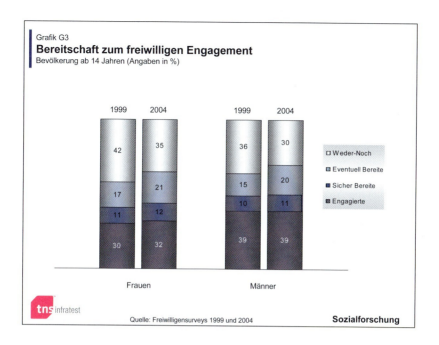

Tabelle G1: Zusätzliches Engagement-Potenzial bei Engagierten, Engagierte ab 14 Jahren

	Frauen		Männer	
	1999	2004	1999	2004
An Erweiterung …				
interessiert	35	42	34	38
nicht interessiert	57	51	57	56
kann man nicht sagen	8	7	9	6

Angaben in Prozent

Tabelle G1 zeigt, dass auch bei derzeit schon freiwillig engagierten Frauen und Männern die Bereitschaft zu einer Erweiterung des freiwilligen Engagements gestiegen ist (sog. „internes" Engagementpotenzial), bei Frauen stieg dieses Potenzial allerdings deutlicher als bei Männern. Die Aufschlüsselung nach Altersgruppen zeigt aber keine besonders auffallenden Unterschiede zwischen den Geschlechtern. Es sind die Jugendlichen – und zwar die männlichen wie die weiblichen –, die hier besonders häufig Potenziale erkennen lassen.

Alles in allem wird bei gestiegenem externem wie internem Engagementpotenzial deutlich, dass 2004 vor allem die Frauen in einem Alter, wo sie jenseits von Familienaufgaben sind, zunehmend die Möglichkeit des freiwilligen Engagements für sich entdecken.

3.3 Anzahl der Tätigkeiten und Zeitstrukturen des Engagements

Wie Grafik G4 verdeutlicht, bleibt bei Frauen die Anzahl der freiwillig ausgeübten Tätigkeiten im Vergleich zu 1999 stabil. Bei Männern nahm dagegen der Anteil der Engagierten mit „nur" einer Tätigkeit ab. Deutlich mehr männliche Engagierte üben nun zwei Tätigkeiten aus, und auch der Anteil der „Hochengagierten" mit drei und mehr Tätigkeiten stieg.

Bisher hatten weibliche Engagierte häufiger als männliche angegeben, zwei freiwillige Tätigkeiten übernommen zu haben. Die Werte haben sich 2004 angeglichen. Insgesamt ist bei Männern also – wie zuvor gezeigt – der Anteil der Engagierten stabil geblieben, zugenommen aber hat die Anzahl der von Männern übernommenen Tätigkeiten.

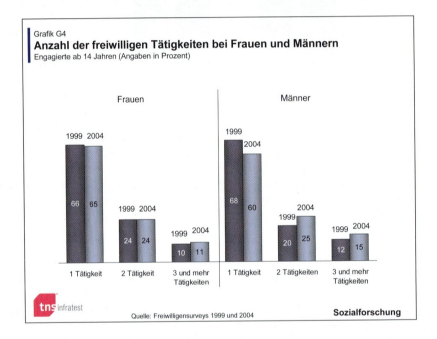

Die zeitliche Häufigkeit, mit der Frauen und Männer einer freiwilligen Tätigkeit nachgehen, hat sich seit 1999 wenig geändert. Tabelle G2 zeigt dies für die erste und zweite freiwillige Tätigkeit. Dabei ist die „erste" freiwillige Tätigkeit, wie gesehen, bei vielen Engagierten auch die einzige Tätigkeit. Bei Freiwilligen, die mehr als eine Tätigkeit ausüben, wurde für die vertiefende Befragung und Analyse als „erste" Tätigkeit, die von den Engagierten als zeitaufwändigste bezeichnete Tätigkeit herangezogen. Waren bei Freiwilligen mehr als zwei Tätigkeiten vorhanden, wurde eine von diesen per Zufallsauswahl für die weitere Befragung und Analyse ausgewählt.

Männer verwenden auf ihre erste freiwillige Tätigkeit mehr Zeit als Frauen. Mehr als ein Drittel der männlichen Engagierten üben ihr Engagement „mehrmals die Woche", 6% sogar täglich und damit insgesamt etwas häufiger aus als 1999. Bei Frauen sind die Anteilswerte, was die erste Tätigkeit betrifft, praktisch die gleichen wie vor fünf Jahren. Bei der zweiten freiwilligen Tätigkeit gibt es deutliche Veränderungen. 1999 nahmen sich 27% der Frauen einmal die Woche und öfter Zeit für ihre zweite freiwillige Tätigkeit, 2004 waren dies 36% und damit inzwischen ein höherer Prozentsatz als bei den Männern.

Für etwa drei Viertel der männlichen Engagierten bedeutete die erste Tätigkeit auch 2004 regelmäßige terminliche Verpflichtungen. Bei weiblichen Engagierten hat sich diesbezüglich auf etwas niedrigerem Niveau ebenfalls wenig geändert. Die zweite Tätigkeit war 2004 bei beiden Geschlechtern etwas weniger oft als 1999 mit regelmäßigen Terminen verbunden.

Noch häufiger als vor fünf Jahren handelt es sich sowohl bei der ersten wie bei der zweiten freiwilligen Tätigkeit um eine Aufgabe, die zeitlich nicht begrenzt angelegt ist. Ausnahme war dabei allerdings die zweite Tätigkeit bei Männern, die 2004 öfter zeitlich begrenzt war. Die Dauer, mit der Frauen und Männer ihrer ersten Tätigkeit bereits nachgehen, hat zugenommen. Sie liegt bei engagierten Frauen im Durchschnitt bei 8,5 Jahren, bei Männern bei 10,9 Jahren. Auch bei der zweiten Tätigkeit gaben mit 8,4 Jahren Männer 2004 im Durchschnitt einen längeren bisherigen Zeitraum an als Frauen mit 7,1 Jahren.

Die Tätigkeitsdauer variiert naturgemäß stark mit dem Lebensalter der Befragten. Sie nimmt außerdem seit 2004 bei den älteren Altersgruppen deutlich zu. Insofern macht sich hier auch das gestiegene Durchschnittsalter der Engagierten bemerkbar: Es nahm bei Männern von 43,4 Jahren in 1999 auf 45,2 Jahre in 2004 zu. Bei Frauen stieg das Durchschnittsalter noch stärker, und zwar von 43,2 Jahren auf 45,8 Jahre. Für die Tätigkeitsdauer bei Frauen spielt wohl die stärkere Abhängigkeit des freiwilligen Engagements von Lebensumständen beruflicher und familiärer Art eine Rolle. Hierdurch kommt es zu Unterbrechungen in der Engagementbiografie.

Die Zeitstrukturen des Engagements sind also bei Männern und Frauen sehr stabil: dies gilt einerseits für die Häufigkeit, mit der sie dem Engagement nachgehen, andererseits auch für den zeitlichen und terminlichen Horizont der freiwilligen Tätigkeit als häufig dauerhafter Aufgabe. Insgesamt betrachtet ist eine gelegentlich vermutete Tendenz zu eher kurzzeitigem Engagement nach diesen Ergebnissen kaum zu erkennen. Geringfügige Veränderungen gibt es nur hinsichtlich der zweiten Tätigkeit: Sie ist 2004 weniger häufig mit regelmäßigen terminlichen Verpflichtungen verbunden. Bei Männern handelt es sich nun häufiger um eine zeitlich begrenzte Aufgabe, und sie gehen dieser Tätigkeit auch seltener nach. Die Tätigkeitsdauer in Jahren ging ebenfalls zurück. Gleichzeitig nahm der Anteil der Männer mit mehr als einer freiwilligen Tätigkeit seit 1999 zu. Bei männlichen Engagierten gibt es also eine Verschiebung hin zu einer Verteilung der zeitlichen Ressourcen auf mehr freiwillige Aufgaben, mit einer Tendenz zur „Befristung" dieser Tätigkeiten.

Tabelle G2: Häufigkeit und Zeithorizont der freiwilligen Tätigkeit bei Frauen und Männern, Engagierte ab 14 Jahren

		Erste Tätigkeit		Zweite Tätigkeit	
		Frauen	Männer	Frauen	Männer
Häufigkeit					
Täglich	1999	3	5	1	2
	2004	3	6	1	3
Mehrmals in der Woche	1999	25	34	10	14
	2004	26	36	12	15
Einmal die Woche	1999	25	22	16	20
	2004	24	22	23	16
Mehrmals im Monat	1999	22	23	25	28
	2004	22	21	25	25
Einmal im Monat	1999	13	10	25	18
	2004	14	8	19	21
Seltener	1999	12	6	23	18
	2004	11	7	20	20
Tätigkeit bedeutet regelmäßige zeitliche Verpflichtung					
Ja	1999	70	76	67	67
	2004	69	74	63	62
Nein	1999	30	24	33	33
	2004	31	26	37	38
Die Aufgabe ist …					
zeitlich begrenzt / bald beendet					
	1999	24	26	31	28
	2004	22	23	28	33
unbegrenzt	1999	76	74	69	72
	2004	78	77	72	67
Tätigkeitsdauer in Jahren	1999	7,9	10,4	7,3	9,9
(Durchschnitt)	2004	8,5	10,9	7,1	8,4

Angaben in Prozent, Durchschnittswerte

4 Strukturen des freiwilligen Engagements

4.1 Engagementbereiche

Tabelle G3 zeigt, wie sich seit 1999 Aktivität und freiwilliges Engagement von Frauen und Männern in verschiedenen Bereichen entwickelt haben. Wie gesehen, gaben 2004 mehr Männer und Frauen an, dass sie sich in verschiedenen gemeinschaftlichen Kontexten, in Vereinen und Gruppen bzw. Organisationen und Einrichtungen, aktiv beteiligen. Diese Frage war auf 14 verschiedene Tätigkeitsbereiche bezogen, angefangen von „Sport und Bewegung", dem größten Bereich, über den Kultur- und den Freizeitbereich, den sozialen und kirchlichen, den politischen und beruflichen Bereich, bis zu den Freiwilligen Feuerwehren und Rettungsdiensten sowie dem lokalen Bürgerengagement.

Den prozentual stärksten Zuwachs an Aktivität kann man im Bereich „Sport und Bewegung" feststellen, und dies gilt sowohl für Frauen wie für Männer. Setzt man (für die etwas größeren Bereiche) das Ausgangsniveau allerdings auf 100%, war bei den Frauen die Dynamik aktiver Beteiligung in der Jugend- und Bildungsarbeit viel höher als im Sport, höher auch in den Bereichen „Kirche und Religion" sowie „Kultur und Musik". In ähnlichem Maße wie im sportlichen Bereich stieg die aktive Beteiligung der Frauen im sozialen Bereich und im Bereich „Schule und Kindergarten".

Bei Männern fällt die Steigerung der aktiven Beteiligung im sozialen Bereich auf. Männer waren dort mit 9% Aktiven repräsentiert, inzwischen sind es 12%. Damit haben sich die Anteile von aktiven Männern und Frauen im sozialen Bereich leicht angeglichen, was dem geschlechtsspezifischen Klischee eher zuwiderläuft. Etwas stärker vertreten als 1999 sind die Männer auch im Bereich „Schule und Kindergarten": hier also ebenfalls eine Annäherung der Werte. Ähnlich im Bereich Jugend- und Bildungsarbeit, wo aber der Anteil der aktiven Frauen etwas stärker zunahm.

Stark unterscheiden sich die geschlechtsspezifischen Aktivitätsraten nach wie vor im Bereich Politik: 4% der Frauen versus 10% der Männer. Ganz ähnlich ist es bei der beruflichen Interessenvertretung (außerhalb des Betriebes).

Tabelle G3: Aktivität und freiwilliges Engagement von Frauen und Männern nach Tätigkeitsfeldern, Bevölkerung ab 14 Jahren

Tätigkeitsbereiche		Aktivität		Engagement	
		Frauen	Männer	Frauen	Männer
Sport und Bewegung	1999	35	38	7,5	15
	2004	39	41	8	14
Kultur und Musik	1999	15,5	16	3,5	6
	2004	18	18	4,5	6,5
Freizeit und Geselligkeit	1999	23,5	26,5	4,5	6,5
	2004	23	28	4	6,5
Sozialer Bereich	1999	12,5	9	5	3
	2004	14	12	6	4,5
Gesundheitsbereich	1999	5,5	3,5	1,5	1
	2004	5,5	3,5	1	0,5
Schule und Kindergarten	1999	13	8,5	7	4,5
	2004	14,5	10	8	5,5
Jugend-/Bildungsarbeit f. Erwachsene	1999	5	7	1,5	2
	2004	7	8	2	2,5
Umwelt-/Natur- und Tierschutz	1999	8	9	1,5	2
	2004	9	10	2	3
Politik u. politische Interessenvertretung	1999	3,5	9	1,5	4
	2004	4	10	1	4,5
Berufl. Interessenvertretung außerhalb des Betriebes	1999	6	12,5	1	3,5
	2004	6,5	13	1	4
Kirche und Religion	1999	11,5	8	6,5	4
	2004	13,5	9	7	5
Justiz u. Kriminalitäts- probleme	1999	1	1,5	0,5	1
	2004	1	1,5	0,5	0,5
Freiwillige Feuerwehr/ Rettungsdienste	1999	2,5	7	1	4
	2004	3	8	1	4,5
Lokales bürgerschaftl. Engagement	1999	4	6	1	1,5
	2004	5,5	8,5	1,5	2,5

Angaben in Prozent, Prozente gerundet, Mehrfachnennungen

Ein relativ großer Teil der aktiven Männer und Frauen hat in den jeweiligen Aktivitätsbereichen freiwillige Tätigkeiten übernommen. Auch diese Anteile zeigt Tabelle G3 auf Basis der *Bevölkerung*, unterschieden nach dem Geschlecht der Befragten. Aufgrund der geringen Prozentanteile bilden sich die Veränderungen hier weniger stark ab. Erkennbar ist auch hier eine relativ breite Verteilung des Zuwachses von freiwilligem Engagement bei Frauen auf mehrere Bereiche. Am deutlichsten fällt er im Bereich „Kultur und Musik", „Soziales", „Schule und Kindergarten", „Kirche und Religion" sowie „Jugend und Bildung" aus. Bei Männern war die Entwicklung beim freiwilligen Engagement im sozialen Bereich sowie im Bereich „Schule und Kindergarten" am ausgeprägtesten.

Auf anderer Berechnungsbasis macht Tabelle G4 die Veränderungen beim freiwilligen Engagement noch anschaulicher. Die Tabelle weist die freiwilligen Tätigkeiten auf Basis der freiwillig engagierten Männer und Frauen aus. Die Prozentsätze fallen jetzt höher aus, weil aus der Zählbasis jene knapp zwei Drittel der Befragten herausfallen, die in keinem der 14 Bereiche einer freiwilligen Tätigkeit nachgehen. Die Dynamik der einzelnen Bereiche bei den Engagierten wird damit plastischer abgebildet.

Im Bereich „Freizeit und Geselligkeit" hat das freiwillige Engagement von Frauen abgenommen. Man erkennt jetzt deutlicher, dass zum einen das weibliche Engagement, das auf Kinder und Jugendliche ausgerichtet ist, zugenommen hat, zum anderen das kulturelle und soziale Engagement der Frauen. Eine Rangfolge der Bereiche zeigt für Frauen die Bereiche „Sport und Bewegung" sowie „Schule und Kindergarten" in gleicher Größenordnung an erster Stelle, gefolgt vom kirchlichen und sozialen Bereich. Bei Männern nimmt dagegen das Engagement im Sportbereich immer noch eine konkurrenzlose Spitzenstellung ein, allerdings ging es leicht zurück. Dagegen nahm das Engagement leicht im Bereich Schule und Kindergarten und wie erwähnt im sozialen Bereich zu, ebenso im Umwelt- und Naturschutz sowie im lokalen Bürgerengagement. In den beiden letzten Bereichen sind nun Männer stärker engagiert als Frauen.

Bei Frauen scheint der Zuwachs an *Aktivität* breiter auf die Tätigkeitsfelder verteilt gewesen zu sein. Der Zuwachs an *freiwilligem Engagement* dagegen ist etwas spezifischer und verstärkt teilweise die weiblichen Engagementschwerpunkte. Die Entwicklung des freiwilligen Engagements bei Männern führt dagegen eher weg von ihren typischen Tätigkeitsfeldern.

Tabelle G4: Zu- oder Abnahme des freiwilligen Engagements in bestimmten Tätigkeitsbereichen nach Prozentpunkten, Engagierte ab 14 Jahren

	Engagierte Frauen		Engagierte Männer	
	2004	Differenz 1999/2004	2004	Differenz 1999/2004
Tätigkeitsbereiche				
Sport und Bewegung	25	+1	37	-2
Kultur und Musik	14	+2	17	+1
Freizeit / Geselligkeit	12	-4	17	0
Soziales	19	+2	11	+3
Gesundheit	4	-1	1	-1
Schule/Kindergarten	25	+1	14	+2
Jugend/Bildung	7	+3	6	+1
Umwelt- u. Tierschutz	6	0	8	+3
Politik	4	-1	11	+1
Berufl. Interessenvertretung	3	-1	10	+1
Kirche/Religion	22	+1	12	+1
Justiz / Kriminalität	1	-1	2	0
FFW / Rettungsdienste	4	+1	12	+1
Lokales bürgerschaftliches Engagement	5	+1	7	+3

Angaben in Prozent, Mehrfachnennungen

4.2 Organisationsstrukturen

Der organisatorische Rahmen prägt Formen, Möglichkeiten und Bedingungen freiwilligen Engagements. So ist beispielsweise der Sportbereich fast ausschließlich in Form von *Vereinen* organisiert. Die Vereine spielen weiterhin in den größeren Bereichen „Kultur und Musik" sowie „Freizeit und Geselligkeit" eine dominierende Rolle. Schon daraus erklärt sich, dass mit deutlich mehr als 40% die ungleich meisten freiwilligen Tätigkeiten in Vereinen angesiedelt sind. Die thematischen Schwerpunkte des Engagements differieren, wie wir sahen, deutlich bei Männern und Frauen. Entsprechend sind unterschiedliche organisatorische Strukturen erwartbar.

Strukturelle Zusammenhänge können das freiwillige Engagement von Frauen und Männern begünstigen oder bremsen. In verschiedenen Studien wird Frauen eine Tendenz zum Engagement in informellen Strukturen (z.B. Gruppen) nachgesagt. Männer, so der erste Freiwilligensurvey, übten 1999 ihr freiwilliges Engagement vergleichsweise mehr in Organisationen mit festeren formalen Strukturen aus, vor allem in Verbänden, Parteien und Gewerkschaften sowie im Vereinswesen.[116]

Dieses geschlechtsspezifische Ergebnis scheint untermauert zu werden durch die auffällig geringe Repräsentanz von Frauen in Vorstands- oder Leitungsfunktionen, weil diese typisch für hierarchische Strukturen sind. Ebenfalls sind Frauen in Wahlämtern weniger stark vertreten, worauf im nächsten Gliederungspunkt noch näher eingegangen wird. Gemäß in den 90er Jahren verbreiteten Thesen zum Strukturwandel des Ehrenamts gewinnen neue Formen des Engagements in stärker selbst bestimmten, informellen Organisationsformen an Beliebtheit. Die Vermutung, dass Frauen diese Organisationsformen besser entsprechen, müsste sich tendenziell durch eine entsprechende Zunahme des Engagements erhärten lassen.

Tabelle G5 zeigt die Ergebnisse des ersten und zweiten Freiwilligensurveys zur Frage, in welchem organisatorischen Rahmen das freiwillige Engagement von Männern und Frauen stattfindet.

Zunächst einmal ist festzustellen, dass die Ergebnisse im Zeitvergleich bemerkenswert stabil sind. Dies gilt besonders für die erste Tätigkeit. Zwei Ergebnisse fallen ins Auge: Nach wie vor sind deutlich mehr Männer in Vereinen freiwillig engagiert und wesentlich mehr Frauen im kirchlichen Rahmen.

Insgesamt ist auch 2004 die Organisationsform des Vereins vorherrschend, vor allem bei Männern. Auffällig ist jedoch, dass die zweiten freiwilligen Tätigkeiten der Frauen 2004 deutlich häufiger in Vereinsstrukturen stattfinden (1999: 23%, 2004: 33%). Frauen haben also offenbar vermehrt Zugang zu einer eher männlich geprägten Organisationsform gefunden. Männer engagieren sich im Rahmen der zweiten Tätigkeit verstärkt bei der Kirche und religiösen Vereinigungen sowie staatlichen und kommunalen Einrichtungen (z.B. Schulen oder Kindergärten, Heime oder Krankenhäuser). Hier handelt es sich wiederum um für Frauen typischeres Engagementumfeld. Allerdings bleibt trotz einer Zunahme männlichen Engagements im kirchlichen Kontext (bei der zweiten Tätigkeit) dieser Bereich bislang eine Domäne weiblichen freiwilligen Engagements.

---

[116] Siehe Zierau, a.a.O., S. 69.

Tabelle G5: Organisatorischer Rahmen des freiwilligen Engagements bei Frauen und Männern, Engagierte ab 14 Jahren

		Erste Tätigkeit		Zweite Tätigkeit	
		Frauen	Männer	Frauen	Männer
Organisatorischer Rahmen					
Verein					
	1999	41	56	23	41
	2004	42	56	33	40
Verband					
	1999	6	8	8	9
	2004	6	8	4	9
Gewerkschaft					
	1999	1	2	3	3
	2004	1	2	2	3
Partei					
	1999	2	4	3	6
	2004	1	3	1	5
Kirche / religiöse Vereinigung					
	1999	19	9	25	8
	2004	21	9	24	11
Selbsthilfegruppe					
	1999	2	1	2	2
	2004	2	1	1	1
Initiative / Projekt					
	1999	5	2	6	6
	2004	4	3	5	5
Selbstorgan. Gruppe					
	1999	7	5	9	8
	2004	5	5	7	7
Staatl./kommunale Einrichtung					
	1999	11	9	15	11
	2004	11	10	15	13
Private Einrichtung / Stiftung					
	1999	3	2	2	0
	2004	3	2	3	2
Sonstiges					
	1999	3	2	3	4
	2004	4	2	5	3

Angaben in Prozent

Entgegen der vermuteten Tendenz zu stärker informellen organisatorischen Strukturen gehen die entsprechenden Organisationsformen bei engagierten Frauen zurück. 1999 war besonders die erste freiwillige Tätigkeit von Frauen tatsächlich häufiger als bei Männern in Initiativen, Projekten, selbst organisierten Gruppen bzw. Selbsthilfegruppen angesiedelt. Eine Präferenz von Frauen für lockere, informelle Organisationsformen lässt sich aus den Daten von 2004 nicht mehr ablesen. Festzustellen ist vielmehr eine Zunahme weiblichen Engagements in Vereinen und in kirchlichen Strukturen. Durch den Rückgang des Engagements von Frauen in den so genannten lockeren Organisationsformen ergab sich hier eine Angleichung der Werte von männlichen und weiblichen Engagierten.

Auch 2004 sind Männer häufiger in Verbänden, Gewerkschaften und Parteien engagiert. Dies entspricht der häufigen Präsenz männlicher Engagierter in den Tätigkeitsbereichen „Politik" und „Berufliche Interessenvertretung außerhalb des Betriebes". Der Unterschied in der strukturellen Verortung männlichen und weiblichen Engagements hat sich insofern sogar weiter vergrößert, als die zweiten Tätigkeiten von Frauen 2004 viel seltener in Verbänden, Gewerkschaften und Parteien angesiedelt waren.

Insgesamt kann man aber festhalten, dass es – trotz einiger anders gerichteter Tendenzen – hinsichtlich der Organisationsformen des freiwilligen Engagements eine gewisse Angleichung bei männlichen und weiblichen Engagierten gibt.

4.3 Formale Funktionen

Bei einem Drittel aller freiwilligen Tätigkeiten handelt es sich um „Ämter" bzw. Funktionen, in die man gewählt wird. Frauen werden erheblich seltener in ein Amt gewählt als Männer. Was die erste freiwillige Tätigkeit betrifft, so hat sich an dieser Situation seit 1999 wenig geändert. Nur ein Drittel der Frauen übt im Rahmen ihres freiwilligen Engagements eine Funktion aus, in die man gewählt wird, dagegen knapp die Hälfte der Männer. Bei der zweiten Tätigkeit hat sich der Anteil der Frauen in gewählten Funktionen sogar erheblich verringert, der Anteil der Männer ist dagegen gestiegen.

Eine freiwillige Tätigkeit, in die man gewählt wird, würde man wohl besonders eng mit dem Begriff „Ehrenamt" verbinden. Die Daten zeigen jedoch, dass eine Gleichsetzung beider Dinge nicht so einfach möglich ist. 2004 bezeichnen nur 50% der Männer in gewählter Funktion ihre Tätigkeit als „Ehrenamt", und sogar nur 41% der Frauen. Das ist zwar ein erhöhter Anteil gegenüber Tätigkeiten, die keine Wahl voraussetzen. Dennoch werden für freiwilliges Engagement in Wahlfunktionen oft auch andere Begriffe verwendet wie „Freiwilligenarbeit", „bürgerschaftliches Engagement" oder „Initiativen- bzw. Projektarbeit". Außerdem wird von den Engagierten seit 1999 der Begriff „Ehrenamt" immer weniger für Tätigkeiten benutzt, die Wahlämter darstellen. Das gilt für Männer wie für Frauen. Die Definition war also bereits 1999 nur teilweise mit dem formalen Konzept des Wahlamts verknüpft und hat sich weiter davon gelöst.

Aus umgekehrter Perspektive sieht dies etwas anders aus: Wer seine freiwillige Tätigkeit als „Ehrenamt" bezeichnet, hat häufiger auch ein Amt inne, in das er oder sie gewählt wurde. 2004 galt dies allerdings vor allem für Männer (61%) und weniger für Frauen (45%). Deutlich mehr als die Hälfte der Frauen, die den Begriff „Ehrenamt" für ihre freiwillige Tätigkeit vergeben, tun dies für eine Tätigkeit, in die sie nicht gewählt wurden.

Die Tatsache der zunehmend geringeren Vertretung von Frauen in gewählten Funktionen ist allerdings auch eine negative Entwicklungsaussage über ihre hierarchische Stellung im freiwilligen Engagement, zumindest was die zweite Tätigkeit betrifft. Mit umgekehrten Vorzeichen gilt das auch für die Männer. Bei 70% aller Wahlämter handelt es sich um Leitungs- und Vorstandsfunktionen. Verbunden sind mit einem Wahlamt z.B. vermehrter Einfluss im Rahmen der Organisation oder Einrichtung, zum Teil deren Vertretung nach außen, und es zeugt durchaus von sozialer Anerkennung, gewählt zu werden.

Im Übrigen geht, wer sich wählen lässt, eine Verpflichtung über einen gewissen Zeitraum ein. Dieser Punkt könnte Frauen mit ihrem in bestimmten Lebensphasen sehr komplexen Zeitmanagement von der Übernahme von Ämtern abhalten. Frauen übernehmen Wahlämter häufiger in mittleren Jahren, am häufigsten im Alter zwischen 35 und 44 Jahren. Aber auch Frauen mit Kindern ab 4 Jahren werden häufiger in ein Amt gewählt, was mit der Wahrnehmung von Ämtern im Bereich „Schule und Kindergarten" zusammenhängt. Männer sind in Wahlämtern dagegen vermehrt ab dem Alter von 45 Jahren vertreten, am stärksten in den höheren Altersgruppen.

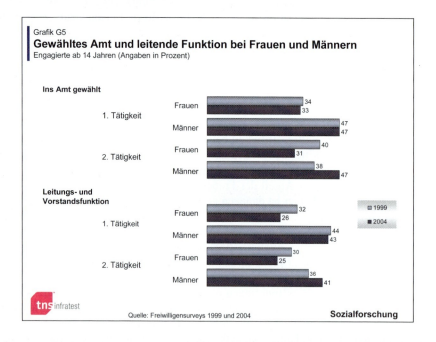

Wahlämter gibt es besonders oft bei Verbänden, Parteien und Gewerkschaften, wo Männer sich häufiger freiwillig engagieren. Besonders selten sind Ämter, in die man gewählt wird, im kirchlichen Bereich, einem typischen Bereich weiblichen Engagements. Eine Abnahme des Anteils von Frauen in gewählten Ämtern lässt sich darüber hinaus in einer ganzen Reihe von Tätigkeitsbereichen verzeichnen. Eine Zunahme gab es nur in den Bereichen „Kultur und Musik" sowie im Freizeitbereich.

Verglichen mit dem Thema „Wahlämter" ist die Veränderung im Hinblick auf die Leitungs- und Vorstandsfunktionen des freiwilligen Engagements allerdings schwerwiegender.

Dies zeigt der untere Teil von Grafik G5. Der bereits 1999 relativ geringe Anteil von Frauen in Leitungs- und Vorstandsfunktionen ist sowohl bei der ersten als auch bei der zweiten Tätigkeit zurückgegangen. Nunmehr üben nur noch etwa ein Viertel der engagierten Frauen Leitungs- und Vorstandsfunktionen aus. Bei den Männern blieb der Anteil für die erste Tätigkeit stabil, was bedeutet, dass insgesamt weniger Befragte hier angeben, leitende Funktionen auszuüben. Bei der zweiten freiwilligen Tätigkeit hat jedoch die Anzahl der Männer in Vorstands- und Leitungsfunktionen mit dem gleichzeitigen Rückgang bei den Frauen zugenommen. Tabelle G6 zeigt die Veränderungen im Hinblick auf die Tätigkeitsbereiche.

Auffallend ist, dass in den Bereichen, in denen sogar die Mehrzahl der Engagierten weiblich ist, leitende Funktionen besonders selten von Frauen, dagegen sehr oft und mit zunehmender Tendenz von Männern wahrgenommen werden: Das betrifft mit 19% Frauen versus 43% Männer z.B. den sozialen Bereich, ähnlich sind die Verhältnisse auch im strukturell verwandten Gesundheitsbereich. Auch im für weibliches Engagement typischen Bereich „Religion und Kirche" werden Leitungs- und Vorstandsfunktionen bevorzugt von Männern ausgeübt. Der Unterschied ist allerdings inzwischen nicht mehr so stark wie im sozialen Bereich, weil Leitungs- und Vorstandsfunktionen bei Männern im Bereich „Religion und Kirche" seit 1999 rückläufig waren. Einen sehr deutlichen Rückgang bei den Leitungs- und Vorstandsfunktionen gibt es im Tätigkeitsbereich „Schule und Kindergarten", allerdings gleichermaßen bei Frauen *und* Männern. Hier sind Männer und Frauen 2004 etwa gleichermaßen in Leitungs- und Vorstandsfunktionen vertreten. Stark zugenommen hat die Repräsentanz von Frauen in leitenden Positionen bei Rettungsdiensten und Feuerwehr, allerdings auf geringem absolutem Niveau.

Im Übrigen sind – was angesichts der relativ großen Überschneidung nicht verwunderlich ist – die Ergebnisse ähnlich denen im Hinblick auf die Wahlämter. Bei den Frauen verzeichnen wir den Rückgang leitender Funktionen in fast allen Tätigkeitsbereichen. Männer haben entsprechend in stärkerem Maße leitende Funktionen übernommen, was ebenfalls für eine ganze Reihe von Tätigkeitsbereichen gilt. Nur in Schule und Kindergarten, im Bereich Jugend und Bildung, im kirchlichen Bereich und im lokalen Bürgerengagement sind Männer weniger oft leitend tätig als 1999. Die geringere Zahl von Männern in Leitungsfunktionen korrespondiert dabei nicht mit einem höheren Anteil von Frauen. Allerdings gibt es in den kinder- und jugendbezogenen Bereichen (durch den ungleichmäßigen Rückgang) eine deutliche Annäherung der Repräsentanz von Frauen und Männern in führenden Funktionen.

Wir können nunmehr ein kurzes Zwischenresümee ziehen: Bei den Männern sahen wir 2004 zwar eine gleich bleibende Engagementquote, allerdings bei einer erhöhten durchschnittlichen Anzahl von freiwilligen Tätigkeiten. Wenn Männer mehr als eine freiwillige Tätigkeit ausüben, sind sie außerdem verstärkt in formalen Funktionen des freiwilligen Engagements vertreten. Frauen waren 2004 zwar vermehrt freiwillig engagiert, aber weniger in formalen Funktionen tätig, vor allem weniger in Leitungs- und Vorstandsfunktionen. Die Erwartung, dass die bestehenden hierarchischen Unterschiede im Hinblick auf männliches und weibliches Engagement sich angleichen, hat sich 2004 in den meisten Engagementbereichen nicht erfüllt.

Tabelle G6: Vorstands- oder Leitungsfunktion nach Geschlecht und Tätigkeitsbereichen, alle Tätigkeiten von Frauen bzw. Männern ab 14 Jahren

	Frauen		Männer	
	1999	**2004**	**1999**	**2004**
Sport und Bewegung	30	26	41	42
Kultur und Musik	35	34	47	51
Freizeit	30	32	44	46
Sozialer Bereich	24	19	39	43
Schule und Kindergarten	38	27	34	26
Jugend / Bildung	44	39	43	34
Politik	44	31	52	64
Berufl. Interessenvertretung	30	24	45	44
Kirche / Religion	25	24	41	36
FFW / Rettungsdienste	19	34	38	39

Angaben in Prozent

5 Erwerbstätigkeit und Familie: freiwilliges Engagement in der Zeitkonkurrenz

5.1 Freiwilliges Engagement und Erwerbsstatus

Aktivität und freiwilliges Engagement sind erfahrungsgemäß anhängig vom Erwerbsstatus. Tabelle G7 zeigt dies differenziert nach Geschlecht für die Untersuchungszeitpunkte 1999 und 2004.

Weibliche Vollzeiterwerbstätige waren 1999 erheblich seltener freiwillig engagiert (29%) als männliche Vollzeiterwerbstätige (42%). 2004 sind sie um 5 Prozentpunkte häufiger engagiert als 5 Jahre zuvor. Bei in Vollzeit beschäftigten Männern blieb die Engagementquote stabil. Dadurch hat sich der Unterschied von 13 Prozentpunkten 1999 auf 2004 8 Prozentpunkte verringert. Das ist eine erhebliche Angleichung.

Für erwerbstätige Frauen (vor allem im Westen) ist allerdings die Gruppe der in Teilzeit Beschäftigten immer noch typischer. Diese Frauen waren bereits 1999 sehr häufig engagiert. Im Zeitvergleich hat deren freiwilliges Engagement weiter zugenommen. Die kleine Gruppe der in Teilzeit erwerbstätigen Männer war 1999 zu einem besonders hohen Prozentsatz freiwillig engagiert.[117] Dieser Anteil sank zwar, blieb aber auch 2004 der höchste bei den Männern. Der recht hohe Anteil an freiwillig Engagierten unter den Hausfrauen blieb im Vergleich zu 1999 gleich.

Besonders auffällig ist das vermehrte Engagement der *Arbeitslosen*, insbesondere bei den Frauen. Bei den Männern gab es dagegen die stärkste Dynamik bei den *Rentnern bzw. Pensionären*. Nunmehr fällt bei Rentnerinnen und Rentnern der Unterschied im Engagiertenanteil besonders deutlich aus. Dabei ist zu bedenken, dass ältere Frauen stärker mit Pflegeaufgaben beschäftigt sind als ältere Männer. Zum anderen ist bei älteren Frauen die Kultur der öffentlichen Beteiligung weniger entwickelt, was eher ein Generationen- als ein Altersproblem darstellt. Wir können aus dem starken Anstieg weiblichen Engagements in der Altersgruppe der 55- bis 64-Jährigen schließen, dass sich hier ein deutlicher Wandel abzeichnet.

Was die Unterschiede bei den in Vollzeit Beschäftigten angeht, so schlägt bei den Frauen hier das Problem der Zeitkonkurrenz angesichts der Vereinbarkeit von Familien- und Haushaltspflichten, Erwerbstätigkeit und sonstigen Aktivitäten, unter die auch das freiwillige Engagement fällt, stärker zu Buche als bei Männern. Das weibliche Zeitproblem verdeutlicht auch der geschlechtsspezifische Unterschied in der Engagementquote je nach Vollzeit- oder Teilzeitbeschäftigung. Dieser Unterschied ist bei Frauen erheblich größer als bei Männern. 2004 waren 43% der weiblichen Teilzeiterwerbstätigen freiwillig engagiert und 34% der weiblichen Vollzeiterwerbstätigen, dagegen waren 45% der in Teilzeit erwerbstätigen Männer engagiert und 42% der in Vollzeit erwerbstätigen Männer.

---

[117] Das Modell Teilzeitarbeit ist bei Männern immer noch sehr wenig verbreitet. Daher ist die Fallzahl sehr gering und die Fehlertoleranz ist entsprechend höher.

Tabelle G7: Aktivität und freiwilliges Engagement von Frauen und Männern nach Erwerbsstatus, Bevölkerung ab 14 Jahren

Erwerbsstatus		Frauen			Männer		
		nicht aktiv	aktiv, ohne Engagement	freiwillig engagiert	nicht aktiv	aktiv, ohne Engagement	freiwillig engagiert
Vollzeit tätig	1999	35	36	29	29	29	42
	2004	30	36	34	25	32	42
Teilzeit tätig	1999	24	36	40	23	27	50
	2004	21	36	43	24	30	46
Schüler / in Ausbildung	1999	25	41	34	23	36	41
	2004	25	39	36	22	38	40
Hausfrau / -mann	1999	32	30	38	-	-	-
	2004	29	33	38	-	-	-
Arbeitslos	1999	49	29	22	48	27	25
	2004	42	31	27	38	35	27
Rentner/in	1999	49	31	20	44	27	29
	2004	43	34	23	35	30	35
Sonstige	1999	36	32	32	28	34	38
	2004	36	27	37	23	42	35

Angaben in Prozent; Prozentwerte quer

Bei teilweiser Angleichung der Engagementquoten nach Erwerbsstatus und Geschlecht bleiben also weiter Unterschiede bestehen, die auf die Probleme weiblichen Zeitmanagements angesichts schwieriger Vereinbarkeit unterschiedlicher Lebensbereiche verweisen.

5.2 Familiäre Situation: häusliche Kinderbetreuung und freiwilliges Engagement

Die Analyse der Daten des ersten Freiwilligensurveys unter geschlechtsspezifischen Gesichtspunkten hatte ergeben, dass die ungleiche Verteilung der Familienaufgaben ein wesentlicher Grund dafür ist, dass Männer häufiger freiwillig engagiert sind als Frauen.[118] Insbesondere wenn jüngere Kinder zu betreuen sind, sind offensichtlich die Möglichkeiten

---

[118] Siehe Zierau 2001, S. 105.

von Frauen, sich freiwillig zu engagieren, stark eingeschränkt. Für die Beteiligung von Männern ist das jedoch kein Hindernis. Im Gegenteil: sind Kinder unter 4 Jahren im Haushalt, so ist bei Männern eine deutliche Tendenz zu außerfamiliärem freiwilligem Engagement festzustellen.[119]

Tabelle G8: Kinderbetreuung bei Frauen und Männern im Zeitvergleich, Bevölkerung ab 14 Jahren

		Frauen mit Kindern		**Männer mit Kindern**	
		unter 4 J.	ab 4 Jahren	unter 4 J.	ab 4 Jahren
Kinderbetreuung					
Ja	1999	91	82	9	12
	2004	90	76	10	11
Teilweise	1999	4	13	27	39
	2004	8	11	38	38
Nein	1999	5	5	64	49
	2004	2	13	52	51

Angaben in Prozent

1999 lag die Hauptverantwortung für die häusliche Kinderbetreuung noch nahezu ausschließlich in der Hand der Frauen.[120] Sind die Kinder unter 4 Jahre alt, hat sich daran seit 1999 relativ wenig geändert. Immer noch sehen sich 90% der Frauen als voll verantwortlich für die Kinderbetreuung an. 2004 geben etwas mehr Frauen an, nur „teilweise" für die Kinderbetreuung verantwortlich zu sein.

Männer mit jüngeren Kindern im Haushalt teilen diese Sichtweise, was die „Hauptzuständigkeit" für die Kinder betrifft. Allerdings fühlten sich 2004 mit 38% deutlich mehr als ein Drittel der Männer zumindest „teilweise" zuständig und damit ein viel höherer Anteil als 1999. Dieser Trend passt nicht ganz zu der Tatsache, dass 90% der Frauen sich voll und ganz für die Kinderbetreuung zuständig erklären. Immerhin ist es inzwischen erheblich seltener, dass Männer sich überhaupt nicht an der Betreuung kleiner Kinder beteiligen, zumindest aus ihrer eigenen Sicht. Ob sich dahinter lediglich ein Wandel des Verständnisses der Männer verbirgt oder eine wirkliche Veränderung der Aufgabenverteilung zwischen den Geschlechtern, muss weiter untersucht werden.

---

[119] ebd., S. 29.
[120] Die Frage nach der Zuständigkeit für die Kinderbetreuung wurde an Frauen und Männer mit Kindern im Haushalt gerichtet. Das bedeutet nicht automatisch, dass es sich auch um die Erziehungsberechtigten bzw. die Väter und Mütter handelt, jedoch ist davon in der ganz überwiegenden Mehrzahl der Fälle auszugehen. Bei der Frage nach Kindern unter 4 Jahren im Haushalt zählt das Alter des jüngsten Kindes.

Tabelle G9: Aktivität, freiwilliges Engagement und Engagementbereitschaft bei Frauen und Männern mit Kindern, Bevölkerung ab 14 Jahren

		Alle Frauen 25-44 J.	Frauen mit Kindern		Alle Männer 25-44 J.	Männer mit Kindern	
			unter 4 Jahren	ab 4 Jahren		unter 4 Jahren	Ab 4 Jahren
Aktivität und Engagement							
Nicht aktiv	1999	32	37	32	32	27	31
	2004	30	32	30	27	29	25
aktiv	1999	35	34	31	29	27	25
	2004	33	33	30	34	33	28
engagiert	1999	33	29	37	39	46	44
	2004	37	35	40	39	38	47
Anzahl der Tätigkeiten							
Freiwillig engagiert mit …							
1 Tätigkeit	1999	21	20	22	27	31	28
	2004	24	23	24	24	25	25
2 oder mehr Tätigkeiten	1999	12	9	15	11	15	16
	2004	13	12	16	15	13	22
Bereitschaft zum Engagement							
Zum Engagement …							
nicht bereit	1999	36	37	38	30	25	35
	2004	24	22	26	24	26	27
bereit	1999	31	34	25	31	29	21
	2004	39	43	34	38	36	26
engagiert	1999	33	29	37	39	46	44
	2004	37	35	40	38	38	47

Angaben in Prozent

Auch wenn Kinder im Alter ab 4 Jahren im Haushalt leben, geben gut drei Viertel der Frauen an, für die Kinderbetreuung hauptsächlich zuständig zu sein. Dieser Anteil ist allerdings gesunken. Bei Männern zeigen die Antworten nur eine geringfügig andere Tendenz als 1999. Etwa die Hälfte der Männer sehen sich auch 2004 als nicht für die Kinderbetreuung zuständig, 38% als „teilweise" dafür verantwortlich. Bei älteren Kindern bzw. Jugendlichen muss allerdings berücksichtigt werden, dass die Betreuungsbedürftigkeit geringer ist als bei jüngeren Kindern. Das ist bei der Interpretation der Antwortalternative „Nein" zu berücksichtigen.

Tabelle G9 zeigt die Ergebnisse zu gemeinschaftlicher Aktivität und freiwilligem Engagement von Frauen und Männern mit Kindern. Wir haben als Vergleichsgruppe diejenige Altersgruppe ausgewählt, die für die Lebensphase mit erhöhtem Bedarf an Kinderbetreuung besonders typisch ist, nämlich Frauen und Männer zwischen 25 und 44 Jahren.

Auffällig ist, dass 2004 mehr Frauen, die mit Kindern zusammenleben, freiwillig engagiert sind, insbesondere wenn die Kinder unter 4 Jahre alt sind. Demgegenüber ging die Engagementquote bei Männern mit Kindern im Alter unter 4 Jahren deutlich zurück. Dies passt zu den Veränderungen im Hinblick auf die Betreuung kleiner Kinder bei den Geschlechtern. Da sich Männer inzwischen verstärkt in die häusliche Kinderbetreuung einzubringen scheinen, könnte das Zeitbudget für freiwilliges Engagement zwischen den Geschlechtern ausgeglichener verteilt sein. Frauen hätten damit vermehrt Freiräume für freiwilliges Engagement gewonnen. Für diese Interpretation spricht auch, dass Frauen mit Kindern im Alter von unter 4 Jahren häufiger als früher zwei oder mehr freiwillige Tätigkeiten ausüben. Auch in diesem Punkt geht der Prozentsatz bei Männern mit Kleinkindern zurück. Dagegen steigt er bei Männern mit älteren Kindern.

Frauen und Männer mit Kindern ab 4 Jahren sind häufiger freiwillig engagiert als Frauen und Männer der entsprechenden Altersgruppe insgesamt. Sie übernehmen auch häufiger mehr als eine freiwillige Tätigkeit. Vor allem Kinder ab dem Alter von 4 Jahren sind offensichtlich häufig auch Anlass zum freiwilligen Engagement, sei es in Einrichtungen wie Schule und Kindergarten oder Vereinen wie z. B. in Sportvereinen.

Die Engagementbereitschaft bei bisher nicht engagierten Frauen und Männern mit Kindern hat deutlich zugenommen. Das höchste Engagementpotenzial gibt es bei Frauen mit Kindern im Alter von unter 4 Jahren. In dieser Gruppe nahm also nicht nur das freiwillige Engagement, sondern auch die Bereitschaft zum Engagement bei bisher nicht engagierten Frauen erheblich zu, wobei dieses Potenzial bereits 1999 recht hoch war.

Tabelle G10 zeigt das freiwillige Engagement in ausgewählten Tätigkeitsbereichen für Frauen und Männer mit Kindern und für die relevante Vergleichsgruppe der 25- bis 44-Jährigen. Wir wollen überprüfen, wie sich das freiwillige Engagement von Frauen und Männern mit Kindern seit 1999 entwickelt hat und inwiefern es Kindern bzw. Jugendlichen zugute kommt.

Frauen, die Kinder unter 4 Jahren haben, engagieren sich besonders häufig und mit steigender Tendenz im Bereich „Schule und Kindergarten". Eine starke Zunahme des freiwilligen Engagements zeichnet sich für diese Gruppe der Frauen mit kleinen Kindern auch im kirchlichen Bereich ab, eine etwas geringere im Sozial- und Gesundheitsbereich sowie im kulturellen Bereich und im lokalen Bürgerengagement. Dagegen geht das Engagement im Freizeitbereich zurück. Für Frauen mit Kindern ab 4 Jahren im Haushalt liegt ebenfalls der Hauptakzent ihres Engagements im schulischen Bereich, wo es weiter zunahm. Wichtiger als bei den Müttern kleinerer Kinder ist der Sportbereich.

Tabelle G10: Freiwilliges Engagement bei Frauen und Männern mit Kindern in ausgewählten Tätigkeitsbereichen, Engagierte ab 14 Jahren

	Alle Frauen	Frauen 25-44 Jahre	Frauen mit Kindern		Alle Männer	Männer 25-44 Jahre	Männer mit Kindern	
			unter 4 Jahren	ab 4 Jahren			unter 4 Jahren	ab 4 Jahren
Engagement im Bereich								
Sport und Bewegung								
1999	26	27	17	29	39	42	38	37
2004	25	27	18	27	37	39	31	36
Kultur und Musik								
1999	12	12	8	11	16	16	13	16
2004	14	12	13	13	17	14	13	16
Freizeit 1999	16	15	18	12	17	14	14	15
2004	12	11	8	11	16	14	14	16
Sozialer Bereich u. Gesundheit								
1999	22	16	14	21	10	8	10	9
2004	23	16	16	18	12	10	7	12
Schule und Kindergarten								
1999	24	40	47	38	12	14	20	20
2004	25	44	49	42	14	19	30	23
Jugend/Bildung								
1999	5	5	4	4	5	6	0	4
2004	7	7	5	4	6	7	4	7
Kirche/Religion								
1999	22	17	15	22	11	10	15	9
2004	25	16	20	22	12	10	11	13
Lokales Bürgerengagement								
1999	4	4	2	4	4	3	7	5
2004	5	4	4	5	7	5	5	9
Engagement kommt Kindern und Jugendl. zugute								
1999	40	53	64	46	32	34	29	30
2004	37	53	53	47	32	35	40	30

Angaben in Prozent

Insgesamt kommt 2004 das freiwillige Engagement von 53% der Frauen mit Kindern unter 4 Jahren der Zielgruppe „Kinder und Jugendliche" zugute. Seit 1999 ist dieser Prozentsatz allerdings rückläufig (1999: 64%). Er steigt wie erwähnt teilweise in anderen Tätigkeitsfeldern. Wie sehr aber insgesamt die Ausrichtung des Engagements bei Frauen in der Altersphase zwischen 25 und 44 Jahren durch eigene Kinder geprägt ist, sieht man am Vergleich mit den Frauen insgesamt, denn bei allen Frauen spielt das Engagement für die Belange von Kindern und Jugendlichen (mit 37% im Jahr 2004) eine deutlich geringere Rolle.

Männer mit Kindern, aber auch die Gruppe der 25- bis 44-jährigen Männer sowie die Gruppe aller Männer ab 14 Jahren unterscheiden sich weniger deutlich bei der Ausrichtung des Engagements als die entsprechenden Gruppen bei den Frauen. Allerdings gibt es eine interessante Veränderung seit 1999: Männer mit Kindern unter 4 Jahren geben erheblich häufiger an, ihr Engagement gelte Kindern und Jugendlichen. Dieser Anteil stieg von 29% auf 40% und näherte sich damit dem Anteil bei der entsprechenden Gruppe der Frauen.

Sehr deutlich wird die Bedeutung des Engagements für Kinder und Jugendliche auch beim Engagement im Tätigkeitsfeld „Schule und Kindergarten". Männer mit Kindern unter 4 Jahren im Haushalt engagieren sich hier um 10 Prozentpunkte häufiger als 1999. Gleichzeitig geht ihr Anteil in anderen Tätigkeitsfeldern zurück, z.B. im Sportbereich, im sozialen Bereich, im kirchlichen Bereich und beim lokalen Bürgerengagement.

Männer mit Kindern ab 4 Jahren unterscheiden sich, was das 2004 ermittelte Engagement betrifft, nennenswert nur in einem Punkt von der Gesamtheit aller engagierten Männer: Sie sind häufiger im Bereich „Schule und Kindergarten" engagiert. Dieser Anteil hat im Zeitvergleich um 3 Prozentpunkte zugenommen.

Grundsätzlich – das kann man abschließend festhalten – sind die Ergebnisse von 2004 im Hinblick auf die Zeitkonkurrenz von häuslicher Kinderbetreuung und freiwilligem Engagement zwar sehr ähnlich zu denen des ersten Freiwilligensurveys. Es gibt insbesondere bei Befragten mit Kleinkindern unter 4 Jahren aber auch Anzeichen dafür, dass sich hier an der klassischen Rollenverteilung und ihren Auswirkungen auf das freiwillige Engagement etwas ändert.

6 Erklärungsfaktoren für das freiwillige Engagement von Frauen und Männern

6.1 Strukturelle und kulturelle Faktoren

Wie wir sahen, gibt es einige strukturelle Merkmale wie Alter, Erwerbstätigkeit, Familienstatus, die auf die Frage, ob Männer und Frauen sich engagieren, teilweise unterschiedlichen Einfluss haben. Im Hauptbericht des 2. Freiwilligensurveys wird anhand eines Erklärungsmodells gezeigt, in welchem Umfang von uns erhobene Variablen einen Erklärungsbeitrag zum freiwilligen Engagement leisten. Mit Hilfe eines multivariablen Rechenverfahrens werden aus einem Satz von Variablen diejenigen bestimmt, die die höchste Vorhersagekraft dafür haben, dass sich Personen freiwillig engagieren.[121] Dabei wird nicht nur der Einfluss von mehreren einzelnen Variablen jeweils isoliert betrachtet, sondern die unabhängige Erklärungskraft der Variablen im Kontext der anderen Variablen ermittelt.[122]

Das ausgewiesene Erklärungsmodell enthält sowohl strukturelle, großenteils schichtbezogene Faktoren sowie kulturell-sozialintegrative Faktoren. Zu letzteren zählen Wertorientierungen, aber auch die Bindung der Befragten an Kirchen bzw. Religionsgemeinschaften, die Größe des Freundes- und Bekanntenkreises sowie das politische Interesse. Im engeren Sinn strukturelle Variablen sind das Haushaltseinkommen, die Haushaltsgröße, Bildungsstatus, Lebensalter, Region, Staatsangehörigkeit und Erwerbstätigkeit. In Tabelle G11 sind die Modelle für Männer und Frauen jeweils für die beiden Untersuchungszeitpunkte dargestellt.

Es zeigen sich hier Erklärungszusammenhänge, über die (soweit es die bivariate Analyse betrifft) bereits im ersten Freiwilligensurvey berichtet wurde.[123] So hat die Höhe des Haushaltseinkommens einen positiven Einfluss auf das freiwillige Engagement. Bei Frauen war dieser Einfluss 1999 noch doppelt so hoch wie bei Männern. Die Erklärungskraft des Haushaltseinkommens hat jedoch bei Frauen stark abgenommen.

---

[121] Dieses Verfahren wird ausführlich sowohl im Hauptbericht unter Kapitel 3.1, als auch im Jugendbericht unter Kapitel 4.2 erklärt.
[122] Das Erklärungsmodell weist auch für seine Variablen zusammengenommen den Erklärungsbeitrag für das Auftreten von freiwilligem Engagement nach. Dabei erkennt man an der entsprechenden Größe des so genannten R^2, dass das Modell maximal ein Fünftel der vorhandenen Unterschiede zwischen den Befragten aufklären kann. Das ist nach den Maßstäben der Sozialwissenschaften zwar ein recht guter Wert. Dennoch bedeutet dies, dass noch andere Merkmale eine Rolle für das freiwillige Engagement spielen, wie z.B. individuelle Gelegenheiten und Lebensereignisse, die zum Engagement führten, die mit unserer Befragungsmethode nicht erfasst werden konnten.
[123] Vgl. Zierau, a.a.O., S. 48 ff.

Tabelle G11: Modell zur Vorhersage öffentlicher Beteiligung bzw. freiwilligen Engagements, Frauen und Männer ab 14 Jahren

	Frauen		Männer	
	Modell 2: Struktur + Kultur		Modell 2: Struktur + Kultur	
	1999	2004	1999	2004
Haushaltseinkommen	.10	.04	.05	.03
Haushaltsgröße	.10	.05	.09	.05
Bildungsstatus	.07	.08	.04	.08
Lebensalter	-.06	-.04	n.s.	-.04
Region: Alte Bundesländer	.06	n.s.	n.s.	n.s.
Deutsche Staatsangehörigkeit	.04	.04	.05	.03
Erwerbstätig	n.s.	.03	.07	n.s.
Größe des Freundes- und Bekanntenkreises	.15	.19	.21	.20
Kirchenbindung	.12	.15	.12	.11
Spendenhöhe	.09	.08	.11	.08
Kreativitäts- und Engagementwerte	.07	.12	.06	.12
Ordnungs- und Pflichtwerte	-.06	-.09	-.03	n.s.
Hilft gelegentlich Personen außerhalb des Haushaltes	.09	.09	.06	.08
Politisches Interesse	.06	.05	.09	.07
Kenntnis Kontakt- und Beratungsstellen für freiwilliges Engagement	.05	.07	.07	.08
lebt mit Partner zusammen	-.05	n.s.	n.s.	n.s.
lebt mit Kindern zusammen	n.s.	-.04	n.s.	n.s.
R^2 der Modelle	**.17**	**.20**	**.18**	**.18**

n.s. = nicht signifikant

Der Bildungsstatus, eine weitere wichtige Schichtvariable, zeigt einen deutlichen und zunehmenden Zusammenhang mit dem Auftreten von freiwilligem Engagement. Ein höherer formaler Bildungsabschluss ist inzwischen bei Frauen und Männern mit erhöhter Wahrscheinlichkeit von freiwilligem Engagement verbunden.

Erwerbstätigkeit hatte 2004 bei Frauen einen leicht positiven Zusammenhang mit freiwilligem Engagement. Bei Männern gibt es diesen Zusammenhang 2004 nicht mehr. Im Modell wird allerdings nicht zwischen Teilzeit- und Vollzeiterwerbstätigkeit unterschieden.

Hierzu ist also ergänzend zu bemerken, dass bei Frauen (vor allem in den alten Bundesländern) Teilzeiterwerbstätigkeit eine wichtige Rolle spielt. Die Kombination von Teilzeit und Familie lässt sich auch gut mit freiwilligem Engagement vereinbaren. Vollzeiterwerbstätigkeit ist dagegen für Frauen wie bereits gezeigt deutlich schwerer mit Engagement zu verbinden, auch wenn dies offenbar zunehmend gelingt.

Das Zusammenleben mit Kindern zeigt nach Kontrolle aller anderen Merkmale (z.B. der Haushaltsgröße) bei Männern keinen spezifischen Zusammenhang mit der Beteiligung am freiwilligen Engagement, bei Frauen zumindest 2004 einen negativen Zusammenhang.[124] Die Größe der Haushalte sagt dagegen bei Männern und Frauen freiwilliges Engagement im positiven Sinne vorher, allerdings 2004 deutlich abnehmend. Obwohl also in großen Haushalten vermehrt Kinder und Jugendliche vorhanden sind, bedeutete dennoch das Zusammenleben mit Kindern „an sich" für Frauen eher ein Hindernis für freiwilliges Engagement, nicht jedoch für Männer.

Nach Kontrolle anderer Merkmale (unter denen allerdings die Kirchenbindung, teils auch das Haushaltseinkommen einen wichtigen Unterschied zwischen West und Ost bereits enthält) ist die Differenz zwischen alten und neuen Bundesländern seit 2004 nicht mehr signifikant. 1999 war es dagegen zumindest für das freiwillige Engagement von Frauen sehr wohl von Bedeutung, ob sie in den neuen oder alten Bundesländern wohnten, jedoch zu beiden Zeitpunkten nicht für das Engagement der Männer.

Unter den strukturell-schichtbezogenen Variablen ist der Bildungsstatus einer Person 2004 am wichtigsten zur Vorhersage des freiwilligen Engagements geworden. Diese Variable ist allerdings nicht nur eine „harte" sozialstrukturelle Größe, sondern hat auch eine kulturelle Bedeutung. Die Erklärungskraft der strukturellen Variablen für das freiwillige Engagement von Frauen geht bei den meisten Variablen (vor allem den haushaltsbezogenen) zurück. Bei Männern blieb dagegen die Bedeutung dieser Strukturvariablen auf niedrigerem Niveau eher stabil.

Besonders bei den Frauen stieg seit 1999 die Bedeutung der kulturell-sozialintegrativen Variablen. Beispielsweise ist bei ihnen das persönliche soziale Netzwerk wichtiger geworden, gemessen an der „Größe des Freundes- und Bekanntenkreises", und ist nun ähnlich wichtig wie bei Männern. Die Bindung an die Kirchen bzw. Religionsgemeinschaften ist bei Frauen seit 1999 erklärungskräftiger für freiwilliges Engagement, und inzwischen ist sie wichtiger als bei Männern. Auffällig ist auch die zunehmende Erklärungskraft von Wertorientierungen für das Engagement der Frauen, teils auch der Männer.

Zunehmend bedeutsam sind bei beiden Geschlechtern prosoziale Kreativitäts- und Engagementwerte (Index der Wichtigkeit von Kreativität, Toleranz sowie von politischem und sozialem Engagement). Sie leisten 2004 einen hohen positiven Erklärungsbeitrag zum weiblichen wie männlichen Engagement. Bei Frauen sind jedoch zunehmend auch Ordnungs- und Pflichtwerte wichtig, allerdings mit einem negativen Erklärungsbeitrag zum freiwilligen Engagement. Positiv auf das Engagement von Frauen wirkt sich demnach eine Wertalternative aus, bei der die Person einerseits danach strebt, kreativ und engagiert zu sein, und andererseits gesellschaftliche Normen kritisch hinterfragt.

Wir beobachten in anderen Bevölkerungsgruppen, insbesondere bei Jugendlichen, seit einiger Zeit eine abnehmende Orientierung an dieser Wertalternative, die als allgemeines Muster vor allem im Wertewandel der 60er und 70er Jahre gesetzt wurde (vgl. Shell Ju-

---

[124] Für die Differenzierung zwischen Männern und Frauen mit Kindern unter 4 und ab 4 Jahren vgl. den vorherigen Kapitel.

gendstudie 2002).[125] Der Bedeutungszuwachs dieser Alternative als Hintergrund des freiwilligen Engagements der Frauen könnte sich aus der veränderten Altersstruktur der weiblichen Engagierten erklären. Die sich derzeit vermehrt engagierenden weiblichen Jahrgänge – wir zeigten dies für die 55- bis 64-Jährigen – haben den Wertewandel der 68er- und Nach-68er-Zeit miterlebt und mitgestaltet. Möglich, dass sich bei der Untersuchungsgruppe der Frauen dieser Wertewandel mit zeitlicher Verzögerung auswirkt und abbilden lässt.

Leicht zurückgegangen ist bei Männern und Frauen die Bedeutung des politischen Interesses, was mit anderen Ergebnissen hinsichtlich eines gewissen Bedeutungsverlustes politischer Motivation für das Engagement übereinstimmt.

Strukturelle Faktoren verlieren also an Erklärungskraft – als wichtigster struktureller Faktor verbleibt mit besonders bei Männern zunehmender Tendenz der Bildungsstatus. Kulturell-sozialintegrative Faktoren werden bedeutsamer. Das gilt besonders für Frauen, wo Wertmuster und sozialintegrative Faktoren eine zunehmende Rolle für freiwilliges Engagement spielen. Dagegen verblasste bei den Frauen die Vorhersagekraft insbesondere von Faktoren der häuslichen Situation, zumindest gemessen anhand der Haushaltsgröße und am Haushaltseinkommen. Insgesamt führte jedoch der Bedeutungszuwachs der kulturell-sozialintegrativen Faktoren im Vorhersagemodell der Frauen zu einer allgemein besseren Prognosefähigkeit dieses Modells.[126]

Wichtig ist, dass auch 2004 bei Männern und Frauen Faktoren des so genannten „sozialen Kapitals" positiv mit freiwilligem Engagement zusammenhängen. Wer gelegentlich Hilfeleistungen für haushaltsfremde Personen erbringt, ist auch in vermehrtem Maße freiwillig engagiert. Das galt für Frauen bereits 1999 in höherem Maße als für Männer, inzwischen haben sich die Ergebnisse angeglichen. Auch der prinzipielle Zugang zum Netz der Informations- und Kontaktstellen für freiwilliges Engagement hängt positiv mit freiwilligem Engagement zusammen. Wer von solchen Stellen bereits etwas gehört hat, ist auch vermehrt freiwillig engagiert und vice versa.

Die Frage des „sozialen Kapitals" bzw. der Kenntnis von Kontaktstellen zeigt allerdings ebenso wie die Frage des großen Freundes- und Bekanntenkreises die Grenzen der kausalen Betrachtungsweise. Man wird gut daran tun, hier auch Wechselwirkungseffekte anzunehmen. Wer z.B. gut sozial integriert ist, hat auch mehr Gelegenheiten und mehr Motivation zum freiwilligen Engagement. Umgekehrt erweitern freiwillig Engagierte durch ihr Engagement mit erhöhter Wahrscheinlichkeit auch ihren Freundes- und Bekanntenkreis, so dass das Engagement wiederum die soziale Integration verbessert.

6.2 Bildungsstatus und Tätigkeitsinhalt

Der Bildungsstatus spielt – wie wir sahen – bei insgesamt abnehmender Bedeutung sozialstruktureller Variablen unter diesen inzwischen die größte Rolle für die Frage, ob eine Person sich freiwillig engagiert. Höherer Bildungsstatus scheint eine gute Voraussetzung für die Zugehörigkeit zu einer „Engagementkultur" zu sein. Bei Männern und Frauen ist dieser Faktor gleich bedeutsam. In anderer Weise macht sich der Bildungsstatus bei Männern und Frauen jedoch „innerhalb" des Engagements bemerkbar. Der Bildungsstatus ist nämlich bei

---

[125] Vgl. Gensicke 2002, S. 139 ff.
[126] Das R^2 stieg von .17 auf .20.

weiblichen Engagierten für das Profil der übernommenen Aufgaben wichtiger als bei Männern. Dies zeigen die Tabellen G12a und G12b.

Ob Frauen im freiwilligen Engagement leitende Aufgaben übernehmen, ist besonders stark abhängig vom ihrem Bildungsstatus: Das gilt für die pädagogische Betreuung bzw. Anleitung von Gruppen ebenso wie für die Ausübung von Leitungs- oder Vorstandsfunktionen. Bei der Gruppenleitung steigt der Anteil bei weiblichen Engagierten kontinuierlich vom einfachen über den mittleren zum höheren Bildungsstatus an. Leitungs- und Vorstandsfunktionen generell sind dagegen bei Frauen an den höheren Bildungsstatus gekoppelt, d.h. es gibt hier einen Sprung vom mittleren zum hohen Bildungsstatus. Bei Männern liegt dagegen in beiden Fällen leitender Tätigkeit die entscheidende Grenze bereits zwischen der einfachen und der mittleren Bildungsstufe. Dennoch üben selbst Männer mit einfachem Bildungsstatus mit 37% noch mehr Leitungs- und Vorstandsfunktionen aus als Frauen mit höherem Bildungsstatus (32%).

Auch bei anderen inhaltlichen Aufgaben wirkt sich im weiblichen Engagement der Bildungsstatus stark aus. Dies gilt für Aufgaben wie Öffentlichkeitsarbeit, Vernetzungsarbeiten, Mittelbeschaffung und Verwaltungsarbeiten. Praktische Tätigkeiten und persönliche Hilfeleistungen werden dagegen häufiger von engagierten Frauen mit niedrigem, teils auch mittlerem Bildungsstatus übernommen. Das ist bei Männern ebenso. Für die Frage, ob man in ein Amt gewählt wurde, ist allerdings bei Frauen wie bei Männern der formale Bildungsgrad irrelevant. Alle Bildungsgruppen bei Männern und Frauen widmen sich außerdem bevorzugt und etwa gleich verteilt der Organisation von Treffen und Veranstaltungen.

Wie bereits gezeigt haben Frauen erheblich seltener leitende Funktionen im Rahmen des freiwilligen Engagements inne und dies sogar mit zunehmender Tendenz. Bei leitenden Funktionen kommt die Abhängigkeit vom Bildungsstatus besonders zum Tragen. Man könnte es auch so ausdrücken: Frauen „müssen" ein hohes Bildungsniveau mitbringen, um überhaupt in nennenswerter Dimension in Leitungs- und Vorstandsfunktionen vertreten zu sein. Bei Männern „genügt" hierzu eher schon ein einfaches Bildungsniveau. Und selbst dann ist ihr Anteil in Leitungs- und Vorstandsfunktionen höher als der von tertiär gebildeten Frauen. Dies weist auf ein Defizit in der gleichberechtigten Ausübung von Aufgaben und Funktionen im freiwilligen Sektor hin.

Tabelle G12a: Inhalt und Art der freiwilligen Tätigkeit von Frauen nach Bildungsstatus, Engagierte ab 14 Jahren

Hauptinhalt der Tätigkeit	Alle Frauen	Bildungsstatus			
		niedrig	mittel	hoch	Diff. niedrig/ hoch
Persönliche Hilfeleistung	34	38	36	31	-7
Durchführung von Hilfsprojekten	24	21	27	22	+1
Organisation von Veranstaltungen	58	60	56	59	-1
Beratung	22	22	19	24	+2
Gruppenleitung	27	14	25	33	+19
Mitsprache	28	27	29	29	+2
Öffentlichkeitsarbeit	30	24	30	32	+8
Verwaltungstätigkeiten	13	10	13	15	+5
Praktische Arbeiten	44	51	45	41	-10
Vernetzungsarbeiten	10	5	9	14	+9
Mittelbeschaffung	17	13	18	19	+6
					-18
					+52
Leitungs- und Vorstandsfunktion	26	21	23	32	+11
In Amt gewählt	33	33	32	33	0

Angaben in Prozent, Mehrfachnennungen

Tabelle G12b: Inhalt und Art der freiwilligen Tätigkeit von Männern nach Bildungsstatus
Engagierte ab 14 Jahren

Hauptinhalt der Tätigkeit	Alle Männer	Bildungsstatus			Diff. niedrig/ hoch
		niedrig	mittel	hoch	
Persönliche Hilfeleistung	28	36	30	25	-11
Durchführung von Hilfsprojekten	22	26	21	22	-4
Organisation von Veranstaltungen	58	60	59	57	-3
Beratung	25	24	24	27	+3
Gruppenleitung	27	20	29	28	+8
Mitsprache	30	32	28	30	-2
Öffentlichkeitsarbeit	35	37	34	35	-2
Verwaltungstätigkeiten	20	16	19	22	+6
Praktische Arbeiten	47	53	48	44	-9
Vernetzungsarbeiten	13	10	10	16	+6
Mittelbeschaffung	20	18	22	20	+2
					-31 +25
Leitungs- und Vorstandsfunktion	43	37	43	46	+9
In Amt gewählt	47	46	47	47	+1

Angaben in Prozent, Mehrfachnennungen

7 Rahmenbedingungen aus der Sicht von ehemals und aktuell Engagierten

7.1 Gründe für die Beendigung des Engagements bei ehemals Engagierten

Auch im 2. Freiwilligensurvey wurden derzeit nicht engagierte Personen gefragt, ob sie zu einem früheren Zeitpunkt schon einmal engagiert waren. 1999 waren dies 20% der Bevölkerung ab 14 Jahren, 2004 lag der Anteil bei 22%. Von den nicht engagierten Männern gaben 24% ein früheres Engagement an und 20% der Frauen. Mehr als 90% der ehemals Engagierten bewerten ihr beendetes Engagement insgesamt positiv, 26% der früher engagierten Männer und ein Drittel der Frauen sogar als „sehr positiv".

Männer und Frauen sollten zunächst persönliche Gründe für die Aufgabe des Engagements angeben. Dabei werden Unterschiede deutlich, die die vorausgehende Analyse der geschlechtsspezifischen Bedingungen freiwilligen Engagements in wichtigen Punkten bestätigen.[127]

Frauen geben sehr viel häufiger als Männer und seit 2004 zunehmend familiäre Gründe für die Beendigung des Engagements an, Männer dagegen erheblich öfter berufliche Gründe. Allerdings ist bekannt, dass „familiäre Gründe" bei Frauen sehr häufig aus Problemen der Vereinbarkeit von Beruf und Familie erwachsen. Entsprechend ihrer Prioritäten nennen sie, vor die Alternative gestellt, dann die familiären Gründe. Hier haben wir in der rückblickenden Sicht auf beendetes Engagement eine Bestätigung für die klassische Rollenaufteilung zwischen den Geschlechtern und die entsprechende Erschwernis des weiblichen Engagements.

Die Befragten sollten weiterhin Gründe nennen, die bezogen auf Probleme in der Tätigkeit zur Beendigung des freiwilligen Engagements führten. Da Frauen und Männer in verschiedenen Tätigkeitsbereichen und Organisationsstrukturen unterschiedlich stark repräsentiert sind, war zu erwarten, dass sie mit unterschiedlichen Problemlagen konfrontiert sind. Frauen gaben 2004 häufiger als 1999 Probleme mit hauptamtlichen Mitarbeiterinnen und Mitarbeitern an oder nannten die Auflösung der Gruppe bzw. Organisation als Problem. Sehr viel häufiger ist es jedoch bei Frauen auch ein „Gefühl der Überforderung", das zur Aufgabe des Engagements führt. Dies wiederum könnte auch der Mehrfachbelastung von Frauen geschuldet sein. Bei Männern liegt dieser Anteil niedriger und sank zwischen 1999 und 2004 leicht.

---

[127] Verbesserungen der Interviewerkontrolle seit 1999 hatten bei dieser Frage sowie auch bei der Frage nach den Tätigkeitsinhalten den Nebeneffekt, dass die Interviewten hier 2004 eine erhöhte Chance hatten, aus den angebotenen Listen auch alle Einzelangaben auszuwählen, die für sie wichtig waren. Diese Chance wurde 2004 tatsächlich vermehrt genutzt, so dass die Ergebnisse über die Zeit nur eingeschränkt vergleichbar sind.

Tabelle G13: Gründe, das Engagement zu beenden bei Frauen und Männern, Personen, die früher engagiert waren ab 14 Jahren

Gründe, aufzuhören	Frauen		Männer	
	1999	2004	1999	2004
Berufliche Gründe	28	26	37	40
Familiäre Gründe	26	33	15	19
Gesundheitliche Gründe	16	21	17	17
Umzug	19	26	15	26
Tätigkeit zeitlich begrenzt	15	19	11	17
Summe Mehrfachnennung	*104*	*125*	*95*	*119*
Probleme, die zum Aufhören führten				
Zu zeitaufwändig	54	52	58	59
Zu kostspielig	7	8	7	7
Probleme mit Hauptamtl.	15	19	23	23
Probleme in der Gruppe	11	14	14	15
Auflösung der Gruppe/ Organisation	27	28	17	19
Finanzierungsstopp	9	11	7	11
Gefühl, ausgenutzt zu werden	9	10	11	13
Gefühl der Überforderung	19	19	15	12
Vorstellungen nicht umsetzbar	20	13	26	17
Zu wenig Engagierte	30	28	30	28
Summe Mehrfachnennung	*201*	*202*	*208*	*204*

Angaben in Prozent, Mehrfachnennungen

Da Frauen vermehrt freiwillig in kirchlichen sowie staatlichen bzw. kommunalen Einrichtungen tätig sind, haben sie viel mehr als Männer mit hauptamtlichen Mitarbeiterinnen und Mitarbeitern zu tun. 2004 gaben auf eine entsprechende Frage 52% der Frauen und nur 40% der Männer an, es gäbe im organisatorischen Umfeld ihres Engagements hauptamtliche Mitarbeiter. Zwar verfügen Frauen mit 66% etwas vermehrt über Ansprechpartner, die sich speziell um die Freiwilligen kümmern (Männer 62%). Dennoch schätzen Männer ihre Möglichkeiten, in der Organisation oder Einrichtung ausreichend mitsprechen bzw. mitentscheiden zu können, mit 78% deutlich besser ein als Frauen (69%).[128] Allerdings muss auffallen, dass für Männer Schwierigkeiten mit Hauptamtlichen immer noch mehr als für Frauen ein Abbruchgrund für freiwilliges Engagement sind. Frauen sind diesbezüglich zwar empfindlicher geworden, scheinen aber solche Schwierigkeiten immer noch eher hinzunehmen als Männer.

7.2 Entwicklung der Anforderungen und Rahmenbedingungen aus Sicht der Engagierten

Aus der Sicht der freiwillig Engagierten ist 2004, was Anforderungen und Rahmenbedingungen des freiwilligen Engagements angeht, der Problemdruck offenbar geringer geworden. Zu beiden Themen gibt es eine ausführliche Darstellung im Hauptbericht.[129]

Sowohl freiwillig engagierte Männer als auch Frauen fühlen sich 2004 den Anforderungen des Engagements häufiger gewachsen. Der Anteil derer, die sich den Anforderungen ihrer Tätigkeit „immer gewachsen" fühlen, stieg bei Männern von 77% auf 83% und bei Frauen von 72% auf 80%. Die Bewertung der Anforderungen im Einzelnen zeigt in die gleiche Richtung. Weniger Männer und Frauen gaben 2004 z.B. an, es werde ihnen „in starkem Maße" Belastbarkeit abverlangt. Frauen nannten auch die Selbstlosigkeit in diesem Zusammenhang seltener. Männer geben inzwischen sogar öfter als Frauen an, die Tätigkeit verlange von ihnen Selbstlosigkeit.

Die subjektive Bewertung der Rahmenbedingungen des freiwilligen Engagements war 2004 seitens beider Geschlechter generell deutlich besser als im ersten Freiwilligensurvey: Engagierte nannten weniger häufig Problempunkte im Engagement, vor allem bei den materiellen Fragen der steuerlichen Unterstützung durch die öffentliche Hand und der Frage einer öffentlichen Haftpflicht- bzw. Unfallversicherung für Freiwillige. Dies gilt mit zwei Ausnahmen: weiterhin bleibt in den Organisationen und Einrichtungen die Finanzierung von Projekten ein brennendes Problem. Außerdem problematisieren Frauen genauso häufig wie 1999 die mangelnde Information und Beratung über Möglichkeiten zum freiwilligen Engagement. Diesen Punkt sahen Männer im Unterschied zu Frauen 2004 als etwas unproblematischer als früher an.

Wenn Frauen 2004 Information und Beratung über Möglichkeiten zum freiwilligen Engagement vermissen, sollte man sich daran erinnern, dass immer mehr bislang nicht engagierte Frauen bereit wären, eine freiwillige Tätigkeit zu übernehmen. Außerdem gibt es bei den freiwillig Engagierten vermehrt Frauen, die sich eine Ausdehnung ihres Engagements vorstellen können, was durchaus mit einem Bedürfnis nach Veränderung dieser Tä-

---

[128] Vgl. Tabelle 26 im Hauptbericht.
[129] Vgl. im Hauptbericht die Kapitel 4.5 und 5.

tigkeit einhergehen kann. Zu diesem Zwecke benötigen engagierte Frauen, aber auch Männer zielgenaue Informationen über Möglichkeiten des freiwilligen Engagements.

Offenbar ist es hier nicht getan mit der Kenntnis von Kontakt- und Beratungsstellen, obwohl diese, wie in unserem Erklärungsmodell bereits gesehen, zunehmend dazu beiträgt, dass sich Menschen in Deutschland freiwillig engagieren. Frauen waren 2004 zwar besser über solche Stellen informiert (48% Bekanntheitsgrad bei Frauen, 40% bei Männern). Allerdings hat die Bekanntheit dieser Stellen seit 1999 nur leicht zugenommen (Frauen 1999: 46%, Männer: 38%). Im Zusammenhang mit einer besseren Präsenz freiwilligen Engagements in den Medien, die bei den Engagierten inzwischen vor Fragen steuerlicher Erleichterungen die zweite Priorität geworden ist, bleibt die öffentliche Kommunikation über freiwilliges Engagement und die Aufklärung über Möglichkeiten dazu eine Daueraufgabe der Engagementförderung.

C Freiwilliges Engagement älterer Menschen im Zeitvergleich 1999-2004

Thomas Gensicke

1 Einleitung

Lebenssituation, Einstellungen und Verhalten älterer Menschen stehen in den letzten Jahren vermehrt im Fokus der Öffentlichkeit. Diese Aufmerksamkeit hat zweierlei Hintergründe.

Zum einen umfasst die Gruppe der älteren Menschen wegen des demografischen Wandels einen immer größeren Anteil an der Bevölkerung. Das liegt sowohl an der seit den 60er und 70er Jahren gesunkenen Geburtenrate als auch daran, dass durch gesündere Lebensweise und medizinischen Fortschritt die Älteren immer länger leben. Das Faktum der Alterung der Bevölkerung wird in der Öffentlichkeit zumeist mit Besorgnis bewertet. Oft stehen Befürchtungen im Vordergrund, das Gesundheits- und Rentensystem könne wegen der Abnahme der Beitragszahler nicht mehr wie bisher aufrechterhalten werden. Außerdem wird befürchtet, eine alternde Gesellschaft würde zunehmend zur Beharrung neigen und weniger Innovationskraft aufbringen.

Ein zweiter Hintergrund der gestiegenen Aufmerksamkeit für die Älteren knüpft an den „modernisierten" Lebensstil der Älteren an. Insbesondere die oft recht wohlhabenden „jungen Senioren" sind für die Konsumgüterbranche interessant geworden. Aber nicht nur gestiegene Kaufkraft und Konsumfreudigkeit verleihen der Gruppe der Älteren mehr Aufmerksamkeit. Es ist vor allem ihre zunehmende Anteilnahme an politischen und öffentlichen Prozessen. Ältere Menschen sind wegen ihres steigenden Bevölkerungsanteils, ihres hohen politischen Interesses sowie ihrer hohen Wahlbeteiligung als Wähler interessanter geworden, um die sich vor allem die großen Volksparteien vermehrt bemühen.

Der lebensfreudigere und mehr den öffentlichen Dingen zugewandte Lebensstil der Älteren führt zu der Frage, inwiefern sich das auch auf die Gemeinschaftsaktivität und das freiwillige Engagement der Älteren auswirkt, insbesondere bei den „jüngeren Senioren". Mit anderen Worten, ist die Gruppe der älteren Menschen, die zumeist nicht mehr im Erwerbsleben steht,[130] eine attraktive Zielgruppe für Vereine, Organisationen, Gruppen und Einrichtungen, wenn es um die Gewinnung von Freiwilligen geht? Inwiefern kann die Gruppe der älteren Menschen (auch generationenübergreifend) aus freiwilligem Antrieb und sozialem Verantwortungsgefühl heraus einen besonderen Beitrag zur Lösung sozialer Probleme leisten?[131]

---

[130] In Deutschland ist dieser Anteil erwerbstätiger älterer Menschen besonders gering.
[131] Seniorenbüros und andere Kontaktstellen berichten darüber, dass engagierte ältere Menschen heutzutage oft Kinder aus sozial schwachen Familien oder aus Migrantenfamilien in schulischen Angelegenheiten oder beim

Bereits der erste Freiwilligensurvey befasste sich detailliert mit der Gemeinschaftsaktivität und dem freiwilligen Engagement älterer Menschen.[132] Das hauptsächliche Anliegen des zweiten Freiwilligensurveys besteht darin, wesentliche Ergebnisse zwischen 1999 und 2004 auf Veränderung und Stabilität hin zu untersuchen. Die Auswertung konzentriert sich auf die Gruppe der ab 60-Jährigen, weil seit 1999 bei dieser Altersgruppe die interessantesten Entwicklungen zu erkennen sind. Zusätzlich analysiert sie die Gruppe der 60- bis 69-Jährigen („jüngere Senioren") detaillierter, weil diese Gruppe seit 1999 die dynamischste Altersgruppe der Bevölkerung bei Gemeinschaftsaktivität und freiwilligem Engagement war.

In der Altersgruppe der 60- bis 69-Jährigen ist nur noch knapp ein Fünftel erwerbstätig. In diesem niedrigen Anteil Erwerbstätiger drückt sich der frühe Renteneintritt in Deutschland aus.[133] Das quantitative Verhältnis von Männern und Frauen ist bei den jüngeren Senioren im Unterschied zu den ab 70-Jährigen etwa ausgeglichen. Man lebt in dieser Altersgruppe überwiegend zu zweit im Haushalt, ebenfalls im Unterschied zu den ab 70-Jährigen, von denen fast die Hälfte allein lebt, wenn sie noch in einem Privathaushalt zu Hause sind. Eigene Kinder leben bei den 60- bis 69-Jährigen eher selten unter dem Dach der Eltern, obwohl das immerhin noch zu 15% der Fall ist. Obwohl Kinderbetreuungspflichten gegenüber Enkeln wahrgenommen werden bzw. Angehörige zu pflegen sind,[134] verfügt diese Altersgruppe über ein hohes Budget an freier Zeit.

Die vorliegende Studie soll zeigen, inwieweit das Zeitbudget der älteren Menschen im Alter ab 60 Jahren bzw. der jüngeren Senioren im Alter zwischen 60 und 69 Jahren der Gemeinschaftsaktivität mit anderen Menschen in Vereinen, Organisationen, Gruppen und Einrichtungen zugute kommt und in welchem Maße die Älteren im Rahmen solcher teilnehmenden Aktivitäten längerfristig Aufgaben, Arbeiten und Funktionen übernehmen („freiwilliges Engagement"). Wie 1999 sollen an verschiedenen Punkten die besonderen Problemlagen und der besondere Unterstützungsbedarf des Engagements älterer Menschen herausgearbeitet werden.

Sprachtraining unterstützen. Man denke auch an ältere Mentoren, die ausgestattet mit einschlägiger Erfahrung und Qualifikation junge Existenzgründer beraten und unterstützen.
[132] Brendgens, Braun 2001.
[133] Bei den 60- bis 65-Jährigen waren es im Freiwilligensurvey 2004 noch 28%, also auch recht wenige, allerdings mehr als 1999.
[134] Bei den 60- bis 69-Jährigen gaben 2004 15% an, es gäbe eine pflegebedürftige Person in der Familie, bei den ab 70-Jährigen 14%. Ältere Menschen ab 70 Jahren sind mit 36% besonders häufig selbst die zu pflegende Person in der Familie, bei den 60- bis 69-Jährigen sind das nur 11%. Bei den ab 70-Jährigen waren demnach etwa 9%-10% entweder als selbst pflegebedürftige Person von Einschränkungen betroffen oder sie waren zumindest teilweise zuständig für die Pflege von betreuungsbedürftigen Personen innerhalb der Familie. Bei den 60- bis 69-Jährigen waren es weniger. Die für die Pflege zuständigen Personen geben bei den jüngeren Senioren zu 57% an, ihnen verbliebe neben der Pflege und der Hausarbeit (bzw. neben der Berufsarbeit, wenn erwerbstätig) noch genügend Zeit für andere Dinge. Bei den ab 70-Jährigen sieht es diesbezüglich ungünstiger aus, nur 35% der Betreuungspersonen sagen einschränkungslos, es verbleibe ihnen genügend Zeit.

2 Zusammenfassung

Die vorliegende Sonderauswertung befasst sich mit den Besonderheiten der Gemeinschaftsaktivität und des freiwilligen Engagements älterer Menschen im Alter ab 60 Jahren. Gesondert wird die Gruppe der 60- bis 69-Jährigen untersucht, in der es seit 1999 besonders auffällige Veränderungen gab. Diese Gruppe der „jüngeren Senioren" hat den politisch-öffentlichen Mobilisierungsschub der 60er und 70er Jahre besonders nachhaltig erlebt und auch heute ihr aktives Profil beibehalten. Unterschiede und Gemeinsamkeiten von älteren Menschen in den alten und neuen Ländern werden an verschiedenen Punkten behandelt.

Ältere Menschen ab 60 Jahren in Deutschland bekunden unter allen Altersgruppen das stärkste politisch-öffentliche Interesse, insbesondere die jüngeren Senioren im Alter zwischen 60 und 69 Jahren. Gemeinschaftsaktivität und freiwilliges Engagement sind bei den Älteren seit 1999 deutlich gestiegen, insbesondere bei den 60- bis 69-Jährigen. Vor allem das Verhalten und die Einstellungen dieser Gruppe haben sich an die Bevölkerung im Alter bis zu 59 Jahren angeglichen, in der seit 1999 Gemeinschaftsaktivität und freiwilliges Engagement auf hohem Niveau stabil geblieben sind.

In den neuen Ländern haben die Gemeinschaftsaktivität und das freiwillige Engagement bei den Älteren weniger deutlich zugenommen als in den alten Ländern. Hier gab es auffälligere Entwicklungen bei den Menschen im Alter bis zu 59 Jahren. Allerdings stiegen auch in den neuen Ländern Gemeinschaftsaktivität und freiwilliges Engagement in der Gruppe der jüngeren Senioren im Alter von 60 bis 69 Jahren deutlich an. Das heißt, auch diese in den ersten Jahrzehnten der DDR sozialisierten Jahrgänge sind an der Belebung von Gemeinschaftsaktivität und freiwilligem Engagement in den neuen Bundesländern seit 1999 beteiligt.

In den Angaben der älteren Menschen aus den neuen Ländern spiegelt sich die immer noch von Umbruch und Übergang bestimmte Situation des dortigen Freiwilligensektors in besonderem Maße wider. In den neuen Ländern war bei den Älteren mit 31% die Gruppe der aktuell nicht, aber früher freiwillig Engagierten besonders groß (alte Länder 24%). Bei Menschen im Alter ab 70 Jahren betrug dieses Verhältnis der „Ehemaligen" 34% (neue Länder) zu 24% (alte Länder). Die früher Engagierten im Osten gaben zu 41% an, ihr Engagement deswegen beendet zu haben, weil die Gruppe oder Organisation aufgelöst wurde, was nur auf 9% der früher Engagierten im Westen zutraf.

Ältere Menschen trugen seit 1999 in besonderem Maße zur Belebung von Gemeinschaftsaktivität und sozialem freiwilligen Engagement im Bereich „Soziales" bei. Ähnlich ist es im kirchlich-religiösen Bereich. Das Engagement der Älteren kommt häufig und zunehmend der eigenen Bezugsgruppe der älteren Menschen zugute. Ältere Menschen investieren etwa ebenso viel Zeit wie jüngere in ihr freiwilliges Engagement.

Menschen ab 60 Jahren sind besonders vom sozialen Pflichtgefühl her und vermehrt aus politischen Motiven freiwillig engagiert. Abgesehen von diesen Besonderheiten älterer Menschen, die aus einer gegenüber jüngeren Leuten vermehrt pflichtbetonten Lebensauffassung erwachsen, wollen diese ebenso wie jüngere Menschen durch ihr Engagement soziale Kontakte knüpfen, ihren Horizont erweitern und sich ein positives Lebensgefühl erhalten.

In der Gruppe der älteren Menschen gibt es zum einen ein wachsendes Potenzial zum freiwilligen Engagement bei bisher nicht Engagierten („externes" Engagementpotenzial). Zum anderen sind bei den Älteren immer mehr freiwillig Engagierte bereit, ihr Engagement noch auszudehnen („internes" Engagementpotenzial). Dieses externe und interne Engagementpotenzial ist bei den jüngeren Senioren im Alter zwischen 60 und 69 Jahren besonders groß und seit 1999 stark im Anwachsen begriffen.

Ältere Menschen bewahren in Deutschland stärker als jüngere ein „ehrenamtliches" Verständnis des freiwilligen Engagements, wohl auch im Zusammenhang mit einer mehr von der sozialen Pflicht und vom Gemeinwohl her orientierten Lebens- und Engagementmotivation. Allerdings blieb die Verwendung des Begriffes „Ehrenamt" in allen Altersgruppen stabil bzw. nahm teilweise sogar leicht zu, während der Begriff „Freiwilligenarbeit" 2004 allgemein weniger verwendet wurde.

Ältere Engagierte sind etwas zurückhaltender als jüngere, wenn es um die Einforderung von Verbesserungen bei den Rahmenbedingungen des freiwilligen Engagements seitens der Organisationen und Einrichtungen bzw. seitens des Staates und der Öffentlichkeit geht, insbesondere bei der materiellen Unterstützung. Allerdings sind sie bezüglich ihrer Anerkennung seitens hauptamtlicher Mitarbeiter sensibler als jüngere Engagierte. Im Gegensatz zur Bevölkerung im Alter bis zu 59 Jahren, die 2004 gegenüber 1999 einen deutlich geringeren Verbesserungsbedarf bei einer öffentlichen Versicherung für Freiwillige sieht, urteilen die älteren Menschen in diesem Punkt kaum besser als 1999.

In den neuen Ländern stehen materielle Rahmenbedingungen stärker auf der Problemliste der älteren Engagierten, vor allem, wenn es um die Organisationen und Einrichtungen geht. Man erkennt in den Antworten aus den neuen Ländern deutlich die angespannte Finanzlage der dortigen Infrastruktur des freiwilligen Engagements. In den alten Bundesländern wird eine öffentliche Unfall- und Haftpflichtversicherung häufiger als in den neuen Ländern eingefordert, ebenso die Anerkennung freiwilliger Tätigkeit als berufliches Praktikum. Engagierte in den neuen Ländern fordern deutlich mehr als solche in den alten Ländern eine öffentliche Anerkennungskultur für Freiwillige ein, z.B. in Form von Ehrungen, ein.

Auffällig ist, dass ältere Engagierte seit 1999 zunehmend eine bessere öffentliche Information und Beratung über Möglichkeiten des freiwilligen Engagements fordern. Informations- und Kontaktstellen für freiwilliges Engagement sind bei ihnen zwar besser bekannt als bei jüngeren Menschen, wo dieser Bekanntheitsgrad besonders niedrig ist. Allerdings hat diese recht verbreitete Kenntnis solcher Stellen bei älteren Menschen noch nicht zu einem ebenso intensiven Kontakt zu diesen geführt. Allerdings haben sie öfter als jüngere Menschen und auch in steigendem Maße Kontakte zu den Informations- und Kontaktstellen.

Das Interesse am Kontakt zu Informations- und Kontaktstellen für freiwilliges Engagement konzentriert sich besonders bei den 60- bis 69-Jährigen, so dass die jüngeren Senioren eine besonders interessante Zielgruppe für diese Stellen darstellen. Aber auch jüngere Menschen bekunden oft Kontaktbereitschaft in Bezug auf Informations- und Kontaktstellen, vorausgesetzt sie haben bereits etwas von solchen Stellen gehört, was (wie gesehen) noch recht wenig der Fall ist.

3 Gemeinschaftsaktivität und freiwilliges Engagement älterer Menschen

3.1 Gemeinschaftsaktivität im Trend

- Politisch-öffentliches Interesse

Wir hatten bereits erwähnt, dass ältere Menschen öffentliche Angelegenheiten zunehmend aufmerksamer wahrnehmen. Grafik A1 verdeutlicht dies anhand eines Indikators aus den Freiwilligensurveys von 1999 und 2004. Man erkennt zunächst, dass das politisch-öffentliche Interesse in der Bevölkerung ab der Altersgrenze von 60 Jahren deutlich höher ausgeprägt ist als darunter und dass sich dieser Unterschied seit 1999 weiter verstärkt hat. 1999 interessierten sich 42% der 14- bis 59-Jährigen in starkem Maße dafür, „was in der Politik und im öffentlichen Leben vor sich geht". Bei den ab 60-Jährigen waren es dagegen 57% und bei den 60- bis 69-Jährigen mit 59% noch ein wenig mehr. Der Anstieg des Interesses war gerade in dieser Gruppe der „jüngeren Senioren" seit 1999 besonders deutlich (1999: 52%, 2004: 59%).

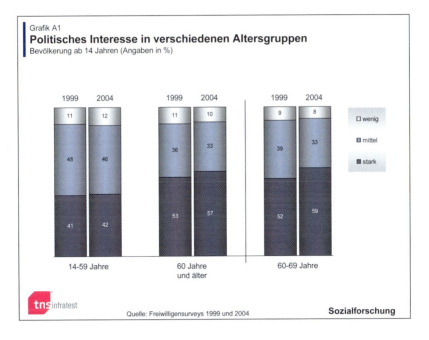

Diese besondere Entwicklung in der Altersgruppe der 60- bis 69-Jährigen wird in dieser vertiefenden Analyse noch bei einer Reihe anderer wichtiger Indikatoren deutlich werden. Sie deutet auf besonders ausgeprägte Aktivierungsprozesse hin. Dieser aktivierende Schub scheint bei den Frauen dieser Altersgruppe noch ausgeprägter gewesen zu sein als bei Männern. Ihr politisch-öffentliches Interesse nahm sogar um 9 Prozentpunkte zu (Grafik A2) gegenüber 6 Prozentpunkten bei den Männern. Nach wie vor ist allerdings dieses Interesse in dieser Altersgruppe bei Männern mit einem besonders hohen Wert von 67% „starkem" Interesse höher ausgeprägt als bei Frauen (51%).

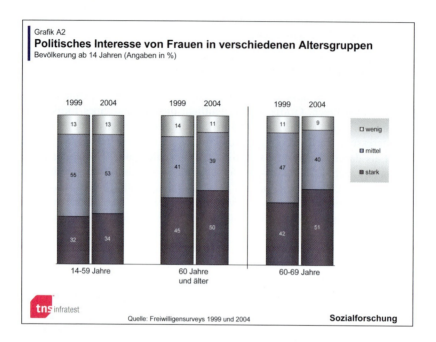

Hintergrund der besonderen Aktivierung in der Gruppe der 60- bis 69-Jährigen dürfte das „Nachrücken" von Jahrgängen in diese Altersgruppe sein, die 1999 noch 5 Jahre jünger, also zwischen 55 und 59 Jahren alt waren. Diese Jahrgänge wurden in der späteren Nazizeit bzw. in der Kriegszeit geboren und verlebten ihre Kindheit und Jugend in den Nachkriegs- und Wiederaufbaujahren. Sie erlebten als junge Männer und Frauen die politische Mobilisierung der 60er und 70er Jahre, ein Generationenerlebnis, das sich tief eingeprägt hat.[135]

- Gemeinschaftsaktivität

Gestiegenes politisch-öffentliches Interesse geht bei älteren Menschen mit deutlich steigender Beteiligung an Gemeinschaftsaktivitäten in Vereinen, Organisationen, Gruppen und

---

[135] Wir bevorzugen somit bei der Erklärung von „Aktivierungsprozessen" bei den jüngeren Senioren Generationeneffekte. Zusätzlich können längerfristige sowie situative Erklärungen herangezogen werden. Eine längerfristige und allmähliche Entwicklung stellt die Verbesserung des Gesundheitszustandes der Älteren sowie ihrer körperlichen und geistigen Fitness dar, letzteres wiederum verbunden mit einem kulturellen Wandel, der den Lebensstil und das Altersbild verändert hat. Ein situatives Moment ist die erhöhte Aufmerksamkeit älterer Menschen für politische Vorgänge in einer Zeit, in der die Selbstverständlichkeiten des deutschen Sozialsystems, die der Lebens- und Altersplanung der Älteren zugrunde lagen, politisch stark in der Diskussion und bereits im Umbruch sind.

Einrichtungen einher. Diese aktive Beteiligung stieg bei den ab 60-Jährigen von 55% auf 63%, bei den 60- bis 69-Jährigen sogar von 61% auf 70% an (Grafik A3). Auch bei der Gemeinschaftsaktivität war die Zunahme bei den jüngeren Senioren also stärker als bei den Älteren insgesamt. Die Älteren entwickelten sich wiederum stärker als die Bevölkerung im Alter von bis zu 59 Jahren, wo die Gemeinschaftsaktivität nur um 3 Prozentpunkte zunahm, allerdings von einem deutlich höheren Ausgangsniveau her (1999: 69%, 2004: 72%).

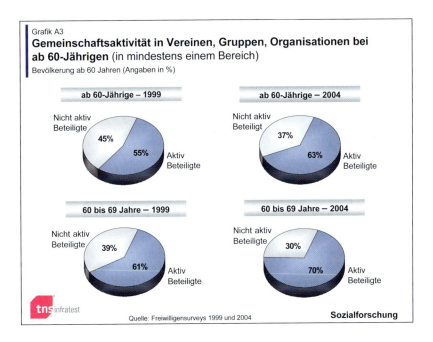

Die 60- bis 69-Jährigen waren 2004 anhand des Umfangs ihrer Gemeinschaftsaktivität kaum mehr von der Bevölkerung im Alter von bis zu 59 Jahren zu unterscheiden, während das 1999 noch der Fall war. Die jüngeren Senioren ähneln somit in diesem Punkt inzwischen mehr Bevölkerung im Alter von bis zu 59 Jahren als den älteren Menschen ab 70 Jahren.

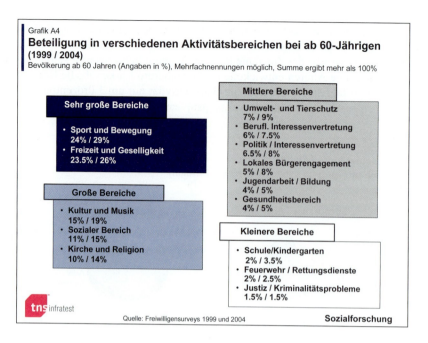

Die Bereiche der Gemeinschaftsaktivität der älteren Bevölkerung haben teilweise eine andere Größen- bzw. Rangordnung als die der Bevölkerung im Alter bis zu 59 Jahren (Grafik A4). Zwar nimmt auch bei den Älteren mit 29% der Bereich „Sport und Bewegung" die Spitzenposition ein, danach folgt jedoch mit nur geringem Abstand bereits der Bereich

„Freizeit und Geselligkeit" (26%). In der Bevölkerung im Alter bis zu 59 Jahren ist der Sportbereich (45%) ungleich bedeutsamer für die Gemeinschaftsaktivität als der Freizeitbereich (25%), der ersterem mit großem Abstand folgt. Für die Älteren spielt der Bereich „Kindergarten und Schule" (3,5%) eine geringe Rolle, für die Bevölkerung im Alter bis zu 59 Jahren ist dieser mit 14% der viertgrößte Bereich. Die Älteren sind mit 14% auch häufiger (10%) im Bereich „Kirche und Religion" aktiv beteiligt.

Die Veränderungen der Größe verschiedener Aktivitätsbereiche zwischen 1999 und 2004 waren recht unterschiedlich (Grafik A5). Unterschiede gab es in dieser Hinsicht auch zwischen den Älteren insgesamt und den jüngeren Senioren. Rechnet man den Stand von 1999 gleich 100, gab es bei den ab 60-Jährigen die größten Veränderungen in den Bereichen „Lokales Bürgerengagement" (+60 Prozent), „Kirche und Religion" (+40 Prozent) sowie „Soziales" (+36%). Hier ähneln die Veränderungen bei den jüngeren Senioren auch denen der Älteren insgesamt. Die Gemeinschaftsaktivität der jüngeren Senioren hat sich allerdings im Sozialbereich stärker erhöht als bei den Älteren insgesamt. Auffällig ist bei den 60- bis 69-Jährigen die besonders starke Zunahme der Aktivität im Bereich „Berufliche Interessenvertretung außerhalb des Betriebes".

3.2 Freiwilliges Engagement im Trend

- Umfang des freiwilligen Engagements

Ältere Menschen waren 2004 gegenüber 1999 nicht nur vermehrt gemeinschaftlich aktiv, sondern sie hatten im Rahmen dieser öffentlichen Aktivitäten auch vermehrt längerfristige Aufgaben, Arbeiten und Funktionen übernommen („freiwilliges Engagement"[136]). Grafik A6 zeigt diese Entwicklung seit 1999 für die gesamte Gruppe der älteren Menschen ab 60 Jahren sowie für die 60- bis 69-Jährigen. In der gesamten Gruppe stieg das freiwillige Engagement von 26% auf 30%, bei den 60- bis 69-Jährigen sogar von 31% auf 37%. Auch hier erkennen wir den bereits beobachteten Mobilisierungsschub bei den jüngeren Senioren, die 2004 auch beim Umfang des freiwilligen Engagements kaum noch von der Bevölkerung im Alter von bis zu 59 Jahren zu unterscheiden waren.

Grafik A7 vollzieht den Vergleich der Altersgruppen sowohl für die Gemeinschaftsaktivität als auch für das freiwillige Engagement. Sie gliedert die Altersgruppen nach ihrem Verhältnis zur Gemeinschaftsaktivität und zum freiwilligen Engagement in 3 Gruppen auf. „Freiwillig Engagierte" sind diejenige Teilgruppe der in Vereinen, Organisationen, Gruppen oder Einrichtungen Aktiven, die längerfristig Aufgaben, Arbeiten und Funktionen übernommen haben. Der andere Teil der Gemeinschaftsaktiven, die solche Aufgaben nicht übernommen haben, sind die „nur" Aktiven (ohne freiwilliges Engagement). Es verbleiben diejenigen Menschen, die in keinem Zusammenhang gemeinschaftlich aktiv sind („nichts davon").

---

[136] Wie der Freiwilligensurvey dieses freiwillige Engagement erfasst und warum er die verschiedenen Formen des Ehrenamtes, der Freiwilligenarbeit und des bürgerschaftlichen Engagements mit diesem Begriff zusammenfasst, wird im Hauptbericht ausführlich erläutert.

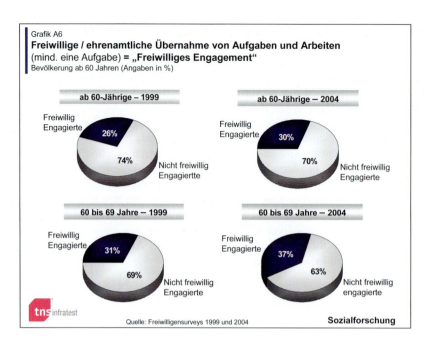

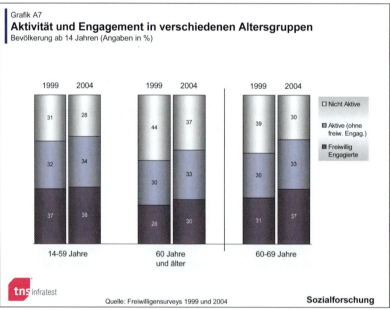

Nicht gemeinschaftlich Aktive gab es 1999 bei den Älteren insgesamt besonders viele (44%), mit 31% in der Bevölkerung im Alter von bis zu 59 Jahren deutlich weniger. Der Prozentsatz dieser Gruppe ist jedoch zwischen 1999 und 2004 bei den Älteren insgesamt deutlich gesunken, noch deutlicher bei den 60- bis 69-Jährigen. In der Gruppe der Älteren im Alter ab 60 Jahren insgesamt kam dieser Rückgang etwa gleichmäßig dem Anwachsen der Gruppe der „nur" Aktiven (+3 Prozentpunkte) und der freiwillig Engagierten (+4 Prozentpunkte) zugute. In der Gruppe der jüngeren Senioren dagegen profitierte die Gruppe der freiwillig Engagierten fast doppelt so stark wie die Gruppe der „nur" Aktiven. Der Mobilisierungsschub bei den jüngeren Senioren führte also seit 1999 besonders häufig dazu, dass Menschen dieser Altersgruppe im Rahmen ihrer Gemeinschaftsaktivität bestimmte Aufgaben, Arbeiten und Funktionen übernahmen, d.h. sich freiwillig engagierten.

Die Grafik A7 zeigt noch einmal die Angleichung der 60- bis 69-Jährigen an das Profil der Bevölkerung im Alter von bis zu 59 Jahren. Der Eindruck zunehmender Ähnlichkeit verstärkt sich, wenn wir die freiwillig Engagierten in solche unterteilen, die nur eine freiwillige Tätigkeit ausüben, und in solche, die 2 oder sogar mehr als 2 freiwilligen Tätigkeiten nachgehen (Grafik A8). 2004 hatte mit 15% derselbe Anteil in der Bevölkerung im Alter von bis zu 59 Jahren wie bei den 60- bis 69-Jährigen 2 oder mehr als 2 freiwillige Tätigkeiten übernommen. Die Gruppe der jüngeren Senioren war also nicht nur zu einem deutlich höheren Prozentsatz als 1999 freiwillig engagiert, sondern auch deutlich intensiver als 1999, gemessen an der Zahl der übernommenen freiwilligen Tätigkeiten. Das macht die besondere Entwicklung dieser Altersgruppe noch einmal deutlich.

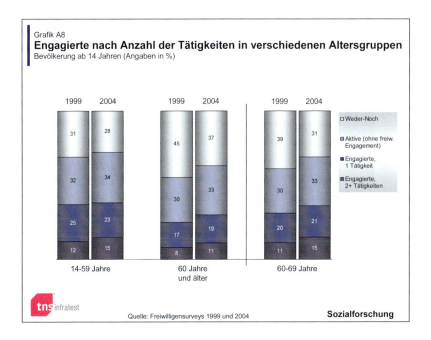

- Entwicklung des Engagements seit 1999

Die auffällige Entwicklung bei der Gemeinschaftsaktivität und beim freiwilligen Engagement bei den älteren Menschen und insbesondere bei den 60- bis 69-Jährigen lässt sich auch mit einem anderen Indikator des Freiwilligensurveys darstellen. Der Survey enthält eine Frage danach, seit wie vielen Jahren freiwillig Engagierte ihre Tätigkeiten bereits ausüben. Wenn bestimmte Altersgruppen sich seit 1999 besonders auffällig entwickelt haben, dann müsste sich das auch daran zeigen, dass vermehrt Menschen dieser Altersgruppen in den Jahren seit 1999 eine freiwillige Tätigkeit aufgenommen haben. In der Tat lässt sich das nachweisen (Grafik A9).

In der Gruppe der ab 60-Jährigen gaben 2004 die Engagierten bei 32% ihrer Tätigkeiten an, diese innerhalb der letzten 5 Jahre aufgenommen zu haben. Das waren 8 Prozentpunkte mehr als 1999. In der Gruppe der jüngeren Senioren war dieser Anteil der in den letzten 5 Jahren neu aufgenommenen Tätigkeiten sogar um 13 Prozentpunkte gestiegen. Dagegen stagnierte seit 1999 der Anteil solcher neuen Tätigkeiten in der Bevölkerung zwischen 14 bis 59 Jahren, wie das freiwillige Engagement insgesamt. Auch hier erkennen wir die auffällige Entwicklung des freiwilligen Engagements bei älteren Menschen seit 1999, insbesondere bei denen zwischen 60 und 69 Jahren.

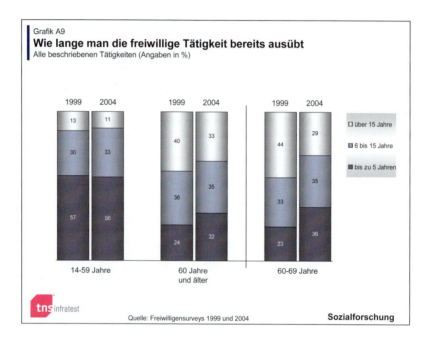

- Besonderheiten in den neuen Bundesländern

In den neuen Bundesländern haben seit 1999 die Gemeinschaftsaktivität und das freiwillige Engagement stärker als in den alten Ländern zugenommen.[137] Wie waren die älteren Menschen an diesem Prozess beteiligt?

Grafik A10 zeigt die Entwicklung der Gemeinschaftsaktivität und des freiwilligen Engagements in den neuen Ländern in verschiedenen Altersgruppen. Wir erkennen ein zum

---

[137] Die Besonderheiten der neuen Bundesländer wurden im Hauptbericht durchgängig berücksichtigt und dargestellt. Die Daten für die neuen Länder können deswegen detailliert ausgewertet werden (z.B. für einzelne Altersgruppen), weil die Stichprobe der neuen Länder überproportional aufgestockt wurde. In den Durchschnittswerten für Deutschland insgesamt sind die Daten allerdings in der richtigen Proportion gewichtet.

großen Teil anderes Muster als in den alten Bundesländern. Im Gegensatz zu den alten Ländern[138] stieg das freiwillige Engagement in der Bevölkerung im Alter von bis zu 59 Jahren deutlich an, und das wesentlich stärker als bei den Älteren im Alter ab 60 Jahren.

In der Gruppe der über 70-Jährigen war in den neuen Ländern seit 1999 das freiwillige Engagement sogar rückläufig. Dieses Entwicklungsmuster setzt sich allerdings bei der jüngeren Gruppe der 60- bis 69-Jährigen nicht fort. Hier nahm mit 5 Prozentpunkten die Gruppe der Freiwilligen kräftig zu und mit ebenfalls 5 Prozentpunkten die der „nur" Gemeinschaftsaktiven.

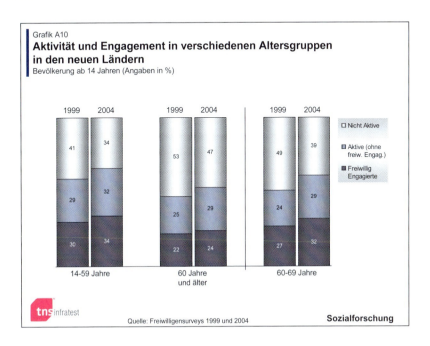

Die weniger deutliche Entwicklung bei den Älteren ab 60 Jahren und die auffälligere bei Menschen im Alter bis zu 59 Jahren in den neuen Ländern sind Ausdruck eines Übergangszustandes, der von einer deutlichen Wiederbelebung der Gemeinschaftsaktivität und des freiwilligen Engagements auf dem Gebiet der neuen Bundesländer geprägt ist. Nachdem zunächst die Infrastruktur der Gemeinschaftsaktivität und des freiwilligen Engagements der DDR im Transformationsprozess[139] stark geschrumpft war, entwickelt sich eine neue Struktur (unter teilweiser Anknüpfung an die frühere) inzwischen kräftig.[140] Das kommt im Verhalten der jüngeren Jahrgänge stärker zum Tragen als bei den älteren. Bemerkenswert ist allerdings, dass die Gruppe der 60- bis 69-Jährigen, die ja eine tragende der DDR-Geschichte war, an diesem Prozess aktiv beteiligt ist.

---

[138] Die Werte der alten Bundesländer beeinflussen wegen ihres hohen Gewichts von ca. 80% der Bevölkerung die Durchschnittswerte der gesamten Bevölkerung sehr deutlich, so dass beide Werte oft nahe beieinander liegen.
[139] Für eine ausführliche Erläuterung des Begriffs „Transformation" vgl. Thomas Gensicke: Die neuen Bundesbürger. Eine Transformation ohne Integration, 1998, S.16-18
[140] Dieses Problem der Infrastruktur des freiwilligen Engagements in den neuen Ländern haben wir bereits anlässlich der Auswertung des Freiwilligensurveys von 1999 ausführlich analysiert. Vgl. Thomas Gensicke, 2001a

Die besondere Situation der Älteren in den neuen Ländern erkennt man indirekt auch daran, wie inzwischen nicht mehr engagierte ältere Menschen begründen, warum sie ihre Tätigkeit beendet haben. Zunächst ist auffällig, dass sie weniger als ältere Menschen in den alten Ländern Gründe persönlicher Art angeben (Grafik A11) und vermehrt solche, die in der Tätigkeit selbst lagen bzw. mit der Infrastruktur des Engagements zu tun hatten (Grafik A12). Gesundheitliche Probleme, der „klassische" Grund Älterer, die freiwillige Tätigkeit zu beenden, wird in den neuen Ländern weniger angegeben als in den alten. Noch mehr betrifft das familiäre Gründe, eher schon berufliche. Auch regionale Mobilität war für Ältere im Osten deutlich weniger ein Grund, ihre Tätigkeit zu beenden, etwas mehr die zeitliche Befristung der Tätigkeit.

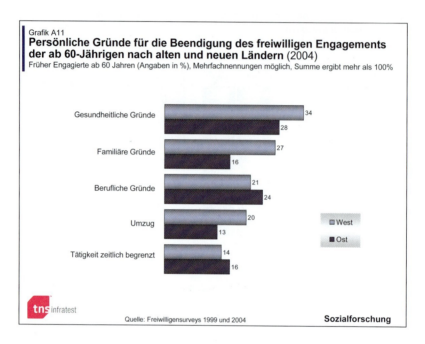

Grafik A12 zeigt noch einmal sehr deutlich, wie sehr die brüchige Infrastruktur des Engagements im Osten in den Erinnerungen früher engagierter älterer Menschen präsent wird. 41% der früher Engagierten ab 60 Jahren geben die Auflösung der Gruppe bzw. Organisation als Grund dafür an, das freiwillige Engagement beendet zu haben, was nur auf 9% der Älteren in den alten Ländern zutrifft. Ähnliches zeigen die in den neuen Ländern vermehrt angegebenen Gründe an, die mit Finanzschwierigkeiten bei den Organisationen zusammenhängen. Dazu kommen aber auch andere Probleme, dass sich z.B. Ziele nicht umsetzen ließen oder es an Freiwilligen mangelte. Auch materielle Gründe mehr persönlicher Art werden in den neuen Ländern vermehrt angegeben.

Der Freiwilligensurvey zeigte bereits 1999, wie wichtig eine funktionierende und flächendeckende Infrastruktur der Gemeinschaftsaktivität und des freiwilligen Engagements ist. Freiwilliges Engagement kommt zu allermeist und gerade bei älteren Menschen durch direkte Ansprache in Organisationen und Einrichtungen zu Stande. Viele ältere Menschen in den neuen Ländern, insbesondere im fortgeschrittenen Alter, konnten (und wollten teilweise) nicht mehr an der Wiederbelebung bzw. Neuschaffung dieser Struktur partizipieren.

Mit dem sozialen Systemwechsel von der DDR zur Bundesrepublik scheint sich in den neuen Ländern außerdem eine neue „Zugangskultur" zum freiwilligen Engagement herausgebildet zu haben. Freiwillige kommen dort in allen Altersgruppen vermehrt durch eigene Initiative zu ihren freiwilligen Tätigkeiten (Grafik A13). In den alten Ländern ist dafür die Anwerbung und Ansprache durch Dritte typischer (z.B. durch leitende Personen in Vereinen, Organisationen oder Einrichtungen). Das heißt, der soziale Umbruch und die besondere Situation in den neuen Ländern haben nicht nur die Engagementkultur der älteren Menschen verändert, sondern insgesamt zu einer erhöhten Bedeutung der eigenen Initiative geführt.[141]

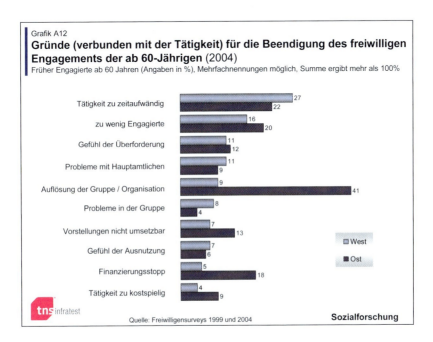

---

[141] Unter den Bundesländern bietet das Land Rheinland-Pfalz ein ähnliches Beispiel. Hier stieg das Engagement besonders deutlich und gleichzeitig auch die Bedeutung der Eigeninitiative beim Zugang zum freiwilligen Engagement. Dagegen gibt es Länder wie Hessen und Nordrhein-Westfalen, wo bei gleich bleibendem Engagement die Anwerbung und Ansprache durch Dritte wichtiger geworden ist.

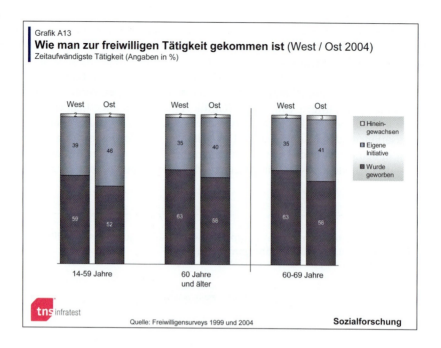

- Bereiche des freiwilligen Engagements

Grafik A14 zeigt, in welchen Bereichen die freiwilligen Tätigkeiten der älteren Menschen 1999 und 2004 angesiedelt waren. Tätigkeiten im Bereich „Sport und Bewegung" stehen auch bei den Älteren an erster Stelle. Allerdings ist der Umfang dieses Engagements bei den Älteren nur halb so groß wie in der Bevölkerung im Alter von bis zu 59 Jahren.

Bei den Älteren folgte 1999 auf den Sportbereich mit relativ geringem Abstand das Engagement im Bereich „Kirche und Religion", während in der Bevölkerung im Alter von bis zu 59 Jahren mit einem deutlichen Abstand „Schule und Kindergarten" der zweitwichtigste Bereich war. Dieser Bereich ist in der Bevölkerung im Alter von bis zu 59 Jahren seit 1999 weiter gewachsen (von 7,5% auf 9%). Der religiös-kirchliche Bereich ist 2004 bei den Älteren deutlich größer geworden und inzwischen sogar etwas größer als der Sportbereich.

Mit 9,5% liegt die Größe des Sportbereiches 2004 bei den 60- bis 69-Jährigen in der Mitte zwischen der Bevölkerung im Alter von bis zu 59 Jahren (13%) und der älteren Gruppe ab 60 Jahren insgesamt (6,5%). Ähnlich wie bei den Älteren insgesamt spielt auch bei der Gruppe der jüngeren Senioren der Bereich „Schule und Kindergarten" eine untergeordnete Rolle. Dieser Bereich ist innerhalb der Altersspanne zwischen 30 und 49 Jahren am bedeutendsten und hat dort auch weiter zugenommen.

Unter den größeren Bereichen hat neben dem religiös-kirchlichen Bereich besonders das Engagement Älterer im sozialen Bereich zugenommen, so dass dieser 2004 ebenfalls auf dem ersten Rang lag. Das soziale Engagement ist auch in der Bevölkerung im Alter von bis zu 59 Jahren etwas gewachsen, bleibt allerdings deutlich hinter dem der Älteren zurück. Die Älteren haben also ungleich mehr zur Belebung des sozialen Engagements in Deutschland beigetragen, das in der Bevölkerung seit 1999 der am stärksten wachsende Bereich des freiwilligen Engagements war. Diese Zunahme des sozialen Engagements war in der Altersgruppe der 60- bis 69-Jährigen noch einmal deutlich stärker als bei den Älteren ab 60 Jahren insgesamt (1999: 5,5%, 2004: 8,5%).

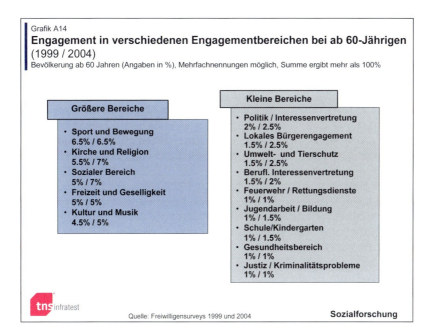

Zugenommen hat auch das kulturelle und musische Engagement der älteren Menschen. Dasjenige im Bereich „Freizeit und Geselligkeit" ist seit 1999 im Umfang etwa gleich geblieben. Unter den kleineren Bereichen wuchs das Engagement älterer Menschen ab 60 Jahren besonders im lokalen Bürgerengagement und im Bereich „Umwelt- und Tierschutz". Mit jeweils 3,5% ist das Engagement in der beruflichen sowie in der politischen Interessenvertretung bei den 60- bis 69-Jährigen hoch ausgeprägt, ebenso mit jeweils 3% im Umwelt- und Tierschutz sowie beim lokalen Bürgerengagement.

Bei den älteren Menschen gab es somit ein Wachstum des freiwilligen Engagements über viele Bereiche hinweg. „Sport und Bewegung", „Kirche und Religion" sowie der soziale Bereich dominieren allerdings 2004 deutlicher als 1999 das Engagement älterer Menschen, begleitet von einer Vielzahl anderer Bereiche. Bei den 60- bis 69-Jährigen sind diese dominierenden Bereiche („Kirche und Religion" sowie „Soziales" mit jeweils 8,5%) zum einen größer als bei den Älteren insgesamt. Zum anderen behält der Bereich „Sport und Bewegung" mit 10% das größere Gewicht gegenüber den anderen beiden Großbereichen freiwilligen Engagements.

3.3 Engagementpotenzial älterer Menschen

- Externes Engagementpotenzial

Ältere Menschen können bereits auf eine umfangreiche Lebenserfahrung zurückblicken. Sie kennen ihre Eigenarten und wissen genauer als jüngere Menschen, was sie wollen bzw. was nicht. Fragt man sie danach, ob sie ein bestimmtes Verhalten, wie z.B. freiwilliges Engagement in Erwägung ziehen, muss man bei der Interpretation dieses Mehr an Lebenserfahrung berücksichtigen.

Außerdem muss man bei der Potenzialanalyse im Altersvergleich berücksichtigen, dass ein deutlich höherer Prozentsatz älterer als jüngerer Menschen in ihrem Leben bereits freiwillig engagiert war. Ein Teil der Älteren hat sich auch in dieser Hinsicht „zur Ruhe gesetzt". Insbesondere bei betagten älteren Menschen stehen oft auch gesundheitliche Barrieren bestimmten Aktivitäten entgegen, die körperliche und geistige Anstrengung erfordern.

Vor diesem Hintergrund ist es plausibel, dass 1999 neben den 26% bereits Engagierten „nur" 13% der älteren Menschen ab 60 Jahren dazu bereit waren, sich freiwillig zu engagieren, davon 4% bestimmt (Grafik A15). Dieser Prozentsatz des so genannten „externen Engagementpotenzials", also nicht freiwillig engagierter Menschen, die dazu bereit sind, hat sich bei den Älteren 2004 auf 19% erhöht, davon auf nun 6% bestimmt zum Engagement Bereite. Damit hat sich bei den Älteren der Anteil derjenigen deutlich verringert, die aktuell nicht engagiert und auch nicht dazu bereit waren (1999: 61%, 2004: 51%). In der Bevölkerung bis zu 59 Jahren war bereits 1999 der Anteil der zum Engagement Bereiten viel höher und hat weiter zugenommen, besonders bei den „eventuell" zum Engagement Bereiten.

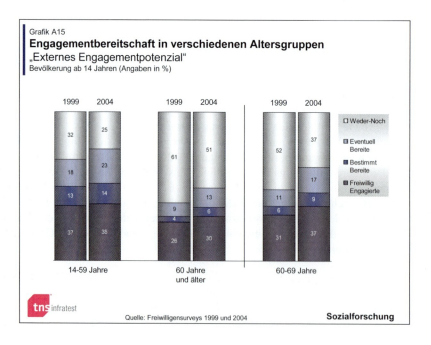

Insgesamt hat sich die Gruppe der Älteren ab 60 Jahren beim Engagementpotenzial an die Bevölkerung bis zu 59 Jahren angenähert. Das geht vor allem auf die bereits beim aktuellen Engagement besonders auffällige Gruppe der 60- bis 69-Jährigen zurück. Auch beim Engagementpotenzial ist diese Gruppe der jüngeren Senioren deutlich aktiver geworden. In dieser Gruppe waren 1999 zusätzlich zu den bereits Engagierten 17% zum freiwilligen Engagement bereit, davon 6% mit Bestimmtheit. 2004 waren das bereits 26% zum Engagement Bereite, davon sogar 9% bestimmt Bereite.

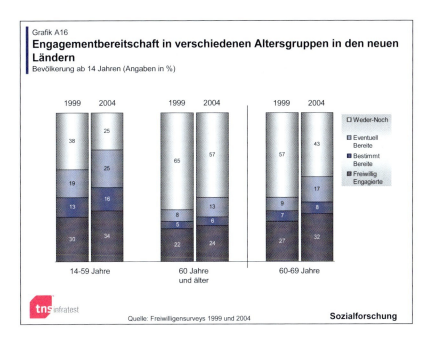

Die Altersgruppe der jüngeren Senioren, die 1999 beim Engagementpotenzial ein Profil hatte, das deutlich dem der älteren Gruppe im Alter ab 60 Jahren insgesamt ähnelte, nimmt 2004 eine Zwischenstellung ein, vor allem zwischen der Bevölkerung im Alter von bis zu 59 Jahren und den betagten Älteren im Alter von ab 70 Jahren. Während die jüngeren Senioren 2004 bei der Gemeinschaftsaktivität und beim aktuellen Engagement besonders nahe an die Bevölkerung im Alter von bis zu 59 Jahren herangerückt sind, verbleiben bei der Frage des Engagementpotenzials trotz der Annäherung an das Profil der Jüngeren mehr Ähnlichkeiten mit den älteren Menschen insgesamt. Das dürfte weniger an den bereits angesprochenen Gesundheitsproblemen liegen, die hauptsächlich betagte Ältere am Engagement hindern. Vielmehr dürften es andere Gründe sein: vermehrt durch Erfahrungen gestützte Äußerungen Älterer sowie bereits geleistetes und beendetes Engagement.

Wie stellt sich das externe Engagementpotenzial bei älteren Menschen in den neuen Ländern dar? Wir hatten ja gesehen, dass seit 1999 in der Gruppe der ab 60-Jährigen das aktuelle Engagement deutlich weniger gestiegen war als in den alten Ländern. In den neuen Ländern zeigte sich die auffälligere Entwicklung dagegen in der Gruppe der 14- bis 59-Jährigen. Wir erkennen, dass in den neuen Ländern seit 1999 in der Gruppe der 14- bis 59-

Jährigen neben dem aktuellen freiwilligen Engagement auch das externe Engagementpotenzial besonders gestiegen ist (Grafik A16). 2004 waren dort neben den 34% Engagierten sogar 16% bestimmt zum Engagement bereit, weitere 25% eventuell. Die Angleichung an den Bundesdurchschnitt und damit an die alten Länder schreitet somit im Osten in der Bevölkerung im Alter von 14 bis 59 Jahren besonders schnell voran.

Wir sehen aber auch, dass die älteren Menschen in den neuen Ländern ihr externes Engagementpotenzial seit 1999 stärker ausgedehnt haben als ihr aktuelles Engagement. Das gilt bei bereits deutlicherer Zunahme des aktuellen Engagements auch für die 60- bis 69-Jährigen. Bei den älteren Menschen in den neuen Ländern hat sich also seit 1999 zunächst mehr beim Engagementpotenzial bewegt als beim aktuellen Engagement. Das könnte ein Anzeichen dafür sein, dass wir in den neuen Ländern in Zukunft auch beim tatsächlichen Engagement der Älteren eine Belebung erwarten können. Das gilt insbesondere für die 60- bis 69-Jährigen, wo diese Belebung teilweise schon 2004 erkennbar wurde.

- Internes Engagementpotenzial

Nachdem wir das „externe" Engagementpotenzial der Älteren untersucht haben, also die Bereitschaft zum Engagement bei nicht Engagierten, wollen wir jetzt das „interne" Engagementpotenzial analysieren, das heißt die Bereitschaft bereits freiwillig Engagierter, ihr Engagement noch auszuweiten (Grafik A17). Diese war 1999 bei Menschen im Alter ab 60 Jahren deutlich niedriger (absolut 7%) als bei denen im Alter bis zu 59 Jahren (absolut 13%). Allerdings war das mit 27% der älteren Engagierten dennoch ein beträchtlicher Anteil, der allerdings bei den Jüngeren mit 35% höher war. Diese „Erweiterungskennziffer" innerhalb der Gruppe der Engagierten lag 1999 bei den 60- bis 69-Jährigen mit 26% sehr nahe bei der gesamten Gruppe der Älteren im Alter ab 60 Jahren. Durch die deutliche Ausweitung des Anteils Engagierter, die zu einer Erweiterung bereit sind, in der Bevölkerung im Alter bis zu 59 Jahren, haben diese ihren „Erweiterungsfaktor" auf 42% erhöht.

Noch auffälliger war allerdings die Veränderung in der Gruppe der 60- bis 69-Jährigen beim internen Engagementpotenzial. Diese jüngeren Senioren haben seit 1999 ihre „Erweiterungsziffer" von 26% auf 35% gesteigert. Das heißt in dieser Gruppe standen 2004 absolut 13% Engagierte, die ihr Engagement ausdehnen wollten, 24% Engagierten gegenüber, die das nicht wollten. 1999 lag in dieser Gruppe das Verhältnis absolut noch bei 8% zu 23%. Die Erweiterungsmöglichkeiten des Engagements blieben dagegen bei der gesamten Gruppe der Älteren im Alter ab 60 Jahren weitgehend konstant.

In den neuen Ländern erkennen wir, dass insbesondere bei Engagierten im Alter von bis zu 59 Jahren das interne Engagementpotenzial gewachsen ist (Grafik A18). Bei den Älteren ist im Osten die Ausdehnungsbereitschaft des Engagements bei bereits Engagierten weniger deutlich gestiegen als bundesweit, ähnlich wie bei den Älteren in den neuen Ländern auch das aktuelle Engagement insgesamt weniger deutlich stieg.

Grafik A17
Engagierte, die ihr Engagement noch erweitern könnten*, in verschiedenen Altersgruppen „Internes Engagementpotenzial"
Bevölkerung ab 14 Jahren (Angaben in %)

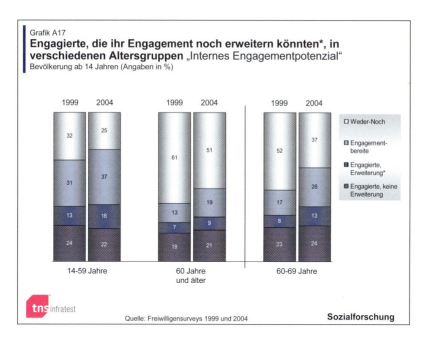

Quelle: Freiwilligensurveys 1999 und 2004

Grafik A18
Engagierte, die ihr Engagement noch erweitern könnten,* in verschiedenen Altersgruppen in den neuen Ländern
Bevölkerung ab 14 Jahren (Angaben in %)

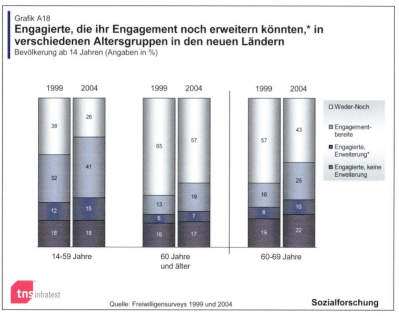

Quelle: Freiwilligensurveys 1999 und 2004

4 Motive und Strukturen des freiwilligen Engagements älterer Menschen

4.1 Motive und Selbstverständnis des freiwilligen Engagements

- Hintergründe des freiwilligen Engagements älterer Menschen

Das Engagement älterer Menschen lässt sich im Vergleich zu anderen Altersgruppen wie z.B. Jugendlichen zwischen 14 und 24 Jahren oder den mittleren Jahrgängen zwischen 25 und 59 Jahren besonders gut aus soziokulturellen, demografischen sowie schichtbezogenen Hintergründen erklären. In der vertiefenden Auswertung über Jugendliche zwischen 14 und 24 Jahren sind in der Tabelle J7 Ergebnisse von Regressionsanalysen für diese drei Altersgruppen dargestellt. Die im Freiwilligensurvey zur Verfügung stehenden Merkmale wurden dort auf ihre Vorhersagekraft hin geprüft, und zwar möglichst unter Ausschluss ihrer wechselseitigen Zusammenhänge.[142]

Diese Analysen zeigen, wie eng eine gute soziale Einbindung älterer Menschen damit zusammenhängt, dass sie sich freiwillig engagieren. Die beste Vorhersagekraft für freiwilliges Engagement älterer Menschen (in Konkurrenz zu anderen Merkmalen) hat die Größe ihres Freundes- und Bekanntenkreises. Im Verhältnis zu anderen Bevölkerungsgruppen nimmt diese Art der sozialen Einbindung älterer Menschen eine besonders herausragende Stellung ein. Man darf in diesem Falle allerdings nicht streng kausal[143] argumentieren und muss von einem sich wechselseitig verstärkenden Zusammenhang ausgehen: Einerseits erhalten Menschen mit einem großen Freundes- und Bekanntenkreis auch mehr Gelegenheiten und Anstöße zu freiwilligem Engagement. Andererseits knüpfen Menschen, die sich freiwillig engagieren, dadurch auch vermehrt soziale Kontakte und sind deshalb besser sozial eingebunden.

Plausibel ist die aus der Regressionsanalyse ableitbare Prognose[144], dass bei älteren Menschen mit steigendem Lebensalter die Wahrscheinlichkeit abnimmt, freiwillig engagiert zu sein, und das deutlich mehr als in anderen Altersgruppen. Nur bei Jugendlichen zwischen 14 und 24 Jahren hat steigendes Lebensalter ebenfalls einen (aber zumeist nur vorläufig) ungünstigen Einfluss auf freiwilliges Engagement. Bei älteren Menschen wirken dabei andere Ursachen, die in dieser vertiefenden Analyse bereits hauptsächlich auf mit dem Alter zunehmende gesundheitliche Probleme zurückgeführt wurden. Bei Jugendlichen sind es vor allem biografische Umorientierungen, die mit Ausbildung, Berufswahl und

---

[142] Das verwendete Verfahren der Regressionsanalyse, das über die Betrachtung einzelner Korrelationen hinausgeht, ist im Hauptbericht, Kapitel 3.1, ausführlich erläutert.
[143] Die Regressionsanalyse würde (strikt interpretiert) zu einer Ursache-Wirkungs-Aussage führen, etwa in der Form: Wenn ältere Menschen einen großen Freundes- und Bekanntenkreis haben, dann engagieren sie sich (deshalb!) mit hoher Wahrscheinlichkeit freiwillig.
[144] Eine Regression kann auch als Prognose gelesen werden in dem Sinne: Wenn A, dann tritt mit einer bestimmten Wahrscheinlichkeit auch B ein. Im Falle des Alters ist die Prognose negativ: Mit steigendem Alter sinkt (insbesondere ab der Altersgrenze von 60 Jahren) die Wahrscheinlichkeit freiwilligen Engagements.

teilweise Familiengründung zu tun haben. Oft ist damit auch ein Wohnortwechsel verbunden.

Ähnlich wie in der Bevölkerung insgesamt sagt die Regressionsanalyse auch für ältere Menschen mit hohem Bildungsstatus und ausgeprägten Kreativitäts- und Engagementwerten erhöhtes freiwilliges Engagement vorher. Das trifft auch auf ältere Menschen zu, denen Kontakt- und Beratungsstellen für freiwilliges Engagement bekannt sind[145] bzw. die über die Grenzen ihres Haushaltes hinaus Hilfeleistungen erbringen. Beides weist indirekt wiederum auf erhöhte soziale Einbindung hin, letzteres mehr im persönlichen Umfeld, ersteres mehr im lokalen bzw. regionalen Umkreis.

Verwundern mag, dass durch die Regressionsanalyse aufgrund des Wohnsitzes älterer Menschen in den alten bzw. neuen Bundesländern kein signifikanter Unterschied des freiwilligen Engagements vorhergesagt wird. Das liegt daran, dass andere Merkmale die deutlich unterschiedliche Beteiligung älterer Menschen am freiwilligen Engagement in beiden Landesteilen besser erklären. Insbesondere die Kirchenbindung[146] kommt dafür in Frage, da sie bei älteren Menschen freiwilliges Engagement wahrscheinlicher macht, aber in den neuen Ländern viel weniger ausgeprägt ist als in den alten.

- Motive des Engagements

Der Freiwilligensurvey von 2004 konnte zeigen, dass freiwilliges Engagement in Deutschland zum allergrößten Teil deshalb ausgeübt wird, weil Menschen sich in die Gestaltung der Gesellschaft einbringen wollen (Grafik A19). Fast alle Engagierten stimmten der folgenden Aussage zumeist voll oder auch teilweise zu: „Ich möchte durch mein Engagement die Gesellschaft wenigstens im Kleinen mitgestalten." Diesbezüglich besteht weitgehend Konsens zwischen Engagierten aller Altersgruppen.

Mitgestaltung der Gesellschaft ist für die meisten freiwillig Engagierten eine kollektive Angelegenheit: Viele wollen dabei „mit anderen Menschen zusammenkommen". Dieser Aspekt der Gesellung mit anderen Engagierten ist für ältere Engagierte noch wichtiger als für diejenigen zwischen 14 und 59 Jahren.

Ältere Menschen bringen auch eine stärker von der sozialen Pflicht her bestimmte Haltung in ihr Engagement ein. Der Aussage „Mein Engagement ist eine Aufgabe, die gemacht werden muss und für die sich schwer jemand findet" stimmen sie sogar zu 53% „voll und ganz" zu, aber nur 41% der Engagierten zwischen 14 und 59 Jahren und noch deutlich weniger Engagierte bis zu 30 Jahren. Das deckt sich damit, dass ältere Menschen vermehrt Wertorientierungen vertreten, die die Lebensführung auch insgesamt auf Pflichterfüllung hin orientieren. Ältere Menschen bekunden außerdem vermehrt politische Motive, sich freiwillig zu engagieren, was (wie bereits gesehen) mit erhöhtem politischen Interesse in dieser Altersgruppe einhergeht.

---

[145] Dieser Befund hat eine hohe Bedeutung, weil, wie wir noch sehen werden, ältere Menschen solche Stellen besonders oft kennen und häufig Interesse am Kontakt zu diesen haben, vor allem wenn sie zwischen 60 und 69 Jahren alt sind.
[146] Kirchenbindung als Nähe zu einer religiösen Gemeinschaft bedeutet nicht nur religiöse Einbindung, sondern ist gegenüber den bereits hervorgehobenen Formen eine weitere Form der sozialen Integration.

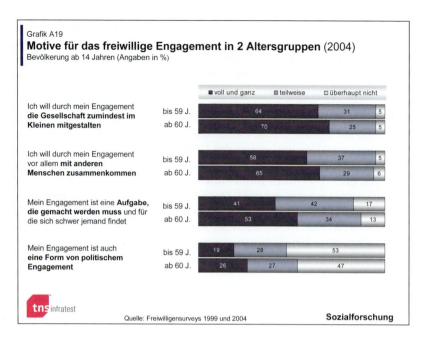

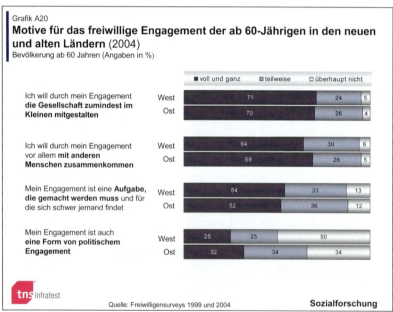

Ältere Menschen in den neuen und alten Ländern unterscheiden sich relativ wenig bei den wichtigsten Motiven, sich freiwillig zu engagieren (Grafik A20). Beiderseits wollen sie die Gesellschaft durch ihr Engagement mitgestalten und dabei mit anderen Menschen zusammenkommen. Letzteres ist für ältere Menschen in den neuen Ländern noch etwas wichtiger als für ältere Menschen in den alten Ländern. Ältere Menschen in West und in Ost sind auch besonders von der Pflicht her für ihr Engagement motiviert. In den neuen Ländern ist das Engagement älterer Menschen allerdings noch stärker politisch motiviert als in der Altersgruppe ohnehin.

- Erwartungen an die freiwillige Tätigkeit

Wenn ältere Menschen stärker Wertorientierungen und Motive der Pflicht betonen, heißt das jedoch nicht, dass es ihnen beim freiwilligen Engagement nicht auch um Freude an der Tätigkeit und um eine Erweiterung ihres Horizontes ginge. Genauso wie die Bevölkerung im Alter bis zu 59 Jahren wollen die meisten älteren Menschen, dass freiwilliges Engagement Spaß bereitet und den Kontakt mit interessanten Menschen fördert (Grafik A21). Sie unterscheiden sich allerdings darin deutlicher von Menschen im Alter von unter 60 Jahren, dass sie persönliche Interessen weniger an das freiwillige Engagement herantragen als diese.

Zwar stehen persönliche Interessen auch für die Bevölkerung im Alter bis zu 59 Jahren nicht im Vordergrund der freiwilligen Tätigkeit, aber sie gehen durchaus mit einem mittleren Gewicht in die Erwartungen an diese ein, insbesondere bei jungen Menschen bis zu 30 Jahren. Das ist bei älteren Engagierten weniger der Fall. Ihre grundsätzliche Erwartungshaltung ist eindeutiger zum Gemeinwohl und zur sozialen Hilfsbereitschaft verschoben als bei jüngeren Menschen, wo die Interessenlage persönlicher und beruflicher Art sich stärker in die Erwartungen an die freiwillige Tätigkeit hineinmischt.

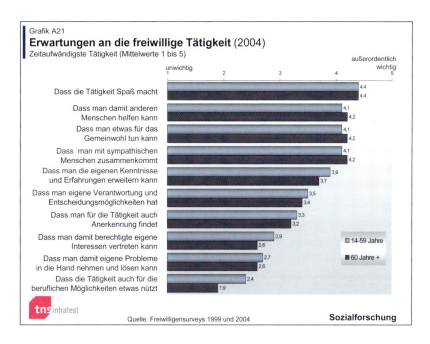

- Selbstverständnis des Engagements

Deutliche Unterschiede zwischen Älteren und Jüngeren gibt es auch in der Frage, wie man sein freiwilliges Engagement anhand heute üblicher Begriffe einordnet. Der Begriff des „Ehrenamtes", der in Deutschland eine lange Tradition hat, ist bei älteren Menschen ab 60 Jahren deutlich populärer als in der Bevölkerung im Alter von bis zu 59 Jahren (Grafik A22). Diese verwendet vermehrt auch andere Begriffe für ihre freiwillige Tätigkeit, vor allem „Freiwilligenarbeit" sowie „Initiativen- und Projektarbeit".

Dieses vermehrt „ehrenamtliche" Verständnis freiwilliger Tätigkeiten bei älteren Menschen hat sich seit 1999 eher noch etwas verfestigt. Das betrifft allerdings auch die anderen Altersgruppen. In keiner Altersgruppe hat dieser Begriff seit 1999 erkennbar an Bedeutung verloren. Allerdings war das Verständnis der „Ehrenamtlichkeit" auch 2004 umso weniger verbreitet, je jünger die Engagierten sind.

Die größere Popularität des Begriffes „Ehrenamt" bei älteren Menschen hängt mit ihrer stärkeren und ausschließlicheren Betonung einer pflicht- und gemeinwohlorientierten Lebens- und Engagementauffassung ebenso zusammen wie mit ihrer vermehrten Vertretung im sozialen und kirchlich-religiösen Engagement.

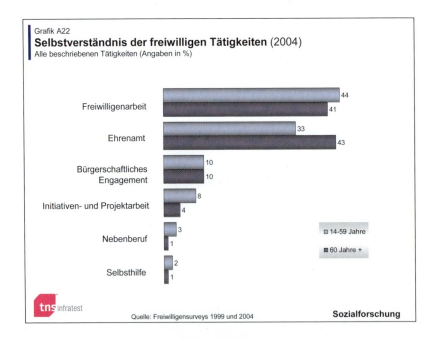

4.2 Zeitliche Strukturen, Zielgruppen sowie organisatorische Umfeldbedingungen des Engagements

- Zeitliche Strukturen des Engagements

Ältere Menschen investieren etwa ebenso viel Zeit in ihre freiwilligen Tätigkeiten wie jüngere. Bei 30% der freiwilligen Tätigkeiten werden ab 60-Jährige mehrmals pro Woche tätig, mindestens einmal pro Woche etwa bei 43% der Tätigkeiten (Grafik A23).

Worin sich jüngere und ältere Engagierte unterscheiden, sind vor allem die Tageszeiten, zu denen sie freiwillig tätig werden (Grafik A24). Bei 19% der Tätigkeiten von älteren Engagierten ab 60 Jahren wird der werktägliche Vormittag genutzt, was nur auf 9% bei den Engagierten bis zu 59 Jahren zutrifft. Hierbei gibt es auch kaum einen Unterschied zwischen Jugendlichen zwischen 14 und 24 Jahren und Engagierten zwischen 25 und 59 Jahren. Der werktägliche Vormittag ist bei den Älteren seit 1999 noch wichtiger geworden.

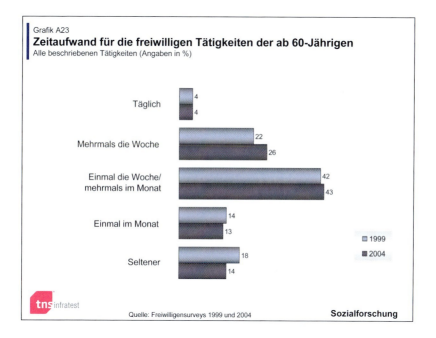

Der werktägliche Nachmittag (29%) ist ebenfalls für das Engagement älterer Menschen typischer als für jüngere (19%). Allerdings nutzen auch Jugendliche zwischen 14 und 24 Jahren bevorzugt den Nachmittag für ihr Engagement (29%). Der Abend oder die Nacht (31%) und insbesondere das Wochenende (23%) sind für das Engagement von Älteren dagegen untypischer als für jüngere Engagierte.

Freiwillige Tätigkeiten von Engagierten zwischen 25 und 59 Jahren haben sogar einen besonderen Schwerpunkt bei abendlicher bzw. nächtlicher Aktivität (44%). Jugendliche nutzen diesen Zeitraum deutlich weniger als ältere Menschen ab 60 Jahren für freiwillige

Tätigkeit. Sie werden besonders häufig am Wochenende aktiv, das auch für Engagierte zwischen 25 und 59 Jahren für freiwilliges Engagement wichtig ist.

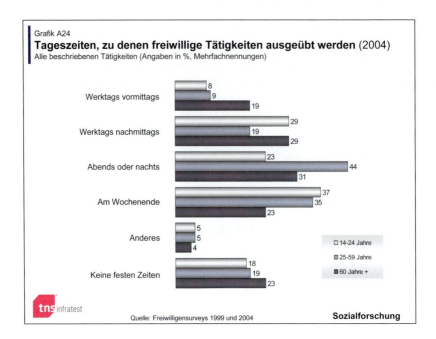

Die eben gezeigten Schwerpunkte des Engagements bestimmter Altersgruppen bei bestimmten Tageszeiten erklären sich hauptsächlich aus dem Anteil von Erwerbstätigen bzw. von Menschen in der Ausbildungsphase in den jeweiligen Gruppen.

- Zielgruppen des Engagements

Viele freiwillige Tätigkeiten von Engagierten im Alter von bis zu 59 Jahren wie älterer Engagierter im Alter ab 60 Jahren haben keine bestimmte Zielgruppe, denen sie hauptsächlich zu Gute kommen (Grafik A25). In der Bereichsstruktur der freiwilligen Tätigkeiten war bereits erkennbar geworden, dass Tätigkeiten in Schule und Kindergarten sowie in der Jugendarbeit viel typischer für Menschen bis zum Alter von 59 Jahren sind als für ältere Menschen. Das verdeutlicht aus einer anderen Perspektive auch die Frage nach den Zielgruppen des Engagements.

40% der Tätigkeiten von Engagierten im Alter von bis zu 59 Jahren kommen Kindern und Jugendlichen als spezieller Zielgruppe zu Gute. Nimmt man nur die jugendlichen Engagierten im Alter zwischen 14 und 25 Jahren, erhöht sich dieser Wert auf 60%. Bei den älteren Menschen im Alter ab 60 Jahren sind die freiwilligen Tätigkeiten zu 12% auf Kinder und Jugendliche hin ausgerichtet.

Mit 26% sind dagegen ältere Menschen für das Engagement von älteren Menschen oft die Zielgruppe, was nur auf 4% der Tätigkeiten von Engagierten im Alter von bis zu 59

Jahren zutrifft. Bei Tätigkeiten von Engagierten im Alter ab 70 Jahren sind ältere Menschen sogar zu 34% diejenige Gruppe, denen das Engagement hauptsächlich zu Gute kommt.

Wenn ältere Menschen sich um eine bestimmte Zielgruppe kümmern, dann also bevorzugt um die eigene Gruppe. Allerdings ist diese enge Beziehung einer Altersgruppe zu sich selbst bei den Jugendlichen zwischen 14 und 24 Jahren ungleich größer. An diesen Verhältnissen hat sich seit 1999 wenig geändert. Was wir allerdings mit der verwendeten Frage nicht abbilden können, sind Engagementzusammenhänge, wo gemischte Verhältnisse bei den Zielgruppen herrschen, wo sich also das Engagement etwa gleichmäßig auf jüngere und ältere Menschen hin ausrichtet oder andere Alterskonstellationen vorherrschen.

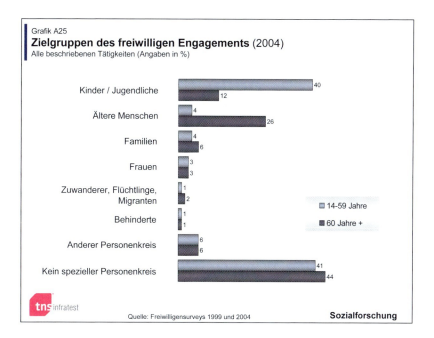

- Organisatorische Umfeldbedingungen des Engagements

Auch bei älteren Menschen sind die Vereine der wichtigste organisatorische Hintergrund freiwilliger Tätigkeiten. Als Umfeld freiwilligen Engagements wichtiger sind für die Tätigkeiten von älteren Engagierten gegenüber denen im Alter von bis zu 59 Jahren die Kirchen und Religionsgemeinschaften, vor allem bei Engagierten ab 70 Jahren. Das wurde bereits bei den Engagementbereichen erkennbar, weil sich beim Engagementfeld „Kirche und Religion", in dem Ältere bevorzugt engagiert sind, Bereichscharakteristik der Tätigkeit und Organisationsform zu etwa 90% überschneiden.

Freiwillige Tätigkeiten älterer Menschen spielen sich weniger in staatlichen bzw. kommunalen Einrichtungen ab als die von Engagierten bis zu 59 Jahren. Besonders freiwillige Tätigkeiten von Engagierten zwischen 25 und 59 Jahren sind in solchen Einrichtungen angesiedelt, z.B. in Schulen oder Kindergärten. Verbände, Parteien und Gewerkschaften sind von vermehrter Bedeutung für die Tätigkeiten von älteren Menschen, wobei für diese Altersgruppe in dieser zusammengefassten Gruppe besonders die Verbände wichtig sind.

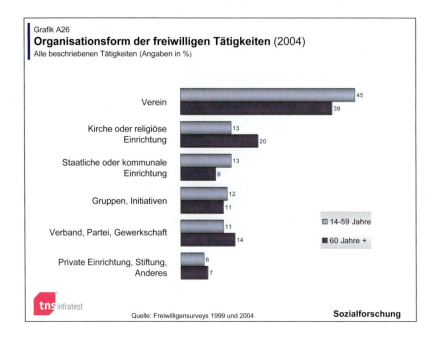

Freiwillig Engagierte sind fast immer auch Mitglied im jeweiligen Verein oder der Organisation (90%). Bei älteren Menschen ist das vermehrt der Fall (95%). Im Tätigkeitsumfeld älterer Engagierter gibt es etwas häufiger als bei Engagierten im Alter von bis zu 59 Jahren fest angestellte Mitarbeiter. Ältere Menschen können außerdem vermehrt auf Ansprechpartner zurückgreifen, die sich speziell um Freiwillige kümmern. Ihre Möglichkeiten, mitzubestimmen und mitzugestalten, schätzen sie besser ein als Engagierte im Alter bis zu 59 Jahren („ausreichende Möglichkeiten" 78% gegenüber 72%).

Bereits 1999 wurde erkennbar, dass ältere Menschen aufgrund der Anforderungen ihrer freiwilligen Tätigkeit keineswegs bevorzugt unter Überlastungserscheinungen leiden. Im Gegenteil, bei den Älteren gab es mit 82% sogar den höchsten Anteil an Engagierten, die sich den Anforderungen der Tätigkeit immer gewachsen fühlten. Überforderung bekundeten damals vor allem Jugendliche, bei denen es seit 1999 die größte Entlastung gab.

5 Verbesserungsbedarf bei den Rahmenbedingungen des Engagements älterer Menschen

5.1 Verbesserungsbedarf bei den Organisationen

Wenn es darum geht, was die Organisationen und Einrichtungen für die Verbesserung der Rahmenbedingungen des freiwilligen Engagements tun können, setzen ältere Menschen wie andere Altersgruppen auch die Priorität auf die Bereitstellung vermehrter Finanzmittel für Projekte (Grafik A27). Im Unterschied zu anderen Altersgruppen ist diese Frage (ausgehend von einem geringeren Niveau) für die Älteren allerdings dringlicher geworden. In Analogie zu den anderen Altersgruppen steht auch für die Älteren eine verbesserte finanzielle Vergütung für die Freiwilligen nicht im Mittelpunkt der Aufmerksamkeit.

Ältere Menschen bekunden insgesamt eher steigenden Verbesserungsbedarf. Das ist in der Bevölkerung im Alter von bis zu 59 Jahren umgekehrt. Diese stuften 2004 Fragen der Weiterbildung und der fachlichen Unterstützung weniger als noch 1999 als verbesserungswürdig ein, was auch das Verhältnis von hauptamtlichen und freiwilligen Mitarbeitern betrifft.

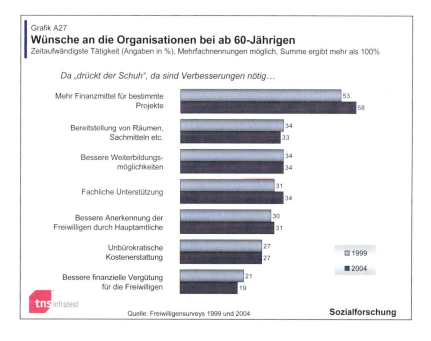

Grafik A28 zeigt allerdings, dass ältere Menschen auch 2004 bezüglich der Organisationen und Einrichtungen insgesamt weniger Verbesserungsbedarf sahen als Engagierte im Alter von bis zu 59 Jahren. Die Ausnahme bildet die Frage, ob hauptamtliche Mitarbeiter die

Tätigkeit der Freiwilligen hinreichend anerkennen. Diesen Punkt stufen ab 60-Jährige 2004 problematischer ein als jüngere Freiwillige. Wir hatten bereits gesehen, dass im Umfeld älterer Freiwilliger vermehrt Hauptamtliche tätig sind.

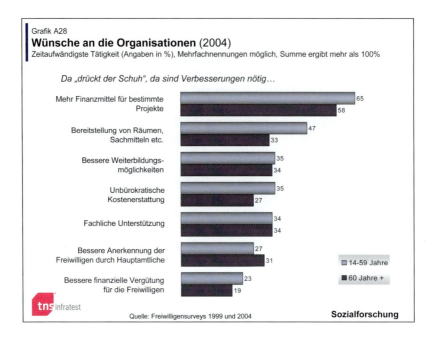

Die Grafik zeigt allerdings auch, dass materielle Fragen für ältere Freiwillige bei weitem nicht die Bedeutung haben wie für solche im Alter von bis zu 59 Jahren. Trotz zunehmender Einforderung von Ressourcen für Projekte bei älteren Engagierten bleibt deren diesbezügliche Problemwahrnehmung in ihrer Deutlichkeit hinter dem der Bevölkerung im Alter von bis zu 59 Jahren zurück.

Besonders ungleich ist diese Bewertung älterer und jüngerer Engagierter bei der Bereitstellung von Räumen, Ausstattungsmitteln etc., indem sich Verbesserungen in dieser Frage für Engagierte im Alter von bis zu 59 Jahren, insbesondere jedoch für jugendliche Engagierte viel dringlicher darstellen als für ältere Engagierte. Aber auch Probleme mit der Kostenerstattung und Fragen der finanziellen Vergütung für Freiwillige sind für ältere Engagierte ungleich weniger relevant als für jüngere.

In den neuen Bundesländern stellt sich die Bedürfnislage der älteren Menschen nach wie vor anders dar als in den alten Ländern (Grafik A29). Wie bereits 1999 ist die finanzielle Anspannung des Freiwilligensektors im Blick der ostdeutschen Freiwilligen wesentlich größer als im Westen. Das betrifft alle in dieser Frage angesprochenen materiellen Aspekte, die Bereitstellung von Finanzmitteln für bestimmte Projekte, das Problem einer unbürokratischen Kostenerstattung sowie die materielle Vergütung von Freiwilligen. Dahinter stehen im Vergleich zu den alten Ländern Fragen der Weiterbildung und der fachlichen Unterstützung eher zurück. Bei der finanziellen Vergütung geht es in den neuen Ländern oft um eine eher symbolische kleine finanzielle Anerkennung, die dort von Freiwilligen vermehrt eingefordert wird.

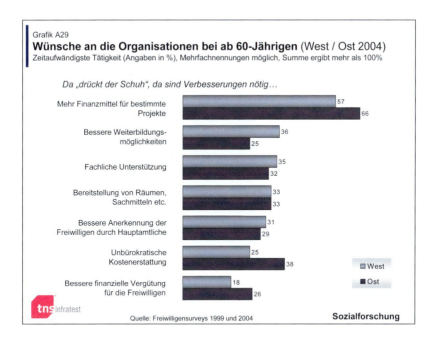

5.2 Verbesserungsbedarf seitens des Staates und der Öffentlichkeit

Materielle Unterstützung kann durch Freiwillige auch von staatlicher Seite eingefordert werden. Steuerliche Erleichterungen standen 1999 wie in der Bevölkerung im Alter von bis zu 59 Jahren auch bei den älteren Menschen noch wesentlich stärker in Mittelpunkt der Aufmerksamkeit als 2004, wo diese nur noch für ein reichliches Drittel der älteren Engagierten besonders wichtig waren (Grafik A30). Rückläufig waren insbesondere Forderungen nach steuerlicher Absetzbarkeit von Unkosten, die im Zusammenhang mit freiwilligem Engagement anfallen.

Für ältere Menschen standen 1999 wie für die Bevölkerung im Alter von bis zu 59 Jahren auch Fragen der Information und Kommunikation über Möglichkeiten des freiwilligen Engagements an erster Stelle, wenn es um Verbesserungen bei den Rahmenbedingungen freiwilligen Engagements seitens von Staat und Öffentlichkeit ging. Die Anerkennung des freiwilligen Engagements durch Presse und Medien nahm bei den Älteren bereits die zweite Stelle der Prioritäten ein.

Im Unterschied zu Engagierten im Alter von bis zu 59 Jahren hat sich 2004 für ältere Freiwillige die Dringlichkeit einer besseren Information und Beratung über Möglichkeiten des freiwilligen Engagements deutlich erhöht. Damit haben sie sich ausgehend von einem 1999 deutlich geringeren Forderungsniveau an die Engagierten im Alter von bis zu 59 Jahren angenähert, die diese Art staatlicher und öffentlicher Unterstützung bereits 1999 als besonders verbesserungswürdig wahrnahmen.

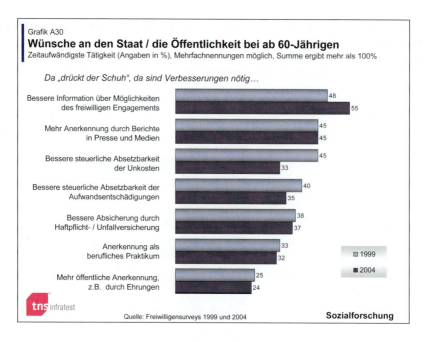

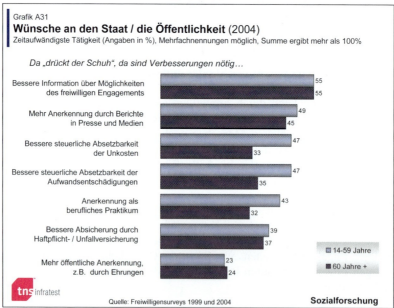

Grafik A31 zeigt erneut, dass materielle Fragen (vor allem steuerlicher Art) für ältere Engagierte deutlich weniger relevant sind als für jüngere. Das hat sicher auch damit zu tun, dass viele der älteren Engagierten Renten bzw. Pensionen beziehen und damit bei ihrem hauptsächlichen Einkommen keiner Steuerbelastung unterliegen. Auch die Frage, ob freiwilliges Engagement als berufliches Praktikum anerkannt werden soll, liegt der Lebenssituation der Älteren eher fern.

Bei älteren Menschen in den neuen Ländern ist das Forderungsniveau an Staat und Öffentlichkeit in den meisten Punkten etwas niedriger als in den alten Ländern (Grafik A32). Die große Ausnahme wird bei der Frage erkennbar, ob Freiwillige vermehrt öffentliche Anerkennung erfahren sollten, z.B. durch öffentliche Ehrungen oder ähnliches. Ein Drittel der Freiwilligen in den neuen Ländern sieht hier Verbesserungsbedarf. Das deutet darauf hin, dass diese Art der Anerkennungskultur in den neuen Ländern noch weniger entwickelt ist.

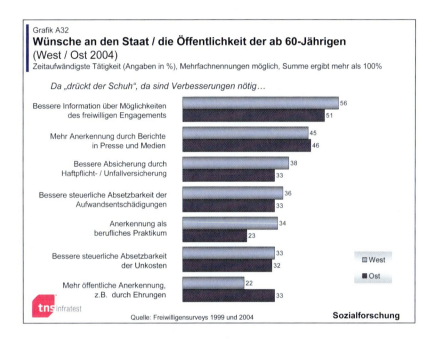

In den neuen Ländern werden Verbesserungsbedürfnisse in Bezug auf den Staat bei den materiellen Fragen etwas weniger geäußert als in den alten Ländern (Grafik 33). Das betrifft Steuerfragen und besonders auch die Frage einer Haftpflicht- bzw. Unfallversicherung für Freiwillige. Viel weniger als ältere Engagierte in den alten Ländern sehen solche in den neuen Ländern in der Frage ein verbesserungswürdiges Problem, ob freiwilliges Engagement als berufliches Praktikum anerkannt werden sollte.

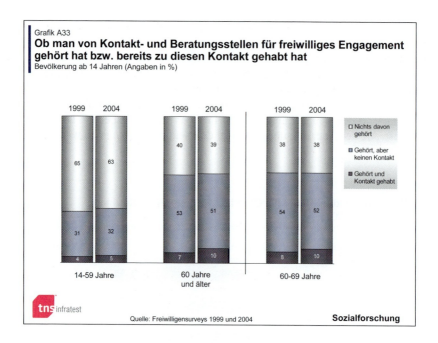

5.3 Informations- und Kontaktstellen für freiwilliges Engagement

Abschließend soll die Frage der Information und Beratung über Möglichkeiten des freiwilligen Engagements noch einmal untersucht werden, und zwar unter dem Aspekt bereits bestehender Informations- und Kontaktstellen für diesen Zweck.

Bereits der Freiwilligensurvey 1999 zeigte, dass Informations- und Kontaktstellen für freiwilliges Engagement bei den Älteren einen besseren Bekanntheitsgrad haben als in der Bevölkerung im Alter von bis zu 59 Jahren, insbesondere als bei jungen Menschen bis zu 30 Jahren. Daran hat sich auch 2004 kaum etwas geändert (Grafik A33). Nur 35% bzw. 37% der bis 59-Jährigen hatten zu beiden Zeitpunkten bereits etwas von solchen Kontaktstellen gehört, 1999 hatten in dieser Altersgruppe 4%, 2004 5% bereits Kontakt zu diesen Stellen.

Bei den ab 60-Jährigen hatten dagegen 1999 wie 2004 etwa 60% der Engagierten etwas von Informations- und Kontaktstellen für freiwilliges Engagement gehört. Zwar hat es beim Bekanntheitsgrad der Kontaktstellen somit keine Änderung gegeben, aber dieser ist bei den Älteren weiterhin außerordentlich hoch. Die Kontaktquote älterer Menschen zu den Informations- und Kontaktstellen für freiwilliges Engagement ist zwischen 1999 und 2004 von 7% auf 10% gestiegen, bei den 60- bis 69-Jährigen von 8% auf 10%. Sie ist damit doppelt so hoch wie in der Bevölkerung im Alter von bis zu 59 Jahren.

Innerhalb der Gruppe der Älteren gibt es einen deutlichen Unterschied darin, ob der hohe Bekanntheitsgrad der Informations- und Kontaktstellen auch mit dem Interesse einhergeht, sich bei diesen Stellen über Möglichkeiten des freiwilligen Engagements beraten zu lassen (Grafik A34). Das Beratungsinteresse der Älteren in Bezug auf Kontakt- und Beratungsstellen für freiwilliges Engagement konzentriert sich besonders in der Gruppe der

60- bis 69-Jährigen, die, wie wir bereits sahen, seit 1999 ihr aktuelles Engagement sowie ihr Engagementpotenzial besonders gesteigert haben. Diese Gruppe stellt somit nicht nur für Organisationen und Einrichtungen eine wichtige direkte Kontakt- und Zielgruppe zur Anwerbung von Freiwilligen dar, sondern kann auch bevorzugt durch Informations- und Kontaktstellen für freiwilliges Engagement angesprochen werden.

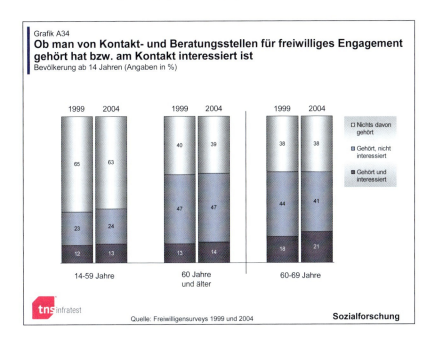

Allerdings verdient es ebenfalls Beachtung, dass von denjenigen im Vergleich zu den Älteren nicht so zahlreichen Menschen im Alter von bis zu 59 Jahren, denen solche Informations- und Kontaktstellen bekannt sind, dennoch nicht wenige an einer Beratung durch diese interessiert sind. Das bedeutet, dass auch jüngere Menschen als Zielgruppe für Informations- und Kontaktstellen interessant sind. Diese Stellen sind insbesondere für Menschen, die keinen Zugang zu Vereinen, Organisationen und Einrichtungen haben, eine Alternative beim Zugang zum freiwilligen Engagement.

D Freiwilliges Engagement von Migrantinnen und Migranten

Sabine Geiss, Thomas Gensicke

1 Vorbemerkung

Bereits die Daten des Freiwilligensurveys 1999 ermöglichten Analysen über den Umfang und die Formen der Beteiligung von ausländischen Mitbürgerinnen und Mitbürgern am freiwilligen Engagement. Allerdings konnte die Bandbreite verschiedener Migrationshintergründe nicht ausreichend abgedeckt werden, da die Definition von Migranten ausschließlich über die nicht-deutsche Staatsangehörigkeit erfolgte[147]. Da über die öffentliche Beteiligung und Integration von Personen mit Migrationshintergrund zunehmend diskutiert wird, war es ein Ziel des zweiten Freiwilligensurveys, differenziertere Analysen zu Gemeinschaftsaktivität und freiwilligem Engagement von Menschen mit einem weiteren Migrationshintergrund anzustellen, als dies im ersten Freiwilligensurvey möglich war.

Hierzu wurde der Fragenkatalog um mehrere migrationsbezogene Fragen ergänzt. So wurde neben der Staatsbürgerschaft (Deutsch: ja/nein) abgefragt, ob die Befragten in Deutschland oder im Ausland geboren wurden. War die Person im Ausland geboren, wurde nach dem Geburtsland gefragt und anschließend, in welchem Jahr der Zuzug nach Deutschland erfolgte. Zudem wurde erhoben, ob die Eltern (ein Elternteil oder beide) in Deutschland oder im Ausland geboren wurden. Auf dieser Datenbasis war es möglich, neben den „klassischen" Migranten mit ausländischem Pass weitere Migrationstypen abzubilden.

Trotz der nunmehr deutlich verbesserten Auswertungsgrundlage bleiben zwei wichtige Einschränkungen weiterhin bestehen: Wie der Freiwilligensurvey 1999 ist auch der Freiwilligensurvey 2004 weder von der Stichprobenziehung noch vom Fragenprogramm auf die Besonderheiten der Gruppe der Migranten ausgelegt. Zwar gestatten die Daten Aussagen über das freiwillige Engagement der *deutschsprachigen* und somit *besser sozial eingebundenen* Migranten. Migranten, die der deutschen Sprache aber nur eingeschränkt oder gar nicht mächtig waren, konnten nicht erreicht werden, da die Interviews ausschließlich in deutscher Sprache geführt wurden. Diese Problematik ist kein Spezifikum telefonischer Umfragen, sondern besteht genauso bei mündlich-persönlichen Umfragen, wobei das Sozio-ökonomische Panel (SOEP) mit seinen fremdsprachigen Fragebögen eine Ausnahme bildet.[148] Auch das Zentrum für Türkeistudien (ZfT) hat mit dem Instrument zweisprachiger Fragebögen gearbeitet und eine Befragung türkeistämmiger Migrantinnen und Migranten

---

[147] Vgl. Gensicke 2003a.
[148] Das Sozio-ökonomische Panel (SOEP) arbeitet schon immer mit Fragebogen in 5 Sprachen (Türkisch, Serbo-Kroatisch, Griechisch, Italienisch, Spanisch) und seit dem Jahr 2000 mit einem englischen Fragebogen. Im Jahr 2004 besaßen 8% der Befragten im SOEP eine ausländische Staatsbürgerschaft.

zu Gemeinschaftsaktivität und freiwilligem Engagement durchgeführt, auf die später noch eingegangen wird[149].

Neben dem sprachlichen Aspekt kann auch das geringere Interesse an politisch-gesellschaftlichen Themen von Seiten der Migranten zu einer geringeren Beteiligung an Umfragen führen.

So ist es nicht verwunderlich, dass der Anteil der ausländischen Mitbürgerinnen und Mitbürger, der bundesweit bei ca. 8% liegt, in der Stichprobe des Freiwilligensurveys mit 3% (499 Personen) deutlich geringer ist.[150] Es könnte jedoch sein, dass Migranten, die die deutsche Staatsangehörigkeit besaßen, deutlich besser in der Stichprobe abgedeckt waren, als dies bei ausländischen Mitbürgerinnen und Mitbürgern der Fall war. Bessere Sprachkenntnisse und eine bereits fortgeschrittenere Integration dürften zu einer erhöhten Teilnahme beigetragen haben.

Inwiefern sich die Selektion auf Basis von Sprachbarrieren und gesellschaftlichem Interesse auf die Struktur der Stichprobe ausgewirkt hat, wird im Anschluss an die Definition der Migranten behandelt.

---

[149] Vgl. Halm, Sauer 2004.
[150] Dieser Wert entspricht einer Anzahl von 6,7 Mio. Ausländern in Deutschland und bedeutet im Vergleich zu den alten Zahlen des Ausländerzentralregisters einen Rückgang um 618.000 Personen (-8,4%). Hervorgerufen wird dieser Rückgang durch die Bereinigung des Ausländerzentralregisters. Dabei wurden Doppelzählungen durch verschiedene Schreibweisen der Namen sowie inzwischen eingebürgerte Personen bei der Zählung nicht mehr berücksichtigt (Stand Mai 2005, Statistisches Bundesamt).

2 Zusammenfassung

- Die Migrantenstichprobe des Freiwilligensurveys: Der Freiwilligensurvey kann im Rahmen seiner Möglichkeiten eine Vielzahl von Aussagen über *deutschsprachige* und somit eher *gut sozial eingebundene* Migranten treffen. Die Durchführung der Telefoninterviews in deutscher Sprache führte dazu, dass sich vergleichsweise viele formal höher gebildete Migranten an der Umfrage beteiligten. Dennoch ähneln die im Freiwilligensurvey befragten Migranten in wesentlichen Merkmalen den in Deutschland lebenden Migranten. Man erkennt auch bei ihnen die typische Lebens- und Problemlage einer sozial unterprivilegierten Schicht. Die im Freiwilligensurvey befragten Migranten weisen trotz eines etwa gleichen formalen Bildungsniveaus im Vergleich zu Nicht-Migranten einen niedrigeren Sozial- und Berufsstatus auf. Ihre geringere soziale Eingebundenheit im Gemeinwesen zeigt sich an einem niedrigeren Interesse an politischen bzw. öffentlichen Geschehnissen.

- Gemeinschaftsaktivität: Migranten beteiligen sich zu 61% außerhalb von Familie und Beruf aktiv in Vereinen, Gruppen, Organisationen oder Einrichtungen. Dieser Wert liegt unter dem der Nicht-Migranten, von denen 71% außerhalb von Familie und Beruf gemeinschaftlich aktiv sind, ist aber dennoch beachtlich hoch. Das Zentrum für Türkeistudien (ZfT) hat bei einer türkischstämmigen und in Türkisch befragten Stichprobe einen ähnlichen Wert ausgewiesen.[151] Am häufigsten beteiligen sich Migranten im Bereich „Sport und Bewegung" (35%), an zweiter Stelle steht der Bereich „Freizeit und Geselligkeit" (18,5%). Weitere große Aktivitätsbereiche der Migranten sind die Bereiche „Schule und Kindergarten" (14%), „Kultur und Musik" (13,5%), der soziale Bereich (10,5%) sowie der Bereich „Kirche und Religion" (9,5%). Die Aktivitätsstruktur von Migranten und Nicht-Migranten ähnelt sich in großen Teilen. Allerdings hat der Bereich „Schule und Kindergarten" bei Migranten eine größere Bedeutung als bei Nicht-Migranten. Das liegt zum einen am geringeren Durchschnittsalter der Migranten. Zum anderen könnte aber auch ein leichterer Zugang zu öffentlichen Einrichtungen (z.B. Kindergärten, Schulen) als etwa zu Vereinen eine Rolle spielen.

- Freiwilliges Engagement: 23% der befragten Migranten des Freiwilligensurveys sind freiwillig engagiert. Somit übernehmen Migranten im Rahmen von Gemeinschaftsaktivitäten seltener als Nicht-Migranten bestimmte längerfristige Aufgaben und Arbeiten (für maximal eine geringe Aufwandsentschädigung). Dieser Wert ist nach allem, was wir bisher aus anderen Studien wissen, eher hoch. Hierin zeigt sich die bessere soziale Einbindung der von uns befragten Migranten gegenüber der Gesamtgruppe der Migranten. Vergleichszahlen des Sozio-ökonomischen Panels (SOEP) sowie des Zentrums für Türkeistudien, die auf fremdsprachiger Befragung beruhen, weisen für die großen Migrantengruppen in Deutschland Engagementquoten von 10% bis 12% aus. Das bedeutet, die Engagementquote unserer Migrantenstichprobe liegt zwischen der

---

[151] Vgl. Halm, Sauer 2004.

Engagementquote der Nicht-Migranten (37%) und denjenigen Engagementquoten, die bei fremdsprachiger Befragung ermittelt werden können (10% bis 12%).

- Einfluss der Aufenthaltsdauer: Je länger Migranten in Deutschland leben, desto größer ist der Anteil freiwillig Engagierter. Am höchsten ist der Anteil Engagierter, die bis 1970 nach Deutschland einreisten, hauptsächlich aus typischen Gastarbeiterländern (Italien, Spanien, Griechenland). Das deutet darauf hin, dass freiwilliges Engagement auch ein Indikator für die soziale Einbindung im Zuwanderungsland ist. Recht ausgeglichen ist der Anteil von freiwillig Engagierten bei männlichen und weiblichen Migranten – auch in den verschiedenen Altersgruppen. Schwerpunktmäßig sollten mehr jüngere Migranten für eine freiwillige Tätigkeit gewonnen werden. Sie üben seltener eine freiwillige Tätigkeit aus, äußern aber vermehrt Bereitschaft zum freiwilligen Engagement.

- Engagementbereiche: Der Bereich „Schule und Kindergarten" ist der größte Bereich für freiwilliges Engagement von Migranten (7%). Ähnlich wichtig ist der Bereich „Sport und Bewegung", wo 6,5% der Migranten eine freiwillige Tätigkeit ausüben. Mit Abstand folgen der Bereich „Kirche und Religion" sowie der soziale Bereich, wo die freiwilligen Tätigkeiten von 4% der Migranten angesiedelt sind. Weitere wichtige Bereiche sind „Kultur und Musik" (3,5%) und „Freizeit und Geselligkeit" (2,5%), die beide wie auch der Sportbereich bei den Nicht-Migranten eine größere Bedeutung besitzen als bei Migranten. Man erkennt hier eine gewisse Barriere, die vom Vereinsbereich ausgeht, der für diese Engagementfelder besonders typisch ist.

- Engagementpotenzial: Neben den bereits 23% engagierten Migranten bekunden weitere 17%, in Zukunft bestimmt eine freiwillige Tätigkeit aufnehmen zu wollen. Außerdem ist jeder vierte Migrant unter Umständen bereit, sich zu engagieren. Die Bereitschaft, freiwillig tätig zu werden, ist bei Migranten, die bereits in Einrichtungen, Organisationen und Vereinen gemeinschaftlich aktiv sind, stärker ausgeprägt als solchen, die sich nicht beteiligen. Die Ansprache dieser bereits gemeinschaftlich aktiven Gruppe ist somit leichter, weil sie direkt durch Organisationen und Einrichtungen erfolgen kann. Zusätzlich zu den zum Engagement bereiten Migranten, die im Moment nicht engagiert sind, gibt es viele bereits engagierte Migranten, die bereit sind, ihr freiwilliges Engagement auszuweiten.

- Zielgruppen: Migranten setzen sich besonders häufig für bestimmte Zielgruppen ein. Am bedeutendsten für das Engagement von Migranten sind Kinder und Jugendliche. 41% der Tätigkeiten von Migranten richten sich an diese Zielgruppe. Auch für die Zielgruppe „Zuwanderer, Ausländer, Flüchtlinge" sind Migranten in stärkerem Maße freiwillig tätig, wenn auch mit 4% nicht in dem Umfang, wie man vielleicht erwartet hätte. Das liegt oft an der eher gemischten Ausrichtung der Tätigkeiten auf mehrere Zielgruppen, die z.B. gleichzeitig Kinder bzw. Jugendliche und Migranten sind, insbesondere bei engagierten Migrantinnen.

- Organisationsformen: Freiwillige Tätigkeiten von Migranten sind häufiger als bei Nicht-Migranten in staatlichen bzw. kommunalen Einrichtungen angesiedelt (17% zu

12%) und seltener in Vereinen (38% zu 44%). Hieran erkennt man noch einmal unterschiedliche Tätigkeitsfelder beider Gruppen und gewisse Barrieren, die Vereine dem Engagement von Migranten entgegenstellen. Vereine scheinen kulturell homogener die einheimisch-traditionelle Landeskultur zu repräsentieren. Das freiwillige Engagement von Migranten ist deutlich mehr als bei Nicht-Migranten von persönlichen Hilfeleistungen und der Durchführung von Hilfsprojekten bestimmt. Migranten sind außerdem seltener in leitenden bzw. repräsentierenden Funktionen anzutreffen.

- Anforderungen: Migranten schätzen die von ihrer freiwilligen Tätigkeit an sie gestellten Anforderungen oftmals höher ein als Nicht-Migranten. So werden ihnen in stärkerem Maß Belastbarkeit und Fachwissen abverlangt. Wesentlich höhere Anforderungen stellt der angemessene Umgang mit Behörden an das Engagement von Migranten. Hohe Anforderungen können aber auch zur Gefahr der Überforderung führen. Überforderungsgefühle berichten sowohl engagierte Migranten als auch ehemals engagierte Migranten, die diesen Punkt unter anderen als Grund für die Beendigung ihres freiwilligen Engagements nannten. Organisationen, Einrichtungen sowie Staat und Behörden sind somit gefordert, Migranten stärker als bisher durch Unterstützungsangebote unter die Arme zu greifen.

- Erwartungen an das Engagement: Migranten haben aber konkrete Erwartungen, die sie mit der freiwilligen Tätigkeit verbinden, die oft ausgeprägter sind als bei Nicht-Migranten. Neben einer etwa gleich stark ausgeprägten Gemeinwohlorientierung (anderen Menschen helfen, etwas fürs Gemeinwohl tun) erhoffen sie sich in stärkerem Maße als Nicht-Migranten eine Lösung ihrer Probleme. Dabei spielt die Möglichkeit, Verantwortung zu übernehmen, eigene Kenntnisse und Erfahrungen zu erweitern, berechtigte eigene Interessen zu vertreten, eine wichtige Rolle. Auch ein gewisser beruflicher Nutzen wird deutlich vermehrt erwartet als von Nicht-Migranten. Die Anstrengung der Migranten, durch Gemeinschaftsaktivität und freiwilliges Engagement ihren gesellschaftlichen Status zu verbessern und gleichzeitig die Gesellschaft mitzugestalten, sollten stärker von Staat, Öffentlichkeit und Organisationen unterstützt werden.

- Ressourcen und Unterstützung: Dass Migranten mehr Unterstützung bei ihren freiwilligen Tätigkeiten benötigen, zeigt sich an ihrer weitaus größeren Problembelastung. Zum einen ist die Ressourcenknappheit in den Organisationen der Migranten stärker ausgeprägt. Wünsche nach mehr Finanzmitteln für Projekte sowie nach Räumen und Sachmitteln sind die am häufigsten genannten Forderungen an die Organisationen. Auch Themen wie „unbürokratische Kostenerstattung" und „bessere finanzielle Vergütung" spielen (allerdings auf deutlich niedrigerem Niveau als die organisatorischen Ressourcen) eine wichtigere Rolle als bei Nicht-Migranten. Das kann vor dem Hintergrund der ungünstigeren finanziellen Situation freiwillig engagierter Migranten, die außerdem weniger auf die Möglichkeit einer Kostenerstattung zurückgreifen können, nicht verwundern. Besonders wichtig ist für Migranten die persönlich-emotionale Unterstützung. Bei der fachlichen Unterstützung sowie der Anerkennung der Freiwilligen durch hauptamtliche Beschäftigte in Einrichtungen und Organisationen sehen Migranten einen weitaus größeren Verbesserungsbedarf als Nicht-Migranten.

- Wünsche an den Staat: Migranten richten auch den Staat und die Öffentlichkeit in größerem Maß Verbesserungswünsche als Nicht-Migranten. Besonders häufig nennen Migranten den Wunsch nach der Anerkennung der freiwilligen Tätigkeit als berufliches Praktikum. Diese besondere Priorität deckt sich mit der verstärkt geäußerten Erwartung von Migranten, einen beruflichen Nutzen aus der Tätigkeit ziehen zu können. Auch wünschen sich mehr Migranten als Nicht-Migranten eine bessere steuerliche Absetzbarkeit von Aufwandsentschädigungen bzw. von Unkosten. Diese Problematik hat auf Bundesebene im Vergleich mit den Daten des Freiwilligensurveys 1999 abgenommen. Möglicherweise ist engagierten Migranten weniger bekannt, welche Möglichkeiten von Seiten des Gesetzgebers in diesem Punkt bereits bestehen. Hier ist Information und Beratung gefordert. Ähnliches gilt für den Versicherungsschutz freiwillig Engagierter, der durch Rahmenverträge mehrerer Bundesländer verbessert wurde, aber von Migranten häufiger als von Nicht-Migranten eingefordert wird.

- Öffentliche Anerkennung: Ernst genommen werden sollte auch der Wunsch engagierter Migranten, in Presse und Medien – und vor allem in der Öffentlichkeit – mehr Anerkennung für ihre Leistungen zu erhalten. Hier könnte sich auch der Wunsch nach einer positiveren Wahrnehmung als aktive und engagierte Migranten ausdrücken, die die Gesellschaft ebenso mitgestalten wie Menschen ohne Migrationshintergrund. Auf diesen erhöhten Anerkennungsbedarf verweist auch, dass Migranten deutlich mehr öffentliche Ehrungen einfordern als Nicht-Migranten, auch wenn das beiderseits nicht die wichtigste Priorität darstellt.

3 Die Migrantenstichprobe des Freiwilligensurveys 2004

3.1 Definition von Migranten

In der engsten Definition wurden diejenigen Personen als Migranten bezeichnet, die, wie auch ihre Eltern, im Ausland geboren wurden und einen ausländischen Pass besaßen. Der weitest gehende Migrationshintergrund schloss dagegen auch Personen ein, die die deutsche Staatsangehörigkeit besaßen, in Deutschland geboren wurden und einen Elternteil (ET) hatten, der im Ausland geboren war.

Für den Freiwilligensurvey ergibt sich nach diesem weit gefassten Migrationsbegriff ein Migrantenanteil von 15% (2.289 Personen) an der ungewichteten Gesamtstichprobe (n=15.000). Zwischen diesen beiden Extremen können folgende Migrationstypen gebildet werden (ranggeordnet nach Anteil in der Stichprobe):

Tabelle M1: Migrationstypen nach Staatsangehörigkeit und Geburtsland

Staatsangehörigkeit Befragte (dt./ nicht dt.)	Geburtsland der Befragten	Geburtsland der Eltern	Anteil in Stichprobe
Deutsche Befragte	Deutschland	1 ET D. / 1 ET Ausland	33%
Deutsche Befragte	Ausland	beide ET Ausland	26%
Deutsche Befragte	Deutschland	beide ET Ausland	17%
Ausländische Befragte	Ausland	beide ET Ausland	15%
Ausländische Befragte	Deutschland	beide ET Ausland	4%
Deutsche Befragte	Ausland	1 ET D. / 1 ET Ausland	3%
Ausländische Befragte	Deutschland	1 ET D. / 1 ET Ausland	1%
Ausländische Befragte	Ausland	1 ET D. / 1 ET Ausland	1%

ET=Elternteil

Die einzelnen Migrantengruppen wurden hinsichtlich mehrerer soziodemografischer Merkmale untersucht. Dabei stellte sich heraus, dass die strukturellen Unterschiede zwischen der ersten und größten Migrantengruppe und Personen ohne Migrationshintergrund am geringsten waren. Migranten, die die deutsche Staatsbürgerschaft besaßen, in Deutschland geboren wurden und einen Elternteil hatten, der im Ausland geboren war, unterschieden sich von den Nicht-Migranten lediglich in der Alters- und Bildungsverteilung. Diese Migranten waren deutlich jünger als die Nicht-Migranten und besaßen auch eine formal bessere Schulbildung. Sonstige soziodemografische Strukturen dieser Gruppe (Haushaltsgröße, Bildung, berufliche Stellung bzw. Angestellten-Anteil, Einkommen) waren der Gruppe der Nicht-Migranten am ähnlichsten. Da außerdem der Anteil freiwillig Engagierter sehr hoch war (35%), schien es angemessen, diese Gruppe nicht in die Analyse einzubeziehen (Nicht-Migranten waren zu 37% freiwillig engagiert).

Durch diese Einschränkung reduziert sich die Gruppe der hier untersuchten Migranten auf 1.529 Personen, was einem Anteil von nunmehr 10% in der ungewichteten Stichprobe entspricht. Von diesen 1.529 Personen besaßen 69% die deutsche, 31% eine andere als die deutsche Staatsbürgerschaft. Die Herkunft der ausländischen Mitbürgerinnen und Mitbürger wurde durch das Geburtsland definiert, da in der Regel die dortige Staatsbürgerschaft erworben wird.

Im Ausland geborene und *nicht-deutsche* Migranten wurden zu 25% in der ehemaligen Sowjetunion geboren. Jeder fünfte nicht-deutsche Migrant stammte aus Südeuropa und 17% aus Staaten wie Österreich, Frankreich, den Niederlanden oder Großbritannien. 14% der nicht-deutschen Migranten wurden in mittel- bzw. osteuropäischen Ländern geboren, die früher dem Warschauer Pakt angehörten (Polen, CSSR, Ungarn). Die restlichen nicht-deutschen Migranten stammten aus Asien (8%), Süd- bzw. Nordamerika (4%), Afrika oder dem Nahen Osten sowie anderen Ländern (12%).

Von denjenigen Migranten, die im Ausland geboren wurden und (mittlerweile) die *deutsche Staatsbürgerschaft* erworben haben, stammte der Großteil aus der ehemaligen Sowjetunion (40%). Zudem wurde mehr als jeder dritte deutsche Migrant (36%) in mittel- bzw. osteuropäischen Ländern des früheren sowjetischen Einflussbereichs (Polen, ehemalige Tschechoslowakei, Rumänien, Ungarn) geboren. Weitere deutsche Migranten kamen in Südeuropa, Mitteleuropa und Asien (jeweils ca. 5%) zur Welt. Fast jeder zehnte Migrant mit deutscher Staatsangehörigkeit wurde in Afrika, Süd-, Mittel- bzw. Nordamerika geboren.

Durch diese Beschreibung wird deutlich, dass die Gruppe der Migranten insgesamt durch Personen dominiert wird, die aus der *ehemaligen Sowjetunion* und aus *mittel- bzw. osteuropäischen Ländern* stammen, die die früher dem Warschauer Pakt angehörten. Erst an zweiter Stelle sind Migranten aus typischen Einwandererländern wie Italien, Spanien und Portugal vertreten. Türken, die in der Türkei geboren wurden, sind überhaupt nicht in der Stichprobe enthalten. Die Frage, inwieweit Türken mit türkischer Staatsangehörigkeit und Geburtsland Deutschland an der Befragung teilgenommen haben, kann nicht eindeutig beantwortet werden, da die Staatsangehörigkeit Nicht-Deutscher nicht erhoben wurde. Hier kann lediglich die Religionszugehörigkeit einen Hinweis über den möglichen Anteil türkeistämmiger Befragten geben. Insgesamt hatten 16% der in Deutschland geborenen Migranten angegeben, muslimischen Glaubens zu sein (entspricht absolut 49 Personen).

Auch wenn die Migrantenstichprobe eine deutlich osteuropäische bzw. sowjetstämmige Dominanz zeigt, sind eindeutige Charakteristiken einer typischen Migrantenstichprobe zu erkennen. Die Unterschiede zwischen Migrantenstichprobe und Stichprobe der Nicht-Migranten werden nun hinsichtlich mehrerer soziodemografischer Strukturen miteinander verglichen.

3.2 Die Strukturen der Migrantenstichprobe

Migranten und Nicht-Migranten unterschieden sich am auffälligsten in der Altersstruktur. So waren Migranten zum Befragungszeitpunkt mit durchschnittlich 37,5 Jahren deutlich jünger als Nicht-Migranten, die durchschnittlich 47,6 Jahre alt waren. Einen entsprechend großen Anteil an der Gesamtstichprobe hatten die beiden jüngsten Altersgruppen (14-24 Jahre, 25-34 Jahre), in die jeweils 24% bzw. 23% der Migranten zählen, aber nur 14% bzw. 13% der Nicht-Migranten (Grafik M1). Anders ausgedrückt bedeutet dies, dass knapp die Hälfte der Personen in der Migrantenstichprobe jünger als 35 Jahre war, während in der Nicht-Migrantenstichprobe nur gut eine von vier Personen jünger als 35 Jahre alt war (27%).

Diese Altersstruktur ist zum einen dadurch bedingt, dass Zuwanderer in der Regel als junge Menschen nach Deutschland kommen. Zwar verbringen immer mehr ältere Gastarbeiter ihren Ruhestand in Deutschland, doch zieht es viele auch wieder in ihr Heimatland zurück. Außerdem bringen Frauen ausländischer Herkunft – trotz über die Jahre hinweg rückläufiger Geburtenentwicklung – noch immer durchschnittlich mehr Kinder zur Welt als Frauen ohne Migrationshintergrund. Junge Zuwanderer und eine höhere durchschnittliche Kinderzahl pro Frau führen folglich zu dem per Saldo höheren Anteil junger Menschen in der Migrantenstichprobe.[152]

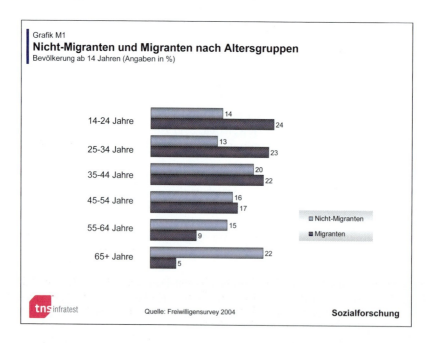

Diese Altersunterschiede verstärken sich nochmals, wenn man nur die Altersverteilung der Migranten mit ausländischer Staatsangehörigkeit betrachtet. In dieser Bevölkerungsgruppe

---

[152] Vgl. Jahresgutachten 2004 des Sachverständigenrats für Zuwanderung und Integration, Bundesamt für Migration und Flüchtlinge, 2004.

lag der Anteil der 14- bis 34-Jährigen sogar bei 58%. Dagegen waren nur 2% der ausländischen Migranten über 65 Jahre alt.

Die Altersverteilung geht ferner mit weiteren strukturellen Unterschieden einher. So lebten nur 10% der Migranten in Singlehaushalten, von den Nicht-Migranten wohnte aber jeder vierte allein in einem Haushalt. Ebenfalls weniger Migranten (23%) als Nicht-Migranten (33%) waren zu zweit in einem Haushalt. Hingegen lebten Migranten häufiger in 3-, 4- oder 5-Personen-Haushalten (Grafik M2), wo überdurchschnittlich viele jüngere Menschen wohnen, sei es als Kinder und Jugendliche, sei es als Eltern.

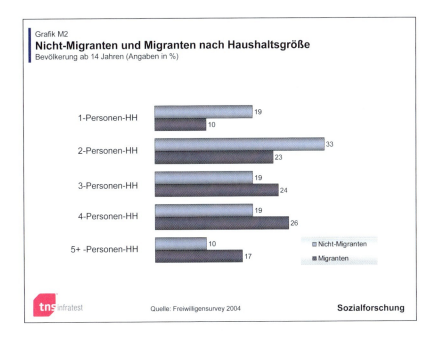

Die besondere Altersstruktur der Migranten macht sich zum Teil auch anhand des Erwerbsstatus bemerkbar. So waren über die Hälfte der Migranten erwerbstätig (52% zu 47% Nicht-Migranten) und jeder fünfte Migrant war noch Schüler, Student oder befand sich in Ausbildung (21% zu 12% Nicht-Migranten). Auch der Anteil der nicht Erwerbstätigen (13%) und Arbeitslosen (7%) lag über dem Anteil der Nicht-Migranten (9% bzw. 5%). Die Arbeitslosenquote der Migranten erscheint allerdings relativ gesehen zu niedrig, ein weiterer Hinweis auf eine bessere soziale Einbindung unserer Stichprobe[153]. Sehr gering war der Anteil der Rentner mit Migrationsstatus. Nur 8% der befragten Migrantinnen und Migranten waren bereits aus dem Erwerbsleben ausgeschieden, wohingegen sich mehr als jeder vierte Nicht-Migrant im Ruhestand befand (27%).

Erstaunlich geringe Differenzen ergeben sich beim Vergleich des formalen Bildungsstatus, der in drei Stufen (niedrige, mittlere und höhere formale Schulbildung) geglie-

---

[153] Einen Hinweis darauf, dass die Arbeitslosenquote der Migranten unterschätzt sein könnte, liefert die Arbeitslosenquote der *ausländischen* Mitbürgerinnen und Mitbürger. Diese lag im Jahr 2004 mit 20,4% etwa doppelt so hoch war als die der Deutschen (11,7%) (vgl. Armuts- und Reichtumsbericht der Bundesregierung, 2004, S.161).

dert ist (Grafik M3). Weniger Migranten als Nicht-Migranten (23% Migranten, 27% Nicht-Migranten) gaben an, eine niedrige formale Schulbildung zu haben. In der mittleren und höheren Bildungskategorie lagen die Migranten (leicht) vor den Nicht-Migranten.

Der hohe Bildungsstatus unserer Migranten-Stichprobe könnte Verwunderung auslösen, da bekannt ist, dass Migranten gegenüber Nicht-Migranten normalerweise einen deutlich unterdurchschnittlichen Bildungs- und damit Sozialstatus haben.[154] Ein deutlich unterdurchschnittlicher Sozialstatus wird sich auch in unserer Stichprobe zeigen. Den Gegensatz eines formal etwa ebenso hohen Bildungsstatus der Migranten unserer Stichprobe und ihres gegenüber den Nicht-Migranten deutlich niedrigeren Sozialstatus erklären wir aus Selektionseffekten, die wohl hauptsächlich sprachlicher Natur sind. Es scheinen systematisch bildungsstatushöhere Migranten an unserer Befragung teilgenommen zu haben, die besser der deutschen Sprache mächtig sind als solche mit niedrigerem Bildungsstatus. Es kann hier weiterhin auch das höhere Interesse von Menschen mit höherem Bildungsstatus an öffentlichen Angelegenheiten als Verstärker der Teilnahmebereitschaft mitgewirkt haben, und zwar deutlich mehr als bei den Nicht-Migranten. Nur so kann man eine plausible Erklärung dafür finden, warum der Bildungsstatus der Migrantenstichprobe so überhöht ist.

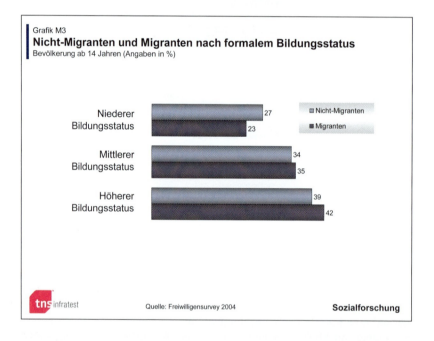

Von den Migranten gab ein knappes Drittel an, als Arbeiter beschäftigt gewesen zu sein (32%, Grafik M4), während dies nur für knapp jeden fünften Nicht-Migranten zutraf (19%). Arbeiter mit Migrationshintergrund waren zudem häufiger als Arbeiter ohne Migrationshintergrund als ungelernte bzw. angelernte Arbeiter beschäftigt (60% zu 42%) und seltener als Facharbeiter (36% zu 48%) oder Meister bzw. Polier (10% zu 4%).

---

[154] Wir haben diesen Effekt bereits anhand der Ausländerstichprobe des ersten Freiwilligensurveys beobachtet und diskutiert. Vgl. Gensicke 2003

Entsprechend weniger Personen ordneten sich als Angestellte ein (56% zu 59%). Auch unter den Angestellten waren Migranten häufiger in der unteren Hierarchiestufe (angelernte oder einfache Fachkraft) zu finden als Nicht-Migranten (36% zu 21%). Die Verbeamtungsquote unter den Migranten war deutlich geringer, was durchaus nachvollziehbar ist (3% zu 9%). Selbstständig tätig waren mit 9% fast ebenso viele Migranten wie Nicht-Migranten (10%). Allerdings handelte es sich bei den Betrieben von Migranten in der Hälfte der Fälle um „Ein-Mann-Betriebe" (54%) und seltener um Betriebe mit mehreren Mitarbeitern, wie dies bei Selbstständigen ohne Migrationshintergrund der Fall war.

Der Berufsstatus Migranten ist also deutlich niedriger als Nicht-Migranten angesiedelt. Im Gegensatz zu den Ergebnissen beim Bildungsstatus entspricht das den Erwartungen an eine „echte" Migrantenstichprobe.

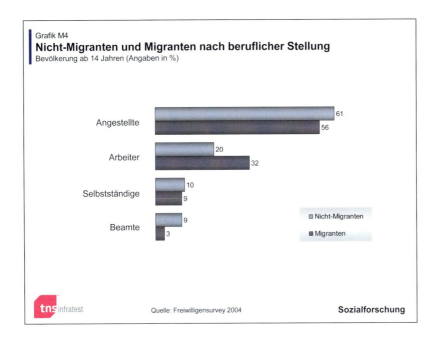

Kombiniert man den Bildungsstatus mit dem Berufsstatus, fällt auf, dass höher oder mittel gebildete Migranten häufiger als Nicht-Migranten als Arbeiter beschäftigt waren. Auch in der jüngeren Altersgruppe der Migranten (14-45 Jahren) mit hoher formaler Schulbildung war der Arbeiteranteil höher als bei Nicht-Migranten.

Die überproportional hoch gebildeten Migranten unserer Stichprobe verfügen also zwar über den (teilweise im Geburtsland) erworbenen Bildungsstatus, um einen anspruchsvollen Beruf ausüben zu können, können diesen aber nicht adäquat auf dem deutschen Arbeitsmarkt verwerten. Dies traf insbesondere auf Personen zu, die als Aussiedler definiert werden können. Als Aussiedler wurden Personen *mit deutscher Staatsangehörigkeit* definiert, die in osteuropäischen Staaten bzw. Staaten der ehemaligen Sowjetunion geboren wurden bzw. deren Eltern dort geboren wurden. In dieser Migrantengruppe war der Anteil an Arbeitern und einfachen Angestellten am höchsten, der Bildungsstatus jedoch den Nicht-

Migranten am ähnlichsten. Aber auch in anderen Migrantengruppen, die eine höhere formale Bildung besaßen als die Nicht-Migranten, war der Anteil einfacher beruflicher Positionen höher.

Da eine hierarchisch niedrige berufliche Stellung auch einen geringeren Verdienst nach sich zieht, lagen die Haushaltsnettoeinkommen von Migranten deutlich unter denen der Nicht-Migranten. So bezogen 35% der Migranten ein monatliches Haushaltseinkommen von weniger als 1.500 €. Bei Nicht-Migranten war dies bei 29% der Fall. Bei den höheren Einkommen ab 2.500 € und darüber war das Verhältnis 30% zu 38% zugunsten der Nicht-Migranten.

Die ungünstigere ökonomische Situation in den Migrantenhaushalten betraf alle Haushaltsgrößen, d.h. sowohl allein stehende Migranten als auch Migranten in Mehrpersonenhaushalten hatten niedrigere Haushaltseinkommen zur Verfügung als Nicht-Migranten in den jeweiligen Haushaltsgrößen. Besonders groß waren die Differenzen allerdings in den Mehrpersonenhaushalten. So mussten Migranten, die mit mehr als 3 Personen im Haushalt zusammenlebten zu 70% mit weniger als 2.500€ auskommen. Bei Nicht-Migranten betraf das nur jeden zweiten Haushalt.

Entsprechend ungünstiger schätzten die Migranten ihre finanzielle Situation ein: 35% der Migranten stuften ihre finanzielle Situation sehr gut oder gut ein, für 36% der Migranten war die finanzielle Situation befriedigend und 29% hielten sie für weniger gut oder schlecht. Nicht-Migranten gaben dagegen zu 42% an, sich in einer ökonomisch guten oder sehr guten Situation zu befinden, 38% stuften sie als befriedigend und nur 20% als weniger gut oder schlecht ein.

Bezüglich der ökonomischen Situation der von uns befragten Migranten muss man allerdings Ähnliches festhalten wie bezüglich des Arbeitslosenanteils. Ökonomisch stehen die von uns befragten Migranten schlechter da als Personen ohne Migrationshintergrund. Die Abweichung geht also in die erwartete Richtung, ist aber geringer als man eigentlich erwarten müsste. Wir erkennen auch hier wieder die aus der verbesserten sozialen Einbindung erklärliche „Zwischenstellung" unserer Migrantenstichprobe zwischen den Nicht-Migranten und dem Durchschnitt aller in Deutschland lebenden Migranten

Auch die geografische Siedlungsstruktur der Migranten wies eine für Migranten typische Verteilung auf (Grafik M5).[155] So lebten 53% der Migranten in großstädtischen Stadtkerngebieten, während Nicht-Migranten lediglich zu 46% ihren Wohnsitz in solchen hatten. Migranten hatten dagegen seltener im ländlichen Raum ihren Lebensmittelpunkt, in dem jeder vierte Nicht-Migrant lebt.

Wir können also zusammenfassend feststellen, dass unsere Migrantenstichprobe zwar einen ungewöhnlich hohen Bildungsstatus hat, aber dennoch vom Sozialstatus mehr in Richtung einer typischeren Migrantencharakteristik weist. Der hohe Bildungsstatus der Stichprobe, den wir aus der sprachlichen Selektion erklärt haben, führt also nicht dazu, dass wir eine mit der Bevölkerungsgruppe der Migranten unvergleichbare Stichprobe abgebildet haben, die eine ganz andere Lebenslage und andere Probleme hat als diese. Unsere Ein-

---

[155] Die Kategorisierung zu Auswertungszwecken wurde mittels der Variable BIK-Typ vorgenommen, die die Bundesrepublik in 10 Gemeindegrößenklassen mit der Unterscheidung nach Verdichtungsgebieten oder Randgebieten einteilen (ohne Rücksicht auf Landkreis- oder Bundeslandgrenzen). Diese 10 Gemeindegrößenklassen wurden für diese Auswertungen in drei Kategorien zusammengefasst. Groß bzw. mittelstädtische Kerngebiete wurden zur ersten Kategorie zusammengefasst (BIK-Typen 0,2,4), groß- bzw. mittelstädtische Randgebiete bilden Kategorie 2 (BIK-Typen 1,3,5) und Kleinstädte in ländlichen Gebieten bzw. ländliche Gebiete wurden zur Kategorie 3 zusammengefasst (BIK-Typen 6-9).

schätzung, dass wir sozial besser eingebundene Migranten erfasst haben, bleibt zwar bestehen. Dennoch teilt auch diese Stichprobe typische Lebens- und Problemlagen der Bevölkerungsgruppe der Migranten als einer sozial unterprivilegierten Schicht, ist also brauchbar für unsere Analyse der Besonderheiten und Gemeinsamkeiten der Gemeinschaftsaktivität und des freiwilligen Engagements von Migranten und Nicht-Migranten.

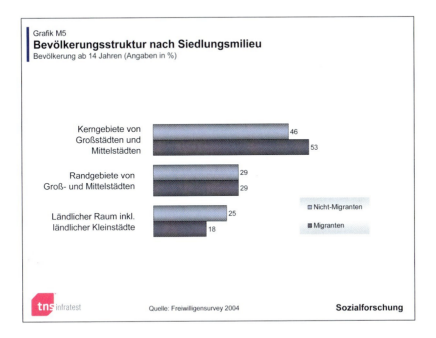

Wir werden in dieser Studie den Niederschlag dieses besonderen Status und der besonderen Situation der Migranten in verschiedenen Punkten wieder finden, besonders im geringeren politisch-öffentlichen Interesse, im geringeren Zugang zum freiwilligen Engagement und in einer deutlich erhöhten Problembelastung, mit der freiwillig engagierte Migranten konfrontiert sind.

4 Gemeinschaftsaktivität und freiwilliges Engagement von Migranten

4.1 Gemeinschaftsaktivität

Die Messung freiwilligen Engagements erfolgt im Freiwilligensurvey zweistufig. In der ersten Stufe wird den Befragten eine Liste mit 14 verschiedenen Aktivitätsbereichen vorgegeben, in denen man sich im Rahmen von Vereinen, Gruppen, Organisationen oder Einrichtungen beteiligen kann. Diese Liste soll die Befragten mit der ganzen Bandbreite möglicher gemeinschaftlicher Aktivitäten vertraut machen, die gleichzeitig Bereiche sind, in denen man sich freiwillig engagieren kann. Auf der ersten Ebene geht es zunächst darum, diejenigen Befragten herauszufiltern, die sich (in einer weiten Definition von Gemeinschaftsaktivität) „irgendwo außerhalb von Beruf und Familie *aktiv beteiligen*". Was das bedeuten kann, wird anhand von typischen Beispielen erläutert (etwa im Bereich „Sport und Bewegung": „z.B. Fußball spielen in einem Sportverein oder Gymnastik in einer Bewegungsgruppe", oder im Bereich „Soziales": „z.B. Hilfeleistungen in einem Wohlfahrtsverband oder einer anderen Hilfsorganisation, in der Nachbarschaftshilfe oder einer Selbsthilfegruppe").

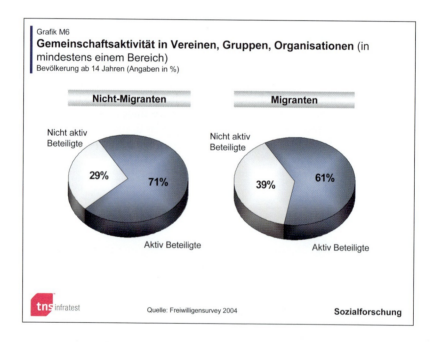

Nach dieser Definition waren 2004 61% der Befragten mit Migrationshintergrund über rein private und berufliche Zwecke hinaus in mindestens einem Bereich der Gemeinschaftsaktivität beteiligt (Grafik M6). Dieser Wert ist recht hoch, liegt aber deutlich unter dem der Nicht-Migranten, von denen 71% gemeinschaftlich aktiv waren. Oder anders gesagt: Der Anteil von Migranten, die sich außerhalb von Beruf und Familie *nirgendwo* aktiv beteiligen, war mit 39% um 10 Prozentpunkte *höher* als der von Nicht-Migranten, die sich zu 29% nirgendwo beteiligten.

Von den 14 zur Auswahl stehenden Aktivitätsbereichen ist der Bereich „Sport und Bewegung" der größte Bereich, sowohl für Migranten als auch für Nicht-Migranten. 35% der Migranten und 41% der Nicht-Migranten sind in diesem Bereich gemeinschaftlich aktiv (Grafik M7).

Zweithäufigster Aktivitätsbereich ist der Bereich „Freizeit und Geselligkeit". Hier waren 2004 jeder fünfte Migrant (18,5%) und jeder vierte Nicht-Migrant (26%) gemeinschaftlich aktiv. Weitere große Aktivitätsbereiche der Migranten sind die Bereiche „Schule und Kindergarten" (14%), „Kultur- und Musik" (13,5%), „Soziales" (10,5%) sowie der Bereich „Kirche und Religion" (9,5%). Kleiner sind die Bereiche der beruflichen Interessenvertretung außerhalb der Betriebe (8,5%), Umwelt- und Naturschutz (7%), lokales Bürgerengagement (4,5%) sowie weitere in Grafik M7 aufgelistete Bereiche.

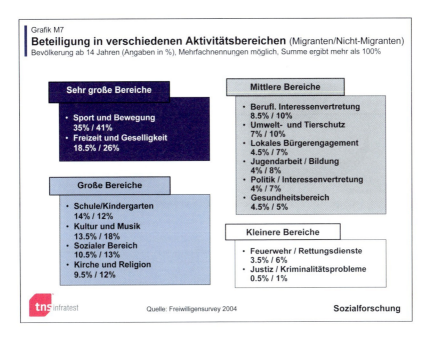

Die Aktivitätsstruktur der Migranten und Nicht-Migranten ähnelt sich in großen Teilen, weicht aber auch voneinander ab. Die große Bedeutung des Bereichs „Schule und Kindergarten" für Migranten erklärt sich wohl aus dem niedrigeren Altersdurchschnitt der Migranten. Diese lebten häufiger mit Kindern und Jugendlichen im Haushalt (45% Kinder in Migrantenhaushalten, 36% in Nicht-Migrantenhaushalten). Möglicherweise ist der Zugang für

Migranten zu öffentlichen Einrichtungen wie Schulen oder Kindergärten einfacher als z.B. zu Vereinen, wo vermehrt kulturelle Barrieren wirken können.

4.2 Freiwilliges Engagement

Nach der Erfassung der Gemeinschaftsaktivität untersucht der Freiwilligensurvey in einem zweiten Schritt, ob die gemeinschaftlich aktiven Bürgerinnen und Bürger in den jeweiligen Bereichen, in denen sie aktiv sind, auch Aufgaben und Arbeiten übernommen haben, die sie unbezahlt oder gegen eine geringe Aufwandsentschädigung ausüben. Mit diesen Charakteristika ist die vom Freiwilligensurvey verwendete Definition freiwilligen Engagements erfüllt: Mitwirkung mindestens in einer *Gruppe* oder einer anderen Organisationsform bzw. in einer Einrichtung sowie längerfristige Durchführung bestimmter *Aufgaben* ohne Erwerbszweck bzw. nicht als reine Erholungs- oder Unterhaltungsaktivität.

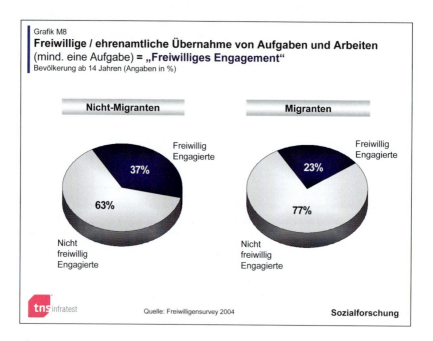

Von unserer Migrantenstichprobe waren 2004 23% freiwillig engagiert (Grafik M8). Damit wiesen Migranten eine deutlich geringere Engagementbeteiligung auf als Nicht-Migranten, von denen sich 37% freiwillig engagierten. Eine geringere Engagementquote unter *Ausländern* ermittelte auch der Freiwilligensurvey 1999, der für die nicht deutschen Befragten eine Quote von 20% ermittelte. Im zweiten Freiwilligensurvey gaben mit 24% mehr ausländische Befragte an, freiwillig engagiert zu sein.

Trotz des niedrigeren Prozentsatzes des freiwilligen Engagements unter Migranten bzw. Ausländern im Freiwilligensurvey erscheint dieser Wert dennoch überhöht, da, wie wir bereits sahen, die Ausländer- und die Migrantenstichprobe des Freiwilligensurveys nicht für alle Migranten repräsentativ ist. Wir hatten die Stichprobe als typisch für besser integrierte Migranten eingestuft. Ein zweisprachiges Design hat das Zentrum für Türkeistudien angewandt, um das freiwillige Engagement unter türkeistämmigen Migranten abzubilden. In einer Befragung von 1.500 Personen wurden (angelehnt an das Konzept des Freiwilligensurveys) Informationen über Umfang, Qualität, Struktur, Bereiche, Motive, Probleme sowie über Unterstützungsmöglichkeiten des freiwilligen Engagements erhoben. Auch diese Studie ermittelte eine recht hohe Zahl gemeinschaftlich aktiver Personen (64%). Freiwillig engagiert war jeder zehnte türkeistämmige Migrant. Das Sozio-ökonomische Panel (SOEP), das ebenfalls mit fremdsprachigen Fragebogen arbeitet, weist für die großen Migrantengruppen in Deutschland eine Engagementquote zwischen 10% und 12% aus, allerdings mit einem sehr einfachen Erfassungskonzept „ehrenamtlichen Engagements in Vereinen, Verbänden und Einrichtungen".

Die Engagementquote des Freiwilligensurveys für die Migranten liegt somit etwa in der Mitte zwischen denjenigen Quoten von zweisprachigen Untersuchungen, die Migranten „realistisch" abbilden, und den Quoten für Nicht-Migranten. Das bestätigt noch einmal indirekt die Charakteristik der Stichprobe. Wir haben vor allem vergleichsweise *gut sozial eingebundene* und *der deutschen Sprache gut mächtige* Migranten erfasst. Wir werden aber sehen, dass das dem Wert unserer Untersuchung keinen Abbruch tut. Wir gewinnen auf diese Weise wertvolle Hinweise, wie sich Migranten engagieren und welche Motive und Probleme sie dabei haben. Ähnlichkeiten mit Engagierten ohne Migrationshintergrund, vor allem aber die Besonderheiten des Engagements von Migranten und seiner Problemlagen, können aus deren Blickwinkel gut abgebildet werden.

Wir können die Befragten des Freiwilligensurveys nach ihrem Verhältnis zur Gemeinschaftsaktivität und zum freiwilligen Engagement nun in drei Gruppen einteilen (Grafik M9). Die erste Gruppe sind die freiwillig Engagierten („Freiwillige"). Das ist die Teilgruppe der gemeinschaftlich aktiven Personen, die längerfristig bestimmte Aufgaben und Arbeiten freiwillig übernommen haben. Die zweite Gruppe sind die „nur" Gemeinschaftsaktiven, die sich zwar in einer Gruppe, einem Verein oder einer Organisation beteiligen, aber keine Aufgaben und Arbeiten übernommen haben („Aktive"). Es verbleibt die Gruppe derjenigen Befragten, die nicht gemeinschaftlich aktiv sind und damit auch keinen Zugang zum freiwilligen Engagement haben („nichts davon").

Wie bereits bei der Auswertung der Ausländerstichprobe des Freiwilligensurveys 1999 festgestellt wurde, vollzieht sich die soziale Einbindung der Migranten offensichtlich in erster Linie durch die Beteiligung in Vereinen, Gruppen, Organisationen oder Einrichtungen und weniger durch die Übernahme freiwilliger Tätigkeiten. Wie in Grafik 9 zu erkennen ist, waren, neben den 23% freiwillig engagierter Migranten, weitere 38% in Gruppen, Vereinen oder Einrichtungen gemeinschaftlich aktiv. Bei den Nicht-Migranten war das Verhältnis zwischen Engagierten (37%) und „nur" Aktiven (33%) dagegen etwa gleich stark ausgeprägt. Positiv ist zu bewerten, dass weit mehr als die Hälfte der Migranten den Schritt in den öffentlichen Raum der Organisationen und Einrichtungen getan hat. Wie wir bereits am Beispiel der türkeistämmigen Bevölkerung gesehen haben, scheint dieser Befund für die Migranten insgesamt verallgemeinerbar zu sein.

In diesem Zusammenhang wird zu überprüfen sein, inwieweit Migranten, die sich bereits aktiv beteiligen (ohne engagiert zu sein), aber auch solche, die nicht gemeinschaftlich aktiv sind, bereit sind, sich freiwillig zu engagieren.

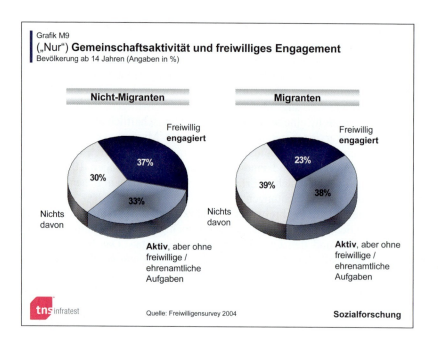

4.3 Engagement in verschiedenen Gruppen

Unterteilt man zunächst Migranten in Personen, die in Deutschland geboren sind und solche, die nach ihrer Geburt nach Deutschland einreisten, sind folgende Unterschiede zu erkennen: Migranten, die in Deutschland geboren wurden, sind häufiger freiwillig engagiert als Migranten, die nach Deutschland eingewandert sind (Grafik M10). Da Migranten, die im Ausland geboren wurden, allerdings doppelt so häufig in unserer Stichprobe vertreten sind als in Deutschland geborene Migranten, lag die Engagementquote aller Migranten deutlich näher bei ihrem Wert von 23%.

Bei den im Ausland geborenen und seit längerem in Deutschland lebenden Migranten liegt die Vermutung nahe, dass sie sozial besser eingebunden sind und eine höhere Engagementquote aufweisen als Migranten, die erst seit kürzerer Zeit hier leben. Personen, die erst seit 1990 in Deutschland leben, weisen tatsächlich die geringste Engagementquote aller im Ausland geborenen Migranten auf (15%, Grafik M11). Insbesondere diese Migrantengruppe wird von jungen Personen aus der ehemaligen Sowjetunion bzw. aus mittel- und osteuropäischen Ländern, die früher dem Warschauer Pakt angehörten dominiert. 61% dieser Menschen stammen aus der ehemaligen Sowjetunion bzw. 13% aus Mittel- und Osteuropa und sind hauptsächlich Aussiedler.

Eine bereits höhere Engagementquote ist bei Migranten zu erkennen, die zwischen 1980 und 1990 nach Deutschland kamen. Hier waren 23% der Migranten freiwillig engagiert. Herkunftsländer dieser Gruppe sind hauptsächlich mittel- und osteuropäische Staaten (vor allem Polen, Rumänien, Ungarn). Jeder vierte Migrant dieser Gruppe kam aus der ehemaligen Sowjetunion (26%).

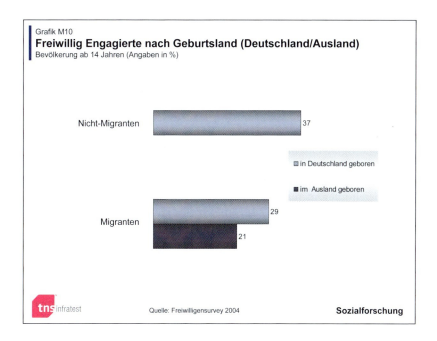

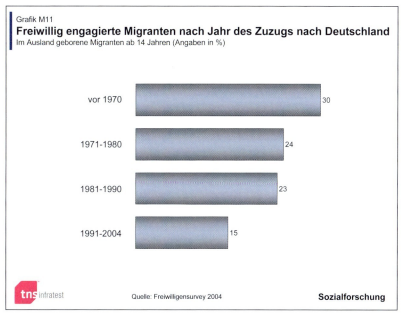

Unter allen im Ausland geborenen Migranten waren solche am stärksten engagiert, die bis 1970 nach Deutschland einreisten (30% Engagementquote). Jeder Dritte dieser Migranten stammte aus südeuropäischen Ländern (typischen Gastarbeiterländern) wie Italien, Spanien und Griechenland. Die Tatsache, dass diese Menschen den Großteil ihres Lebens in

Deutschland verbracht haben, trägt wohl zu der vergleichsweise hohen Engagementquote bei. Dieser Zusammenhang zeigte sich auch bei den vom Zentrum für Türkeistudien befragten türkeistämmigen Migranten. Je länger türkeistämmige Migranten in Deutschland lebten, desto häufiger engagierten sie sich.

Die zunehmende gesellschaftliche Partizipation von Migranten zeigt sich auch daran, dass mit der Aufenthaltsdauer von Migranten in Deutschland stetig das Interesse an Politik und öffentlichem Leben steigt.

Eine Zusammenhangsanalyse (Regression) bestätigt die Hypothese, dass die Aufenthaltsdauer der Migranten einen Einfluss auf das Engagement der Migranten hat. Von allen im Modell befindlichen möglichen Einflussgrößen[156] ist die Länge des Aufenthalts der Migranten in Deutschland sogar am wichtigsten dafür, ob sich Migranten freiwillig engagieren. Im Abgleich mit anderen Merkmalen hat die Tatsache, ob Migranten die deutsche oder eine andere Staatsbürgerschaft besitzen, keinen signifikanten Einfluss auf das freiwillige Engagement.[157]

Wenden wir uns im Folgenden dem Vergleich des freiwilligen Engagements von Frauen und Männern mit Migrationshintergrund zu. Zunächst fällt auf, dass männliche und weibliche Migranten in fast demselben Umfang freiwillig engagiert waren. So waren 23% der Männer mit Migrationshintergrund und 24% der Migrantinnen engagiert, während unter Nicht-Migranten deutlich mehr Männer engagiert waren als Frauen (41% engagierte männliche Nicht-Migranten vs. 34% engagierte Nicht-Migrantinnen; Tabelle M2). Im Alter zwischen 25 und 44 Jahren war die Engagementbeteiligung unter Migrantinnen sogar stärker ausgeprägt als unter männlichen Migranten. Im Alter zwischen 14 und 24 Jahren sowie zwischen 45 und 54 Jahren waren jeweils gleich viele Migrantinnen und Männer mit Migrationshintergrund engagiert. Bei den über 55-jährigen Migranten engagierten sich mehr Männer als Frauen. Somit ergibt sich insgesamt (bis auf die älteste Altersgruppe) eine sehr ausgeglichene Engagementbeteiligung zwischen den Geschlechtern.

---

[156] Neben den Einflussfaktoren, die auch bei der Regression im Hauptbericht zum Einsatz kamen (vgl. Struktur- und Kultur-Modell im Hauptbericht, Kapitel 3.1), wurden die Variablen „Staatsangehörigkeit", „Aufenthaltsdauer" und „in Deutschland geboren: ja/nein" ins Modell übernommen.
[157] Dieser Effekt kann zu einem großen Teil auf die Gruppe der Aussiedler zurückgeführt werden, die hinsichtlich der Staatsbürgerschaft privilegiert ist. Aussiedler erhalten bei ihrer Einreise nach Deutschland die deutsche Staatsbürgerschaft, viele von ihnen sind aber, besonders wenn sie jünger sind – nach allem was wir wissen –, dennoch nicht besonders gut integriert.

Tabelle M2: Engagementbeteiligung nach soziodemografischen Merkmalen

	Migranten			Nicht-Migranten		
	N	Aktiv	FE	N	Aktiv	FE
Alle	**39**	**38**	**23**	**30**	**33**	**37**
Männer	37	40	23	27	32	41
Frauen	40	36	24	32	34	34
14-24 Jahre	36	42	22	22	40	38
25-34 Jahre	42	39	19	28	36	36
35-44 Jahre	39	37	24	26	30	44
45-54 Jahre	39	34	27	26	32	42
55-64 Jahre	36	33	31	29	31	40
65+ Jahre	37	44	19	40	33	27
Erwerbstätig	38	38	24	25	33	42
Arbeitslos	53	40	7	38	32	30
Schüler/Ausbild. Studenten	35	38	27	22	38	40
Hausfrau/-mann	44	33	23	28	32	40
Rentner/Pension.	35	40	25	39	32	29
Niedriger Bildungsstatus	43	38	19	40	33	27
Mittlerer Bildungsstatus	40	37	23	29	34	37
Höherer Bildungsstatus	35	39	26	22	33	45

Erläuterung zum Tabellenkopf 2
N   Nichts davon
Aktiv   Gemeinschaftlich Aktive, ohne freiwillige Übernahme von Aufgaben oder Arbeiten
FE   Freiwillig Engagierte, also gemeinschaftlich Aktive, die freiwillig Aufgaben oder Arbeiten übernommen haben

Unterschiede im Engagement zeigen sich allerdings in den verschiedenen Altersgruppen. Junge Migranten bis zum Alter von 24 Jahren waren stärker als 25- bis 34-Jährige und als ältere Menschen ab 65 Jahren engagiert, blieben aber im Vergleich mit den Jahrgängen zwischen 35 und 65 Jahren zurück (22%; Tabelle M2). Die Engagementbeteiligung der

Altersgruppe zwischen 25 und 34 Jahren war mit 19% am niedrigsten von allen Altersgruppen. Dieser Unterschied, der auch bei Nicht-Migranten erkennbar ist, könnte mit den in dieser Lebensphase stattfindenden Umbrüchen zusammenhängen, wie z.B. dem Berufseintritt, der oftmals mit dem Umzug in eine fremde Umgebung verbunden ist, in der man sich zunächst orientieren muss. Gegen diese Hypothese spricht allerdings, dass Migranten, die in Deutschland geboren wurden und zwischen 25 und 34 Jahre alt waren, sogar verstärkt zum Engagement fanden (Steigerung von 24% auf 28%). Das geringere Engagement in dieser Altersgruppe ist also lediglich bei den *im Ausland geborenen* Jugendlichen zu erkennen (ein großer Unterschied von 22% zu 15%). Besorgnis erregend ist zudem die Tatsache, dass sich in dieser Gruppe nicht nur weniger Migranten freiwillig engagieren, sondern mit 36% auch weniger Personen aktiv beteiligen (Gruppe der „nur" Aktiven). Fast die Hälfte (49%) war nicht in Vereinen, Gruppen oder anderen Organisationen außerhalb ihres privaten Umfelds aktiv. Ein verstärkter Bedarf an gesellschaftlicher Einbindung scheint also insbesondere in dieser Gruppe zu bestehen, zu der hauptsächlich junge Menschen aus der ehemaligen Sowjetunion zählen (68% Aussiedler in dieser Altersgruppe).

Warum sind im Ausland geborene Migranten bis 24 Jahre stärker engagiert als Migranten zwischen 25 und 34 Jahren? Von der Herkunft sind sich beide Gruppen, die sich zu einem Großteil aus jungen Aussiedlern zusammensetzten, recht ähnlich (81% Aussiedler in der Altersgruppe 14 bis 24 Jahre, 68% in der Altersgruppe 25 bis 34 Jahre). Ein Grund für höhere Gemeinschaftsaktivität und höheres Engagement könnte sein, dass jüngere Menschen bis 24 Jahre eine besser erreichbare Zielgruppe darstellen. Sie verbringen ihre Zeit zum Großteil in bestimmten Einrichtungen (besonders in Ausbildungseinrichtungen), wo sie leichter bei Kontaktveranstaltungen und mit anderen Werbemaßnahmen auf freiwilliges Engagement hin angesprochen werden können. Kontakt und Anwerbung, wenn sie nicht bereits während der Schul- oder Ausbildungszeit stattfinden, stellen sich bei Migranten zwischen 25 und 34 Jahren dagegen schwieriger dar. Dennoch können solche Bemühungen durchaus Erfolg versprechend sein, denn die Bereitschaft zu freiwilligem Engagement ist in dieser Altersgruppe stärker ausgeprägt als in jeder anderen Altersgruppe.

Ab der Altersgruppe 35 bis 44 Jahre bis hin zur Altersruhegrenze sind immer mehr Migranten freiwillig engagiert (Tabelle 2). Im Alter zwischen 35 und 44 Jahren lag die Engagementquote mit 24% höher als bei der nächstjüngeren Gruppe. In dieser Altersgruppe können auch die Familiengründung und damit verbundene Aktivitäten erklären, warum diese Altersgruppe verstärkt freiwillig engagiert war.

Im Alter zwischen 45 und 54 Jahren waren gegenüber der jüngeren Gruppe mit 27% wiederum ein höherer Prozentsatz der Migranten freiwillig engagiert, und bei den 55- bis 64-jährigen Migranten übte sogar fast jeder dritte (31%) eine freiwillige Tätigkeit aus. Unter Migranten über 65 Jahren war das Engagement geringer ausgeprägt (19%). Dieses im Vergleich zu jüngeren Befragten niedrigere Engagementniveau war allerdings auch bei älteren Nicht-Migranten zu beobachten (27%) und ist hauptsächlich auf die eingeschränkten Möglichkeiten für freiwilliges Engagement im fortgeschrittenen Alter zurückzuführen.

Interessant ist, dass sich das Muster der Engagementbeteiligung junger Nicht-Migranten und junger Migranten im Alter bis zu 34 Jahren in gewisser Hinsicht ähnelt. So sind sowohl junge Migranten als auch junge Nicht-Migranten bis 34 Jahre weniger stark engagiert als Personen in den Altersgruppen von 35 bis 65 Jahren. Außerdem liegt das Engagement der 25- bis 34-Jährigen bei Migranten wie Nicht-Migranten unter dem der 14- bis 24-Jährigen. Während die Nicht-Migranten im Alter zwischen 35 und 44 Jahren mit

44% deutlich stärker engagiert waren als die 25- bis 34-jährigen Nicht-Migranten (36%), gibt es an dieser Altersgrenze bei den Migranten einen weniger großen „Sprung" nach oben. Bei den Nicht-Migranten geht ab der Altersgrenze von 45 Jahren die Engagementbeteiligung (leicht) zurück. Die Engagementquoten von Migranten und Nicht-Migranten nähern sich insbesondere in der Altersgruppe der 55- bis 64-Jährigen einander an, ohne sich allerdings zu erreichen. Diese Befunde nach dem Lebensalter deuten damit indirekt auf die zunehmende gesellschaftliche Einbindung hin, insbesondere der im Ausland geborenen Migranten.

Bei der Analyse nach Erwerbsstatus fällt auf, dass sich bei Migranten die Engagementbeteiligung der einzelnen Gruppen – mit Ausnahme der arbeitslosen Migranten – nur geringfügig voneinander unterscheidet (Tabelle M2). Migranten in der Ausbildungsphase waren zu 27% freiwillig engagiert. Migranten im Ruhestand blieben mit 25% nicht weit dahinter zurück, desgleichen erwerbstätige Migranten (24%). Bei den Nicht-Migranten gibt es dagegen große Unterschiede. Erwerbstätige Nicht-Migranten waren eine besonders engagierte Gruppe. Arbeitslose Migranten wiesen mit 7% eine sehr niedrige Engagementquote auf, während arbeitslose Nicht-Migranten zu fast einem Drittel engagiert waren (30%). Allerdings sind viele arbeitslose Migranten durchaus am freiwilligen Engagement interessiert. Sogar mehr als die Hälfte von ihnen könnte es sich vorstellen, freiwillig tätig zu werden (56%). Knapp jeder vierte arbeitslose Migrant ist sogar bestimmt bereit, eine freiwillige Tätigkeit aufzunehmen (24%).

Als letztes soziodemografisches Merkmal soll die Engagementbeteiligung von Migranten und Nicht-Migranten nach formalem Bildungsstatus analysiert werden. Bei diesem Merkmal wird der enge Zusammenhang zwischen formal höherer Bildung und höherer Engagementbeteiligung sowohl bei Migranten als auch bei Nicht-Migranten deutlich (Tabelle M2). So steigt die Engagementquote von Nicht-Migranten und Migranten mit der formalen Schulbildung. Allerdings ist dieser Zusammenhang bei Migranten weniger deutlicher ausgeprägt als bei den Nicht-Migranten. Der Zusammenhang von Bildung und Engagement kommt bei Migranten deutlicher beim Engagementpotenzial zum Vorschein. Jeder fünfte hoch gebildete Migrant und 16% der Migranten mit mittlerer formaler Schulbildung interessierten sich mit Bestimmtheit für eine freiwillige Tätigkeit.

Die Wahrscheinlichkeit, dass sich Migranten engagieren, war ähnlich wie bei Nicht-Migranten neben Strukturmerkmalen, wie z.B. der formalen Schulbildung oder der Aufenthaltsdauer, von sozial-integrativen bzw. kulturellen Merkmalen abhängig. Wie bei Nicht-Migranten ist insbesondere die Größe des Freundes- und Bekanntenkreises von hoher Bedeutung. Je größer der Freundes- und Bekanntenkreis, desto größer die Wahrscheinlichkeit, dass Migranten freiwillig engagiert sind. Daneben hängen die Bindung an die Kirche bzw. eine Religionsgemeinschaft und die soziale Unterstützung für Personen außerhalb des Haushalts eng damit zusammen, dass sich Migranten engagieren.

Außerdem beeinflussen bestimmte Wertekonstellationen die Wahrscheinlichkeit freiwilligen Engagements.[158] Während sozial-integrative Faktoren bei Migranten und Nicht-Migranten die Wahrscheinlichkeit, freiwillig tätig zu sein, ähnlich erklärten, war die Erklärungskraft von Wertefaktoren bei beiden Gruppen unterschiedlich. Bei Migranten hing es deutlich stärker als bei Nicht-Migranten von bestimmten Wertekonstellationen ab, ob sie sich freiwillig engagierten oder nicht. So ist die Wahrscheinlichkeit für Migranten größer, freiwillig engagiert zu sein, wenn sie Kreativitäts- und Engagementwerte besonders wichtig

---

[158] Vgl. zur genaueren Beschreibung des Modells den Hauptbericht, Kapitel 3.1.

finden (z.B. Toleranz anderer Meinungen, Hilfe für Benachteiligte bzw. Randgruppen, politisches Engagement, Phantasie und Kreativität entwickeln). Umgekehrt senkt die Vertretung einer hedonistisch-materiellen Werthaltung sowie von Pflicht- und Ordnungswerten bei Migranten die Wahrscheinlichkeit, eine freiwillige Tätigkeit auszuüben. Mit anderen Worten, eine gleichzeitig ausgeprägt idealistische und normenkritische Werthaltung führt Migranten vermehrt zu freiwilligem Engagement. Diese Werte- und Engagementkonstellation ähnelt derjenigen in der Gruppe der von uns im Freiwilligensurvey befragten Frauen bzw. derjenigen bei den jüngeren Befragten.

4.4 Engagementbereiche

2004 waren 23% der Migrantinnen und Migranten freiwillig engagiert, wobei sie unterschiedlich viele freiwillige Tätigkeiten ausübten. 67% aller engagierten Migranten waren im Rahmen einer Tätigkeit tätig (Nicht-Migranten 64%). Fast jeder vierte engagierte Migrant ging zwei freiwilligen Tätigkeiten nach (24%; Nicht-Migranten 23%) und jeder zehnte engagierte Migrant sogar 3 oder mehr Tätigkeiten (10%). Durchschnittlich übten engagierte Migranten 1,4 Tätigkeiten aus, Nicht-Migranten waren mit durchschnittlich 1,5 Tätigkeiten pro engagierter Person etwas häufiger mehrfach engagiert als Migranten.[159]

Der Bereich „Schule und Kindergarten" ist der größte Bereich für freiwilliges Engagement von Migranten (7%, Grafik M12). Einen fast gleich wichtigen Bereich (unter Nicht-Migranten den größten) stellt der Bereich „Sport und Bewegung" dar, wo 2004 6,5% der Migranten eine freiwillige Tätigkeit ausübten. Mit Abstand folgen der Bereich „Kirche und Religion" sowie der soziale Bereich, wo 2004 die freiwilligen Tätigkeiten von 4% der Migranten angesiedelt waren. Weitere wichtige Bereiche sind „Kultur und Musik" (3,5%) sowie „Freizeit und Geselligkeit" (2,5%), die beide bei den Nicht-Migranten eine wesentlich größere Bedeutung besitzen als bei Migranten. Kleinere Bereiche, wie „Berufliche Interessenvertretung" (1,5%), „Feuerwehr und Rettungsdienste" (1%), „Lokales Bürgerengagement" (1%) und andere, spielen nur eine geringe Rolle beim freiwilligen Engagement von Migranten.

Vergleicht man die Rangfolge der Tätigkeitsbereiche von Migranten mit der Rangfolge der Tätigkeitsbereiche von Nicht-Migranten, ergeben sich unter den ersten sechs Engagementbereichen nur zwei Unterschiede. Der Bereich „Sport und Bewegung", häufigster Tätigkeitsbereich bei den Nicht-Migranten, wird durch den großen Bereich der Migranten „Kindergarten und Schule" auf den zweiten Platz verdrängt. Bei Migranten steht außerdem der soziale Bereich an vierter Stelle, während er bei Nicht-Migranten an fünfter Stelle rangiert. Sowohl bei Migranten als auch bei Nicht-Migranten nehmen die Bereiche „Kirche und Religion", „Kultur und Musik" und „Freizeit- und Geselligkeit" die Rangplätze drei bis sechs ein.

Ebenso wie Männer und Frauen ohne Migrationshintergrund in unterschiedlichen Engagementbereichen tätig sind, gibt es auch für Migrantinnen bzw. Migranten typische Engagementfelder (Grafik M13). Die meisten Migrantinnen, nämlich 9%, waren 2004 im Bereich „Schule und Kindergarten" engagiert. Dieses Ergebnis überrascht nach den vorangegangenen Analysen nicht. Entsprechend häufig wurden Kinder und Jugendliche von

---

[159] Für die Auswertung auf Tätigkeitenbasis standen insgesamt 407 näher beschriebene Tätigkeiten von Migranten zur Verfügung.

Migrantinnen als Zielgruppe für ihr freiwilliges Engagement genannt (43%; männliche Migranten: 38%).

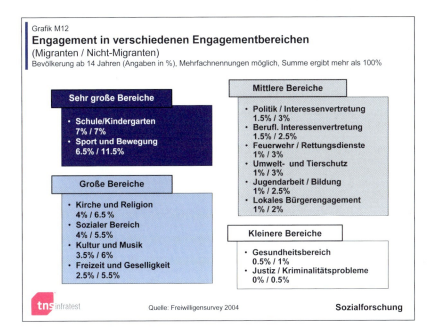

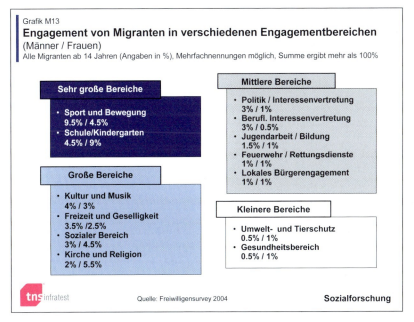

Der religiös-kirchliche und der soziale Kontext sowie „Sport und Bewegung" sind zu jeweils 5,5% bzw. 4,5% Bereiche freiwilliger Tätigkeit von Migrantinnen. Deutlich seltener als männliche Migranten engagierten sich Migrantinnen in Bereichen wie „Kultur und Musik" (3%) und „Freizeit und Geselligkeit" (2,5%), seltener auch im Sportbereich. Diese Sektoren, die weitgehend vom Vereinswesen bestimmt werden, sind also auch bei Migranten männliche Domänen. Das betrifft ebenso die berufliche bzw. die politische Interessenvertretung. Typische weibliche und männliche Tätigkeitsprofile, die auch bei Nicht-Migranten zu beobachten sind, gibt es also auch bei den Migranten. Ein Unterschied besteht darin, dass bei männlichen Migranten bereits an zweiter Stelle der Bereich „Schule und Kindergarten" folgt, nicht wie bei Nicht-Migranten erst an vierter Stelle.

5 Engagementpotenzial von Migranten

Voraussetzung für eine effektive Engagementförderung ist die Kenntnis über die Bereitschaft zum freiwilligen Engagement in den einzelnen Migrantengruppen. Dieses Engagementpotenzial unterscheidet sich in seiner Verbindlichkeit. So konnten sich nicht engagierte Befragte entweder *bestimmt* äußern, heute oder in Zukunft eine freiwillige Tätigkeit aufzunehmen, oder sie konnten eine weniger verbindliche Antwort geben und sich *unter Umständen* bereit erklären, eine freiwillige Tätigkeit aufzunehmen.

Neben den bereits 23% engagierten Migranten bekundet mit 17% eine große Gruppe, in Zukunft bestimmt eine freiwillige Tätigkeit aufnehmen zu wollen (Grafik M14). Außerdem waren weitere 25% unter Umständen bereit, sich zu engagieren. Es verbleibt ein im Vergleich mit Nicht-Migranten etwas größerer Teil an Migranten (35%), der an einer freiwilligen Tätigkeit nicht interessiert ist. D.h. fast zwei Drittel der Migranten haben prinzipiell eine positive Einstellung zum freiwilligen Engagement. Obwohl, ähnlich wie die tatsächliche Engagementbeteiligung der Migranten, auch das Potenzial in unserer Stichprobe überschätzt sein dürfte, kann man dennoch von einer hohen Mobilisierbarkeit der Migranten für freiwilliges Engagement ausgehen. Bei Nicht-Migranten ist, wie wir bereits wissen, der Anteil Engagierter deutlich höher als bei Migranten. Die Bereitschaft zum freiwilligen Engagement ist im Gegenzug allerdings geringer ausgeprägt und stärker von Unverbindlichkeit gekennzeichnet (11% bestimmte Bereitschaft, 20% unverbindlichere Bereitschaft). So steht die Gruppe der Migranten für ein „unausgeschöpfteres" Engagementmuster, die Nicht-Migranten mehr für ein „ausgeschöpfteres", obwohl wir natürlich auch hier, und besonders unter jungen Leuten, noch viel Potenzial für weiteres Engagement haben.

Wir wollen in der Folge drei verschiedene Potenzialtypen freiwilligen Engagements unterscheiden. Eben haben wir das so genannte „externe" Engagementpotenzial bei aktuell nicht Engagierten analysiert. Dieses kann man zweigeteilt betrachten. Zum einen gibt es im Moment nicht engagierte, aber zum Engagement bereite Personen, die auch früher nicht engagiert waren (externes Potenzial I). Die zweite Gruppe umfasst ebenfalls im Moment nicht engagierte (engagementbereite) Personen, die aber früher bereits einmal freiwillig engagiert waren (externes Potenzial II). Eine dritte Potenzialgruppe stellen diejenigen aktuell Engagierten dar, die angaben, dass sie ihr Engagement noch erweitern könnten (so genanntes „internes" Engagementpotenzial).

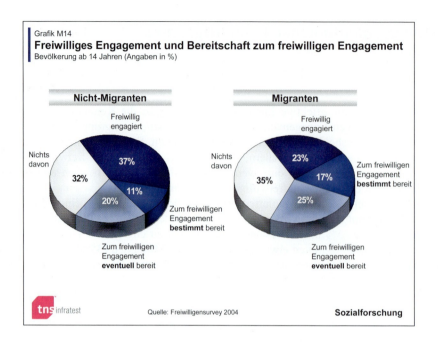

5.1 Potenzial bei bisher nicht engagierten Migranten

Betrachten wir zunächst die verbindliche Bereitschaft der Migranten, die zum Befragungszeitpunkt nicht engagiert waren und auch in der Vergangenheit keine freiwillige Tätigkeit ausgeübt haben. Bestimmt bereit, in Zukunft eine freiwillige Tätigkeit aufzunehmen, erklärte sich mit 19% eine größere Gruppe bei den Migranten als bei den Nicht-Migranten (14%). Gleich groß war beiderseits die weniger verbindlich zum Engagement bereite Gruppe (Tabelle M3).

Migrantinnen und Migranten (jeweils 19%) sowie Männer und Frauen ohne Migrationshintergrund (jeweils 14%) waren in jeweils gleich hohem Maß bestimmt bereit, sich freiwillig zu engagieren. Bei der unverbindlicheren Bereitschaft gaben Migrantinnen zusätzlich etwas häufiger an, sich freiwillig engagieren zu wollen als männliche Migranten (35% zu 32%).

Vergleicht man die Altersgruppen, war die bestimmte Bereitschaft der Migranten zum freiwilligen Engagement in den Altersgruppen bis zur Grenze von 44 Jahren in etwa gleich stark ausgeprägt. Überdurchschnittlich engagementbereit äußerten sich Migranten zwischen 45 und 54 Jahren, die sogar zu 26% bestimmt bereit waren, sich freiwillig zu engagieren. Auf Seiten der Personen ohne Migrationshintergrund zeigten junge Menschen zwischen 14 und 24 Jahren eine weit überdurchschnittliche Engagementbereitschaft. Mit steigendem Alter wird bei Nicht-Migranten weniger bestimmte Engagementbereitschaft bekundet.

Tabelle M3: Bereitschaft zu freiwilligem Engagement nach soziodemografischen Merkmalen

	Früher nicht engagierte Migranten			Früher nicht engagierte Nicht-Migranten		
	N	vielleicht bereit	bestimmt bereit	N	vielleicht bereit	bestimmt bereit
Alle	**47**	**34**	**19**	**52**	**34**	**14**
Männer	49	32	19	50	36	14
Frauen	46	35	19	54	32	14
14-24 Jahre	41	39	20	29	44	27
25-34 Jahre	43	39	18	37	45	17
35-44 Jahre	51	31	18	45	40	15
45-54 Jahre	46	28	26	47	39	14
55+ Jahre	64	25	11	72	21	7
Gemeinschaftlich aktiv	40	36	24	44	37	19
Nicht gemeinschaftlich aktiv	53	32	15	60	30	10
Niederer Bildungsstatus	57	29	14	66	26	8
Mittlerer Bildungsstatus	47	33	20	50	36	14
Höherer Bildungsstatus	40	37	23	38	40	22
Im Ausland geboren	47	33	20	*	*	*
In Deutschland geboren	46	37	17	52	34	14

Wichtig ist, dass sich die Bereitschaft zum freiwilligen Engagement zwischen Migranten, die bereits in einem Verein, einer Organisation, Einrichtung oder Gruppe aktiv waren, und Migranten, die sich nicht außerhalb ihres privaten Umfelds aktiv beteiligten, erheblich unterscheidet. Aktive Migranten interessierten sich nämlich sehr viel häufiger *bestimmt* für eine freiwillige Tätigkeit als Migranten, die sich nicht aktiv beteiligten (24% zu 15%). Die unverbindlichere Bereitschaft, sich unter Umständen zu engagieren, ist unter bereits aktiven Migranten ebenfalls höher als unter nicht aktiven (36% zu 32%). Insbesondere aktive jüngere Migranten, die sich in der Ausbildungsphase befinden, sowie aktive Migrantinnen interessieren sich überdurchschnittlich oft für eine freiwillige Tätigkeit.

Migranten, die bereits in Vereinen, Gruppen oder Einrichtungen organisiert sind, ohne freiwillige Tätigkeiten übernommen zu haben, zeichnen sich also durch eine überdurchschnittlich hohe Bereitschaft zur Übernahme freiwilliger Tätigkeiten aus. Da diese Personengruppe durch ihre Verankerung in organisatorischen Strukturen leichter für eine freiwillige Tätigkeit ansprechbar ist, ist ihre Anwerbung einfacher zu realisieren, als dies bei nicht aktiven Personen der Fall ist. Hier sind die Organisationen gefordert, durch geeignete Ansprache von Migranten das bestehende Engagementpotenzial besser zu nutzen.

Die Bereitschaft zu freiwilligem Engagement ist unter formal höher gebildeten Personen stärker ausgeprägt als unter formal niedrig gebildeten Personen. Wenn sich Migranten allerdings bereits in Organisationen aktiv beteiligen, ist auch die Bereitschaft von formal niedrig gebildeten Migranten erheblich höher, *bestimmt* freiwillig tätig zu werden. Positiv zu bewerten ist, dass niedrig gebildete Migranten deutlich mehr als niedrig gebildete Nicht-Migranten bestimmt zum Engagement bereit sind, ein Unterschied, der sich etwas abgeschwächt auch bei Personen mit mittlerem Bildungsstatus fortsetzt.

Besonders positiv zu bewerten ist, dass auch Migranten, die wir als Aussiedler definieren und die in der Vergangenheit keine freiwillige Tätigkeit ausübten, eine hohe Bereitschaft haben, sich zu engagieren. Hier ist die Bereitschaft allerdings wieder davon abhängig, wie lange sie bereits in Deutschland lebten. Aussiedler, die seit 1990 nach Deutschland kamen, äußerten eine erheblich geringere Bereitschaft, sich engagieren zu wollen, als Aussiedler, die vor 1990 nach Deutschland kamen (13% zu 29%). Daneben ist auch die Engagementbeteiligung von Aussiedlern, die erst seit 1990 in Deutschland leben, sehr gering (14%). Aussiedler, die sich aktiv beteiligen, ohne bereits engagiert gewesen zu sein, äußerten sich deutlich aufgeschlossener für eine freiwillige Tätigkeit als nicht aktive Aussiedler (16% zu 11% *bestimmte* Bereitschaft).

5.2 Potenzial bei früher engagierten Migranten

Im Freiwilligensurvey 2004 waren nur 23% der aktuell nicht engagierten Migranten in der Vergangenheit engagiert, mit 37% waren das deutlich mehr Personen ohne Migrationshintergrund. Das erklärt sich teilweise aus der jüngeren Migrantenstichprobe. Ältere Menschen hatten im Laufe ihres Lebens mehr Gelegenheiten zu freiwilligem Engagement. Außerdem sind die Migranten auch aktuell deutlich weniger freiwillig engagiert als die Nicht-Migranten.

Der überwiegende Anteil der früher freiwillig Engagierten bewertete das Engagement im Rückblick als eher positiv (63%) bzw. sehr positiv (30%). Nur 7% der ehemals Engagierten blickten auf eher negative oder sehr negative Erfahrungen zurück. Migrantinnen, die früher engagiert waren, fällten ein etwas positiveres Urteil als männliche Migranten.

Als persönliche Hauptgründe für die Beendigung der freiwilligen Tätigkeit wurden familiäre und berufliche Gründe genannt, außerdem Umzug und die zeitliche Begrenzung der freiwilligen Tätigkeit (Grafik M15). Nicht-Migranten nannten vermehrt berufliche Gründe. Die von vornherein zeitliche Begrenzung der Tätigkeit war bei Migranten sogar die zweithäufigste Ursache für die Beendigung des Engagements (26%), Personen ohne Migrationshintergrund nannten diesen Beendigungsgrund weitaus seltener (16%). Die Tatsache, dass aktuell engagierte Migranten häufiger als Nicht-Migranten zeitlich begrenzte Tätigkeiten ausüben, erklärt diesen Unterschied teilweise. Zeitliche Begrenzung ist typisch für den Bereich „Schule und Kindergarten", der wiederum für Migranten besonders wichtig ist. Von Migranten werden außerdem häufiger schulische bzw. mit Ausbildung und Studium verbundene Gründe als Beendigungsgrund des Engagements genannt. Diese Gründe hängen mit dem größeren Anteil jüngerer Menschen in der Migrantenstichprobe zusammen. Diese Altersstruktur führte auch dazu, dass bei früher engagierten Migranten gesundheitliche Gründe (die von älteren Befragten besonders häufig genannt werden) die geringste Rolle bei der Beendigung des freiwilligen Engagements spielten.

Männliche Migranten gaben am häufigsten berufliche Gründe für die Beendigung des Engagements an (35%), während bei Migrantinnen familiäre Gründe die Hauptursache darstellten (33%; keine Grafik). Diesen Unterschied beobachten wir auch bei Männern und Frauen ohne Migrationshintergrund. Zeitliche Befristung ist für Migrantinnen typischer (28%) als für Migranten (23%). Insbesondere erwerbstätige Migranten und Migranten in Schule und Ausbildung bzw. Studium haben ihre freiwillige Tätigkeit vermehrt wegen der zeitlichen Befristung beendet.

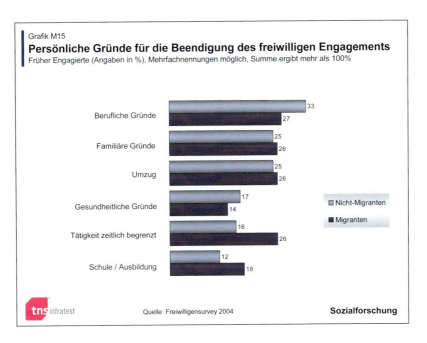

Neben persönlichen Gründen können aber auch Umstände, die mit der Tätigkeit zusammenhängen, Anlass für die Beendigung des Engagements gewesen sein. So wurde von etwa zwei Dritteln der ehemals engagierten Migranten der hohe zeitliche Aufwand als Beendigungsgrund genannt (66%, Grafik M16). Zeitliche Engpässe bildeten bei Migranten und Nicht-Migranten mit Abstand den wichtigsten Beendigungsgrund für freiwilliges Engagement. Migranten waren von der fehlenden Ressource Zeit jedoch stärker betroffen als ehemals Engagierte ohne Migrationshintergrund (55%). Insbesondere erwerbstätige Migranten und Schüler bzw. Migranten in Ausbildung oder Studium konnten den zeitlichen Aufwand nicht mehr erbringen.

Der zeitliche Engpass könnte unter Umständen auch daher rühren, dass sich zu wenige Engagierte zusammenfanden, was 30% der ehemals engagierten Migranten als Grund für die Aufgabe der Tätigkeit angaben. Dass die Gruppe oder Organisation aufgelöst wurde, gaben mit 29% der ehemals Engagierten deutlich mehr Migranten als Nicht-Migranten an. Problematisch ist zudem die Tatsache, dass jeder fünfte ehemals engagierte Migrant angab, überfordert gewesen zu sein (22%). Unter ehemals Engagierten ohne Migrationshintergrund gaben nur 15% an, wegen Überforderung die freiwillige Tätigkeit aufgegeben zu haben. Besonders häufig wurde dieser Grund von Schülern bzw. Migranten in Ausbildung bzw. Studium (32%) sowie von Nichterwerbstätigen (34%) genannt.

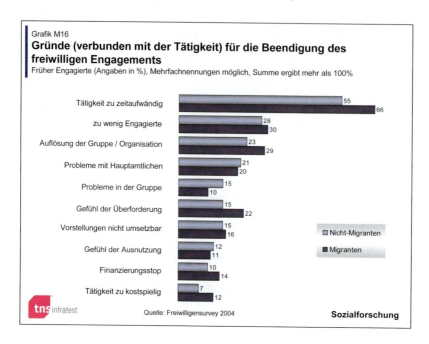

Finanzielle Gründe wie ein genereller Finanzierungsstopp und eine zu kostspielige Tätigkeit wurden zwar nicht als wichtigste Gründe genannt, aber von den ehemals engagierten Migranten in höherem Maße als Abbruchgrund genannt als von Ehemaligen ohne Migrationshintergrund. Vor dem Hintergrund einer schlechteren finanziellen Situation von Migranten (auch von engagierten Migranten) sollte auch dieses Problem ernst genommen werden. Ein Ansatzpunkt wäre hier, engagierten Migranten häufiger als bisher die Möglichkeit einzuräumen, gegen Nachweis eine Kostenerstattung zu erhalten. 2004 konnten Migranten im Rahmen von 37% ihrer freiwilligen Tätigkeiten Kostenerstattungen erhalten, Nicht-Migranten war dies bei 44% ihrer Tätigkeiten möglich.

Die Hauptprobleme für ehemalige Migranten waren also stärker bei den zeitlichen und personellen Ressourcen für die freiwilligen Tätigkeiten zu suchen: Zeitmangel, zu wenige Mitstreiter und wohl nicht selten damit verbunden die Auflösung von Gruppen und Organisationen. Diese erhöhten Ressourcenprobleme gehen bei Migranten vermehrt mit Überforderungsgefühlen einher.

Diese besonderen Probleme der Migranten werden wieder zur Sprache kommen, wenn es um die von den Migranten vorgenommene Bewertung der Rahmenbedingungen in den Organisationen bzw. der Unterstützung von Seiten des Staats und der Öffentlichkeit geht.

Auch wenn ehemals engagierte Migranten mit mehr Problemen im Rahmen ihrer freiwilligen Tätigkeit zu kämpfen hatten, bewerten sie ihr Engagement insgesamt überwiegend positiv. Es stellt sich von daher die Frage, wie hoch die Bereitschaft zur Wiederaufnahme einer freiwilligen Tätigkeit in dieser Gruppe ist. Tatsächlich äußern ehemals engagierte Migranten eine besonders hohe verbindliche Bereitschaft, wieder eine freiwillige Tätigkeit aufzunehmen. 33% der ehemals Engagierten sind bestimmt bereit, sich wieder freiwillig zu engagieren. Das sind deutlich mehr als unter Migranten, die noch keine freiwillige Tätigkeit ausgeübt haben (19%). Fast jeder dritte Migrant kann sich also einen Wiedereinstieg gut vorstellen. Diejenigen Personen, die ehemals engagiert waren und für die erneutes Engagement nicht in Frage kommt, sind hauptsächlich ältere Migranten.

Vergleicht man die Bereitschaft ehemals engagierter Migranten mit der Bereitschaft ehemals engagierter Nicht-Migranten, so bekundeten Migranten in größerem Maß ihre bestimmte Bereitschaft, wieder ein Engagement aufzunehmen, als Nicht-Migranten. Nur 34% der ehemals engagierten Migranten schlossen die erneute Aufnahme einer freiwilligen Tätigkeit für sich aus, während dies auf 43% der Nicht-Migranten zutraf. Die Motivation unter Migranten zum erneuten Engagement ist also trotz vermehrter Problembelastung höher.

5.3 Potenzial bei bereits engagierten Migranten

Engagierte Migranten sind zeitlich etwa gleich stark durch ihr freiwilliges Engagement gefordert wie engagierte Nicht-Migranten. Dennoch ist fast jeder zweite freiwillig engagierte Migrant bereit, sein Engagement auszudehnen (49%; Grafik M17), während das bei Nicht-Migranten mit 40% deutlich weniger waren. Die Bereitschaft ist insbesondere in der Altersgruppe 14-30 Jahre hoch, in der über zwei Drittel aller Engagierten einer Erweiterung zustimmen (68%). Mit dem Alter nimmt jedoch die Bereitschaft ab. So waren in der Gruppe der 31- bis 45-jährigen Migranten 47% bereit, sich über ihr momentanes Engagement hinaus einzubringen. Sowohl bei Migranten als auch bei Migrantinnen ist in dieser Altersgruppe weniger Expansionspotenzial als bei den jüngeren Engagierten zu erkennen, was auf vermehrte berufliche und familiäre Verpflichtungen schließen lässt. Von den 46- bis 65-jährigen engagierten Migranten stimmen immerhin noch 30% einer Erweiterung des Engagements zu.

Wir können somit die Erkenntnisse zum Engagementpotenzial kurz zusammenfassen. Die Bereitschaft für die Aufnahme bzw. Erweiterung einer freiwilligen Tätigkeit unter Migranten steht auf breiter Basis. Das gilt auch, wenn man berücksichtigt, dass diese Potenziale bei den von uns abgebildeten Migranten höher sein dürften als in der Gruppe der Migranten insgesamt. Insbesondere ist Potenzial unter Migranten vorhanden, die bereits Erfahrungen mit dem Engagement gemacht haben. Wie wir später jedoch sehen werden, sind engagierte Migranten stärker als Nicht-Migranten mit Problemen bei ihren freiwilligen Tätigkeiten konfrontiert und bedürfen vermehrt der Unterstützung durch Vereine, Organisationen und Einrichtungen sowie durch Staat und Öffentlichkeit. Nur so können engagierte

Migranten dauerhaft im freiwilligen Engagement gehalten bzw. mehr Migranten für das Engagement gewonnen werden.

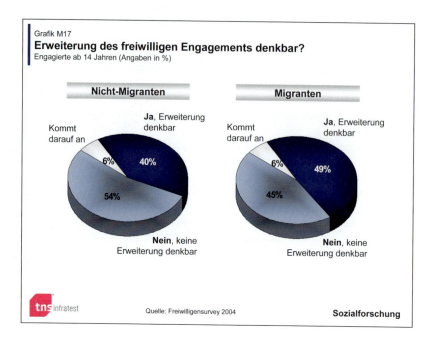

6 Motivation für das Engagement von Migranten

6.1 Selbstverständnis des freiwilligen Engagements

Für 31% aller freiwilligen Tätigkeiten wählten Migranten den Begriff „Ehrenamt", wohingegen Nicht-Migranten 36% ihrer Tätigkeiten als „Ehrenamt" verstanden haben wollten (Grafik M18). Zwar wollten mit zunehmendem Alter auch mehr Migranten ihre Tätigkeit als „Ehrenamt" verstanden wissen, doch wählten in allen Altersgruppen mehr Nicht-Migranten den Begriff „Ehrenamt" für ihre Tätigkeiten als Migranten. Nach Geschlecht betrachtet war dieser Begriff für die Tätigkeiten von Frauen – unabhängig vom Migrationshintergrund – weniger treffend als für die Tätigkeiten von Männern.

Die Tatsache, dass die Bedeutung des Begriffs „Ehrenamt" unter Nicht-Migranten größer war als unter Migranten, kann damit zusammenhängen, dass weniger Migranten in ihre freiwillige Tätigkeit *gewählt* wurden. Denn oftmals wird ein „Ehrenamt" nur dann als solches verstanden, wenn es sich um eine Tätigkeit handelt, in die man durch Wahl gelangte. Tatsächlich wurden Tätigkeiten, in die Engagierte durch Wahl gelangten, von Migranten und Nicht-Migranten gleichermaßen als „Ehrenamt" bezeichnet (49% bzw. 48%). Engagierte, die nicht in ihre Tätigkeit gewählt wurden, gaben nur zu 27% (Nicht-Migranten) bzw. zu 20% (Migranten) an, ein Ehrenamt auszuüben. In dieser Gruppe wurde die Bezeichnung „Freiwilligenarbeit" bevorzugt (51% Nicht-Migranten, 55% Migranten).

Eine etwas größere Bedeutung als für Nicht-Migranten hatte für Migranten der Begriff „Freiwilligenarbeit". 46% der Tätigkeiten wurden als „Freiwilligenarbeit" bezeichnet (43% Nicht-Migranten). Allerdings gab es dabei einen großen Unterschied der Geschlechter: Migrantinnen bezeichneten über die Hälfte ihrer Tätigkeiten als „Freiwilligenarbeit" (55%) und männliche Migranten nur ein reichliches Drittel der Tätigkeiten (36%). Insbesondere für Tätigkeiten von Migranten in der Ausbildungsphase (52%) sowie für Tätigkeiten von nichterwerbstätigen Migranten (53%) war der Begriff „Freiwilligenarbeit" zutreffend.

Jede zehnte Tätigkeit wurde von Migranten als „bürgerschaftliches Engagement" bezeichnet, ein Begriff, der bei jüngeren Migranten bis 45 Jahre ebenso wie bei Migranten ab 46 Jahren beliebt war. Als „Initiativen bzw. Projektarbeit" wollten Migranten 6% der Tätigkeiten verstanden wissen. In dieser Weise bezeichnete Tätigkeiten wurden am häufigsten von Migranten bis 45 Jahre ausgeübt.

Überdurchschnittlich viele Tätigkeiten wurden von den Engagierten als „nebenberufliche Tätigkeit" bezeichnet (5%). Es könnte somit der Verdacht entstehen, dass es sich dabei nicht um freiwilliges Engagement handelt, sondern um einen bezahlten „Nebenjob". Da auch die Frage nach einem Zusammenhang mit dem derzeitigen oder früheren Beruf im Fragebogen enthalten war, konnten wir das überprüfen. Ein Zusammenhang wurde jedoch, auf Basis sehr geringer Fallzahlen, nur für ein Drittel der Tätigkeiten mit nebenberuflichem Charakter berichtet.[160] Es liegt daher die Vermutung nahe, dass einige engagierte Migranten

---

[160] Tätigkeiten von Engagierten ohne Migrationshintergrund, die zu 2% als nebenberufliche Tätigkeit bezeichnet wurden, hatten in 39% der Fälle einen Bezug zum derzeitigen oder früheren Beruf.

im Interview den Begriff wortwörtlich als Tätigkeit verstanden haben, die sie neben ihrer eigentlichen beruflichen Tätigkeit ausüben, also „neben ihrem Beruf".

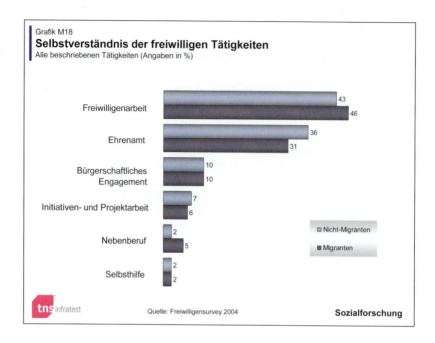

6.2 Zielgruppenspezifisches Engagement

Im Vergleich mit Nicht-Migranten konnte das Engagement von Migranten als stark zielgruppenorientiert charakterisiert werden. 66% der Tätigkeiten von Migranten wandten sich an bestimmte Personengruppen (Grafik M19), dagegen nur 58% der Tätigkeiten bei Nicht-Migranten. Die größte Zielgruppe engagierter Migranten waren „Kinder und Jugendliche" (41%), insbesondere die von Migrantinnen. Dabei standen häufiger als bei Nicht-Migranten Schulkinder bis 14 Jahre im Mittelpunkt des Engagements (44% zu 29%). Weniger oft als bei Nicht-Migranten war das Alter der Kinder und Jugendlichen gemischt (21% bei Tätigkeiten von Migranten, 35% bei Tätigkeiten von Nicht-Migranten).

Wenn Eltern sich für Kinder und Jugendliche engagierten, ging es dabei in zwei Drittel der Fälle auch um die eigenen Kinder. Dies traf in gleichem Maße für Migranten und Nicht-Migranten zu (jeweils 68%). Das heißt, Kinder im Haushalt tragen dazu bei, dass sich Eltern freiwillig engagieren.

Als Zielgruppe für die freiwillige Tätigkeit konnten neben Kindern und Jugendlichen auch „Zuwanderer, Ausländer und Flüchtlinge" genannt werden. Es war zu erwarten, dass Personen mit Migrationshintergrund sich verstärkt für diese Zielgruppe engagieren als Personen ohne Migrationshintergrund. Dies war der Fall, jedoch war der Unterschied weniger stark, als man vielleicht vermuten konnte. Erst an fünfter Stelle, nach den Zielgruppen „Kinder und Jugendliche" (41%), „Familien" (7%) bzw. „Ältere Menschen" (7%) rangierten bei Migranten Tätigkeiten für „Zuwanderer, Ausländer und Flüchtlinge" (4% der Tätigkeiten).

Insbesondere Männer mit Migrationshintergrund richteten ihre freiwillige Tätigkeit stärker auf die Zielgruppe „Zuwanderer, Ausländer und Flüchtlinge" aus (6% der Tätigkeiten), die somit die zweitwichtigste Zielgruppe für ihr freiwilliges Engagement darstellte. Die Tätigkeiten von Migrantinnen konzentrierten sich neben Kindern und Jugendlichen (43%) stärker auf ältere Menschen (10%), Familien (9%) und Frauen (6%). Die Zielgruppe „Zuwanderer, Ausländer und Flüchtlinge" gaben Frauen nur für 3% ihrer Tätigkeiten an.

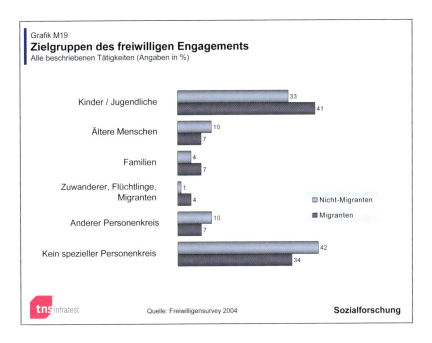

Bei der Frage nach dem Personenkreis für ihr freiwilliges Engagement ist allerdings zu berücksichtigen, dass sich die Befragten für eine Zielgruppe entscheiden oder auf die Kategorie „Kein spezieller Personenkreis" ausweichen mussten. Bei Überschneidungen zwischen den Zielgruppen (z.B. Sprachunterricht für Kinder mit Migrationshintergrund) mussten sich die Befragten entweder für „Kinder und Jugendliche" oder „Zuwanderer, Ausländer, Flüchtlinge" oder aber für die unbestimmte Kategorie entscheiden. Wir haben deshalb die Tätigkeiten der Migranten auf ihre genaue Beschreibung hin überprüft. Die Neuzuordnung der offenen Angaben ergab, dass 11% der Tätigkeiten aller Migranten direkt mit der Zielgruppe „Zuwanderer, Ausländer und Flüchtlinge" zu tun hatten.

Dabei waren die Tätigkeiten von Migrantinnen und Migranten gleichermaßen auf andere Migranten hin ausgerichtet. Migrantinnen entschieden sich also meistens für eine andere Zielgruppenkategorie, auch wenn sie sich für Migranten einsetzten. Überprüft man nun, bei welchen Zielgruppen (außer Zuwanderern, Flüchtlingen, Migranten) es Überschneidungen gab, so war dies in erster Linie bei der Zielgruppe „Kinder und Jugendliche" der Fall. 46% der Tätigkeiten, die nach Überprüfung einen Migrationshintergrund aufwiesen und nicht der Zielgruppe Zuwanderern, Flüchtlingen, Migranten zugeordnet wurden, wurden von den Befragten der Zielgruppe „Kinder und Jugendliche" zugeordnet.

Die nachträgliche Überprüfung zeigt, dass die Zielgruppen von Befragten oftmals mehrere Facetten haben, wodurch eine genaue Zuordnung zu einer einzigen Zielgruppe schwierig ist.

6.3 Erwartungen an die freiwillige Tätigkeit

Engagierte Menschen verbinden bestimmte Erwartungen mit ihrer freiwilligen Tätigkeit. Neben „gemeinnützigen" Erwartungen, wie „anderen Menschen helfen" oder „etwas für das Gemeinwohl tun", spielt auch eine Reihe von persönlichen Aspekten eine Rolle. So soll die freiwillige Tätigkeit auch Spaß bereiten, die Engagierten mit anderen Menschen zusammenführen und zur Erweiterung ihrer Kenntnisse und Erfahrungen dienen (Grafik M20). Die wichtigsten Erwartungen von Migranten wie Nicht-Migranten waren recht ähnlich ausgeprägt. Bei den Erwartungen an die weiteren Aspekte der freiwilligen Tätigkeit war die Rangfolge der Erwartungen die gleiche, der Grad der Zustimmung war bei Migranten jedoch oftmals stärker.

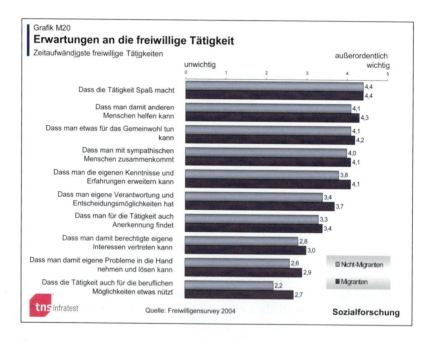

Erhöht sind die Erwartungen der Migranten, mit der freiwilligen Tätigkeit sympathische Menschen kennen zu lernen. Aber auch die Erweiterung ihres persönlichen „Horizontes" durch das freiwillige Engagement, das einen Zuwachs an Kenntnissen und Erfahrungen sowie eigene Entscheidungsspielräume bieten soll, waren für Migranten wichtiger als für Nicht-Migranten. Besonders stark wichen die Erwartungen der Migranten und Nicht-

Migranten bei der Erwartung eines beruflichen Nutzens der Tätigkeit voneinander ab. Während Migranten diesen Punkt mehrheitlich als wichtig ansahen, war dieser vor allem westdeutschen Engagierten ohne Migrationshintergrund eher unwichtig. Ähnlich erhöhte Erwartungen an ihre freiwillige Tätigkeit bekundeten allerdings ostdeutsche Engagierte. Auch hier dürfte ein größerer sozialer Problemdruck zu gesteigerten Erwartungen an die freiwillige Tätigkeit geführt haben. Das zeigt sich bei Migranten auch besonders darin, dass sie mit der freiwilligen Tätigkeit vermehrt auch eigene Probleme lösen wollen.

Migranten hatten also eine gesteigerte Erwartungshaltung an ihre freiwillige Tätigkeit, wobei Migrantinnen bis auf zwei Ausnahmen noch größere Erwartungen hatten als Migranten (Grafik M21). Migrantinnen erhofften sich von ihrer freiwilligen Tätigkeit sehr viel stärker als Migranten die Möglichkeit, eigene Interessen zu verfolgen, eigene Kenntnisse und Erfahrungen zu erweitern und vor allem eigene Probleme zu lösen sowie einen beruflichen Nutzen aus der Tätigkeit zu ziehen.

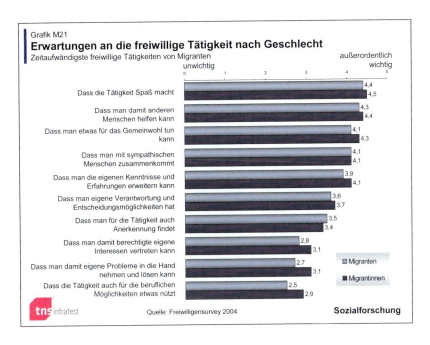

Die hohen Erwartungen, die Migranten an ihre freiwillige Tätigkeit stellten, erwecken den Verdacht, dass das freiwillige Engagement von vielen Migranten eine Art „Selbsthilfe" darstellt, um die persönliche und ökonomische Lage mittel- und längerfristig zu verbessern. Migranten bezeichneten ihre Tätigkeiten zwar nur zu 3% als „Selbsthilfe", doch scheinen sie sich mit ihrer freiwilligen Tätigkeit oftmals auch in einem weiteren Sinne „selbst helfen zu wollen". Dieser Antrieb zeigte sich im hohen Grad an Eigeninitiative, mit der Migranten zu ihrem Engagement kommen. Migranten kamen zu 45% ihrer freiwilligen Tätigkeiten durch Eigeninitiative, während das nur auf 38% der freiwilligen Tätigkeiten von Nicht-Migranten zutrifft (nicht grafisch ausgewiesen). Besonders junge Migranten hatten ihre

Tätigkeit auf eigene Initiative hin gefunden (60% der Tätigkeiten von jungen Migranten, 45% der Tätigkeiten von jungen Nicht-Migranten).

Junge Migranten zwischen 14 und 30 Jahren hatten zwar eine Reihe ähnlicher Erwartungen an ihre freiwillige Tätigkeit wie junge Menschen ohne Migrationshintergrund (Grafik M22). Sie verbinden diese Erwartungen aber stärker als Nicht-Migranten mit der Hoffnung, Anerkennung zu erhalten, eigene Interessen zu verfolgen und vor allem eigene Probleme zu lösen und einen beruflichen Nutzen aus dem Engagement zu ziehen. Besonders in den letzten beiden Punkten wichen die Erwartungen zwischen jungen Menschen mit und ohne Migrationshintergrund stark voneinander ab. Hieran wird indirekt auch deutlich, dass Jugendliche mit Migrationshintergrund in ihrem beruflichen und privaten Alltag mit mehr Problemen konfrontiert sind, als dies für Jugendliche ohne Migrationshintergrund der Fall ist.

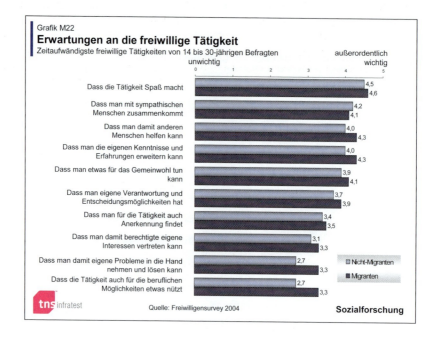

Um eine realistische Einschätzung davon zu erhalten, was eine freiwillige Tätigkeit leisten kann oder auch nicht, benötigen junge Migranten, die häufiger als junge Engagierte ohne Migrationshintergrund in Kirchen bzw. Religionsgemeinschaften, in Selbsthilfegruppen oder privaten Einrichtungen engagiert sind, die Hilfe von Ansprechpartnern in den Organisationen. Positiv zu bewerten ist, dass bei 69% der Tätigkeiten von jungen Migranten Ansprechpartner in den Organisationen für die Engagierten vorhanden sind.

7 Strukturen des Engagements von Migranten

7.1 Organisatorische Strukturen des freiwilligen Engagements

Freiwillige Tätigkeiten können in unterschiedliche Organisationsstrukturen eingebettet sein. Die Organisationsform „Verein" spielte bei Migranten wie auch bei Nicht-Migranten die wichtigste Rolle, auch wenn mit 38% weniger Tätigkeiten als von Nicht-Migranten (44%) im Verein stattfanden (Grafik M23). Am zweithäufigsten waren freiwillige Tätigkeiten von Migranten in staatlichen oder kommunalen Einrichtungen angesiedelt. Dies rührt zum einen von dem bei Migranten großen Engagementbereich „Kindergarten und Schule" her. 17% der Tätigkeiten von Migranten, aber nur 12% der Tätigkeiten von Engagierten ohne Migrationshintergrund werden dort ausgeübt. Möglicherweise ist es für Migranten in staatlichen bzw. kommunalen Einrichtungen auch einfacher, Zugang und Anschluss zu finden, als in (kulturell „deutsch" geprägten) Vereinen, deren oftmals kulturell homogene und traditionelle Strukturen Migranten möglicherweise abschrecken bzw. schlecht integrieren.

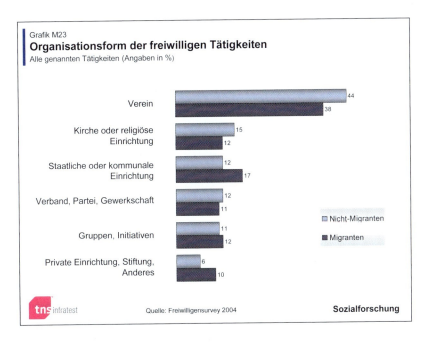

Einen etwas geringeren Stellenwert besaßen kirchliche und religiöse Vereinigungen, in deren Rahmen 12% der Tätigkeiten von Migranten eingebettet waren. Migrantinnen waren mit 22% freiwilligen Tätigkeiten allerdings ungleich häufiger im kirchlich-religiösen Bereich engagiert als Migranten (10%). Mit 42% der Tätigkeiten hatten Männer ihren Organisationsschwerpunkt in Vereinen, Migrantinnen waren nur mit 35% ihrer Tätigkeiten im

Verein engagiert. Selbst organisierte Gruppen und Initiativen wurden von Migranten fast ebenso häufig als Organisationsform genannt wie von Nicht-Migranten (11%). Die „Selbsthilfe" war bei Migranten allerdings etwas wichtiger als bei Nicht-Migranten (3% zu 1%).

7.2 Hauptinhalte der freiwilligen Tätigkeiten und Anforderungen an die Tätigkeiten

Die Hauptinhalte der Tätigkeiten von Migranten waren, wie auch bei Nicht-Migranten, die Organisation von Veranstaltungen und die Verrichtung praktisch-notwendiger Arbeiten (Grafik M24). Eine größere Bedeutung als bei Nicht-Migranten hatten jedoch persönliche Hilfeleistungen, die Durchführung von Hilfsprojekten und die pädagogische Anleitung von Gruppen. Migranten betonten stärker als Personen ohne Migrationshintergrund den „helfenden Charakter" ihrer Tätigkeit. Die Tätigkeiten von Nicht-Migranten konzentrierten sich dagegen stärker auf die Organisation von Veranstaltungen, die Öffentlichkeitsarbeit, die Mitsprache und Mittelbeschaffung. Nicht-Migranten hatten somit ein stärker organisatorisch-repräsentatives Tätigkeitsprofil, während Migranten stärker im Dienst am Menschen standen, ihre Tätigkeiten also einen ausgeprägten „sozial-karitativen" Charakter hatten.

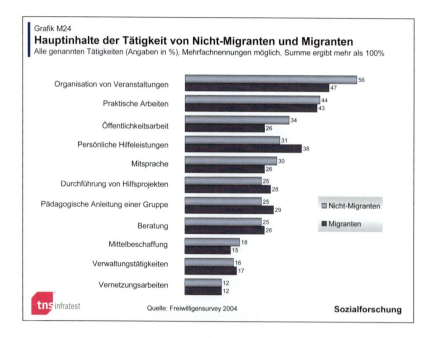

Vergleicht man die Tätigkeitsinhalte von Migranten und Migrantinnen, wird eine typische Rollenverteilung zwischen den Geschlechtern erkennbar, wie sie in abgeschwächter Form auch bei den Nicht-Migranten auftritt. Migrantinnen gaben nämlich sehr viel häufiger als Migranten an, persönliche Hilfe zu leisten (Grafik M25). Weniger oft führen sie Hilfsprojekte durch sowie seltener Öffentlichkeitsarbeit, Vernetzungsarbeit und Verwaltungstätigkeiten, als dies Migranten tun. Die Tätigkeiten der Migrantinnen sind stärker auf das „Helfen" ausgelegt, während Migranten häufiger repräsentative Tätigkeiten sowie Tätigkeiten mit Führungsaufgaben ausführen.

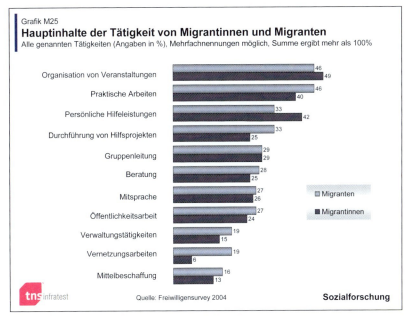

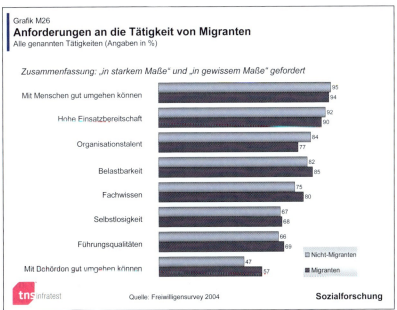

Zu diesem Befund passt die Tatsache, dass mehr als jede dritte Tätigkeit eines Migranten als Leitungs- und Vorstandsfunktion beschrieben wurde (34%; 43% bei Männern ohne Migrationshintergrund), aber nur gut jede fünfte Tätigkeit einer Migrantin (21%; 26% bei Frauen ohne Migrationshintergrund). Insgesamt waren deutlich weniger Tätigkeiten von Migrantinnen und Migranten Leitungs- und Vorstandsfunktionen (27% zu 35% Nicht-Migranten). Von einer „Gleichberechtigung" im Engagement zwischen Migrantinnen und Migranten, wie aufgrund der gleich hohen Engagementquote vermutet werden könnte, kann also nicht gesprochen werden. Offen bleibt, ob Frauen bei ihren freiwilligen Tätigkeiten Führungsposten überhaupt anstreben oder die „Arbeit an der Basis" für sie befriedigender ist.

Freiwillige Tätigkeiten stellen eine Reihe von Anforderungen an die Engagierten. Für die Tätigkeiten von Migranten und Nicht-Migranten trifft es im selben Umfang zu, dass sie gut mit Menschen umgehen können und eine hohe Einsatzbereitschaft zeigen müssen (Grafik M26). Organisationstalent benötigen Migranten seltener bei ihren Tätigkeiten als Nicht-Migranten.

Sehr viel stärker gefordert waren Migranten, wenn es um den Umgang mit den Behörden ging. Für 57% der Tätigkeiten war diese Fähigkeit in starkem Maß bzw. in gewissem Maß gefordert. Dies dürfte zum einen mit den Tätigkeiten im „Bereich Schule und Kindergarten" zusammenhängen, zum anderen aber auch mit Tätigkeiten, die sich (unmittelbar oder mittelbar) der Zielgruppe „Zuwanderer, Ausländer und Flüchtlinge" widmeten.

8 Verbesserungsbedarf bei den Rahmenbedingungen des Engagements

8.1 Forderungen von Migranten an die Organisationen

Fragt man Migrantinnen und Migranten, in welchen Punkten in ihren Organisationen „der Schuh drückt", nennen sie weitaus mehr Probleme als Nicht-Migranten. So sind Migranten stärker im Rahmen ihrer Tätigkeiten mit Ressourcenproblemen konfrontiert (Grafik M27). Wünsche nach mehr Finanzmitteln für Projekte (70%) sowie nach Räumen und Sachmitteln (58%) sind die am häufigsten genannten Forderungen an die Organisationen.

Deutlich dringlicher als Engagierte ohne Migrationshintergrund wünschen sich Migranten Verbesserungen bei den Weiterbildungsmöglichkeiten (48% Migranten, 34% Nicht-Migranten) und bei der fachlichen Unterstützung (46% Migranten, 33% Nicht-Migranten). Erstaunlicherweise haben Migranten einen nur etwas geringeren Zugang zu Weiterbildungsmaßnahmen (deutlicher zurück bleiben allerdings Migrantinnen). Hier scheint sich der hohe Bildungsstatus der Migranten auszuwirken. Insbesondere junge Migranten und Frauen mit Migrationshintergrund forderten bessere Weiterbildungsmöglichkeiten. Das sind, wie bereits analysiert, Gruppen, die sich stark in ihren freiwilligen Tätigkeiten gefordert sehen und häufiger angeben, zumindest manchmal überfordert zu sein.

Auch bei den Themen „unbürokratische Kostenerstattung" sowie „bessere finanzielle Vergütung" ist der Problemdruck höher als bei den Engagierten ohne Migrationshintergrund. Nachvollziehbar werden die Wünsche daher, dass engagierte Migranten zum einen seltener als Engagierte ohne Migrationshintergrund die Möglichkeit haben, eine Kostenerstattung zu erhalten. Migranten können sich nur zu 37% die Kosten ihrer Tätigkeiten erstatten lassen, für Nicht-Migranten ist dies bei 44% der Tätigkeiten möglich. Wenn die Möglichkeit zur Kostenerstattung besteht, machen Migranten zudem seltener als Nicht-Migranten von dieser Gelegenheit Gebrauch. Eventuell scheuen Migranten aufgrund der von ihnen als schlecht wahrgenommenen finanziellen Lage ihrer Organisationen davor zurück, Kosten geltend zu machen.

Dabei hätten engagierte Migranten durchaus Gründe, sich ihre finanziellen Auslagen erstatten zu lassen, da sie ihre finanzielle Situation schlechter einschätzen als dies Engagierte ohne Migrationshintergrund tun. Mehr als jeder vierte engagierte Migrant schätzt seine finanzielle Lage weniger gut oder schlecht ein (26%). Von den engagierten Nicht-Migranten halten dagegen nur 18% ihre Lage für weniger gut oder schlecht.

Wichtiger als die materiellen bzw. finanziellen Aspekte empfanden Migranten die Unterstützung und Anerkennung von Seiten hauptamtlicher Mitarbeiter und Mitarbeiterinnen. 42% der engagierten Migranten war es wichtig, in diesem Bereich Verbesserungen zu erreichen (27% Nicht-Migranten). Insbesondere Migrantinnen wünschen sich mehr Anerkennung (44%), aber auch für engagierte Migranten ist dieser Punkt wichtig (41%).

Vergleicht man die Bedürfnislage der im 2. Freiwilligensurvey befragten Migranten mit der Bedürfnislage der vom Zentrum für Türkeistudien befragten türkeistämmigen Migranten, so ähneln sich die Bedürfnislagen erheblich[161]. Zwar stehen für die türkeistämmigen Migranten Weiterbildungsmöglichkeiten an erster Stelle der Forderungen an die Organisationen, doch es folgen auch hier Ressourcenprobleme, fachliche Unterstützung und eine verbesserte Anerkennungskultur von Seiten der Hauptamtlichen. An letzter Stelle stehen auch bei türkeistämmigen Migranten finanzielle Aspekte.

Um Migranten langfristig an das freiwillige Engagement zu binden und um mehr Migranten für freiwillige Tätigkeiten zu gewinnen, sollten also infrastrukturelle Maßnahmen ergriffen und fachliche, und emotionale Unterstützungsstrukturen verbessert werden.

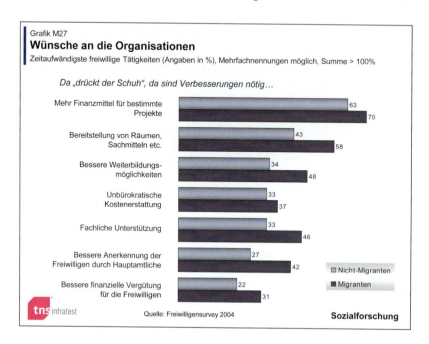

8.2 Forderungen von Migranten an Staat und Öffentlichkeit

Neben den Organisationen können auch der Staat und die Öffentlichkeit Adressat für Wünsche der Freiwilligen sein. Migranten richteten auch an Staat und Öffentlichkeit in größerem Maß Verbesserungswünsche als Nicht-Migranten. Das betrifft auch die Forderung nach besserer Information und Beratung über Möglichkeiten von freiwilligem Engagement, die allerdings in beiden Gruppen an erster Stelle erhoben werden (66% Migranten, 54% Nicht-Migranten; Grafik M28). Offensichtlich sehen die Engagierten Potenzial für eine breitere Beteiligung am Engagement, wenn mehr Menschen über freiwilliges Engagement informiert und beraten würden.

Während nach Meinung der Nicht-Migranten die Präsenz und Anerkennung des freiwilligen Engagements in den Medien die zweite Priorität hat, äußerten Migranten am

---

[161] Zusätzlich zu den im Freiwilligensurvey abgefragten Items hatte das Zentrum für Türkeistudien zwei weitere Items abgefragt, um die Offenheit der deutschen Organisationen für Zuwanderer sowie die menschliche und psychische Unterstützung für die Engagierten zu messen.

zweithäufigsten den Wunsch nach vermehrter Anerkennung freiwilligen Engagements als berufliches Praktikum (60%). Diese besondere Priorität deckt sich mit der verstärkt geäußerten Erwartung von Migranten, einen beruflichen Nutzen aus der Tätigkeit ziehen zu können. Engagierte Migranten, deren Tätigkeit von anderen in beruflicher Form ausgeübt wurde, hatten zudem mehr als entsprechende Nicht-Migranten Interesse daran, ihre freiwillige Tätigkeit selbst beruflich auszuüben.

54% bzw. 50% der engagierten Migranten fordern vom Staat eine bessere steuerliche Absetzbarkeit der Aufwandsentschädigungen bzw. der Unkosten. Zwar hat diese Problematik auf Bundesebene im Vergleich zum Freiwilligensurvey 1999 abgenommen, doch wurde dieser Punkt von Migranten 2004 überdurchschnittlich häufig gefordert. Möglicherweise ist Migranten weniger bekannt, welche Möglichkeiten der Absetzbarkeit von Seiten des Gesetzgebers bereits bestehen. Hier sind Beratung und Information nötig. Ähnliches gilt für die Forderung nach Verbesserungen bei der Haftpflicht- und Unfallversicherung. Hier hat sich die Lage seit 1999 durch Rahmenverträge verschiedener Bundesländer mit Versicherungen erheblich verbessert. Möglicherweise war dieser neu eingerichtete Versicherungsschutz Engagierten mit Migrationshintergrund zum Befragungszeitpunkt nicht bekannt.

Wichtig war engagierten Migranten außerdem, in Presse und Medien – und vor allem in der Öffentlichkeit – mehr öffentliche Anerkennung für ihre Leistungen zu erhalten. Hier könnte sich auch der Wunsch nach einer positiveren Wahrnehmung als aktive und engagierte Migranten ausdrücken, die die Gesellschaft ebenso mitgestalten wie Menschen ohne Migrationshintergrund. Auf diesen deutlich erhöhten Anerkennungsbedarf verweist auch, dass Migranten deutlich mehr öffentliche Ehrungen einfordern als Nicht-Migranten, auch wenn das beiderseits nicht die wichtigste Priorität darstellt.

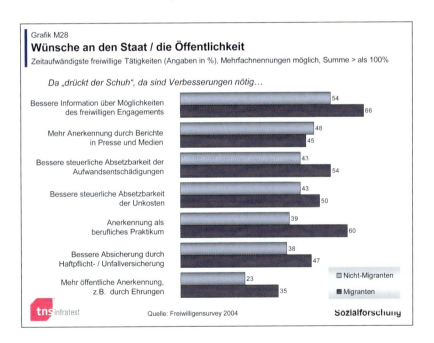

Literaturverzeichnis

Publikationen zum Freiwilligensurvey 2004

Gensicke T.: Bürgerschaftliches Engagement in Deutschland. In: „Aus Politik und Zeitgeschichte", Beilage zur Wochenzeitschrift „Das Parlament" B12, 2006
http://www.bpb.de/publikationen/RPCAP3,0,0,B%FCrgerschaftliches_Engagement_in_Deutschland.html

Gensicke T., Geiss S.: Bürgerschaftliches Engagement: Das politisch-soziale Beteiligungsmodell der Zukunft? Analysen auf Basis der Freiwilligensurveys 1999 und 2004. In: Hoecker B. (Hg.): Politische Partizipation zwischen Protest zwischen Konvention und Protest, Opladen, 2006

Gensicke T., Geiss S.: Freiwilliges Engagement in Deutschland. Ehrenamt, Freiwilligenarbeit und Bürgerengagement im Trend 1999-2004. In: Farago P., Ammann, H.: Monetarisierung der Freiwilligkeit. 5. Tagung der europäischen Freiwilligenuniversität in Luzern, Zürich 2006

Gensicke T.: Generationen in Deutschland, Lebensorientierung und freiwilliges Engagement. Gutachten auf Basis der Freiwilligensurveys 1999 und 2004 für das BMFSFJ, TNS Infratest Sozialforschung, München 2005

Gensicke T.: Wachsende Gemeinschaftsaktivität und steigendes freiwilliges Engagement. Ergebnisse aus dem zweiten Survey „Freiwilliges Engagement in Deutschland". In: Informationsdienst Soziale Indikatoren, Ausgabe 34, 2005
http://www.gesis.org/Publikationen/Zeitschriften/ISI/pdf-files/isi-34.pdf

Gensicke T., Geiss S.: Freiwilliges Engagement in Hessen 1999-2004 im Trend (Freiwilligenarbeit, Ehrenamt, Bürgerengagement), Studie im Auftrag der Hessischen Staatskanzlei, In: Engagement-Land Hessen. Landesstudie zum freiwilligen Bürgerengagement, Hessische Landesregierung, Wiesbaden 2005
http://www.gemeinsam-aktiv.de/aktuelles/FreiwSurvey.pdf

Gensicke T., Lopez-Diaz K.: Freiwilliges Engagement in Rheinland-Pfalz 1999-2004 im Trend (Freiwilligenarbeit, Ehrenamt, Bürgerengagement), Studie im Auftrag des Ministeriums des Innern und für Sport Rheinland-Pfalz. In: Wir tun 'was – Freiwilliges Engagement in Rheinland-Pfalz, Ministerium des Innern und für Sport, Mainz 2005

Gensicke T.: Freiwilliges Engagement in Niedersachsen 1999-2004 im Trend (Freiwilligenarbeit, Ehrenamt, Bürgerengagement), Studie im Auftrag der Niedersächsischen Staatskanzlei, Niedersächsische Staatskanzlei, TNS Infratest Sozialforschung, München 2005

Gensicke T.: Freiwilliges Engagement in Berlin 1999-2004 im Trend (Freiwilligenarbeit, Ehrenamt, Bürgerengagement), Studie im Auftrag Senatsverwaltung für Gesundheit, Soziales und Verbraucherschutz, Berlin, und der Paritätischen Bundesakademie, TNS Infratest Sozialforschung, München 2005
http://www.berlin.de/imperia/md/content/beeportdownload/pdf/3._endbericht_berlin_2004_korrigiert_letzte_fassung.pdf

Gensicke T.: Freiwilliges Engagement in Sachsen-Anhalt 1999-2004 im Trend (Freiwilligenarbeit, Ehrenamt, Bürgerengagement), Studie im Auftrag der Staatskanzlei Sachsen-Anhalt, TNS Infratest Sozialforschung, November 2005

Gensicke T., Lopez-Diaz K.: Freiwilliges Engagement in Sachsen 1999-2004 im Trend (Freiwilligenarbeit, Ehrenamt, Bürgerengagement), Studie im Auftrag des Sächsischen Staatsministeriums für Soziales, Sächsisches Staatsministerium für Soziales, TNS Infratest Sozialforschung, München 2005

Gensicke T., Geiss S., Lopez-Diaz K.: Freiwilliges Engagement in Nordrhein-Westfalen 1999-2004 im Trend (Freiwilligenarbeit, Ehrenamt, Bürgerengagement), Studie im Auftrag der Nordrhein-Westfälischen Staatskanzlei und des Ministeriums für Gesundheit, Soziales, Frauen und Familie, TNS Infratest Sozialforschung, München 2005

Gensicke T., Geiss S.: Freiwilliges Engagement im kirchlich-religiösen Bereich. Studie im Auftrag des Sozialwissenschaftlichen Instituts der Evangelischen Kirche in Deutschland (EKD), TNS Infratest Sozialforschung, München 2005

Gensicke T.: Freiwilliges Engagement in Einrichtungen für ältere Menschen, Kinder und Jugendliche sowie für Menschen mit Behinderungen. Sonderauswertung für die Bundesarbeitsgemeinschaft der Freien Wohlfahrtspflege auf Basis des Freiwilligensurveys 2004, TNS Infratest Sozialforschung, München 2005

Gensicke M., Geiss S.: Formen und Arrangements der Betreuung von Vorschulkindern. Sonderauswertungen auf der Grundlage des Freiwilligensurveys 2004. Studie im Auftrag des Bundesministeriums für Familie, Senioren, Frauen und Jugend, TNS Infratest Sozialforschung, München 2005
http://www.bmfsfj.de/RedaktionBMFSFJ/Abteilung5/Pdf-Anlagen/ freiwilligensurvey, property=pdf.pdf

Gensicke T., Geiss S., Riedel S.: Freiwilliges Engagement in Bayern 1999-2004 im Trend (Freiwilligenarbeit, Ehrenamt, Bürgerengagement), Studie im Auftrag des Bayerischen Staatsministeriums für Arbeit und Sozialordnung, Familie und Frauen, In: Wir für uns - Bürgerschaftliches Engagement in Bayern, Bayerisches Staatsministerium für Arbeit und Sozialordnung, Familie und Frauen, München 2001
http://www.iska-nuernberg.de/landesnetzwerk/survey2004.pdf

Hoch, H., Klie, T., Wegner, M.: Bürgerschaftliches Engagement in Baden-Württemberg. Landesauswertung zu den Ergebnissen des 2. Freiwilligensurvey 2004, Studie im Auftrag des Ministeriums für Arbeit, Soziales und des Ministeriums für Kultus, Jugend und Sport des Landes Baden-Württemberg, Zentrum für zivilgesellschaftliche Entwicklung, Freiburg, 2006

Rittner, V., Keiner, Robert., Keiner, Richard.: Freiwillige Tätigkeit im Sport. Sportbezogene Auswertung der Freiwilligensurveys des BMFSFJ 1999 und 2004, Studie im Auftrag des Bundesinstituts für Sportwissenschaft und des Deutschen Sportbundes, Institut für Sportsoziologie, Deutsche Sporthochschule Köln, Köln 2006

Publikationen zum Freiwilligensurvey 1999

Rosenbladt B. v. (Hg.): Freiwilliges Engagement in Deutschland. Ergebnisse der Repräsentativerhebung zu Ehrenamt, Freiwilligenarbeit und bürgerschaftlichem Engagement in Deutschland, Bd. 1, Schriftenreihe des Bundesministeriums für Familie, Senioren, Frauen und Jugend, Bd. 194.1, Stuttgart/Berlin/Köln, 2. Aufl., 2001

Klages H., Braun J. (Hg.): Zugangswege zum freiwilligen Engagement und Engagementpotential in den neuen und alten Bundesländern, Bd. 2 der Berichte zur Repräsentativerhebung 1999 Schriftenreihe des Bundesministeriums für Familie, Senioren, Frauen und Jugend, Stuttgart/Berlin/Köln, 2. Aufl., 2001

Picot S. (Hg.): Freiwilliges Engagement in Deutschland: Frauen und Männer, Jugend, Senioren, Sport, Bd. 3 der Berichte zur Repräsentativerhebung 1999, Schriftenreihe des Bundesministeriums für Familie, Senioren, Frauen und Jugend, Stuttgart/Berlin/Köln, 2. Aufl., 2001

Brendgens U., Braun J.: Freiwilliges Engagement älterer Menschen. In: Picot S. (Hg.), 2001

Gensicke T.: Individuelle Voraussetzungen für freiwilliges Engagement. Analyse des Zugangs zum freiwilligen Engagement unter besonderer Berücksichtigung der Situation in den neuen Ländern. In: Rosenzweig, B., Eith, U. (Hg.), Schwalbach/Ts. 2004a

Gensicke T., Geiss S.: Erfassung des Freiwilligen Engagements im Freiwilligensurvey und in der Zeitbudgetstudie, in: Statistisches Bundesamt (Hg.): Alltag in Deutschland - Analysen zur Zeitverwendung, Band 43 der Schriftenreihe Forum der Bundesstatistik, Stuttgart 2004

Gensicke T.: Freiwilliges Engagement des ausländischen Bevölkerungsteils. Analysen auf Basis des Freiwilligensurveys 1999, Infratest Sozialforschung, München 2003

Gensicke T.: Freiwilliges Engagement in Ostdeutschland. In: Backhaus-Maul, H., Ebert, O., Jakob G., Olk, T. (Hg.).: Bürgerschaftliches Engagement in Ostdeutschland. Potenziale und Perspektiven, Opladen 2003

Gensicke T., Geiss S.: Keine Zeit für freiwilliges Engagement? In: Rinderspacher, Jürgen P. (Hg): Zeit für alles, Zeit für nichts? Die Bürgergesellschaft und ihr Zeitverbrauch, Bochum 2003

Gensicke T., Hartung S.: Freiwilliges Engagement in Berlin (Freiwilligenarbeit, Ehrenamt, Bürgeengagement), Studie im Auftrag des Berliner Senats/der Paritätischen Bundesakademie Berlin, Infratest Sozialforschung, München 2003

Gensicke T.: Wie spontanes Engagement auf Dauer zu stabilisieren ist. Beim freiwilligen Engagement liegt die Bundesrepublik im Mittelfeld/Thomas Gensicke über die Anforderungen an die Politik, in Frankfurter Rundschau vom 11.März, Frankfurt/Main 2002

Gensicke T.: Freiwilliges Engagement und Engagementpotenzial in den neuen Bundesländern. In: Psychosozial 88 (25), Schwerpunktthema: Soziales Handeln in der Konkurrenzgesellschaft, 2002

Gensicke T.: Freiwilliges Engagement in den neuen und alten Ländern. In: Klages H., Braun, J. (Hg.) 2001a

Gensicke T.: Freiwilliges Engagement in den neuen und alten Bundesländern, in: „Aus Politik und Zeitgeschichte", Beilage zur Wochenzeitung „Das Parlament", B25-26, 2001b

Gensicke T.: Freiwilliges Engagement in Rheinland-Pfalz. Ehrenamt, Freiwilligenarbeit, Bürgerengagement. Landesstudie im Auftrag des Ministeriums für Inneres und Sport, Mainz 2001

Gensicke T.: Freiwilliges Engagement in Bayern: Freiwilligenarbeit, Ehrenamt, Bürgerengagement, Kurzgutachten im Auftrag des Bayerischen Staatsministeriums für Arbeit und Sozialordnung, Familie und Frauen. In: Wir für uns - Bürgerschaftliches Engagement in Bayern, Bayerisches Staatsministerium für Arbeit und Sozialordnung, Familie und Frauen, München 2001

Klages H.: Engagementpotenzial in Deutschland. In: Klages H., Braun J. (Hg.) 2001a

Picot S.: Freiwilliges Soziales Jahr: Eine nachhaltige Form des Engagements? In: Slüter U., Schmidle M., Wissdorf S. (Hg.): Bürgerschaftliches Engagement. Grundlage für Freiwilligendienste, Düsseldorf 2004

Picot S.: Lola rennt. Engagement junger Frauen im Kontext biografischer Erwartungen. In: Deutsche Jugend, Heft 11, 2003a

Picot S.: Sozialisatorische Bedeutung freiwilliger und ehrenamtlicher Tätigkeiten Jugendlicher. In: Hoppe J., Thole W. (Hg.): Freiwilliges Engagement – ein Bildungsfaktor, Frankfurt 2003b

Picot S.: Jugend und freiwilliges Engagement. In: Picot S. (Hg.) 2001

Rosenbladt B. v., Gensicke T.: Perspektiven des freiwilligen Engagements in Deutschland aus Sicht der empirischen Sozialforschung. In: Olk T. (Hg.): Förderung des bürgerschaftlichen Engagements. Fakten, Prioritäten, Empfehlungen, Berlin 2003

Rosenbladt B. v.: Engagementbereiche und Organisationsformen des freiwilligen Engagements in Deutschland. In: Braun J., Wahlen G.: Die Freiwilligen: Das Sozialkapital des neuen Jahrtausends, Förderpolitische Konsequenzen aus dem Freiwilligensurvey 1999, Fachtagung des BMFSFJ. ISAB-Berichte Nr. 71, Köln-Leipzig 2001

Rosenbladt B. v.: Freiwilliges Engagement. Messkonzepte und Trendbeobachtung, Dokumentation zum Fachworkshop zum Forschungsbedarf „Freiwilliges Engagement in Deutschland" des BMFSFJ in Bonn, am 18. Dezember 2001, 2001

Zierau J.: Genderperspektive – Freiwilligenarbeit, ehrenamtliche Tätigkeit und bürgerschaftliches Engagement bei Männern und Frauen. In: Picot S. (Hg.) 2001

Andere Literatur

Anheier H., Priller E., Seibel W., Zimmer, A.: Der Dritte Sektor in Deutschland. Organisationen zwischen Staat und Markt im gesellschaftlichen Wandel, Berlin 1997

Armuts- und Reichtumsbericht der Bundesregierung, Berlin 2004

Beher K., Liebig R., Rauschenbach T.: Strukturwandel des Ehrenamts. Gemeinwohlorientierung im Modernisierungsprozess, Weinheim und München 1999

Birkhölzer K., Klein A., Priller E. (Hg.): Dritter Sektor/Drittes System. Theorie, Funktionswandel und zivilgesellschaftliche Perspektiven, Wiesbaden 2005

Braun J., Bischoff S., Gensicke, T.: Förderung des freiwilligen Engagements und der Selbsthilfe in Kommunen, ISAB-Berichte Nr. 72, Köln 2001

Bundesministerium für Gesundheit und Soziale Sicherung: "Zu Ihrer Sicherheit". Unfallversichert im Ehrenamt, Bonn 2004

Bundesministerium für Familie, Senioren, Frauen und Jugend (Hg.): Perspektiven für Freiwilligendienste und Zivildienst in Deutschland, Bericht der Kommission „Impulse für die Zivilgesellschaft", Berlin 2004

Bundesministerium für Familie, Senioren, Frauen und Jugend: Bedeutung ehrenamtlicher Tätigkeit für unsere Gesellschaft, Antwort der Bundesregierung auf die Große Anfrage der Fraktionen der CDU/CSU und der FDP. Drucksache des Bundestags 13/5674, 1996

Deth J.v. (Hg.): Deutschland in Europa. Ergebnisse des European Social Survey 2002-2003, Wiesbaden 2004

Deth, J. v.: Soziale Partizipation. In: Deth, Jan v. (Hg.) 2004

Enquetekommission „Zukunft des Bürgerschaftlichen Engagements" Deutscher Bundestag: Bürgerschaftliches Engagement: Auf dem Weg in eine zukunftsfähige Bürgergesellschaft, Opladen 2002

Europäische Kommission 2002: Europäische Sozialstatistik – Bevölkerung, Luxemburg 2002

Gabriel O. W., Trüdinger E.-M., Völkl K.: Bürgerengagement in Form von ehrenamtlicher Tätigkeit und sozialen Hilfsleistungen. In: Statistisches Bundesamt: Alltag in Deutschland. Analysen zur Zeitverwendung. Wiesbaden 2004

Gabriel O. W.: Politische Partizipation. In: Deth J. v. (Hg.) 2004

Gaskin K., Smith J. D., Paulwitz, I. (Hg.): Ein neues bürgerschaftliches Europa. Eine Untersuchung zur Verbreitung und Rolle von Volunteering in zehn Ländern, Freiburg 1996

Gensicke T.: Zeitgeist und Wertorientierungen. In: Deutsche Shell (Hg.), Jugend 2006. Die pragmatische Generation unter Druck. Die 15. Shell Jugendstudie, Frankfurt/Main 2006

Gensicke T.: Wertorientierungen und gesellschaftliche Aktivität, in: Jugend 2002. Zwischen pragmatischem Idealismus und robustem Materialismus. 14. Shell Jugendstudie, Frankfurt/Main 2002

Gensicke T.: Deutschland im Übergang. Lebensgefühl, Wertorientierungen, Bürgerengagement, Speyerer Forschungsberichte 204, Speyer 2000

Gensicke T.: Die neuen Bundesbürger. Eine Transformation ohne Integration, Opladen/Wiesbaden 1998

Halm D., Sauer M.: Freiwilliges Engagement von Türkinnen und Türken in Deutschland, Essen 2004 http://www.bmfsfj.de/Publikationen/engagementstudie-zft/

Heinze R. G., Olk, T. (Hg.): Bürgerengagement in Deutschland. Bestandsaufnahmen und Perspektiven, Opladen 2001

Hepp G. H.: Wertewandel und bürgerschaftliches Engagement – Perspektiven für die politische Bildung. In: Aus Politik und Zeitgeschichte, B29, 2001

Jahresgutachten 2004 des Sachverständigenrats für Zuwanderung und Integration, Bundesamt für Migration und Flüchtlinge, Nürnberg 2004

Kessl F., Otto H.-U. (Hg.): Soziale Arbeit und Soziales Kapital, Zur Kritik lokaler Gemeinschaftlichkeit, Wiesbaden 2004

Keupp H., Straus F. (Hg.): Bürgerschaftliches Engagement in der reflexiven Moderne. Am bayerischen Beispiel, Opladen 2006

Keupp H.: Bürgerschaftliches Engagement: Ein Motor posttraditionaler Ligaturenbildung. In: Heinze R. G., Olk T. (Hg.) 2001

Kistler E., Noll H.-H., Priller, E.: Perspektiven gesellschaftlichen Zusammenhalts, Berlin 1999

Klages, H., Gensicke, T.: Wertesynthese - funktional oder dysfunktional. In: Kölner Zeitschrift für Soziologie und Sozialpsychologie, 58. JG (2), 2006

Klages H., Gensicke T.: Wertewandel und Big-Five-Dimensionen. In: Siegfried Schumann (Hg.): Persönlichkeit. Eine vergessene Größe der empirischen Sozialforschung, Wiesbaden 2004

Klages H.: Der blockierte Mensch. Zukunftsaufgaben gesellschaftlicher und organisatorischer Gestaltung, Frankfurt/Main 2002

Klages H.: Brauchen wir eine Rückkehr zu traditionellen Werten? In: Aus Politik und Zeitgeschichte, B29/2001, 2001b

Klages H., Gensicke T.: Wertewandel und bürgerschaftliches Engagement an der Schwelle zum 21. Jahrhundert, Speyerer Forschungsberichte 193, Speyer 1999

Klein, A.: Der intelligente Umbau des Sozialstaats – Das freiwillige Engagement der Bürger muss in der Reformpolitik stärkeres Gewicht erhalten, in „Handelsblatt", 07.01.2006

Klein A., Kern K., Geißel B., Berger M. (Hg.): Zivilgesellschaft und Sozialkapital, Wiesbaden 2004

Linssen R., Leven I., Hurrelmann K.: Wachsende Ungleichheit der Zukunftschancen? Familie, Schule und Freizeit als jugendliche Lebenswelten. In: 14. Shell Jugendstudie, Frankfurt/Main 2002

Olk T. (Hg.): Förderung des bürgerschaftlichen Engagements. Fakten, Prioritäten, Empfehlungen, Berlin 2003

Picot S., Willert M.: Politik per Klick – Internet und Engagement Jugendlicher. In: 14. Shell Jugendstudie, Frankfurt/Main 2002.

Pollack D.: Zivilgesellschaft und Staat in der Demokratie. In: Klein A., Kern, K., Geißel B., Berger M. (Hrsg), Wiesbaden 2004

Presse und Informationsamt der Bundesregierung (Hg.): Ehrensache – Bürgerschaftliches Engagement in Deutschland, Berlin 2005

Presse und Informationsamt der Bundesregierung (Hg.): Mitmachen, mithelfen: Ehrensache, Für die Förderung des bürgerschaftlichen Engagements, Berlin 2001

Putnam R. D.: Bowling alone: The Collapse and Revival of American Community, New York 2000

Rosenbladt B. v.: Zur Messung des ehrenamtlichen Engagements in Deutschland – Konfusion oder Konsensbildung? In: Kistler E., Noll H.-H., Priller, E., Berlin 1999

Rosenzweig B., Eith U. (Hg.): Bürgerschaftliches Engagement und Zivilgesellschaft. Ein Gesellschaftsmodell der Zukunft?, Schwalbach/Ts. 2004

Statistisches Bundesamt 2006, http://www.destatis.de

Statistisches Bundesamt, Statistische Jahrbücher, Wiesbaden 1989, 2002, 2004, 2005

Zimmer A.: Vereine – Zivilgesellschaft konkret, Wiesbaden 2006

Zimmer A., Priller E.: Gemeinnützige Organisationen im gesellschaftlichen Wandel. Ergebnisse der Dritte-Sektor-Forschung, Wiesbaden 2004

Anhang 1: Methodik

Durchführung der Befragung

Die Befragung in der Haupterhebung begann am 22. April und wurde am 15. Juli 2004 abgeschlossen. Die im Rahmen der vor geschalteten Pretests gewonnenen Interviews wurden vom 8. bis 9. März bzw. vom 13. bis 15. April realisiert. Die ca. 15.000 Interviews des Freiwilligensurveys verteilen sich über einen Zeitraum von gut drei Monaten. Dabei wurden die Bundesländer mit früherem Ferienbeginn zeitlich vorrangig bearbeitet. In allen Bundesländern konnte die Befragung daher vor Beginn der Sommerferien abgeschlossen werden.

Für die Befragung wurden geschulte Telefoninterviewer des Infratest-Stabes in drei Telefonstudios eingesetzt (München, Berlin, Parchim). Alle Studios arbeiten nach denselben Standards und sind an das zentrale System der Stichprobensteuerung angeschlossen. Von den zufällig ausgewählten Befragungspersonen haben rd. 52% an der Befragung teilgenommen.

Da die Teilnahme an der Befragung freiwillig ist, kann nicht ausgeschlossen werden, dass aufgrund der Nichtteilnahme bestimmte Personengruppen unterrepräsentiert und andere dementsprechend überrepräsentiert sind. Dies kann in einem gewissen Umfang durch einen Vergleich der Stichprobenstruktur mit Bevölkerungsstatistiken der amtlichen Statistik festgestellt werden. Soweit Abweichungen auftreten, werden diese durch eine so genannte „Gewichtung" rechnerisch korrigiert.

In der vorliegenden Erhebung wurde durch die vorgenommene Gewichtung sichergestellt, dass die Stichprobe im Hinblick auf die Verteilungen nach

- Bundesland
- Gemeindegrößenklassen (BIK)
- Geschlecht
- Altersgruppen

mit der amtlichen Bevölkerungsstatistik übereinstimmt. Dies gilt nicht nur für die bundesweite Stichprobe, sondern auch auf der Ebene der Bundesländer. An den Parametern für die Gewichtung wurde hinsichtlich der Vergleichbarkeit der Ergebnisse nichts geändert.

Grundgesamtheit der repräsentativen Stichprobe ist die Wohnbevölkerung Deutschlands ab 14 Jahren.[162] Die Auswahl der Befragten erfolgt nach einem Zufallsverfahren, das im folgenden Kapitel näher beschrieben ist.

---

[162] Um exakt zu sein, muss die tatsächliche Grundgesamtheit beschrieben werden als „die deutsch sprechende Wohnbevölkerung in Privathaushalten mit Festnetz-Telefonanschluss". Personen in Anstaltshaushalten (Alten- und Pflegeheime, Wohnheime, Gefängnisse usw.) werden nicht befragt. Personen, die über keine ausreichenden Deutschkenntnisse für ein Interview verfügen, können ebenfalls nicht befragt werden. Dasselbe gilt bei telefonischen Befragungen natürlich auch für Haushalte ohne Telefonanschluss; diese machen rd. 3% aller Haushalte aus. Die wichtigste systematische Unterrepräsentation in der realisierten Stichprobe, die aus diesen und anderen Gründen entsteht, betrifft den Anteil der Personen mit ausländischer Staatsangehörigkeit. Sie sind in der Stichprobe mit 3% vertreten, während ihr Anteil in der Grundgesamtheit rd. 8% beträgt.

Bevölkerungsanteil der Bundesländer und realisierte Interviews nach Ländern

Länder nach Größe	Bevölkerungsanteil in % (Haushalte)	Ungewichtete Fallzahl in der Gesamtstichprobe
Nordrhein-Westfalen	22,0	2.006
Bayern	14,3	1.409
Baden-Württemberg	12,4	1.193
Niedersachsen	9,5	997
Bremen	0,9	96
Hessen	7,3	895
Rheinland-Pfalz	4,8	899
Saarland	1,3	251
Sachsen	5,5	901
Berlin	4,8	1.355
Schleswig-Holstein	3,4	500
Sachsen-Anhalt	3,2	897
Thüringen	2,9	900
Brandenburg	3,1	901
Hamburg	2,4	900
Mecklenburg-Vorpommern	2,2	900
Gesamt	**100,0**	**15.000**
darunter:		
neue Länder (inkl. Berlin)	21,7	6.754
alte Länder	78,3	8.246

Die Stichprobe ist im vorliegenden Fall in ihrer Verteilung nach Bundesländern disproportional angelegt. Für vergleichende Länderanalysen sollen auch die kleinen Bundesländer mit einer bestimmten Mindestfallzahl vertreten sein. Aufgestockt wurden alle ostdeutschen Bundesländer, Berlin, Hamburg, und Rheinland-Pfalz. Ausgenommen von der Länderaufstockung sind die drei kleinsten Bundesländer, nämlich Bremen, das Saarland und Schleswig-Holstein. Größere Bundesländer (Bayern, Baden-Württemberg, Nordrhein-Westfalen, Niedersachsen und Hessen) gingen mit einem geringeren als ihren eigentlichen Anteil in die Stichprobe ein. Die Gewichtung stellte nachträglich ein proportionales Verhältnis aller Bundesländer her.

Die Länderaufstockung kommt den neuen Ländern zugute, deren Interviewzahl sich um 3.664 auf 6.754 erhöht. Für bundesweite Auswertungen wird die Stichprobe im Rahmen des Gewichtungsmodells „re-proportionalisiert". Durch einen rechnerischen Faktor erhalten die Befragten jedes Bundeslandes das Gewicht, das ihrem Bevölkerungsanteil im Bund entspricht.

Zur Methodik telefonischer Bevölkerungsumfragen bei TNS Infratest

Die Befragung wurde mit computerunterstützten telefonischen Interviews (CATI) durchgeführt. Bei dieser Technik wird der Fragebogen in ein DV-Programm umgesetzt, das die – im vorliegenden Fall recht komplexe – Fragenabfolge steuert. Die Fragen werden einzeln auf einem Bildschirm gezeigt, von dem der Interviewer sie vorliest und in dem er die Antworten direkt („online") eingibt.

Dieses Verfahren hat den Vorteil, dass die Fehlermöglichkeiten im Interview stark verringert werden. Darüber hinaus stehen die Antworten für vorläufige Auswertungen und Datenprüfungen sehr rasch zur Verfügung.

Die Durchführung der telefonischen Interviews ist dabei mit einem leistungsfähigen System der Stichprobensteuerung verbunden. Dieses wird im folgenden Abschnitt erläutert.

- Grundgesamtheit und Stichprobenanlage

Grundgesamtheit von Bevölkerungsbefragungen sind in der Regel alle in Privathaushalten lebenden deutschsprachigen Personen ab 14 Jahren. Weitere studienspezifische Einschränkungen sind möglich. Die telefonische Durchführung der Befragung reduziert die Grundgesamtheit auf die Auswahlgesamtheit „deutsch sprechende Personen ab 14 Jahren in Festnetz-Telefonhaushalten".

Die Befragung basiert auf dem Infratest-Telefon-Master-Sample (ITMS), das für derartige Untersuchungen aufgebaut wurde und zu verzerrungsfreien Stichproben (insbesondere weitgehende Vermeidung des not-at-home bias) ohne Klumpeneffekte führt. Das ITMS ist als multistratifizierte Haushaltsstichprobe auf Flächenbasis mit zufälliger Zielpersonenauswahl im Haushalt mit dem Schwedenschlüssel konzipiert. Es entspricht hinsichtlich des Random-Digit-Dialling dem ADM-Standard, der nach dem Gabler-Häder-Verfahren definiert wurde.

Kennzeichnend ist dabei, dass das sog. „random last two digits (RL2D)" der Telefonnummern nicht im Rahmen der einzelnen Stichproben durchgeführt wird, sondern dass dieser Randomisierungsschritt bereits im Rahmen der Erstellung der Auswahlgrundlage implementiert ist. Es garantiert, dass auch die Telefonanschlüsse in der Auswahlgrundlage enthalten sind und verzerrungsfrei gezogen werden können, die nicht in Verzeichnisse eingetragen sind.

- Erstellung der ADM-Auswahlgrundlage und eindeutige regionale Verortung der Rufnummern im ITMS-System

ITMS Stichproben werden aus der Auswahlgrundlage der „Arbeitsgemeinschaft ADM-Telefonstichproben" gezogen. Erstellungsbasis dieser Auswahlgesamtheit sind sämtliche Einträge aus Telefonverzeichnissen.

Diese werden zunächst von Redundanzen bereinigt. Im nächsten Schritt werden die letzten beiden Stellen aller eingetragenen Rufnummern abgeschnitten. Die so gewonnenen sog. Rufnummernstämme werden ebenfalls entdupliziert. Anschließend wird pro Nummernstamm ein Block mit der Ziffernfolge 00 bis 99 erzeugt. Somit erhält man ein Universum aller Telefonnummern, eingetragene wie auch generierte. Nur solche Telefonnummern sind in der Auswahlgrundlage nicht enthalten, die in Blöcken ohne einen einzigen Eintrag liegen.

Diese Auswahlgrundlage enthält lediglich Telefonnummern, jedoch keine Adressen, da diese für eine anonyme Befragung unerheblich sind. Aus den Einträgen werden jedoch Kennzeichen für die Art des Eintrags (geschäftlich/privat) sowie die Gemeindekennziffer übernommen.

Sofern eine Rufnummer nicht eingetragen ist, werden dieser bis zu drei verschiedene Gemeindekennziffern zugeordnet; und zwar die der drei häufigsten Gemeinden der eingetragenen Rufnummern desselben Nummernstamms. Kennzeichen für die Art des Anschlusses können für generierte Rufnummern natürlich nicht vergeben werden.

Die Nummern aller Teilnehmer, die auf keinen Fall im Zusammenhang mit einer Befragung angerufen werden wollen, werden in der Auswahlgrundlage gesperrt.

Da das ITMS als Flächenstichprobe konzipiert ist, muss jede Telefonnummer eindeutig regional verortet sein. Nicht eingetragene Telefonnummern sind nur dann eindeutig verortbar, sofern sich alle eingetragenen Rufnummern desselben Blockes in einer einzigen Gemeinde befinden. Ist dies nicht der Fall, wird im ITMS-System bei generierten Rufnummern mit mehreren möglichen Gemeindekennziffern eine der Gemeindekennziffern per Zufall ausgewählt. Diese Zufallsauswahl wird per Bedeutungsgewicht so gesteuert, dass die Häufigkeitsverteilung der Gemeindekennziffern der nicht-eingetragenen Nummern im jeweiligen Block der Verteilung der eingetragenen Nummern entspricht.

- Schichtung, Ziehung und Stichprobenrealisierung

Die Schichtung der Haushaltsstichprobe erfolgt zum einen anhand von Kriterien der amtlichen Gebietseinteilung (Bundesländer, Nielsengebiete Regierungsbezirke, Kreise, ggf. – bei Schwerpunktstichproben - Gemeinden und Gemeindeteile) zum anderen anhand der BIK-Gemeindetypen (10er Skala). Das jeweilig verwandte Schichtungsmodell ist studienspezifisch wählbar und wird auf die angestrebte Nettofallzahl, die Optimierung der Feldarbeit und andere studienspezifische Gesichtspunkte ausgerichtet.

Das Nettosoll wird erstens mit dem reziproken Wert der erwarteten Ausschöpfung multipliziert und in einer Allokationsrechnung unter Verwendung des COX-Verfahrens auf die Schichtungszellen verteilt. Diese Brutto-Sollverteilung des Schichtungstableaus wird zweitens haushaltsproportional auf die jeweiligen schichtangehörigen Gemeinden verteilt und daraus dann das Ziehungsbrutto auf Gemeindeebene berechnet. Die Ziehung der Telefonnummern erfolgt pro Gemeinde per Zufallsstart und Intervall. Nicht-private Einträge, bereits gezogene sowie gesperrte Rufnummern werden dabei negiert.

Das ITMS besteht also aus einer mikrostratifizierten und ungeklumpten Stichprobe, die sich proportional zur Zahl der Privathaushalte auf die Mikrozellen (Gemeinden oder Gemeindeteile) aufteilt. Die Multistratifikation und Aufteilung der Stichprobe auf die Zellen erfolgt vollautomatisch über ein Allokationsprogramm.

Die Stichprobenrealisierung erfolgt nach dem Konzept der Nettosteuerung voll automatisch per Sample-Management-System (SMS). Dabei geht das Schichtungstableau der Allokationsrechnung als Sollstruktur in die Steuerung der Feldarbeit ein. Es ist somit gewährleistet, dass in jeder Zelle die erforderliche Zahl von Interviews durchgeführt wird.

Von diesem Programm wird auch – falls nötig – die Gleichverteilung der Interviews auf Befragungstage und Tageszeiten gesteuert.

Innerhalb jeder Steuerungszelle sind die Datensätze der Telefonhaushalte nach Zufallszahlen sortiert. Somit bildet jede Zelle eine Urne im klassischen Sinne. Nicht erreichte Haushalte werden zurückgelegt und kommen in größerem zeitlichen Abstand zu anderen Tageszeiten zur Wiedervorlage. Die an einem bestimmten Tag nicht erreichten Haushalte werden durch solche substituiert, die an anderen Tagen nicht erreicht werden. Damit entfällt der so genannte „not-at-home-bias" weitgehend (nur Haushalte, die auch nach dem 12. Kontakt nicht angetroffen werden, werden ausgesteuert; nach unserer Erfahrung handelt es sich dabei i.d.R. um (noch) nicht geschaltete Telefonnummern, auf die keine Postansage aufgeschaltet ist).

Um mögliche Einflüsse der Tageszeit auf Untersuchungsergebnisse von vorneherein auszuschalten, wird die Stichprobe nach einem Verfahren der „dynamischen Repräsentativität" bezüglich der Besetzung der Zellen des Multistratifikationstableaus optimiert, so dass sich für jedes Stundenintervall vorgabenproportionale Teilstichproben ergeben.

Durch die letztlich nur noch aus den „harten" Verweigerern bestehenden Ausfälle und die optimale regionale Aussteuerung der Stichproben kann die abschließende Personengewichtung mit einer wesentlich kleineren Faktorenspannweite die Stichprobe an der Struktur der Wohnbevölkerung justieren, als dies mit den herkömmlichen Verfahren möglich ist.

Gewichtung

Nicht in allen von den Interviewern kontaktierten Haushalten kommt ein Interview zustande. Diese Ausfälle können sich disproportional zur Grundgesamtheit verteilen und so Verzerrungen der Stichprobe hervorrufen. Derartige Verzerrungen werden durch aufeinanderfolgende Faktorengewichtungen ebenso ausgeglichen, wie die von der Haushaltsgröße und der Zahl der Telefonanschlüsse abhängende Auswahlchance für die Zielperson.

- Telefonnummern- und Haushaltsstichprobe (Bereinigung der Auswahlchancen)

Das ITMS führt zu Stichproben, in denen jede Telefonnummer die gleiche Auswahlchance hat. Haushalte mit mehreren genutzten Anschlüssen haben daher eine der Zahl dieser Anschlüsse entsprechende Mehrfachchance bei der Auswahl. Zu deren Bereinigung wird die realisierte Stichprobe mit der reziproken Zahl der für Gespräche genutzten Anschlüsse – nur diese haben Einfluss auf die Auswahlchance der Haushalte – je Haushalt multipliziert.

- Gewichtung der Haushaltsstichprobe nach Bundesländern und Gemeindetypen

Diese Stufe der Gewichtung soll Abweichungen vom ursprünglichen haushaltsproportionalen Sample-Ansatz korrigieren. Aufgrund der beschriebenen Stichprobensteuerung durch das ITMS, das zu vollständiger Proportionalität führt, kann eine solche Haushaltsgewichtung jedoch in der Regel unterbleiben.

- Haushalts- und Personenstichprobe (Umwandlung)

Das beschriebene Auswahlverfahren führt zu einer haushaltsrepräsentativen Stichprobe, wobei – nach Bereinigung – jeder Haushalt die gleiche Chance hat, in die Auswahl zu kommen.

In jedem der ausgewählten Haushalte wird durch ein zufälliges, gleiche Auswahlchancen innerhalb eines Haushalts produzierendes Verfahren (z.B. Schwedenschlüssel) nur eine Person als Zielperson ausgewählt. Dies gilt unabhängig davon, wie viele zur Grundgesamtheit gehörende Personen in dem betreffenden Haushalt leben. Die Chancen für die in Privathaushalten lebenden Personen der Grundgesamtheit, als Befragungsperson der Stichprobe ausgewählt zu werden, sind demnach umgekehrt proportional zur Zahl der zur Grundgesamtheit gehörenden Personen in ihren Haushalten.

Um eine repräsentative Personenstichprobe zu erhalten, wird die erstellte Stichprobe mathematisch im Nachhinein so umgeformt, dass jede Person der Grundgesamtheit stichprobentheoretisch die gleiche Auswahlchance erhält.

- Gewichtung der Personenstichprobe nach Bundesländern, Altersgruppen und Geschlecht

Die Gesamtstichprobe wird anschließend an die aus der amtlichen Statistik bekannten Sollstrukturen der genannten Merkmale angepasst. Als Datenbasis dient die Bevölkerungsfortschreibung.

Der Fragebogen des Freiwilligensurveys

- Konzeption des Fragebogens

1999 wie 2004 wurde das Thema des freiwilligen Engagements der Bürgerinnen und Bürger im weiteren Kontext der Fragen nach Gemeinsinn, Sozialkapital und Kräften des zivilgesellschaftlichen Zusammenhalts diskutiert. Zwar kann eine repräsentative Erhebung zum Thema des freiwilligen Engagements – auch wenn sie „umfassend" angelegt sein soll – nicht dieses ganze Forschungsfeld mit seinen vielfältigen methodischen Ansätzen und inhaltlichen Perspektiven abdecken. Aber sie kann sich bemühen, Brückenschläge und Querverbindungen zu ermöglichen.

Dies war bei der Konzeption des Fragebogens eine wichtige Leitlinie. Der Fragebogen enthält daher eine Reihe von Fragen, die auf den ersten Blick vielleicht nicht unbedingt zum Thema gehören würden. Die Breite der einbezogenen Fragen sollte es ermöglichen, das Thema „Freiwilliges Engagement" im engeren Sinne in den relevanten sozialen und ökonomischen Zusammenhängen zu untersuchen.

Das im Rahmen des 1. Freiwilligensurveys ausgearbeitete Fragebogenkonzept hat sich bewährt. Viele verschiedene Fragestellungen konnten mit Hilfe der Fülle an Daten beantwortet werden. Zudem enthielt der Fragebogen von 1999 überwiegend Fragen zu Themen, deren Veränderungen über einen Zeitraum von 5 Jahren durchaus von Interesse sind. Insofern sollte (und konnte) der Fragebogen für die Neuauflage des 2. Freiwilligensurveys lediglich überarbeitet werden und hinsichtlich bestimmter Fragestellungen angepasst werden, um die Vergleichbarkeit der Ergebnisse nicht zu beeinträchtigen.

Die Überarbeitung des Fragenprogramms begann im Juni 2003 in Zusammenarbeit mit einschlägigen Experten des BMFSFJ und wurde im Januar 2004 mit Vertretern von Organisationen, in denen Freiwillige arbeiten, fortgesetzt. Die Ergebnisse dieser Gespräche mündeten in den ersten der insgesamt zwei Pretests, der am 8. und 9. März 2004 durchgeführt wurde.

Auf der konstituierenden Sitzung des vom BMFSFJ berufenen wissenschaftlichen Projektbeirats am 17. März 2004 wurden die Ergebnisse der vorangegangenen Gespräche und des Pretests diskutiert und weitere Anregungen für die endgültige Fragebogengestaltung gegeben. Dieser – in der letzten Phase sehr intensive – Fragebogenentwicklungsprozess dauerte den restlichen März an. Der 2. Pretest wurde am 13. bis 15. April 2004 durchgeführt, und die Haupterhebung startete kurze Zeit später, am 22. April 2004.

- Erfassung des freiwilligen Engagements

Um das Messkonzept zur Erfassung freiwilligen Engagements nachzuvollziehen, wird im Folgenden eine ausführliche Erläuterung gegeben. Teil A des Fragebogens ist das Messkonzept zur Erfassung der Tätigkeiten, die hier gemeint sind, wenn von freiwilligem Engagement gesprochen wird. Es handelt sich um ein *komplexes* Messkonzept, das folgende Komponenten und Aspekte beinhaltet:

(1) *Stützung des Antwortverhaltens durch Vorgabe von 14 Engagementbereichen*

„Engagementbereiche" sind mögliche Tätigkeitsfelder, in denen man aktiv sein kann. Die Nennung dieser Bereiche soll es den Befragten erleichtern, Tätigkeiten zu assoziieren, die hier gemeint sein könnten (Siehe Frage A1).

(2) *Einbeziehung des „Vorfelds" an Aktivität*

Das Ablaufkonzept des Fragebogens im Teil A ist zweistufig. Es wird zunächst nach Aktivität oder Aktivsein in einem allgemeineren Sinn gefragt. In welcher der genannten Engagementbereiche macht man auf freiwilliger Basis irgendwo *aktiv mit*? Wer z.B. in einem Sportverein, einer politischen Partei, einer Jugendgruppe oder einer Selbsthilfegruppe aktives Mitglied ist, kann und soll das hier angeben. Erst im zweiten Schritt erfolgt eine Eingrenzung auf diejenigen, die im engeren Sinne eine freiwillige Tätigkeit oder eine vergleichbare Freiwilligenarbeit ausüben.

(3) *Eingrenzung der interessierenden Tätigkeiten*

Der erläuternde Zwischentext zur Eingrenzung der Tätigkeiten lautet (Frage A2):
„Uns interessiert nun, ob Sie in den Bereichen, in denen Sie aktiv sind, auch ehrenamtliche Tätigkeiten ausüben oder in Vereinen, Initiativen, Projekten oder Selbsthilfegruppen engagiert sind. Es geht um freiwillig übernommene Aufgaben und Arbeiten, die man unbezahlt oder gegen geringe Aufwandsentschädigung ausübt."

Die eigentliche Nachfrage zur Aktivität in den verschiedenen Bereichen lautet (Frage A3):"Sie sagten, Sie sind im Bereich xxx aktiv. Haben Sie derzeit in diesem Bereich auch Aufgaben oder Arbeiten übernommen, die Sie *freiwillig oder ehrenamtlich* ausüben?"

Falls diese Frage bejaht wird, wird in einem dritten Schritt die freiwillige bzw. ehrenamtliche Tätigkeit genauer bezeichnet, und zwar in den Worten der Befragten. Die Texte werden im Wortlaut erfasst. Dabei soll zuerst die „Gruppe, Organisation oder Einrichtung" angegeben werden, in der man tätig ist, und dann die „Aufgabe, Funktion oder Arbeit", die man dort ausübt.

Dieses Vorgehen vermeidet es, sich zu sehr auf einzelne terminologische Schlüsselbegriffe zu stützen (wie z.B. „Ehrenamt" oder „Bürgerengagement"), die zu ungewollten Eingrenzungen führen könnten und bei denen nicht klar ist, welchen Bedeutungsgehalt die Befragten damit jeweils verbinden.

(4) Merkmalsprofil einer bestimmten Tätigkeit

Ist eine Tätigkeit als ehrenamtliche bzw. freiwillige Tätigkeit identifiziert, wird diese konkrete Tätigkeit durch eine Reihe von Nachfragen genauer beschrieben (Fragenblock B im Fragebogen). Damit wird ein standardisiertes Merkmalsprofil der Tätigkeiten quer über die verschiedenen Engagementbereiche erstellt. Der Satz an Fragen enthält dabei auch Kontrollfragen, mit denen die vom Befragten genannten freiwilligen Tätigkeiten auf ihre Übereinstimmung mit definitorischen Kriterien freiwilligen Engagements überprüft werden können. Die Kontrollfragen beziehen sich etwa auf den Grenzbereich zwischen freiwilliger und nebenberuflicher Tätigkeit, auf den Zeitaufwand für die Tätigkeit usw. In gewissem Umfang können definitorische Abgrenzungen damit nachträglich – je nach Analyseziel – enger oder weiter vorgenommen werden.

(5) Unterscheidung der Personenebene und der Tätigkeitenebene

Der Untersuchungsauftrag erforderte nicht nur die Identifizierung von freiwillig engagierten *Personen*, sondern die Identifizierung und genaue Beschreibung der ausgeübten *Tätigkeiten* und ihrer Rahmenbedingungen. Eine Person kann *verschiedene* freiwillige Tätigkeiten ausüben.

Im Fragebogenkonzept musste daher eine Reihe von Entscheidungen getroffen werden: Auf welcher Aggregationsebene soll eine „Tätigkeit" definiert sein? Wie viele solcher „Tätigkeiten" sollen pro Person erfasst werden? Und wie viele solcher Tätigkeiten sollen im Hinblick auf Inhalte und Rahmenbedingungen der Tätigkeit genauer beschrieben werden? Im hier vorgelegten Konzept sind diese Fragen folgendermaßen entschieden:

a) Aggregationsniveau

Als „eine" freiwillige Tätigkeit, die den Bezugspunkt für die genaueren Nachfragen (Block B) bildet, werden alle Funktionen, Aufgaben und Arbeiten gewertet, die eine Person *in einer einzelnen Gruppe oder Organisation* ausübt. Zum Beispiel: Wenn jemand im Sportverein Vorstandsmitglied *und* Jugendtrainer ist, so beziehen sich die Nachfragen zu Zeitaufwand, Aufwandsentschädigung usw. nicht auf beide Funktionen getrennt, sondern zusammengenommen.

Fragebogentechnisch wird das dadurch erreicht, dass als *erstes* nach der Gruppe/Organisation gefragt wird, in der man tätig ist, und *dann* nach den Aufgaben/Funktionen/Arbeiten, die man dort ausübt.

b) Zahl der pro Person erfassten Tätigkeiten

Der Anspruch des Fragebogenkonzepts geht dahin, *alle* freiwilligen Tätigkeiten, die eine Person ausübt, zu erfassen. Oder anders gesagt: Die repräsentative Stichprobe soll weitgehend *alle* freiwilligen Tätigkeiten, die in Deutschland ausgeübt werden, im verkleinerten Abbild widerspiegeln.

Fragebogentechnisch wird dies dadurch erreicht, dass *pro Engagementbereich* bis *zu zwei Tätigkeiten* angegeben werden können. Im theoretischen Maximalfall kann eine Person bis zu 30 Gruppen/Organisationen mit den dort ausgeübten Tätigkeiten/Funktionen angeben.

c) Zahl der genauer beschriebenen freiwilligen Tätigkeiten

Falls eine Person mehr als eine Tätigkeit ausübt, wird zunächst diejenige ausgewählt, für die *am meisten Zeit aufgewendet wird* (Frage A5). Für die zweite Tätigkeit, die nach demselben Merkmalskatalog beschrieben werden soll, wird eine *Zufallsauswahl* aus den weiteren ausgeübten Tätigkeiten vorgenommen (computergesteuerte Auswahl aus den aufgelisteten Tätigkeiten in Frage A4).

Prüfung und Hochrechnung der beschriebenen freiwilligen Tätigkeiten

Die befragten 15.000 Personen haben in Frage A3 des Interviews, mit der die freiwilligen Tätigkeiten erfasst werden, in insgesamt 8.494 Fällen eine Angabe gemacht. Ob die genannte Tätigkeit den Kriterien für die Definition freiwilligen Engagements entspricht, wurde im Rahmen der Datenprüfung überprüft. Eine zweite Prüfung bezog sich auf die Zuordnung der Tätigkeiten zu den 14 Engagementbereichen (Sektoren). Ein dritter Arbeitsschritt bezieht sich auf die Gewichtung bzw. Hochrechnung der Tätigkeiten. Diese ist erforderlich, weil die genaueren Merkmalsprofile der Tätigkeiten (Fragenblock B) nur für eine Auswahl der Tätigkeiten vorliegen.

Diese drei Arbeitsschritte und ihre Ergebnisse werden im Folgenden kurz erläutert.

- Prüfung der Tätigkeiten auf zulässige Angaben (Validität)

Es gibt technische und inhaltliche Gründe, die zu einer Bewertung der Tätigkeitsangabe als „ungültig" führen können.

a) Technische Kriterien

	abs.	%
Tätigkeitsangaben gesamt	8.494	100

b) Inhaltliche Kriterien

Der „unscharfe Rand" in der Abgrenzung freiwilliger Tätigkeiten ist in vier Richtungen zu überprüfen:

1. Private Hilfeleistungen im familiären Kreis, unter Freunden, Nachbarschaftshilfe

2. Mitgliedschaft bzw. Aktivität in Gruppen oder Organisationen, die nicht der zusätzlichen definitorischen Anforderung „freiwillig übernommene Aufgaben und Arbeiten, die man unbezahlt oder gegen geringe Aufwandsentschädigung ausübt" genügt.

3. Nebenberufliche (oder sogar hauptberufliche) Tätigkeit

4. Innerbetriebliche Tätigkeiten wie z.B. Betriebsrat, die in der Regel während der Arbeitszeit erledigt werden.

Kriterien 1 und 4 sind aus den genannten Tätigkeitsbeschreibungen in der Regel gut erkennbar. Bei den Kriterien 2 und 3 ist eine Entscheidung nicht immer eindeutig möglich. Teilweise können hier zusätzliche Informationen herangezogen werden, insbesondere Frage B1-0, also die Charakterisierung der Tätigkeit durch die Befragten selbst. Unter Berücksichtigung dieser Kriterien ergab die Prüfung der Tätigkeiten zahlenmäßig folgendes Bild:
Als ungültig gewertet werden diejenigen Angaben, die nach technischen Kriterien unbrauchbar sind und diejenigen, die nach inhaltlichen Kriterien der Definition freiwilligen Engagements *eindeutig* nicht entsprechen.
Dagegen werden die Fälle, bei denen eine eindeutige Beurteilung nicht möglich ist, als freiwillige Tätigkeiten akzeptiert und in die Auswertung einbezogen. Die Begründung dafür ist, dass im Zweifelsfall die subjektive Zuordnung, die die Befragten selbst getroffen haben, gelten soll.

- Prüfung der Bereichszuordnung der Tätigkeiten

Die Zuordnung einer konkreten Tätigkeit zu einem der 14 vorgegebenen Engagementbereiche ist nicht immer eindeutig. Beispielsweise könnte eine ehrenamtliche Hausaufgabenbetreuung für ausländische Kinder, die im Rahmen der kirchlichen Gemeindearbeit organisiert wird, mit gutem Recht entweder dem sozialen Bereich zugeordnet werden oder dem

Bereich Schule/Kindergarten oder dem Bereich außerschulische Jugendarbeit/Bildungsarbeit oder dem Bereich Kirche.

Selbst wenn man versuchen wollte, eindeutige Zuordnungsregeln zu formulieren, wären Unschärfen oder Mehrfachzuordnungen kaum zu vermeiden. In der vorliegenden Erhebung wurde die Zuordnung allerdings nicht ex post nach bestimmten Codierregeln, sondern im Interview vom Befragten selbst vorgenommen. Bei der Überprüfung dieser Zuordnungen wurde nach folgenden Regeln verfahren:

Im Zweifelsfall gilt die Zuordnung, die der Befragte selbst vorgenommen hat. Nur in Fällen einer eindeutigen Fehlzuordnung wird die Bereichszuordnung nachträglich korrigiert. Dies betraf 4,6% der Fälle. Die Verteilung der Tätigkeiten auf die 14 Bereiche hat sich dadurch nicht wesentlich verändert.

- Tätigkeiten-Gewichtung

Die 8.494 Tätigkeitsangaben in Frage A3 sind die Basis für alle personenbezogenen Aussagen zum Anteil von Personen mit freiwilligem Engagement insgesamt und in verschiedenen Bevölkerungsgruppen. Auch die Verteilung über die 14 Engagementbereiche stützt sich auf diese Angaben.

Analysen zur „Binnenstruktur" des freiwilligen Engagements stützen sich dagegen auf die Fragen im Fragebogenteil B. Diese liegen für jede freiwillig engagierte Person zunächst mit Bezug auf *eine* konkret ausgeübte Tätigkeit vor (Fragenblock B1). Für einen Teil der Personen liegen die gleichen Angaben auch noch für eine *zweite* ausgeübte Tätigkeit vor (Fragenblock B2). Nicht für alle genannten Tätigkeiten jedoch liegen ausführliche Merkmalsbeschreibungen vor. Die Zahlenverhältnisse sind folgendermaßen:

(1)	Befragte gesamt	15.000
(2)	darunter: mit freiwilligem Engagement	5.142[163]
(3)	Auswertbare Angaben zur (zeitaufwändigsten) Tätigkeit im Fragenblock B1	5.142
(4)	Auswertbare Angaben zu einer weiteren Tätigkeit (Fragenblock B2)	1.051
(5)	Summe (3) + (4): Tätigkeiten mit genauer beschriebenem Merkmalsprofil	6.193
(6)	Angegebene Tätigkeiten ohne genauer beschriebenes Merkmalsprofil	2.301
(7)	Summe (5) + (6): Angegebene Tätigkeiten gesamt	8.494

Die genauer beschriebenen Tätigkeiten (Zeile 5) sind keine Zufallsauswahl aus allen angegebenen Tätigkeiten (Zeile 7), sondern eine systematische Auswahl. Die Systematik liegt darin, dass die Beschreibungen sich primär auf die zeitaufwändigste Tätigkeit (Zeile 3) beziehen. Weniger zeitaufwändige freiwillige Tätigkeiten sind daher systematisch unterrepräsentiert. Diese Verzerrung wird mit Hilfe der *„Tätigkeiten-Gewichtung"* ausgeglichen. Das Modell dieser Gewichtung ist auf der folgenden Seite genauer beschrieben.

---

[163] ungewichtete Fallzahlen.

Tätigkeiten-Gewichtung

Basis sind alle gültigen Tätigkeiten (n = 8.494).

Für 6.193 davon liegen genauere Angaben aus den Fragebogenteilen B1 (n = 5.142) oder B2 (n = 1.051) vor.B1 beschreibt für jede Person die zeitaufwändigste (oder ggf. einzige) Tätigkeit. Diese hat also eine Auswahlchance von 100% und erhält daher den Gewichtungsfaktor 1,000.

B2 dagegen ist eine Auswahl aller weiteren (weniger zeitaufwändigen) genannten Tätigkeiten. Das Gewicht der 1.051 B2-Fälle wird daher durch einen Faktor T auf das Gewicht <u>aller</u> Nicht-B1-Fälle hochgerechnet (8.494 – 5.142 = 3.352). Dies geschieht getrennt („geschichtet") innerhalb der 14 Engagementbereiche, damit die Struktur nach Bereichen derjenigen der 8.494 Nennungen insgesamt entspricht. Im Durchschnitt gehen die B2-Fälle mit einem Gewicht von T = 3,189 in die Auswertung ein.

Bereich [1]	Angaben im Fragebogen			Gesamt	Gesamt minus B1	Sp.5 : Sp.3 Faktor T
	Nur A (1)	B1: (2)	B2: (3)	(4)	(5)	(6)
1	278	1.237	152	1.667	430	2,829
2	201	536	86	823	287	3,337
3	179	458	112	749	291	2,598
4	240	475	102	817	342	3,353
5	40	86	11	137	51	4,636
6	359	653	168	1.180	527	3,137
7	127	185	41	353	168	4,098
8	118	208	55	381	173	3,145
9	159	220	60	439	219	3,650
10	128	194	48	370	176	3,667
12	204	476	100	780	304	3,040
13	50	28	15	93	65	4,333
14	93	265	43	401	136	3,163
15	125	121	58	304	183	3,155
Gesamt	2.301	4.688	1.051	8.494	3.352	3,189

1) siehe Fragebogen A1 bzw. A3

Für die Auswertungen wird der Personen-Gewichtungsfaktor (siehe Abschnitt „Gewichtung") mit dem Tätigkeits-Gewichtungsfaktor kumulativ verrechnet. Durch dieses Verfahren sind die tätigkeitsbezogenen Ergebnisse der Befragung für die Gesamtheit aller freiwillig ausgeübten Tätigkeiten verallgemeinerbar.

- Hochrechnung der Ergebnisse

Die 15.000 befragten Personen repräsentieren die Wohnbevölkerung Deutschlands ab 14 Jahren, die insgesamt 65 Mio. Personen umfasst. Jede Person aus der befragten Zufallsstichprobe steht demnach für 4.333 Personen in der repräsentierten Grundgesamtheit.

In Umkehrung dieses Auswahlsatzes kann der Faktor 4.333 als Hochrechnungsfaktor verwendet werden. Dabei ergeben sich folgende Größenordnungen:

Teilgruppe	Anzahl Befragte	% der Stichprobe	hochgerechnet
Alle Befragte	15.000	100	65 Mio.
1% der Befragten	150	1	650 Tsd.
Personen, die eine freiwillige Tätigkeit ausüben	5.350	36	23,4 Mio.

Anhang 2: Fragebogen

Endgültiger Fragebogen Hauptstudie
TNS Infratest Sozialforschung

Freiwilliges Engagement in Deutschland

Repräsentative Umfrage bei rd. 15.000 Bundesbürgern ab 14 Jahren
in der Zeit vom April bis Juli 2004
Durchführung mit telefonischen Interviews (CATI) durch TNS Infratest Sozialforschung

Aufbau des Fragebogens:

E-Teil: Alle Befragten: Lebenssituation, Orientierungsfragen
A-Teil: Alle Befragten: Ehrenamtliche bzw. freiwillige Tätigkeiten?
          JA: Angaben zur 1. Tätigkeit: **B1-Teil**
            evt. Angaben zur 2. Tätigkeit: **B2-Teil**

          NEIN: **C-Teil**: Potenzial von Nichtengagierten (retrospektiv bzw. prospektiv)

D-Teil: Alle Befragten: Infostellen, Demografie, Erwerbstätigkeit

Einführungstext:

Wir führen eine repräsentative Umfrage für das Bundesministerium für Familie, Senioren, Frauen und Jugend durch. Es geht um das Thema „Aktivitäten der Bürgerinnen und Bürger in verschiedenen Bereichen" und darum, was Leute in ihrer Freizeit tun.

Erläuterung:
Der Pfeil hinter einem Antwortkästchen bedeutet, dass von dieser Antwort direkt zu der angegebenen Frage gesprungen wird.

Teil E: An alle: Demografie, Wohnort, Kinder, Netzwerke, Politikinteresse und Kirchenbindung

E1 Ich möchte sie zunächst um einige Angaben zu Ihrer Person bitten.

Sie sind ...
männlich	☐
weiblich	☐

E2 In welchem Jahr wurden Sie geboren?   19 _____

E3 Sind Sie derzeit ...
erwerbstätig	☐ ➔ E5
arbeitslos gemeldet	☐ ➔ E5
Schüler oder in Ausbildung	☐ ➔ E4
Hausfrau / Hausmann	☐ ➔ E5
Rentner / Pensionär	☐ ➔ E5
Sonstiges	☐ ➔ E5

E4 Sind Sie auf einer Schule, Fachschule, Hochschule oder einer betrieblichen Ausbildung oder Fortbildung?
Schule	☐ ➔ E04a
Fachschule	☐ ➔ E05
Hochschule	☐ ➔ E05
Betriebliche Ausbildung	☐ ➔ E05
Betriebliche Fortbildung	☐ ➔ E05

E4a.neu Welche Schulform besuchen Sie?
Hauptschule	☐
Realschule	☐
Gymnasium	☐
Sekundarschule / Mittelschule	☐

Integrierte Gesamtschule	☐
Sonderschule	☐
sonstige Schulform	☐

E4b.neu Ist das eine Ganztagsschule oder eine normale Halbtagsschule?

Ganztagsschule	☐
Halbtagsschule	☐

E5 Wie lange leben Sie schon an Ihrem derzeitigen Wohnort?

Seit Ihrer Geburt	☐
Seit mehr als 10 Jahren	☐
Seit 3 bis 10 Jahren	☐
oder seit weniger als 3 Jahren	☐

E7a.neu Wie würden Sie die Wohn- und Lebensbedingungen in Ihrem Wohnviertel einstufen?

sehr gut	☐
eher gut	☐
befriedigend	☐
eher schlecht	☐
sehr schlecht	☐

E7b.neu Was würden Sie sagen: Wie gut ist der soziale Zusammenhalt in Ihrem Wohnviertel?

sehr gut	☐
eher gut	☐
befriedigend	☐
eher schlecht	☐
sehr schlecht	☐

E8 Wie groß ist Ihr Freundes- und Bekanntenkreis hier am Ort? Würden Sie sagen...
Vorgaben vorlesen.

sehr groß	☐
mittel	☐
eher klein	☐

E10 Leben Sie allein oder mit anderen Personen zusammen?

Allein	☐ → E18
Mit anderen	☐ → E11

E11 Wie viele Personen, Sie selbst eingeschlossen, leben insgesamt in Ihrem Haushalt?

_____ Personen

E12 Leben Sie zusammen mit....
Vorgaben vorlesen., Mehrfachnennungen möglich

E12_1 Ihrem Partner/Ihrer Partnerin	☐ → E18
E12_2 Ihrem Kind/Ihren Kindern	☐ → E13
E12_3 Ihren Eltern/einem Elternteil	☐ → E18
E12_4 IhrenGroßeltern/ einem Großelternteil	☐ → E18
E12_5 Geschwistern	☐ → E18
E12_6 sonstigen Personen	☐ → E18

E13 Sind Sie selbst die Person im Haushalt, die das Kind oder die Kinder vorwiegend betreut?

Ja	☐ → E14
teilweise	☐ → E14
nein	☐ → E15

Wenn Befragter laut E5, 1=*Erwerbstätig*:…, der Hausarbeit und Ihrer beruflichen Tätigkeit…

E14.neu   Bleibt Ihnen neben der Kinderbetreuung und der Hausarbeit noch genügend Zeit für andere Dinge übrig?

Ja	☐
Teilweise	☐
Nein	☐

E15.neu   Haben Sie kleine Kinder, die noch nicht zur Schule gehen? Wenn ja, wie viele?

ja, 1 Kind,	☐	
ja, 2 Kinder,	☐	
ja, 3 oder mehr Kinder	☐	
nein	☐	→ E16

ALLE NEU AUFGENOMMEN
E15A_1/ E15A_2/ E15A_3   Bitte sagen Sie mir für das (jüngste, zweitjüngste, drittjüngste) Kind:

   Wie alt ist es? _____ Jahre

ALLE NEU AUFGENOMMEN
E15B1/ E15B2/ E15B3   Wird es in irgendeiner Form außerhalb Ihrer Familie gegen Bezahlung betreut?
Mehrfachantworten, Angaben vorlesen

E15B1_1	ja, Kinderkrippe	☐
E15B1_2	ja, Kindergarten, Kinderhort	☐
E15B1_3	ja, Tagesmutter	☐
E15B1_4	ja, sonstige Betreuungsform	☐
E15B1_5	nein	☐

ALLE NEU AUFGENOMMEN
Wenn ja aus E15B1:
E15C_1/ E15C_2/ E15C_3   Ist das eine Ganztags- oder eine Halbtagsbetreuung?

Ganztags	☐
Halbtags	☐
unterschiedlich	☐

ALLE NEU AUFGENOMMEN
Analog für Kind 2 und 3

ALLE NEU AUFGENOMMEN
E16 Haben Sie Kinder im Schulalter bis 14 Jahre? Wenn ja, wie viele?

ja, 1 Kind,	☐
ja, 2 Kinder,	☐
ja, 3 oder mehr Kinder	☐
nein	☐ → E18

ALLE NEU AUFGENOMMEN
E16A_1/ E16A_2/ E16A_3   Sagen Sie mir für dieses (jüngste, zweitjüngste, drittjüngste) Schulkind:

Wie alt ist es? _____ Jahre

ALLE NEU AUFGENOMMEN
E16B1   Hat dieses Kind eine Ganztagsbetreuung außerhalb Ihrer Familie?
Mehrfachantworten, Angaben vorlesen

E16B1_1 ja, Ganztagsschule   ☐
E16B1_2 ja, Schule und Hort   ☐
E16B1_3 ja, sonstige Betreuungsform ☐
E16B1_4 nein   ☐

ALLE NEU AUFGENOMMEN
Kind 2 und 3 analog

E18   Gibt es in Ihrer Familie eine pflegebedürftige Person?
Ja   ☐ → E19
Nein   ☐ → E22

E19   Sind Sie selbst das oder ist das eine andere Person?

Befragter selbst   ☐ → E22
andere Person   ☐ → E20

E20   Sind Sie selbst die Person, die sich vorwiegend um die Pflege kümmert?

Ja   ☐ → E21
Teilweise ☐ → E21
Nein   ☐ → E22

Wenn Befragter laut E5, 1 *Erwerbstätig*: ..., der Hausarbeit und Ihrer beruflichen Tätigkeit...

E21.neu   Bleibt Ihnen neben der Pflege und der Hausarbeit noch genügend Zeit für andere Dinge übrig?

Ja	☐
Teilweise	☐
Nein	☐

E22   Wenn Sie mal Hilfe brauchen, z.B. bei Besorgungen, kleineren Arbeiten oder der Betreuung von Kindern oder Kranken: Gibt es da Personen außerhalb Ihres Haushaltes, an die Sie sich ohne Probleme wenden könnten?

Ja	☐ → E23
Nein	☐ → E24

E23   Sind das Verwandte, Nachbarn oder sonstige Bekannte oder Freunde?
Mehrfachnennungen möglich!

E23_1	Verwandte	☐
E23_2	Nachbarn	☐
E23_3	Bekannte/Freunde	☐
E23_4	Andere, z.B. Gemeindeschwester	☐

E24   Gibt es umgekehrt Personen außerhalb Ihres Haushalts, *denen Sie selbst* regelmäßig oder gelegentlich helfen, z.B. bei Besorgungen, kleineren Arbeiten oder der Betreuung von Kindern oder Kranken?

Ja	☐ → E25
Nein	☐ → E28

E25   Sind das Verwandte, Nachbarn oder sonstige Bekannte oder Freunde?
Mehrfachnennungen möglich!

E25_1	Verwandte	☐
E25_2	Nachbarn	☐
E25_3	Bekannte oder Freunde	☐
E25_4	Andere, z.B. Gemeindeschwester	☐

E28　Gehören Sie einer Konfession oder Religionsgemeinschaft an?

　　　Ja　　　　　　　　　　　☐ ➔ E29
　　　Nein　　　　　　　　　　☐ ➔ E31

E29　Sind Sie...

　　　römisch-katholisch　　　　　　　　　　　　　☐
　　　evangelisch　　　　　　　　　　　　　　　　☐
　　　Angehöriger einer anderen christlichen
　　　Religionsgemeinschaft　　　　　　　　　　　☐
　　　moslemischen Glaubens　　　　　　　　　　☐
　　　oder sonstiges?　　　　　　　　　　　　　　☐

E30　Wie sehr fühlen Sie sich dieser Kirche oder Religionsgemeinschaft verbunden?
　　　Vorgaben vorlesen!

　　　Stark　　　　　　☐
　　　Mittel　　　　　　☐
　　　Wenig　　　　　　☐

E31　Wie sehr interessieren Sie sich dafür, was in der Politik und im öffentlichen Leben vor sich geht?
　　　Vorgaben vorlesen!

　　　Stark　　　　　　☐
　　　Mittel　　　　　　☐
　　　Wenig　　　　　　☐

Teil A: An alle Befragten: Erfassung des Engagements, Fragen über das Engagement insgesamt

A1 Es gibt vielfältige Möglichkeiten, *außerhalb von Beruf und Familie irgendwo mitzumachen*, beispielsweise *in einem Verein, einer Initiative, einem Projekt oder einer Selbsthilfegruppe*. Ich nenne Ihnen verschiedene Bereiche, die dafür in Frage kommen. Bitte sagen Sie mir, ob Sie sich in einem oder mehreren dieser Bereiche *aktiv beteiligen*.
Sind Sie irgendwo aktiv ...

			Ja	Nein
(1)	im Bereich **Sport und Bewegung**			
	z.B. in einem Sportverein oder in einer Bewegungsgruppe?		☐	☐
(2)	im Bereich **Kultur und Musik**			
	z.B. einer Theater- oder Musikgruppe, einem Gesangsverein, einer kulturellen Vereinigung oder einem Förderkreis?		☐	☐
(3)	im Bereich **Freizeit und Geselligkeit**			
	z.B. in einem Verein, einer Jugendgruppe oder einem Seniorenclub		☐	☐
(4)	im **sozialen Bereich**			
	z.B. in einem Wohlfahrtsverband oder einer anderen Hilfsorganisation, in der Nachbarschaftshilfe oder einer Selbsthilfegruppe		☐	☐
(5)	im **Gesundheitsbereich**			
	z.B. als Helfer in der Krankenpflege oder bei Besuchsdiensten, in einem Verband oder einer Selbsthilfegruppe		☐	☐
(6)	im **Bereich Schule oder Kindergarten**			
	z.B. in der Elternvertretung, der Schülervertretung oder einem Förderkreis		☐	☐
(7)	in der **außerschulischen Jugendarbeit oder der Bildungsarbeit für Erwachsene**			
	z.B. Kinder- oder Jugendgruppen betreuen oder Bildungsveranstaltungen durchführen		☐	☐

(8) im Bereich **Umwelt, Naturschutz** oder **Tierschutz**

    z.B. in einem entsprechenden Verband oder Projekt ☐ ☐

(9) im Bereich **Politik und politische Interessenvertretung**

    z.B. in einer Partei, im Gemeinderat oder Stadtrat, in politischen Initiativen oder Solidaritätsprojekten ☐ ☐

(10) im Bereich der **beruflichen Interessenvertretung außerhalb des Betriebes**

    z.B. in einer Gewerkschaft, einem Berufsverband, einer Arbeitsloseninitiative ☐ ☐

(12) im **kirchlichen** oder **religiösen Bereich**

    z.B. in der Kirchengemeinde, einer kirchlichen Organisation oder einer religiösen Gemeinschaft ☐ ☐

(13) im Bereich der **Justiz und der Kriminalitätsprobleme**

    z.B. als Schöffe oder Ehrenrichter, in der Betreuung von Straffälligen oder Verbrechensopfern ☐ ☐

(14) im **Unfall- oder Rettungsdienst** oder in der **freiwilligen Feuerwehr** ☐ ☐

(15) im Bereich sonstiger **bürgerschaftlicher Aktivität an Ihrem Wohnort**

    z.B. in Bürgerinitiativen oder Arbeitskreisen zur Orts- und Verkehrsentwicklung, aber auch Bürgerclubs und sonstiges, das bisher nicht genannt wurde ☐ ☐

*Filter: Wenn in **keinem** der genannten Bereiche JA, dann springe auf **TEIL C**.*

A2 Uns interessiert nun, ob Sie in den Bereichen, in denen Sie aktiv sind, auch **ehrenamtliche Tätigkeiten ausüben oder in Vereinen, Initiativen, Projekten oder Selbsthilfegruppen engagiert sind.** Es geht um **freiwillig übernommene Aufgaben und Arbeiten, die man unbezahlt oder gegen geringe Aufwandsentschädigung ausübt.**

Filterung: Die folgenden Fragen A3(1) bis A3(15) werden jeweils nur aufgerufen, wenn in Frage A1 JA für den jeweiligen Bereich angegeben wurde.

A3_01 Sie sagten, Sie sind im Bereich **Sport und Bewegung** aktiv. Haben Sie derzeit in diesem Bereich auch Aufgaben oder Arbeiten übernommen, die Sie freiwillig oder ehrenamtlich ausüben?

  Ja   ☐ ➔ A3(1)1A
  Nein   ☐ ➔ A3(2)

A3(1)1A   In welcher Gruppe, Organisation oder Einrichtung sind Sie da tätig? Sagen Sie mir bitte den Namen und ein Stichwort, um was es sich handelt.
(INT.: Falls in diesem Bereich in mehreren, bitte hier die wichtigste Gruppe, Organisation oder Einrichtung nennen.)

(Bezeichnung eintragen)

A3(1)1B   Und was machen Sie dort konkret? Welche Aufgabe, Funktion oder Arbeit üben Sie dort aus?

(Stichworte eintragen)   A) + B) = T1

A3(1)1C   Gibt es derzeit noch eine andere Gruppe, Organisation oder Einrichtung im Bereich **Sport und Bewegung**, in der Sie Aufgaben oder Arbeiten übernommen haben, die Sie freiwillig oder ehrenamtlich ausüben?

  Ja   ☐ ➔ A3(1)2A
  Nein   ☐ ➔ A3(2)

A3(1)2A   Was ist das für eine Gruppe, Organisation oder Einrichtung? Sagen Sie mir bitte den Namen und ein Stichwort, um was es sich handelt.
(INT.: Falls in diesem Bereich in mehreren, bitte hier die wichtigste Gruppe, Organisation oder Einrichtung nennen.)

(Bezeichnung eintragen)

A3(1)2B   Und was machen Sie dort konkret? Welche Aufgabe, Funktion oder Arbeit üben Sie dort aus?

(Stichworte eintragen)   A) + B) = T2

A3(2) Sie sagten, Sie sind im Bereich **Kultur und Musik** tätig.
Haben Sie derzeit in diesem Bereich ...

Entsprechend wie Frage A3(1) mit den jeweiligen Nachfragen. T3 - 4

A3(3) Sie sagten, Sie sind im Bereich **Freizeit und Geselligkeit** aktiv.
　　　　Haben Sie derzeit in diesem Bereich ... *T5 - 6*

A03(4) Sie sagten, Sie sind im **sozialen Bereich** tätig.
　　　　Haben Sie derzeit in diesem Bereich ... *T7 - 8*

A3(5) Sie sagten, Sie sind im **Gesundheitsbereich** tätig.
　　　　Haben Sie derzeit in diesem Bereich ... *T9 - 10*

A3(6) Sie sagten, Sie sind im Bereich **Schule oder Kindergarten** tätig.
　　　　Haben Sie derzeit in diesem Bereich ... *T11 - 12*

A3(7) Sie sagten, Sie sind in der **außerschulischen Jugendarbeit oder der Bildungsarbeit** tätig.
　　　　Haben Sie derzeit in diesem Bereich ... *T13 - 14*

A3(8) Sie sagten, Sie sind im Bereich **Umwelt, Naturschutz** oder **Tierschutz** tätig.
　　　　Haben Sie derzeit in diesem Bereich ... *T15 - 16*

A3(9) Sie sagten, Sie sind im Bereich **Politik und politische Interessenvertretung** tätig.
　　　　Haben Sie derzeit in diesem Bereich ... *T17 - 18*

A3(10) Sie sagten, Sie sind im Bereich der **beruflichen Interessenvertretung außerhalb des Betriebes** tätig.
　　　　Haben Sie derzeit in diesem Bereich ... *T19 - 20*

A3(12) Sie sagten, Sie sind im **kirchlichen oder religiösen Bereich** tätig.
　　　　Haben Sie derzeit in diesem Bereich ... *T23 - 24*

A3(13) Sie sagten, Sie sind im Bereich der **Justiz und der Kriminalitätsprobleme** tätig.
　　　　Haben Sie derzeit in diesem Bereich ... *T25 - 26*

A3(14) Sie sagten, Sie sind im **Unfall- und Rettungsdienst oder der freiwilligen Feuerwehr** tätig.

Haben Sie derzeit in diesem Bereich ...   *T27 - 28*

A3(15)   Sie sagten, Sie sind im Bereich **bürgerschaftlicher Aktivität an Ihrem Wohnort** tätig.
Haben Sie derzeit in diesem Bereich ...   *T29 - 30*

---

*Filterführung: Wenn in Fragen A3(1) bis (15) **keine** Tätigkeit genannt, springe auf **TEIL C**.*
Wenn eine oder mehrere Tätigkeiten genannt, weiter mit Frage A4.

A4 Sie haben uns bisher folgende Aufgaben, Funktionen oder Arbeiten genannt, die Sie ehrenamtlich oder freiwillig ausüben. Bitte überprüfen Sie unbedingt, dass es sich bei Ihren Tätigkeiten, die ich Ihnen nun nenne, nicht um dieselben Tätigkeiten handelt. Die Liste soll nur unterschiedliche Tätigkeiten enthalten.
Diesen Hinweis nur einblenden, wenn 2 oder mehr Tätigkeiten genannt werden.

Texte auf der nächsten Maske bitte vorlesen. Bitte überprüfen Sie, dass keine Tätigkeit mehrfach genannt wurde (gegebenenfalls mit der Befragungsperson abklären). Falls doppelt genannte Tätigkeit vorhanden: Code der Tätigkeit, die gelöscht werden soll, eingeben!

Beispiel:

Code	Text
1	Gruppierung/Organisation – Aufgabe/Funktion
2	Gruppierung/Organisation – Aufgabe/Funktion
10	Gruppierung/Organisation – Aufgabe/Funktion
19	Gruppierung/Organisation – Aufgabe/Funktion
31	Alle aufgeführten Tätigkeiten sind OK (bestätigen durch Eingabe von Code "31")

---

*Filterung: Wenn in Frage A4 (Auflistung) insgesamt nur **eine Nennung**, springe auf A6.*

A5 Was würden Sie sagen: Für welche dieser ehrenamtlichen oder freiwilligen Tätigkeiten, die Sie ausüben, wenden Sie am meisten Zeit auf?
Int.: Code eintragen

Am meisten Zeit für ...   _____   ***wird B1***

A6 Einmal alles zusammengenommen:
Wieviel Zeit wenden Sie für Ihr gesamtes ehrenamtliches oder freiwilliges Engagement im Durchschnitt pro Woche etwa auf?
Vorgaben vorlesen.
bis zu 2 Std. pro Woche ☐
3- 5 Std. pro Woche ☐
6 – 10 Std. pro Woche ☐
11 – 15 Std. pro Woche ☐
über 15 Std. pro Woche ☐
Nicht zu sagen, ist keine
regelmäßige Tätigkeit ☐

A7 Wären Sie bereit und in der Lage, Ihr ehrenamtliches oder freiwilliges Engagement noch auszuweiten und weitere Aufgaben zu übernehmen, wenn sich etwas Interessantes bietet?

Ja ☐
Nein ☐
Kann man nicht sagen / kommt drauf an ☐

A8 Wenn Sie einmal zurückdenken:
Wie alt waren Sie, als Sie erstmals ein ehrenamtliches oder freiwilliges Engagement in Vereinen, Initiativen, Projekten oder Selbsthilfegruppen übernommen haben?
Mit _____ Jahren
Weiß nicht ☐

A9 Ist Ihr ehrenamtliches oder freiwilliges Engagement für Sie persönlich ein wichtiger Teil Ihres Lebens oder spielt das in Ihrem Leben keine wichtige Rolle? Würden Sie sagen, es ist für Sie…
Int.: Bitte Vorgaben vorlesen

Sehr wichtig ☐
Wichtig ☐
weniger wichtig oder ☐
gar nicht wichtig ☐

A10.neu Sagen Sie mir bitte, ob Sie den folgenden Aussagen über Ihr ehrenamtliches oder freiwilliges Engagement voll und ganz zustimmen, teilweise zustimmen oder überhaupt nicht zustimmen.

		Stimme voll und ganz zu	Stimme teilweise zu	Stimme überhaupt nicht zu
A10_1	„Ich will durch mein Engagement vor allem mit anderen Menschen zusammenkommen."	☐	☐	☐
A10_2	„Mein Engagement ist eine Aufgabe, die gemacht werden muss und für die sich schwer jemand findet"	☐	☐	☐
A10_3	„Ich will durch mein Engagement die Gesellschaft zumindest im Kleinen mitgestalten."	☐	☐	☐
A10_4	„Mein Engagement ist auch eine Form von politischem Engagement."	☐	☐	☐

Teil B1   **Beschreibung der zeitaufwändigsten Tätigkeit**

> B1: Bezeichnung der Tätigkeit B1 in allen Bildschirmmasken des Fragenblocks B1 oben auf der Seite einblenden.

B1 Unsere Befragung soll ein umfassendes Bild ehrenamtlichen und freiwilligen Engagements in Deutschland möglich machen. Dazu tragen Sie durch Ihre Auskünfte bei.
Unsere folgenden Fragen beziehen sich konkret auf die folgende von Ihnen genannte Tätigkeit:
Eingeblendeten Text vorlesen.

B1-0 Wie würden Sie diese Tätigkeit insgesamt charakterisieren? Welcher der folgenden Begriffe passt am besten?
Int.: Alle Vorgaben vorlesen. Nur eine Nennung.

Ehrenamt	☐
Freiwilligenarbeit	☐
Nebenberufliche Tätigkeit	☐
Selbsthilfe	☐
Bürgerschaftliches Engagement	☐
Initiativen- oder Projektarbeit	☐

B1-1 Geht es bei dieser Tätigkeit speziell um einen der folgenden Personenkreise?
Int.: Vorgaben vorlesen

Kinder und Jugendliche	☐ ➔ B1-2
Familien	☐ ➔ B1-2b
Behinderte	☐ ➔ B1-2x3
Ältere Menschen	☐ ➔ B1-2x5
Zuwanderer, Ausländer, Flüchtlinge	☐ ➔ B1-2b
Frauen	☐ ➔ B1-2b
anderer Personenkreis	☐ ➔ B1-2b
kein spezieller Personenkreis	☐ ➔ B1-2b

Wenn in B1-1 *Kinder und Jugendliche*
B1-2.neu   Handelt es sich dabei überwiegend um:
Interviewer: Angaben bitte vorlesen

Kinder im Vorschulalter	☐
Schulkinder bis 14 Jahre	☐
Jugendliche über 14 Jahre	☐
oder ist das Alter gemischt	☐

B1-2a.neu *Filter: Wenn eigene Kinder im HH laut Frage E12 und B1-1Engagement für Kinder u. Jugendliche*:
Geht es dabei unmittelbar auch um Ihre eigenen Kinder?

ja	☐
nein	☐

B1-2x1.neu
Üben Sie diese Tätigkeit in einem Heim, Hort, Kindergarten, in einer Nachmittagsbetreuung oder in einer ähnlichen stationären/teilstationären Einrichtung für Kinder und Jugendliche aus?

ja	☐
nein	☐
weiß nicht	☐

B1-2x2.neu
Üben Sie diese Tätigkeit in einem offenen Angebot / einem ambulanten Dienst für Kinder und Jugendliche aus (z.B. Gruppenarbeit, Hausaufgabenhilfe oder Jugendfreizeit)

ja	☐ → B1-2b
nein	☐ → B1-2b
weiß nicht	☐ → B1-2b

Wenn in B1-1 *Behinderte*

B1-2x3.neu
Üben Sie diese Tätigkeit in einer stationären/teilstationären Einrichtung für Behinderte aus (z.B., Wohnheim oder Behindertenwerkstatt)?

ja	☐
nein	☐
weiß nicht	☐

B1-2x4.neu
Üben Sie diese Tätigkeit in einem ambulanten Dienst / einem offenen Angebot für Behinderte aus (z.B. Freizeitangebote oder Begleitung zu Veranstaltungen)?

ja	☐ ➔ B1-2b
nein	☐ ➔ B1-2b
weiß nicht	☐ ➔ B1-2b

Wenn in B1-1 *Ältere Menschen*

B1-2x5.neu
Üben Sie diese Tätigkeit in einer stationären/teilstationären Einrichtung für ältere Menschen aus (z.B., Seniorenheim oder Tagespflegeeinrichtung)?

ja	☐
nein	☐
weiß nicht	☐

B1-2x6.neu
Üben Sie diese Tätigkeit in einem ambulanten Dienst / einem offenen Angebot für ältere Menschen aus (z.B. Pflege- und Betreuungsdienste, Einkaufshilfen oder Freizeitangebote)?

ja	☐ ➔ B1-2b
nein	☐ ➔ B1-2b
weiß nicht	☐ ➔ B1-2b

B1-2b.neu *Filter: Wenn Schüler/Fachschüler* laut Frage E12
Hat Ihre Tätigkeit etwas mit der Schule zu tun?

ja	☐ ➔ B1-3
nein	☐ ➔ B1-3

B1-2c.neu *Filter: Wenn Studenten* laut Frage E12:
Hat Ihre Tätigkeit etwas mit den Aktivitäten an Ihrer Hochschule zu tun?

ja	☐ ➔ B1-3
nein	☐ ➔ B1-3

B1-3 In welchem organisatorischen Rahmen üben Sie Ihre Tätigkeit aus? Ist das...
Int.: Vorgaben vorlesen

ein Verein	☐ ➔ B1-4
ein Verband	☐ ➔ B1-5
eine Gewerkschaft	☐ ➔ B1-5
eine Partei	☐ ➔ B1-5
die Kirche oder eine religiöse Vereinigung	☐ ➔ B1-6
eine Selbsthilfegruppe	☐ ➔ B1-6
eine Initiative oder ein Projekt	☐ ➔ B1-6
eine sonstige selbstorganisierte Gruppe	☐ ➔ B1-6
eine staatliche oder kommunale Einrichtung	☐ ➔ B1-6
eine private Einrichtung	☐ ➔ B1-6
eine Stiftung	☐ ➔ B1-6
Sonstiges	☐ ➔ B1-6

B1-4.neu   Wie viele Mitglieder hat dieser Verein?

bis zu 20	☐
21-100	☐
101-500	☐
501-1000	☐
mehr als 1000	☐
weiß nicht	☐

B1-5.neu Sind Sie in [BITTE ORGANISATION GEMÄß B1-3 EINSETZTEN] DIESEM VEREIN/DIESEM VERBAND DIESER GEWERKSCHAFT/DIESER PARTEI auch Mitglied?

ja, ich bin dort Mitglied	☐
nein, ich bin nicht Mitglied	☐

B1-6.neu Gibt es in [BITTE ORGANISATION GEMÄß B1-3 EINSETZTEN] GILT AUCH FÜR FRAGEN B1-7a; B1-7b
IHREM VEREIN/
IHREM VERBAND/
IHRER GEWERKSCHAFT/
IHRER PARTEI/
IHRER KIRCHE ODER RELIGIÖSEN VEREINIGUNG/
IHRER SELBSTHILFEGRUPPE/
IHRER INITIATIVE ODER IHREM PROJEKT/
IHRER SELBSTORGANISIERTEN GRUPPE/
DIESER STAATLICHEN ODER KOMMUNALEN EINRICHTUNG/
DIESER PRIVATEN EINRICHTUNG/
DIESER STIFTUNG

Ihrer Organisation / Einrichtung / Gruppe auch hauptamtliche Mitarbeiter, die fest angestellt sind?

ja	☐
nein	☐
weiß nicht	☐

B1-7a.neu   Gibt es in [BITTE ORGANISATION GEMÄß B1-3 EINSETZTEN] einen Ansprechpartner, der sich speziell um die Ehrenamtlichen oder Freiwilligen kümmert?

Ja   ☐
Nein   ☐
weiß nicht   ☐

B1-7b.neu
Haben Sie in [BITTE ORGANISATION GEMÄß B1-3 EINSETZTEN] ausreichende Möglichkeiten zur Mitsprache und Mitentscheidung?

Ja   ☐
Teils / Teils   ☐
Nein   ☐

B1-8   Was ist der Hauptinhalt Ihrer eigenen Tätigkeit: Geht es überwiegend ...
Int.: Alle Vorgaben vorlesen und Zutreffendes ankreuzen. Mehrfachnennungen möglich.

B18_01 um persönliche Hilfeleistungen   ☐
B18_02 um die Organisation und Durchführung von Hilfeprojekten   ☐
B18_03 um die Organisation und Durchführung von Treffen oder Veranstaltungen ☐
B18_04 um Beratung   ☐
B18_05 um pädagogische Betreuung oder die Anleitung einer Gruppe   ☐
B18_06 um Interessenvertretung und Mitsprache   ☐
B18_07 um Informations- und Öffentlichkeitsarbeit   ☐
B18_08 um Verwaltungstätigkeiten   ☐
B18_09 um praktische Arbeiten, die geleistet werden müssen   ☐
B18_10 um Vernetzungsarbeit   ☐
B18_11 um Mittelbeschaffung (Fundraising)   ☐
B18_12 Nichts davon   ☐

B1-9   Handelt es sich bei Ihrer Tätigkeit um ein Amt, in das man gewählt wird?

Ja   ☐
Nein   ☐

B1-10   Haben Sie eine Leitungs- oder Vorstandsfunktion?

Ja   ☐
Nein   ☐

B1-12   Welche Anforderungen stellt die Tätigkeit an Sie? Ich nenne Ihnen einige Punkte. Sagen Sie mir bitte jeweils, ob das für Ihre Tätigkeit in starkem Maß, in gewissem Maß oder nicht gefordert ist.

		In starkem Maß	In gewissem Maß	Nicht
B112_01	Organisationstalent	☐	☐	☐
B112_02	Führungsqualitäten	☐	☐	☐
B112_03	Hohe Einsatzbereitschaft	☐	☐	☐
B112_04	Fachwissen	☐	☐	☐
B112_05	Mit Menschen gut umgehen können	☐	☐	☐
B112_06	Mit Behörden gut umgehen können	☐	☐	☐
B112_07	Belastbarkeit	☐	☐	☐
B112_08	Selbstlosigkeit	☐	☐	☐

B1-13   Wie kommen Sie insgesamt mit den Anforderungen in Ihrer Tätigkeit zurecht?

Bin den Anforderungen immer gewachsen   ☐
fühle mich manchmal überfordert   ☐

B1-13a.neu   In welchem Umfang haben Sie durch Ihre Tätigkeit Fähigkeiten erworben, die für Sie wichtig sind?

in sehr hohem Umfang   ☐
in hohem Umfang   ☐
in gewissem Umfang   ☐
gar nicht   ☐

B1-16.neu   Nutzen Sie für Ihre Tätigkeit das Internet (inkl. E-Mail)?

ja   ☐ ➔ B1-17
nein   ☐ ➔ B1-14

B1-17.neu
Sagen Sie mir bitte, ob Ihnen bei Ihrer Tätigkeit folgende Möglichkeiten des Internets sehr wichtig, wichtig oder weniger wichtig sind

		sehr wichtig	wichtig	weniger wichtig
B117_01	Sich Informationen zu beschaffen	☐	☐	☐
B117_02	Kontakte, Netzwerke aufzubauen und zu pflegen	☐	☐	☐
B117_03	Auf Ihre Organisation oder Gruppe aufmerksam zu machen, für Ihre Sache werben	☐	☐	☐
B117_04	Zum Informationsaustausch, zur Meinungsäußerung	☐	☐	☐
B117_05	Zur Organisation und Abwicklung der laufenden Arbeit	☐	☐	☐

B1-14   Gibt es für diejenigen, die Ihre Tätigkeit ausüben, Kurs- oder Seminarangebote zur Weiterbildung?

Ja   ☐ ➔ B1-15
Nein   ☐ ➔ B1-19
Weiß nicht   ☐ ➔ B1-19

B1-15   Haben Sie selbst schon einmal oder mehrmals an solchen Kursen oder Seminaren teilgenommen?

Ja, einmal   ☐
Ja, mehrmals ☐
Nein   ☐

B1-19   Ist die Tätigkeit für Sie mit regelmäßigen zeitlichen Verpflichtungen verbunden?

Ja   ☐
Nein ☐

B1-20 Gibt es bestimmte Zeiten, in denen Sie Ihre Tätigkeit überwiegend ausüben, wie zum Beispiel...
Vorgaben vorlesen und Zutreffendes ankreuzen. Mehrfachnennungen möglich

B120_01	Werktags vormittags	☐
B120_02	Werktags nachmittags	☐
B120_03	abends oder nachts	☐
B120_04	am Wochenende	☐
B120_05	andere Zeiten	☐
B120_06	nein, keine festen Zeiten	☐

B1-21 Wie häufig üben Sie die Tätigkeit aus oder müssen Zeit dafür aufbringen?
Vorgaben vorlesen

Täglich	☐
Mehrmals in der Woche	☐
Einmal in der Woche	☐
Mehrmals im Monat	☐
Einmal im Monat	☐
Seltener	☐

B1-22 Wird die Aufgabe, für die Sie sich engagieren, in absehbarer Zeit beendet sein oder ist sie zeitlich nicht begrenzt?

In absehbarer Zeit beendet	☐
Zeitlich nicht begrenzt	☐

B1-23 Können Sie für finanzielle Auslagen, die Sie im Zusammenhang mit Ihrer Tätigkeit haben, gegen Nachweis eine Kostenerstattung erhalten?

Ja	☐ ➔ B1-24
Nein	☐ ➔ B1-25
Trifft nicht zu, habe keine Auslagen	☐ ➔ B1-25

B1-24　Machen Sie davon regelmäßig oder gelegentlich Gebrauch?

    Ja, regelmäßig ☐
    Ja, gelegentlich ☐
    Nein ☐

B1-25　Erhalten Sie persönlich eine gewisse Vergütung, beispielsweise...
Alle Vorgaben vorlesen und Zutreffendes ankreuzen. Mehrfachnennungen möglich.

B125_01 eine pauschalierte Aufwandsentschädigung ☐
B125_02 Honorare ☐
B125_03 eine geringfügige Bezahlung ☐
B125_04 Nein, nichts davon ☐

B1-26　Wird die Tätigkeit, die Sie ausüben, in ähnlicher Form von anderen Personen haupt- oder nebenberuflich, also gegen Bezahlung ausgeübt?

  Ja ☐ → B1-27
  Nein ☐ → B1-28
  Weiß nicht ☐ → B1-28

B1-27　*Falls Ja in Frage B1-26:*
  Wären Sie persönlich daran interessiert, diese Tätigkeit beruflich und gegen Bezahlung auszuüben?

    Ja ☐
    Nein ☐

B1-28　Hat Ihre Tätigkeit mit der beruflichen Tätigkeit zu tun, die Sie ausüben oder früher ausgeübt haben?

    Ja ☐
    Nein ☐

B1-29   Welche Erwartungen verbinden Sie mit dieser Tätigkeit?
Sagen Sie es bitte anhand einer Antwortskala von 1 bis 5. **Wert 1** heißt: Ist mir **unwichtig**, während **Wert 5** heißt: Ist mir **außerordentlich wichtig**. Mit den Werten dazwischen können Sie Ihre Antwort abstufen.

Wie wichtig ist Ihnen ...
(Rotation der Items!)

		unwichtig 1	2	3	4	außerordentlich wichtig 5
B129_01	dass Sie damit etwas für das Gemeinwohl tun können	☐	☐	☐	☐	☐
B129_02	dass Sie damit anderen Menschen helfen können	☐	☐	☐	☐	☐
B129_03	dass Sie damit berechtigte eigene Interessen vertreten	☐	☐	☐	☐	☐
B129_04	dass Sie damit eigene Probleme selbst in die Hand nehmen und lösen können	☐	☐	☐	☐	☐
B129_05	dass Ihnen die Tätigkeit Spaß macht	☐	☐	☐	☐	☐
B129_06	dass Sie dadurch mit Menschen zusammenkommen, die Ihnen sympathisch sind	☐	☐	☐	☐	☐
B129_07	dass Sie eigene Kenntnisse und Erfahrungen erweitern können	☐	☐	☐	☐	☐
B129_08	dass Ihnen die Tätigkeit auch für Ihre beruflichen Möglichkeiten etwas nützt	☐	☐	☐	☐	☐
B129_09	dass Sie eigene Verantwortung und Entscheidungsmöglichkeiten haben	☐	☐	☐	☐	☐
B129_10	dass Sie für Ihre Tätigkeit auch Anerkennung finden	☐	☐	☐	☐	☐

B1-31   Nun noch etwas anderes:
Wie viele Jahre üben Sie diese Tätigkeit schon aus?

_____ Jahre
Unter 1 Jahr   ☐

B1-32   Wo kam für Sie damals der Anstoß her, die Tätigkeit zu übernehmen? Welche der folgenden Punkte treffen zu? *Int.: Vorgaben vorlesen. Mehrfachnennungen möglich*

Der Anstoß kam...

B132_01	von leitenden Personen aus der Gruppe oder Organisation, in der Sie tätig sind	☐
B132_02	von Freunden oder Bekannten von Ihnen, die dort schon aktiv waren	☐
B132_03	von Mitgliedern Ihrer Familie, die dort schon aktiv waren	☐
B132_04	von einer Informations- und Kontaktstelle	☐
B132_05	von Hinweisen aus der Presse, dem Rundfunk oder dem Fernsehen	☐
B132_06	von eigenen Erlebnissen oder Erfahrungen, die Sie dazu bewegten, aktiv zu werden	☐
B132_07	Sonstiges	☐

B1-33   Ging die Initiative eher von Ihnen selbst aus oder wurden Sie geworben oder gefragt, ob Sie die Aufgaben übernehmen wollen?

Eigene Initiative	☐
Wurde geworben / gefragt	☐
Nichts davon, bin so hineingewachsen	☐
Trifft nicht zu	☐

Filter: Erwerbstätige

B1-36.neu   Und nun noch eine Frage zu Ihrem Arbeitgeber. Unterstützt Sie dieser bei Ihrem freiwilligen Engagement?

Ja	☐ → B1-36a
Nein	☐ → B1-34
ist nicht notwendig (NICHT VORLESEN)	☐ → B1-34

B1-36a.neu Inwiefern unterstützt Sie Ihr Arbeitgeber bei Ihrem freiwilligen oder ehrenamtlichen Engagement?
Alle Vorgaben vorlesen, zutreffende Punkte ankreuzen. Mehrfachnennungen möglich.
(Rotation der Items!)

B136a_01	bei der Freistellung für mein Engagement	☐
B136a_02	ich kann die Infrastruktur, z.B. Räume, Telefon oder den Kopierer für mein Engagement nutzen	☐
B136a_03	flexible Arbeitszeitgestaltung kommt meinem Engagement zugute	☐
B136a_04	mein ehrenamtliches oder freiwilliges Engagement wird anerkannt, z.B. durch Lob oder bei Beförderungen	☐
B136s	Sonstiges	☐

B1-34 Es wird viel darüber diskutiert, mit welchen Maßnahmen man ehrenamtliches oder freiwilliges Engagement fördern und unterstützen könnte. Zunächst zu der Frage, was die **Organisationen** selbst tun könnten. Wenn Sie an Ihre eigene Tätigkeit denken, bei welchen der folgenden Punkte würden Sie sagen: Da drückt der Schuh, da wären Verbesserungen wichtig?
Alle Vorgaben vorlesen, zutreffende Punkte ankreuzen. Mehrfachnennungen möglich.
(Rotation der Items!)

B134_01	Bei der fachlichen Unterstützung der Tätigkeit	☐
B134_02	Bei den Weiterbildungsmöglichkeiten	☐
B134_03	Bei der Anerkennung der Tätigkeit durch hauptamtliche Kräfte in der Organisation	☐
B134_04	Bei der finanziellen Vergütung für die geleistete Arbeit	☐
B134_05	Bei einer unbürokratischen Kostenerstattung	☐
B134_06	Bei der Bereitstellung von geeigneten Räumen und Ausstattungsmitteln für die Gruppenarbeit	☐
B134_07	Bei der Bereitstellung von Finanzmitteln für bestimmte Projekte	☐
B134_08	Nichts davon	☐

B1-35 Andere Vorschläge zur Förderung ehrenamtlichen oder freiwilligen Engagements richten sich eher an den **Staat und die Öffentlichkeit**. Denken Sie bitte wieder an Ihre eigene Tätigkeit und Ihre persönliche Situation. Bei welchen der folgenden Punkte würden Sie sagen: Da drückt der Schuh, da wären Verbesserungen wichtig?

Alle Vorgaben vorlesen, zutreffende Punkte ankreuzen. Mehrfachnennungen möglich. (Rotation der Items!)

B135_01	bei der Absicherung durch Haftpflicht- und Unfallversicherung	☐
B135_02	bei der steuerlichen Absetzbarkeit von Unkosten	☐
B135_03	bei der steuerlichen Freistellung von Aufwandsentschädigungen	☐
B135_04	Bei der Anerkennung ehrenamtlicher Tätigkeit als berufliches Praktikum oder als berufliche Weiterbildung	☐
B135_05	bei der öffentlichen Anerkennung in Form von Ehrungen und ähnlichem	☐
B135_06	bei der öffentlichen Anerkennung durch Berichte in der Presse und den Medien	☐
B135_07	bei der besseren Information und Beratung über Gelegenheiten zum ehrenamtlichen oder freiwilligen Engagement	☐
B135_08	Nichts davon	☐

Filter: Wenn in Frage A4 nur *eine* Tätigkeit genannt, dann folgender Überleitungstext:

B1-37a Vielen Dank für die Auskünfte zu Ihrem Engagement. Wir haben nun noch einige allgemeinere Fragen.

Weiter mit Teil D.

Filter: Wenn in Frage A4 ***zwei*** *Tätigkeiten aufgelistet, dann folgender Überleitungstext:*

B1-37b Vielen Dank für die Auskünfte zu Ihrer wichtigsten ehrenamtlichen oder freiwilligen Tätigkeit. Sie haben vorhin angegeben, dass Sie auch noch eine zweite Tätigkeit ausüben, nämlich ...
Eingeblendeten Text vorlesen.

Tätigkeit 2:

                        Organisation
                        Tätigkeit

Dürfen wir Ihnen auch zu dieser Tätigkeit noch einige Fragen stellen?

Befragter verweigert Auskunft zur weiteren Tätigkeit	☐ → D1
Weiter zur zweiten Tätigkeit	☐ → B2-0

Teil B2 Beschreibung der zweiten Tätigkeit

Filter: *Wenn in Frage A4 **drei oder mehr** Tätigkeiten, wird eine davon zufällig ausgewählt. Überleitungstext:*

B1-37c Vielen Dank für die Auskünfte zu Ihrer wichtigsten ehrenamtlichen oder freiwilligen Tätigkeit. Sie haben vorhin angegeben, dass Sie noch weitere Tätigkeiten ausüben. Wir wählen *eine* davon zufällig aus, und zwar ...(B1-36c)

Eingeblendeten Text vorlesen.

Ausgewählte Tätigkeit :

Organisation
Tätigkeit

Dürfen wir Ihnen auch zu dieser Tätigkeit noch einige Fragen stellen?

Befragter verweigert Auskunft zur weiteren Tätigkeit	☐ →	D1
Weiter zur zweiten Tätigkeit	☐ →	B2-0

B2:	**Bezeichnung der Tätigkeit B2 in allen Bildschirmmasken des Fragenblocks B2 oben auf der Seite einblenden.**

Es folgt der Fragenblock **B2**:

Vielen Dank für die Auskünfte zu Ihrem Engagement. Wir haben nun noch einige allgemeinere Fragen.
Weiter mit Teil D.

B2-0 Wie würden Sie diese Tätigkeit insgesamt charakterisieren? Welcher der folgenden Begriffe passt am besten?
Int.: Alle Vorgaben vorlesen. Nur eine Nennung.

Ehrenamt	☐
Freiwilligenarbeit	☐
Nebenberufliche Tätigkeit	☐
Selbsthilfe	☐
Bürgerschaftliches Engagement	☐
Initiativen- oder Projektarbeit	☐

B2-1 Geht es bei dieser Tätigkeit speziell um einen der folgenden Personenkreise?
Int.: Vorgaben vorlesen

Kinder und Jugendliche	☐ ➔ B2-2
Familien	☐ ➔ B2-2b
Behinderte	☐ ➔ B2-2x3
Ältere Menschen	☐ ➔ B2-2x5
Zuwanderer, Ausländer, Flüchtlinge	☐ ➔ B2-2b
Frauen	☐ ➔ B2-2b
anderer Personenkreis	☐ ➔ B2-2b
kein spezieller Personenkreis	☐ ➔ B2-2b

Vorgabe bitte vorlesen!

Wenn in B2-1 *Kinder und Jugendliche*
B2-2.neu Handelt es sich dabei überwiegend um:
Interviewer: Angaben bitte vorlesen

Kinder im Vorschulalter	☐
Schulkinder bis 14 Jahre	☐
Jugendliche über 14 Jahre	☐
oder ist das Alter gemischt	☐

B2-2a.neu *Filter: Wenn eigene Kinder im HH laut Frage E12 und B1-1Engagement für Kinder u. Jugendliche*:
Geht es dabei unmittelbar auch um Ihre eigenen Kinder?

ja	☐
nein	☐

B2-2x1.neu

Üben Sie diese Tätigkeit in einem Heim, Hort, Kindergarten, in einer Nachmittagsbetreuung oder in einer ähnlichen stationären/teilstationären Einrichtung für Kinder und Jugendliche aus?

ja	☐
nein	☐
weiß nicht	☐

B2-2x2.neu

Üben Sie diese Tätigkeit in einem offenen Angebot / einem ambulanten Dienst für Kinder und Jugendliche aus (z.B. Gruppenarbeit, Hausaufgabenhilfe oder Jugendfreizeit)

ja	☐ ➔ B2-2b
nein	☐ ➔ B2-2b
weiß nicht	☐ ➔ B2-2b

Wenn in B2-1 *Behinderte*

B2-2x3.neu

Üben Sie diese Tätigkeit in einer stationären/teilstationären Einrichtung für Behinderte aus (z.B., Wohnheim oder Behindertenwerkstatt)?

ja	☐
nein	☐
weiß nicht	☐

B2-2x4.neu

Üben Sie diese Tätigkeit in einem ambulanten Dienst / einem offenen Angebot für Behinderte aus (z.B. Freizeitangebote oder Begleitung zu Veranstaltungen)?

ja	☐ ➔ B2-2b
nein	☐ ➔ B2-2b
weiß nicht	☐ ➔ B2-2b

Wenn in B2-1 *Ältere Menschen*

B2-2x5.neu
Üben Sie diese Tätigkeit in einer stationären/teilstationären Einrichtung für ältere Menschen aus (z.B., Seniorenheim oder Tagespflegeeinrichtung)?

ja ☐
nein ☐
weiß nicht ☐

B2-2x6.neu
Üben Sie diese Tätigkeit in einem ambulanten Dienst / einem offenen Angebot für ältere Menschen aus (z.B. Pflege- und Betreuungsdienste, Einkaufshilfen oder Freizeitangebote)?

ja ☐ ➔ B2-2b
nein ☐ ➔ B2-2b
weiß nicht ☐ ➔ B2-2b

B2-2b.neu *Filter: Wenn Schüler/Fachschüler* laut Frage E12
Hat Ihre Tätigkeit etwas mit der Schule zu tun?

ja ☐ ➔ B2-3
nein ☐ ➔ B2-3

B2-2c.neu   *Filter: Wenn Studenten* laut Frage E12:
Hat Ihre Tätigkeit etwas mit den Aktivitäten an Ihrer Hochschule zu tun?

ja ☐ ➔ B2-3
nein ☐ ➔ B2-3

B2-3 In welchem organisatorischen Rahmen üben Sie Ihre Tätigkeit aus? Ist das...
Int.: Vorgaben vorlesen

ein Verein	☐ ➔ B2-4
ein Verband	☐ ➔ B2-5
eine Gewerkschaft	☐ ➔ B2-5
eine Partei	☐ ➔ B2-5
die Kirche oder eine religiöse Vereinigung	☐ ➔ B2-6
eine Selbsthilfegruppe	☐ ➔ B2-6
eine Initiative oder ein Projekt	☐ ➔ B2-6
eine sonstige selbst organisierte Gruppe	☐ ➔ B2-6
eine staatliche oder kommunale Einrichtung	☐ ➔ B2-6
eine private Einrichtung	☐ ➔ B2-6
eine Stiftung	☐ ➔ B2-6
Sonstiges	☐ ➔ B2-6

B2-4.neu Wie viele Mitglieder hat dieser Verein?

bis zu 20	☐
21-100	☐
101-500	☐
501-1000	☐
mehr als 1000	☐
weiß nicht	☐

B2-5.neu Sind Sie in [BITTE ORGANISATION GEMÄß B1-3 EINSETZTEN] DIESEM VEREIN/DIESEM VERBAND DIESER GEWERKSCHAFT/DIESER PARTEI auch Mitglied?

ja, ich bin dort Mitglied	☐
nein, ich bin nicht Mitglied	☐

B2-6.neu Gibt es in [BITTE ORGANISATION GEMÄß B1-3 EINSETZTEN] GILT
AUCH FÜR FRAGEN B2-7a; B2-7b
IHREM VEREIN/
IHREM VERBAND/
IHRER GEWERKSCHAFT/
IHRER PARTEI/
IHRER KIRCHE ODER RELIGIÖSEN VEREINIGUNG/
IHRER SELBSTHILFEGRUPPE/
IHRER INITIATIVE ODER IHREM PROJEKT/
IHRER SELBSTORGANISIERTEN GRUPPE/
DIESER STAATLICHEN ODER KOMMUNALEN EINRICHTUNG/
DIESER PRIVATEN EINRICHTUNG/
DIESER STIFTUNG

Ihrer Organisation / Einrichtung / Gruppe auch hauptamtliche Mitarbeiter, die fest angestellt sind?

ja ☐
nein ☐
weiß nicht ☐

B2_7a.neu Gibt es in [BITTE ORGANISATION GEMÄß B1-3 EINSETZTEN] einen Ansprechpartner, der sich speziell um die Ehrenamtlichen oder Freiwilligen kümmert?

Ja ☐
Nein ☐
weiß nicht ☐

B2-7b.neu
Haben Sie in [BITTE ORGANISATION GEMÄß B1-3 EINSETZTEN] ausreichende Möglichkeiten zur Mitsprache und Mitentscheidung?

Ja ☐
Teils / Teils ☐
Nein ☐

B2-8 Was ist der Hauptinhalt Ihrer eigenen Tätigkeit: Geht es überwiegend ...
Int.: Alle Vorgaben vorlesen und Zutreffendes ankreuzen. Mehrfachnennungen möglich.

B28_01	um persönliche Hilfeleistungen	☐
B28_02	um die Organisation und Durchführung von Hilfeprojekten	☐
B28_03	um die Organisation und Durchführung von Treffen oder Veranstaltungen	☐
B28_04	um Beratung	☐
B28_05	um pädagogische Betreuung oder die Anleitung einer Gruppe	☐
B28_06	um Interessenvertretung und Mitsprache	☐
B28_07	um Informations- und Öffentlichkeitsarbeit	☐
B28_08	um Verwaltungstätigkeiten	☐
B28_09	um praktische Arbeiten, die geleistet werden müssen	☐
B28_10	um Vernetzungsarbeit	☐
B28_11	um Mittelbeschaffung (Fundraising)	☐
B28_12	Sonstiges/nichts davon	☐

B2-9 Handelt es sich bei Ihrer Tätigkeit um ein Amt, in das man gewählt wird?

Ja ☐
Nein ☐

B2-10 Haben Sie eine Leitungs- oder Vorstandsfunktion?

Ja ☐
Nein ☐

B2-12   Welche Anforderungen stellt die Tätigkeit an Sie? Ich nenne Ihnen einige Punkte. Sagen Sie mir bitte jeweils, ob das für Ihre Tätigkeit in starkem Maß, in gewissem Maß oder nicht gefordert ist.

		In starkem Maß	In gewissem Maß	Nicht
B212_01	Organisationstalent	☐	☐	☐
B212_02	Führungsqualitäten	☐	☐	☐
B212_03	Hohe Einsatzbereitschaft	☐	☐	☐
B212_04	Fachwissen	☐	☐	☐
B212_05	Mit Menschen gut umgehen können	☐	☐	☐
B212_06	Mit Behörden gut umgehen können	☐	☐	☐
B212_07	Belastbarkeit	☐	☐	☐
B212_08	Selbstlosigkeit	☐	☐	☐

B2-13   Wie kommen Sie insgesamt mit den Anforderungen in Ihrer Tätigkeit zurecht?

Bin den Anforderungen immer gewachsen ☐
fühle mich manchmal überfordert ☐

B2-13a.neu   In welchem Umfang haben Sie durch Ihre Tätigkeit Fähigkeiten erworben, die für Sie wichtig sind?

in sehr hohem Umfang ☐
in hohem Umfang ☐
in gewissem Umfang ☐
gar nicht ☐

B2-16.neu   Nutzen Sie für Ihre Tätigkeit das Internet (inkl. E-Mail)?

ja   ☐ → B2-22
nein   ☐ → B2-14

B2-17.neu
Sagen Sie mir bitte, ob Ihnen folgende Möglichkeiten des Internets sehr wichtig, wichtig oder weniger wichtig sind

		sehr wichtig	wichtig	weniger wichtig
B217_01	Sich Informationen zu beschaffen	☐	☐	☐
B217_02	Kontakte, Netzwerke aufzubauen und zu pflegen	☐	☐	☐
B217_03	Auf Ihre Organisation oder Gruppe aufmerksam zu machen, für Ihre Sache werben	☐	☐	☐
B217_04	Zum Informationsaustausch, zur Meinungsäußerung	☐	☐	☐
B217_05	Zur Organisation und Abwicklung der laufenden Arbeit	☐	☐	☐

B2-14 Gibt es für diejenigen, die Ihre Tätigkeit ausüben, Kurs- oder Seminarangebote zur Weiterbildung?

Ja ☐ → B2-15
Nein ☐ → B2-18
Weiß nicht ☐ → B2-18

B2-15 Haben Sie selbst schon einmal oder mehrmals an solchen Kursen oder Seminaren teilgenommen?

Ja, einmal ☐
Ja, mehrmals ☐
Nein ☐

B2-19 Ist die Tätigkeit für Sie mit regelmäßigen zeitlichen Verpflichtungen verbunden?

Ja ☐
Nein ☐

B2-20 Gibt es bestimmte Zeiten, in denen Sie Ihre Tätigkeit überwiegend ausüben, wie zum Beispiel...
Vorgaben vorlesen und Zutreffendes ankreuzen. Mehrfachnennungen möglich

B220_01	Werktags vormittags	☐
B220_02	Werktags nachmittags	☐
B220_03	abends oder nachts	☐
B220_04	am Wochenende	☐
B220_05	andere Zeiten	☐
B220_06	nein, keine festen Zeiten	☐

B2-21 Wie häufig üben Sie die Tätigkeit aus oder müssen Zeit dafür aufbringen?
Vorgaben vorlesen

täglich	☐
Mehrmals in der Woche	☐
Einmal in der Woche	☐
Mehrmals im Monat	☐
Einmal im Monat	☐
Seltener	☐

B2-22 Wird die Aufgabe, für die Sie sich engagieren, in absehbarer Zeit beendet sein oder ist sie zeitlich nicht begrenzt?

In absehbarer Zeit beendet	☐
Zeitlich nicht begrenzt	☐

B2-23 Können Sie für finanzielle Auslagen, die Sie im Zusammenhang mit Ihrer Tätigkeit haben, gegen Nachweis eine Kostenerstattung erhalten?

Ja	☐ → B2-24
Nein	☐ → B2-26
Trifft nicht zu, habe keine Auslagen	☐ → B2-26

B2-24 Machen Sie davon regelmäßig oder gelegentlich Gebrauch?

Ja, regelmäßig	☐
Ja, gelegentlich	☐
Nein	☐

B2-26 Wird die Tätigkeit, die Sie ausüben, in ähnlicher Form von anderen Personen haupt- oder nebenberuflich, also gegen Bezahlung ausgeübt?

Ja	☐ ➔ B2-27
Nein	☐ ➔ B2-28
Weiß nicht	☐ ➔ B2-28

B2-27 *Falls Ja in Frage B2-26:*
Wären Sie persönlich daran interessiert, diese Tätigkeit beruflich und gegen Bezahlung auszuüben?

Ja	☐
Nein	☐

B2-28 Hat Ihre Tätigkeit mit der beruflichen Tätigkeit zu tun, die Sie ausüben oder früher ausgeübt haben?

Ja	☐
Nein	☐

B2-31 Nun noch etwas anderes:
Wie viele Jahre üben Sie diese Tätigkeit schon aus?

_____ Jahre
Unter 1 Jahr ☐

Teil C   Nur an nicht Engagierte: Früheres Engagement, Beendigungsgründe und Potenzial

C-1   Waren Sie früher einmal in Vereinen, Initiativen, Projekten oder Selbsthilfegruppen engagiert und haben dort auch ehrenamtlich oder freiwillig Aufgaben oder Arbeiten ausgeübt?

      Ja   ☐ ➔ C-3
      Nein   ☐ ➔ C-7

C-3   Wie lange ist das her? Vor wie vielen Jahren haben Sie Ihr Engagement beendet?

      Vor weniger als einem Jahr

      Vor _____ Jahren

C-4   Wie bewerten Sie aus heutiger Sicht Ihr damaliges Engagement? Waren Ihre Erfahrungen …

      sehr positiv   ☐
      eher positiv   ☐
      eher negativ   ☐
      sehr negativ   ☐

C-5   Gab es damals persönliche Gründe, warum Sie aufgehört haben? Welche der folgenden Punkte treffen zu?
Int.: Alle Vorgaben vorlesen und zutreffende ankreuzen. Mehrfachnennungen möglich.

    C5_01   Berufliche Gründe
                (nicht an Schüler, Fachschüler, Studenten)   ☐
    C5_02   Familiäre Gründe   ☐
    C5_03   Gesundheitliche Gründe   ☐
    C5_04   Umzug in anderen Ort   ☐
    C5_05   Schule, Ausbildung   ☐
    C5_06   Die Tätigkeit war von vornherein zeitlich begrenzt   ☐
    C5_07   Nichts davon   ☐

C-6 Oft liegt es auch an bestimmten Problemen der Tätigkeit, wenn jemand aufhört. Ich lese Ihnen einmal verschiedene Punkte vor. Sind darunter Punkte, die bei Ihnen zutrafen?
Int.: Alle Vorgaben vorlesen und zutreffende ankreuzen. Mehrfachnennungen möglich.
(Rotation der Items!)

C6_01	Der zeitliche Aufwand war zu groß.	☐
C6_02	Der finanzielle Aufwand war zu groß.	☐
C6_03	Es gab Spannungen und Schwierigkeiten in der Zusammenarbeit mit hauptamtlichen Kräften.	☐
C6_04	Es gab Spannungen und Schwierigkeiten in der Gruppe.	☐
C6_05	Die Gruppe oder Organisation wurde aufgelöst.	☐
C6_06	Es gab keine Finanzierung mehr für das Vorhaben.	☐
C6_07	Ich fühlte mich ausgenutzt.	☐
C6_08	Ich fühlte mich überfordert.	☐
C6_09	Das Ziel des Projektes wurde nicht erreicht.	☐
C6_10	Es gab nicht genug Leute, die weiter mitmachen wollten.	☐

C-7 Wären Sie heute oder zukünftig interessiert, sich in Vereinen, Initiativen, Projekten oder Selbsthilfegruppen zu engagieren und dort Aufgaben oder Arbeiten zu übernehmen, die man freiwillig oder ehrenamtlich ausübt?

Ja	☐ → C-8
Vielleicht, kommt drauf an	☐ → C-8
Nein	☐ → D-1
[Nicht vorlesen:]	
Weiß nicht, habe darüber noch nicht nachgedacht	☐ → D-1

Teil D : An alle: Kontaktstellen, Beruf, Einkommen, Migration, Bildung und Wertorientierungen

D-1 In vielen Städten und Kreisen werden Informations- und Kontaktstellen für Bürgerinnen und Bürger eingerichtet, die nach einer Möglichkeit für ehrenamtliches oder freiwilliges Engagement oder zur Selbsthilfe suchen. Haben Sie davon schon einmal gehört?

    Ja   ☐ ➔ D2
    Nein   ☐ ➔ D6

D-2 Gibt es eine solche Informations- oder Kontaktstelle in Ihrer Stadt oder in Ihrer Region?

    Ja   ☐ ➔ D3
    Nein   ☐ ➔ D4
    Weiß nicht   ☐ ➔ D4

D-3.neu Ist das... (Mehrfachnennungen)

d3_01	Eine Freiwilligenagentur, ein Freiwilligenzentrum	☐
d3_02	Ein Seniorenbüro	☐
d3_03	Eine Selbsthilfekontaktstelle	☐
d3_04	Eine andere Stelle	☐

D-4 Haben Sie selbst schon einmal Kontakt mit einer solchen Informations- und Kontaktstelle gehabt?

    Ja   ☐
    Nein   ☐

D-5 Wären Sie persönlich interessiert, sich bei einer solchen Stelle einmal über Möglichkeiten für freiwilliges oder ehrenamtliches Engagement zu informieren?

    Ja   ☐
    Nein   ☐

D-6   Abschließend noch einige Fragen zu beruflichen Tätigkeiten.
      Filter: Erwerbstätige lt. Frage E-3 springen auf D-8.

D-7   *An Arbeitslose und Nichterwerbstätige:*
      Üben Sie zum Geldverdienen gelegentlich oder regelmäßig eine bezahlte Tätigkeit aus?

      Ja, regelmäßig   ☐ → D-8
      Ja, gelegentlich   ☐ → D-10
      Nein   ☐ → D-10

D-8   *An Erwerbstätige (lt. E3) und Personen mit Nebentätigkeit (lt. D-7):*
      Wie viele Stunden beträgt im Durchschnitt Ihre wöchentliche Arbeitszeit?

      _____ Std. pro Woche

D-9   *Wenn unter 20 Std. Arbeitszeit (lt. D-8)*:
      Handelt es sich um eine sogenannte geringfügige Beschäftigung, auch „Mini-Jobs" genannt, in der Sie bis höchstens 400 € verdienen?
      Ja   ☐ → D11
      Nein   ☐ → D11

D-10 *Wenn derzeit ohne bezahlte Tätigkeit (lt. Frage D-7):*

      Waren Sie früher erwerbstätig?   Ja   ☐ → D11
                                          Nein   ☐ → D17

D-11
   • *Filter: Wenn mit bezahlter Tätigkeit lt. Frage D-7:*
     Beziehen Sie die folgenden Fragen bitte auf Ihre heutige bezahlte Nebentätigkeit.

   • *Filter: Wenn früher erwerbstätig lt. Frage D-10:*
     Beziehen Sie die folgenden Fragen zum Beruf bitte auf Ihre letzte berufliche Tätigkeit.
     (Int.: Text in Klammern)

D-12 In welcher beruflichen Stellung sind Sie (waren Sie) tätig?
      Vorgaben vorlesen

Arbeiter □ ➔ D13a
Angestellte □ ➔ D13b
Beamter □ ➔ D13c
Selbständiger □ ➔ D13d
Sonstige □ ➔ D13e

D-13a Sind Sie (waren Sie) tätig als ...

Un- oder Angelernte/r □ ➔ D14
Facharbeiter □ ➔ D14
Vorarbeiter/Polier/Meister □ ➔ D14

D-13b Sind Sie (waren Sie) tätig als ...

Angelernte oder einfache Fachkraft □ ➔ D14
Fachkraft in mittlerer Position □ ➔ D14
Fachkraft in höherer Position mit
Führungsaufgaben □ ➔ D14

D-13c Sind Sie (waren Sie) tätig im ...

einfachen oder mittleren Dienst □ ➔ D17
gehobenen Dienst □ ➔ D17
höheren Dienst □ ➔ D17

D-13d Sind Sie (waren Sie) selbständig oder freiberuflich tätig...

ohne Mitarbeiter □ ➔ D17
mit 1-5 Mitarbeitern □ ➔ D17
mit 6 und mehr Mitarbeitern □ ➔ D17

D-13e Sind Sie (waren Sie) ...

Auszubildender oder Praktikant/In □ ➔ D14
Mithelfende Familienangehörige/r □ ➔ D14
Aushilfskraft □ ➔ D14
Wehrdienst-/Zivildienstleistender □ ➔ D14
Im sozialen oder ökologischen Jahr □ ➔ D14
Sonstiges □ ➔ D14

D-14   *Filterung: Wenn selbständig lt. Frage D-12, dann Sprung auf Frage D-17.*
Wo sind Sie (waren Sie zuletzt) beruflich tätig?
Vorgaben vorlesen.

In einem privaten Wirtschafts- oder Dienstleistungsunternehmen	☐ ➔ D15b
Im öffentlichen Dienst	☐ ➔ D16
Bei einer gemeinnützigen oder nicht gewinn-orientierten Einrichtung oder Organisation	☐ ➔ D15a
Im privaten Haushalt	☐ ➔ D17

D-15a   Ist (war) das ...

eine kirchliche Einrichtung	☐ ➔ D17
ein gemeinnütziger Verband oder Verein	☐ ➔ D17
eine sonstige gemeinnützige Einrichtung?	☐ ➔ D17

D-15b.neu   Um was für ein Unternehmen / Betrieb handelt / handelte es sich dabei?

ein Industrieunternehmen	☐ ➔ D15c
ein Dienstleistungsunternehmen	☐ ➔ D15c
einen handwerklichen Betrieb	☐ ➔ D15c
Sonstiges	☐ ➔ D15c

D-15c.neu   Wie viele Beschäftigte hat / hatte das Unternehmen / der Betrieb?

bis 20	☐
21 bis 50	☐
51-100	☐
101-250	☐
251-500	☐
über 500	☐

D-17   Wie würden Sie heute Ihre finanzielle Situation einstufen? Als ...

sehr gut	☐
gut	☐
befriedigend	☐
weniger gut	☐
schlecht	☐

D-18 Welches Nettoeinkommen insgesamt steht Ihrem Haushalt pro Monat zur Verfügung?
Liegt es über oder unter 1.500 €?
über 1.500 € ☐ ➔ D18b
unter / bis zu 1.500 € ☐ ➔ D18a

D-18a Liegt es über oder unter 750 €?
über 750 € ☐ ➔ D19
unter / bis zu 750 € ☐ ➔ D19

D-18b Liegt es über oder unter 2.500 €?
über 2.500 € ☐ ➔ D18c
unter / bis zu 2.500 € ☐ ➔ D19

D-18c Liegt es über oder unter 4.000 €?
über 4.000 € ☐ ➔ D19
unter 4.000 € ☐ ➔ D19

D-19 Manche Menschen leisten gelegentlich oder regelmäßig **Geldspenden** für karitative, soziale oder gemeinnützige Zwecke. Bitte überlegen Sie einmal: Haben Sie in den letzten 12 Monaten solche Spenden geleistet?

Ja ☐ ➔ D20
Nein ☐ ➔ D27

D-20 Waren das in den letzten 12 Monaten insgesamt unter oder über 100 €?

unter / bis zu 100 € ☐ ➔ D27
über 100 €? ☐ ➔ D21

D-21 Waren es insgesamt unter oder über 500 €?
unter / bis zu 500 € ☐
über 500 €? ☐

Nun noch einige Fragen zu Ihrer Person:
D-27 Haben Sie die deutsche Staatsangehörigkeit?
Ja ☐
Nein ☐

D-23.neu Wurden Sie in Deutschland geboren (auch frühere Ostgebiete)?
Ja ☐ ➔ D24
Nein ☐ ➔ D23a

Filter: Wenn selbst nicht in Deutschland geboren
D-23a.neu In welchem Land wurden Sie geboren?
　　　　　　　　in_____ ➔ D-26

D26.neu Wann sind Sie nach Deutschland gezogen?　　Jahr _____ weiter
　　　　　mit D-25

D24.neu In welchem Teil Deutschlands wurden Sie geboren?
　　　in der „alten" Bundesrepublik　　　　　　　　　　☐
　　　in der DDR　　　　　　　　　　　　　　　　　　☐
　　　in den deutschen Ostgebieten,
　　　die heute nicht mehr zu Deutschland gehören　　　　☐

AN ALLE!
D-25.neu Sind beide Elternteile von Ihnen in Deutschland geboren?

　　　ja, beide　　　　　　　　☐
　　　ein Elternteil　　　　　　 ☐
　　　Nein, beide nicht　　　　☐

D-28　*Filter: Wenn Staatsangehörigkeit DEUTSCH.*
　　　Filter: Jahrgänge 1940 und älter springen auf D-30.
　　　Filter: Frauen springen auf D-29.

　　　Haben Sie Wehrdienst oder Zivildienst geleistet?
　　　Ja, Wehrdienst　　　　　☐
　　　Ja, Zivildienst　　　　　 ☐
　　　Nein, weder noch　　　 ☐
　　　Nein, noch nicht　　　　☐

D-29 *Männer und Frauen:* Haben Sie einmal ein Freiwilliges Soziales Jahr oder einen vergleichbaren Freiwilligendienst geleistet?
　　　Ja　　☐
　　　Nein　☐

NEU: Nicht an Schüler/Fachschüler:
D-30 Welchen höchsten Bildungsabschluss haben Sie?
Vorgaben vorlesen

- Volks- oder Hauptschule / Abschluss 8. Klasse ☐
- Mittlere Reife / Abschluss 10. Klasse ☐
- Fachhochschulreife ☐
- Abitur / Hochschulreife ☐
- Abgeschlossenes Hochschulstudium ☐
- keinen Schulabschluss ☐

D-33 Zum Abschluss noch eine ganz allgemeine Frage. Wenn Sie einmal daran denken, was Sie in Ihrem Leben eigentlich anstreben: Wie wichtig sind Ihnen die folgenden Dinge, die ich Ihnen vorlese?
Verwenden Sie bitte wieder die Antwortskala von 1 bis 5, wobei der Wert 1 heißt: Das ist mir unwichtig und der Wert 5 heißt: Das ist mir außerordentlich wichtig. Mit den Zahlen dazwischen können Sie Ihre Antwort abstufen.
Wie wichtig sind folgende Dinge für Sie persönlich? *(Rotation der Items!)*

		unwichtig 1	2	3	außerordentlich wichtig 4	5
D33_01	Fleißig und ehrgeizig sein	☐	☐	☐	☐	☐
D33_02	Einen hohen Lebensstandard haben	☐	☐	☐	☐	☐
D33_03	Macht und Einfluss haben	☐	☐	☐	☐	☐
D33_04	Die eigene Phantasie und Kreativität entwickeln	☐	☐	☐	☐	☐
D33_05	Nach Sicherheit streben	☐	☐	☐	☐	☐
D33_06	Sozial Benachteiligten und gesellschaftlichen Randgruppen helfen	☐	☐	☐	☐	☐
D33_07	Sich und seine Bedürfnisse gegen andere durchsetzen	☐	☐	☐	☐	☐
D33_08	Gesetz und Ordnung respektieren	☐	☐	☐	☐	☐
D33_09	Auch solche Meinungen tolerieren, denen man eigentlich nicht zustimmen kann	☐	☐	☐	☐	☐
D33_11	Sich politisch engagieren	☐	☐	☐	☐	☐
D33_12	Die guten Dinge des Lebens in vollen Zügen genießen	☐	☐	☐	☐	☐
D33_13	Sich für den Umweltschutz einsetzen	☐	☐	☐	☐	☐

ENDE: Wir danken Ihnen für dieses Gespräch und wünschen Ihnen noch einen schönen Abend!